날마다 살아나는 큐티 상

김양재 목사의 큐티강해

여호수아

날마다 살아나는 큐티 상

김양재 지음

QTM

이 책을 펴내며

책의 출간 작업을 마칠 무렵, 아름답고 화사한 혜옥 자매가 하나님의 부르심을 받고 떠났습니다. 2003년 우리들교회의 창립과 함께 직장암 말기 선고를 받은 혜옥 자매였습니다. 그가 치른 암과의 전쟁은 우리 모두의 전투였습니다. 그녀가 육적인 고통과 영적인 기쁨 사이에서 사투를 벌일 때 우리가 같이 울고 웃었던 그 전쟁은 사망을 이긴 부활의 승리, 영원한 생명이라는 하나님의 승리로 마무리되었습니다.

여호수아서는 각종 전쟁 이야기입니다. 암, 부도, 이혼, 입시, 취업…… 수많은 죄와 중독의 전쟁 속에서 우리는 여호수아로, 갈렙으로, 기생 라합으로 등장합니다. 때로는 탐심으로 공동체를 망하게 한 아간, 여호수아를 속여 화친을 맺은 기브온의 모습으로 등장하는 나 자신의 모습도 볼 수 있을 것입니다.

그러나 무엇보다 중요한 것은 내가 하나님의 백성, 이스라엘에 속해 있다는 것입니다. 내가 하나님께 속해 있기 때문에 내 인생의 전쟁이 하나님에 의한, 하나님을 위한, 하나님의 전쟁으로 치러지고 있다는 것은 참으로 놀랍습니다. 나의 전쟁이 아니라 하나님의 전쟁이 될 때 암에 걸려 낫지 못하고 죽어도 우리가 이기는 자가 됩니다. 사업이 망해도, 입시에 실패해도 우리는 승리하는 자가 됩니다.

그래서 이 책은 전쟁 이야기이자 동시에 '살아남'의 이야기입니다. 남편이 급성 간암으로 하루아침에 떠났어도 예수 그리스도를 영접하고 갔기에 생명의 사건이 됩니다. 혜옥 자매가 직장암으로 아프다가 갔어도 날마다 자기 죄를 보고 큐티한 것을 나누며 다른 많은 사람을 살아나게 했기에 승리의 사건이 됩니다. 결국 우리의 전쟁은 내가 살아나고, 남을 살아나게 하는 약(藥)재료이자 축복의 통로인 것입니다.

이 책은 날마다 큐티하면서 만든 설교입니다. 하루도 빠짐없이 큐티를 해 온 지 20여 년이 되어 갑니다. 하나님을 제대로 만난 이후로 저는 하나님을 제 삶 가운데 항상 존중해 드리고 싶었습니다. 그 방법은 제 삶에 어떤 사건이 닥쳐오든지 그날 아침에 큐티한 말씀을 인용하고 실천하는 것이었습니다. 그것은 목회의 길에 들어섰어도 마찬가지였습니다. 누군가 제 책을 읽고 그 구절을 인용을 해 줘도 기쁜데, 하물며 하나님의 말씀인 성경을 날마다 인용하고 실천하며 살면 하나님이 얼마나 기뻐하시겠는가 하는 생각에서였습니다.

그렇게 사건마다 하나님 말씀을 인용하는 삶을 살려고 했을 때 하나님의 위로와 약속의 말씀이 임하고, 요동하지 않는 삶이 무엇인지 수없이 경험하게 하셨습니다. 그것은 목회자로 부르심을 받은 이후에도 계속되었고 설교에도 묻어나게 되었습니다. 그 결과 20여 년 큐티 사역과 우리들교회를 통해 수많은 전쟁을 치르게 하셨지만, 그 전쟁을 통해 많은 사람을 살리시는 하나님의 역사를 경험하게 하셨습니다. 축복을 맛보게 하셨습니다. 오직 할 수 있는 말은 '내가 한 것은 없다'는 것입니다.

큐티 강해는 일반적인 강해 설교와 비슷하지만 강해 설교의 규격과는 다를지도 모릅니다. 하지만 하나님의 말씀을 인용해서 살아난 저의 삶과 우리들교회 가족들의 이야기는 제 큐티 강해의 강점이 되었습니다. 그리고 이 책이 되었습니다.

책이 나오기까지 수고한 모든 이들에게 감사와 사랑을 전합니다. 날마다 숨 쉬는 순간마다 주님께서 모든 일을 계획하시고 진행하시고 이루게 하셨습니다. 참으로 선하신 우리 하나님께 감사와 찬양을 드립니다. 하나님 곁에서 영원한 안식에 들어간 혜옥 자매의 환한 웃음이 유난히도 그리운 날입니다.

2005년을 보내며

김양재

개정판을 펴내며

여호수아서로 큐티 강해를 시작한 때는 우리들교회가 세워진 지 1년 남짓한 시기였습니다. 그리고 개정판을 펴낸 올해 우리들교회가 18주년이 되었습니다.

지난 18년간 우리들교회는 영적·육적으로 큰 부흥을 이루었습니다. 하지만 교회가 우연히 부흥된 것은 아닙니다. 이스라엘 백성이 사백 년 애굽 종살이와 사십 년 광야 생활을 지나 요단을 건너고, 7년간 정복 전쟁을 치르며 마침내 하나님이 약속하신 가나안 땅을 차지했듯 우리들교회도 수많은 영적 전쟁을 치열히 치르며 지금에 이르게 되었습니다. 그리고 그 모든 전쟁에서 오래 말씀을 묵상함으로 살아난 저와 많은 성도가 있었습니다. 이는 신기한 기적 가운데 치른 싸움이 아니라 오로지 말씀의 칼날로 나아간 싸움입니다. 가출, 외도, 이혼, 암, 부도…… 갖은 상처의 철벽에 싸인 여리고 가정이 말씀으로 정복되고, 부단히 회개의 복구전을 치름으로 탐욕, 비교의식, 열등감, 각종 중독으로 무너졌던 아이 성 인생들이 정복되었습니다. 개정판에 새로 실린 33개의 간증이 바로 그 전쟁들을 통해 얻은 빛나는 전리품이요, 재산목록입니다.

우리들교회가 유난히 환난당하고 빚지고 원통한 인생들이라서 날마다 전쟁을 치렀습니까? 인생은 지나 보지 않은 길을 가는 것이기에 본향인 천국에 가는 그날까지 우리네 삶에는 영적 전쟁이 끊임없이 찾아옵니다.

내 힘으로는 어떤 땅도 정복할 수 없습니다. 오로지 말씀을 의지하여 싸울 때 우리의 모든 전쟁은 하나님의 전쟁이 될 것입니다. 하나님이 앞서 싸우시기에 이미 이긴 싸움인 것을 믿고 나아가십시오. 그리고 끊임없는 그 믿음의 전쟁에서 이 책이 조금이나마 길잡이가 되었으면 좋겠습니다. 특별히 이번 개정판에는 이전 책에 담지 못한 본문해설과 말씀대로 살아낸 성도들의 간증이 실렸습니다. 이 책을 통해 '날마나 살아나는 큐티'를 함으로 여러분 모두 백전백승 여호수아가 되기를 소망합니다.

2021년 8월

김양재

Contents

이 책을 펴내며 05

개정판을 펴내며 08

Part 1
싸우기 전에 큐티하라

Chapter 1	작전 개시: 모세가 죽은 후에 (1:1~9)	14
Chapter 2	작전 명령: 작심삼일로 끊어라 (1:10~18)	38
Chapter 3	탐색전: 싸우기 전에 정탐하라 (2:1~7)	62
Chapter 4	결사 항전: 생명이 선포된다, 강청 기도 (2:8~24)	86
Chapter 5	기선 제압: 순종이 기적을 부른다 (3:1~17)	112
Chapter 6	전쟁 기념비: 이 돌들은 무슨 뜻이냐 (4:1~24)	138
Chapter 7	병력 강화: 영적 치매의 치유책, 포기와 회복 (5:1~15)	162

Part 2

날마다 승리하는 비결

Chapter 8 난공불락 여리고 성: 예상하지 마라, 하나님의 전쟁 (6:1~27) 184

Chapter 9 복마전: 성공하려면 사소한 것에 목숨을 걸어라 (7:1~15) 212

Chapter 10 각개격파: 아골 골짜기, 죄에는 장사가 없다 (7:16~26) 236

Chapter 11 복구전: 회개한 자에게 주시는 기회 (8:1~29) 256

Chapter 12 심리전: 날마다 하나님을 선택하라 (8:30~35) 286

Part 3

철저한 승리를 하려면

Chapter 13 유혹전: 달콤한 유혹과의 전쟁, 기브온 (9:1~15) 312

Chapter 14 사수전: 속아서 한 맹세라도 지켜라 (9:16~27) 332

Chapter 15 통째로 육탄전: 100% 응답 받는 기도, 해와 달도 멈추게 한 기도 (10:1~14) 354

Chapter 16 한결같이 지구전: 철저한 승리, 목 밟기 (10:15~27) 376

Chapter 17 한칼에 속전속결: 단번에 빼앗으니라 (10:28~43) 396

Chapter 18 끝까지 악전고투: 갈수록 치열한 전투 (11:1~15) 416

Part 1

싸우기 전에 큐티하라

Chapter 1

작전 개시: 모세가 죽은 후에

Chapter 2

작전 명령: 작심삼일로 끊어라

Chapter 3

탐색전: 싸우기 전에 정탐하라

Chapter 4

결사 항전: 생명이 선포된다, 강청 기도

Chapter 5

기선 제압: 순종이 기적을 부른다

Chapter 6

전쟁 기념비: 이 돌들은 무슨 뜻이냐

Chapter 7

병력 강화: 영적 치매의 치유책, 포기와 회복

Chapter 1

작전 개시: 모세가 죽은 후에

여호수아 1:1~9

하나님, 하나님이 들어가서 정복하라고 하시는 땅을 여호수아가 순종하여 정복하듯이 우리도 약속의 땅을 정복할 수 있도록 도와주시옵소서. 하나님의 전쟁을 잘 싸워서 모든 것을 쟁취할 수 있도록 말씀해 주시옵소서.

미국 정부 산하의 과학연구소에서 잡지 편찬을 담당하던 나이 지긋한 한 출판국장이 있었습니다. 과학자도, 훈련 받은 작가도 아닌 그는 주변으로부터 글이 세련미가 없다는 평가를 받았습니다. 결국 그는 재임 기간 내내 큰 주목을 받지 못하고 퇴직했죠. 그 후 일류로 손꼽히는 과학 전문기자가 출판국장으로 채용됐습니다. 그가 부임한 후 잡지는 그의 이력답게 전문가 냄새가 물씬 풍기는 책으로 변신했습니다. 그런데 이게 웬일입니까. 잡지의 주요 독자층인 과학자들이 갑자기 너나없이 구독을 중단하겠다는 연락을 해 왔습니다. 왜 그랬을까요? 한 독자가 이런 평을 했습니다.

"지난 출판국장은 우리를 위해(for us) 글을 썼는데 새로 부임한 국장은 우리에게(to us) 글을 쓰는 것 같다."

'우리를 위해(for us)' 말하는 것과 '우리에게(to us)' 말하는 것은 별다르지 않아 보여도 하늘과 땅 차이입니다. 부모가 자녀를 위해 말하는가 자녀에게 말하는가에 따라, 목회자가 성도를 위해 말하는가 성도에게 말하는가에 따라서 상대의 마음을 두드리는 울림도 다르지 않겠습니까. 지도자 한 사람의 자질이 그래서 중요합니다.

미국의 경영학자인 피터 드러커(Peter Ferdinand Drucker)의 저서 『프로페셔널의 조건』에 이런 이야기가 나옵니다.

"우리는 좋은 성과를 올린 사람에게는 월급을 올려 줍니다. 그러나 승진의 문제는 다릅니다. 우리는 처음 자신이 맡은 직무보다 더 큰 직무를 뒷사람에게 넘겨줄 수 있는 사람만을 승진시킵니다."

한 공동체를 이끌어 가기 위해서는 훌륭한 성과를 내는 것 이상의 무언가가 지도자에게 필요하다는 겁니다.

젖과 꿀이 흐르는 땅, 가나안은 광야 같은 이 땅의 삶을 마치고 우리가 가야 할 천국의 모형입니다. 하지만 여호수아서를 통해 찾아가는 그곳은 영원한 안식을 누릴 곳이 아니라 계속적인 전쟁을 통해 쟁취해야 하는 땅, 가시덤불을 헤치고 들어가 일구고 건설해야 할 땅입니다. 출애굽 이후 광야 생활 40년을 거쳐 이제 하나님이 허락하신 땅, 가나안 입성을 눈앞에 두고 있는데, 여호수아 1장 1절은 "모세가 죽은 후에"로 시작됩니다. 본격적인 정복 전쟁을 앞두고 새로운 후계자, 새 지도자를 세우는 이야기로 시작됩니다. 믿음의 행보를 이어 갈 후계자는 어떤 사람입니까? 우리 역시 믿음의 선배를 따라 영적 전쟁을 치러야 할 터인데, 주님은 그런 우리를 어떻게 재정비하십니까?

사명을 주십니다

여호와의 종 모세가 죽은 후에 여호와께서 모세의 수종자 눈의 아들 여호수아에게 말씀하여 이르시되_수 1:1

여호수아서가 시작되기 전, 신명기 마지막 부분을 보면 모세가 얼마나 큰 권능과 위엄을 행했던지 그 후에 모세와 같은 선지자가 일어나지 못했다고 기술하고 있습니다(신 34:10). 그렇게 훌륭한 모세가 죽었습니다. 완악한 바로를 상대하느라 고생하고, 불평 많은 이스라엘 백성을 끌고 오느라고 이제까지 고생했는데, 고지가 바로 코앞인데 모세가 죽었습니다. 하지만 여기에서 중요한 것은 모세가 그 죽음에 순종했다는 사실입니다.

민수기 13장에서 모세가 가나안으로 정탐꾼들을 보냈을 때, 여호수아와 갈렙을 제외한 정탐꾼들은 장난이 아니라면서 겁에 질려 돌아옵니다. 그 보고를 듣고 백성은 "차라리 애굽에서 죽게 놔두지" 하며 밤새도록 악을 쓰면서 모세와 아론을 원망합니다. 그 모습이 얼마나 괘씸한지 하나님은 "그들은 우리의 먹이"라고 믿음으로 선언한 여호수아와 갈렙만 가나안에 들어가고, 당시 20세 이상으로 계수된 사람들은 모두 가나안에 들어가지 못할 거라고 하셨습니다.

그리고 민수기 20장을 보면, 이번에는 마실 물이 없다면서 백성은 "이럴 거면 차라리 죽게 놔두지"라며 다시 볼멘소리를 합니다. 화가 난 모세는 하나님이 말만 하면 물이 나오리라고 하셨는데도 바위를 '탁! 탁!' 쳐서 물을 터뜨립니다. 그 혈기 때문에 모세 역시 가나안 입성에서 제외되었습니다. 결국 가나안에 들어가기 위해서는 모세를 포함해서 그때 20세 이상으로 계수된 모든 사람이 죽어야만 했던 것입니다.

"모세가 죽을 때 나이가 백이십 세였으나 그의 눈이 흐리지 아니하였고 기력이 쇠하지 아니하였다"고 했습니다(신 34:7). 모세는 늙어 쇠약해 죽은 것이 아니라 하나님의 뜻에 따라 떠날 때가 되어서 이 땅을 떠났습니다. 하나님의 뜻에 따라 가나안과의 영적 전쟁에도 참여하지 못하고 죽었습니다.

내게 아직은 능력이 있는 것 같고, 그래서 더 큰일을 해낼 것 같아도 하나님이 허락하지 않으시는 일이 있습니다. 그러나 모세가 죽음에 순종한 것처럼 하나님이 막으시는 그것에 순종할 때 나의 죽음도 모세처럼 아름다울 수 있습니다. '내가 얼마나 고생했는데 하나님이 어떻게 이러실 수 있느냐, 난 억울해서 못 죽는다!' 이랬다면 모세의 최후가 얼마나 비참했겠습니까. 이스라엘 백성이 가나안에 들어가는 데 걸림돌만 됐을 것입니다.

리더십이란 내 힘으로 밀어붙이는 것이 아닙니다. 교회가 어떤 일을 억지로 밀어붙인다고 성도가 따라오는 것도 아닙니다. 미국의 전 대통령인 아이젠하워(Dwight David Eisenhower)가 이런 말을 했습니다.

"실을 나에게 끌어당겨 보라. 그러면 실이 내 쪽으로 올 것이다. 반대로 실을 밀어 보라. 실은 꿈쩍도 하지 않을 것이다."

이처럼 내 힘으로는 한 가닥의 실도 밀 수 없습니다. 내가 가만히 있어도 상대가 끌려오는 것이 저는 진정한 리더십이라고 생각합니다. 단지 내 앞에 놓인 길을 열심히 걸어갈 때 내 뒤의 사람들이 저절로 끌려오는 것입니다. 모세가 너무나 대단한 사람이어도 떠날 때를 알고 떠났기에 여호수아 같은 후계자를 세울 수 있었습니다.

그러므로 정말 중요한 시기라도 내가 물러나야 할 때가 있다는 것을 인정하기 바랍니다. 내가 취하고 싶어도 포기해야 할 것이 있습니다. 다윗도 평생 얻은 전리품으로 하나님의 성전을 짓기 원했지만 하나님이 허락하지 않으셨습니다. 하나님이 원하지 않으시는데 내가 연연하며 고집부리는 건 추한 것입니다. 내가 연연하는 그 무엇이 우리 가정과 공동체의 앞길을 가로막을 수 있습니다.

- 나는 죽도록 하고 싶지만 하나님이 막으시는 일은 무엇입니까? 모든 환경을 동원해서 하나님이 막으시는데도 여전히 거기에 연연해서 추한 모습을 보이고 있지는 않습니까?

여호수아는 하나님처럼 의지하고 따르던 지도자 모세를 떠나보냈습니다. 지금까지 모세를 따라다니면서 백성이 얼마나 말을 안 듣는지 다 지켜봤는데, 이 사람들을 끌고 가나안에 들어가려니 여호수아의 마음이 어땠을까요. '이 중요한 시기에 왜 모세를 데려가시나' 하는 원망은 없었을까요? 모세에 대한 언급이 여호수아 1장에만 11번이나 나옵니다. 모세의 영향력은 예상보다 컸습니다. 죽고 나서도 영향력을 미칠 만큼 불세출의 지도자입니다. 하지만 하나님은 그럼에도, 여호수아나 백성의 마음과는 상관없이 모세를 데려가셨습니다.

이 말씀이 부모, 남편, 자녀를 잃은 분들에게 위로가 될 수 있는 이유는 모세가 우연히, 병들어서, 늙어 죽은 것이 아니기 때문입니다. 하나님이 모세에게 주신 사명이 끝나서 죽은 것입니다.

제 남편이 급성 간암으로 하루 만에 떠난 것도 결코 우연이 아니었습니다. 이 땅에서 남편의 사명이 끝났고, 남편의 죽음을 통해 제게서 이루실 사명이 있었기 때문입니다. 또 저희 친정어머니는 누구보다 헌신하며 예수님을 믿는 본을 보이셨지만, 남편과 딸 넷이 믿음으로 바로 서는 것을 보지 못하고 돌아가셨습니다. 하지만 하나님은 어머니가 돌아가신 뒤에 아버지의 구원을 이루셨고, 저와 언니들이 각자의 자리에서 하나님을 증거하게 하셨습니다.

모세가 떠났어도 하나님의 약속은 반드시 성취됩니다. "모세가 죽은 후"가 여호수아에게는 사명의 시작이었듯이 하나님의 계획은 위대한 종 모세가 죽은 후에 여호수아를 통해 진행됩니다. 여호수아서 마지막 장인 24장에서도 보듯이 여호수아가 죽어도 하나님은 그 언약을 이루어 가십니다. 내가 죽어도 우리 가정을 향한 하나님의 약속은 반드시 이루어집니다.

- 내 마음과 상관없이 데려가신 모세가 있습니까? 내 인생에서 의지하던 남편, 부모, 자녀, 돈, 명예를 데려가셨습니까? 나의 모세를 데려가신 사건에서 내가 헌신해야 할 사명을 깨닫고 있습니까?

미국의 리더십 전문가이자 베스트셀러 작가인 존 맥스웰(John C. Maxwell)은 "지도자는 자기가 가 본 길보다 더 멀리 사람을 인도할 수 없다"라고 했습니다. 모든 비전의 중심에 지도자가 있습니다. 교회도 담임목사보다 클 수 없습니다. 리처드 데이 역시 이렇게 말했습니다.

"인류 역사상 모든 황금 같은 시대는 어떤 한 사람의 헌신과 의로운 열정에 의해서 일어났다. 대중운동이라는 것은 없었다. 단지 그렇게 보였을 뿐이다. 거기에는 항상 하나님을 알고 자신이 어디로 가는지를 아는 한 사람이 존재했을 뿐이다."

그렇다면 "모세가 죽은 후"에 약속의 새 시대를 열 지도자 여호수아는 어떤 사람입니까? 1절 말씀에 "모세의 수종자 눈의 아들 여호수아"라고 그를 소개하고 있습니다. 가나안과의 전쟁을 앞둔 위기의 때에 이스라엘을 이끌어 갈 한 사람은 천부장도 아니고, 백부장도 아니고, 대제사장도 아니고 모세의 '수종자' 여호수아였습니다.

그 앞에 말씀을 보니 모세는 "여호와의 종"이고 여호수아는 "모세의 수종자"입니다. 여호수아를 "여호와의 종"으로 기록한 곳은 성경에 한 군데뿐입니다. 그의 죽음을 기록한 여호수아서 24장 29절에서만 "여호와의 종"으로 불렸습니다. 살아서는 애굽에서 벽돌 굽는 종노릇 40년, 모세의 수종자 40년으로 인생을 보냈습니다.

여호수아의 삶을 볼 때 결국 지도자의 자질은 '하나님이 쓰시는 사람을 섬기는 것'이 아닌가 생각합니다. 정말 중요한 것 하나! 종의 마음을 가진 사람을 하나님은 지도자로 부르신다는 것입니다. '종의 마음'이야말로 지도자가 갖추어야 할 기본 덕목입니다. 사도 바울은 로마서 1장에서 자신을 "예수 그리스도의 종"이라고 표현했습니다. 헬라어 원어로 '둘로스(δοῦλος)'라고 쓰인 '종'은 새 한 마리 값도 안 되는, 생살여탈권이 전적으로 주인에게 달린 존재입니다. 내가 정말 죄인이라는 것을 아는 사람, 새 한 마리 값도 안 되는 무력한 존재임을 깨달은 사람은 '하나님의 종'으로 불리는 것이 얼마나 축복인지를 압니다. 그래서 충성할 수밖에 없습니다. 후계자의 조건은 충성과 헌신입니다. 충성된 종에게는 반드시 좋은 기회가 예비되어 있습니다.

여호수아는 준비된 사람이었습니다. 아말렉과의 전투에서도 앞장서서 싸웠고, 가나안 정탐을 다녀와서 '그들은 우리의 먹이'라고 담대히 선포한 사람입니다(민 14:9). 이런 담대함과 지혜는 어디에서 비롯되었을까요. '모세의 수종자' 역할을 잘 하는 사람에게 이런 용기와 담대함과 지혜가 주어집니다. "잘될 사람은 떡잎부터 알아본다"고 "여호수아는 어려서부터 남달랐어"가 아니라, 모세의 종노릇을 열심히 한 것이 여호수아가 갖춘 지도자의 자질이었던 것입니다.

모든 인생이 100% 죄인인데 여호수아가 모세와 40년간 지내면서 좋은 일만 있었겠습니까? 서로의 약점까지 다 보았을 겁니다. 그런데도 끝까지 함께할 수 있었던 것은 서로 종을 자처했기 때문입니다. 모세는 '여호와의 종'을, 여호수아는 '모세의 수종자'를 자처하면서 더 낮은 자리에서 섬겼기 때문입니다. 여호수아를 예수 그리스도의 예표라고 하는 것도 그 이유입니다.

사회적 직분, 성별, 나이가 문제가 아닙니다. 예수를 믿기에 우리도 그리스도의 종입니다. 지금 내 위치에서 종의 마음으로 섬겨야 할 사람이 있습니다. 가정에서도 종을 자처해야 합니다. "남편이 아내의 머리 됨이 그리스도께서 교회의 머리 됨과 같음이니"라고 했으니 아내가 남편에게 순종하는 것은 곧 그리스도에게 복종하는 것입니다(엡 5:23~24). 그렇게 수종자 역할을 잘 하고 있으면 하나님의 때에 쓰임을 받습니다. 모세가 죽은 뒤에, 모세에게 말씀하시던 여호와 하나님이 이제 여호수아에게 똑같이 말씀하시고 사명을 주신 것처럼, 내게도 말씀하실 것입니다. 말씀이 들리기 시작하면 지도자로서 사명이 시작됩니다.

- 내가 섬겨야 할 모세는 누구입니까? 내게 섬기도록 세우신 윗사람의 수종자 역할에 충실함으로 하나님이 인정하시는 리더십을 갖춰 가고 있습니까?

> 내 종 모세가 죽었으니 이제 너는 이 모든 백성과 더불어 일어나 이 요단을 건너 내가 그들 곧 이스라엘 자손에게 주는 그 땅으로 가라
> _수 1:2

"요단을 건너"라고 하십니다. 가나안에 들어가기 위해 건너야 할 요단이 우리에게 있습니다. 모세가 죽고 나서 이스라엘 백성이 타격을 받았듯 남편이 죽고 저에게도 큰 타격이 있었습니다. 남편이 제 영적 지도자는 아니었지만, 모세 못지않은 영향력을 가지고 있었기 때문입니다. 제게 맡겨진 두 자녀와, 제가 챙기지 않으면 마땅히 돌볼 사람이 없는 친정 식구들……. 그들을 생각할 때 남편의 죽음 후에 제가

건너야 하는 요단강은 저의 진로 문제였습니다. 그런 상황에서 피아노 가르치는 것을 내려놓고 말씀만 전한다는 것이 쉽지는 않았습니다.

피아노 강사로서의 일을 포기하는 것이 제가 건너야 할 육적 요단강이었다면, 30대 젊은 나이에 과부가 되어 여기저기 간증을 하고 다닌다는 것 또한 건너기 힘든 정신적 요단강이었습니다. 남편이 없다는 것만으로도 무시 받을 일인데, 믿음 없는 사람들이 보기에는 고생으로밖에 여겨지지 않는 제 삶의 이야기들을 어느 정도까지 드러내야 좋을까 염려되기도 했습니다. 평신도 여집사에 불과한 제가 사람들 앞에서 말씀을 전해도 좋은지, 제가 전하는 말씀이 은혜를 끼치고 있는지, 그 역시 제가 건너야 할, 하지만 발을 떼어 놓기 힘든 영적 요단이었습니다.

그래서 제가 쉽게 육적, 정신적, 영적 '요단강'을 건너지 못하고 있으니까 하나님은 더불어 건너야 할 이스라엘 백성을 제게 붙여 주셨습니다. 제 처지가 아무리 막막해도 저 때문에 복음을 듣고, 구원 받는 사람이 있으니까 그게 너무 기쁘고 신기해서 말씀을 놓을 수 없었습니다. 처음에는 힘들어서 더불어 못 갈 것 같았는데, 지나고 보니 그들과 '더불어' 있었기에 그 힘든 요단을 건널 수 있었습니다.

- 어떤 핑계도 변명도 없이 내가 건너야 할 요단은 무엇입니까? 내 한 몸 추스르고 가기도 힘든 요단이지만 그럼에도 더불어 가야 할 '모든 백성'은 누구입니까?
- 요단을 건너기 위해 내가 붙들고 갈 약속의 말씀이 있습니까?

약속의 말씀을 주십니다

3 내가 모세에게 말한 바와 같이 너희 발바닥으로 밟는 곳은 모두
내가 너희에게 주었노니 4 곧 광야와 이 레바논에서부터 큰 강 곧 유
브라데 강까지 헷 족속의 온 땅과 또 해 지는 쪽 대해까지 너희의 영
토가 되리라_수 1:3~4

주님은 '발바닥으로 밟는 곳'을 다 주겠다고 약속하셨습니다. 유대인 사회에서 맨발은 종의 표시였습니다. 첫째도, 둘째도 겸손한 자를 후대하시는 하나님은 하이힐도, 군화도 아닌 발바닥으로 밟는 자에게 축복을 주겠다고 말씀하셨습니다. 당장 요단강을 건너야 하는데 하이힐 신고 건널 수 있겠습니까? 철벅철벅 무거운 군화를 신고 건널 수 있겠습니까?

발바닥 인생은 대장이 지휘하는 대로 열심히 따라가는 인생입니다. 발바닥 인생에게 '내 계획'이란 없습니다. 주인 되신 하나님이 "가라"고 하시는 대로, 요단강 궂은 물길도 "예!" 하고 건널 뿐입니다.

발바닥으로 부지런히 밟는 땅, 구체적으로 "광야와 이 레바논에서부터 큰 강 곧 유브라데 강까지" 온 땅이 이스라엘 백성의 지경이 되리라고 약속해 주셨습니다. 뒤돌아보니 하나님은 이 약속의 말씀을 제 삶에 이루셨습니다. 지리적으로는 코스타 등 집회 초청으로 전 세계를 다니며 사역의 지경이 넓어지게 하셨으며, 영적으로는 많은 사람을 변화시키는 도구로 사용하셨습니다. 너무나 쓸쓸하고 외롭게

광야에 사는 사람, 또는 레바논의 백향목과 같이 대단한 지위를 가진 사람, 도무지 변하지 않을 것 같은 큰 강 유브라데 같은 사람도 점령하게 하셨습니다.

- 내가 오늘 발바닥으로 밟아야 할 땅, 찾아가 만나야 할 사람은 누구입니까? 발바닥으로 섬기라고 허락하신 가족과 지체들인데 자존심의 하이힐을 신고, 입으로만 찾아가고 있지는 않습니까?

> 네 평생에 너를 능히 대적할 자가 없으리니 내가 모세와 함께 있었던 것같이 너와 함께 있을 것임이니라 내가 너를 떠나지 아니하며 버리지 아니하리니_수 1:5

나를 떠나지 아니하며 버리지 아니하실 분은 오직 하나님, 예수님밖에 없습니다. 현실적으로는 가장 먼저 어머니가 제 곁을 떠났고, 남편이 떠났고, 시부모님이 떠났고, 친정아버지도 떠났습니다. 하나님은 제 곁에 의지할 만한 사람을 아무도 남겨 두지 않으셨습니다. 하지만 사랑하는 사람들을 하나씩 떠나보낼 때마다 하나님은 제게 사역의 길을 열어 주시고 건너기 힘든 요단강을 '능히' 건너게 하셨습니다.

하나님은 모세를 보내고 홀로 선 여호수아에게 약속의 말씀을 주셨듯이, 홀로 남은 제게 "네 평생에 능히 대적할 자가 없으리니"라고 약속해 주셨습니다. 어떤 경우에도 "떠나지 아니하며 버리지 아니하리라"고 확인해 주셨습니다. 만남이 있으면 반드시 떠남이 있는 이 세상에서 하나님의 말씀만이 확실한 보증 수표임을 믿어야 합니다.

명령을 주십니다

> 강하고 담대하라 너는 내가 그들의 조상에게 맹세하여 그들에게 주리라 한 땅을 이 백성에게 차지하게 하리라_수 1:6

그래도 여호수아가 걱정되셔서 하나님은 다시 한 번 강조하십니다. "강하고 담대하라"고 명하시고, 그리하면 하나님이 "그들에게 주리라 한 땅을 이 백성에게 차지하게 하리라" 하십니다. 여호수아가 두려워할 것을 아셨기 때문입니다.

하나님은 모세가 죽은 후 백성이 어떻게 행할지 미리 말씀해 주셨습니다.

"또 여호와께서 모세에게 이르시되 너는 네 조상과 함께 누우려니와 이 백성은 그 땅으로 들어가 음란히 그 땅의 이방 신들을 따르며 일어날 것이요 나를 버리고 내가 그들과 맺은 언약을 어길 것이라"(신 31:16).

모세 또한 자신이 떠난 후 백성이 악을 행할 것을 강조했습니다.

"내가 너희의 반역함과 목이 곧은 것을 아나니 오늘 내가 살아서 너희와 함께 있어도 너희가 여호와를 거역하였거든 하물며 내가 죽은 후의 일이랴…… 내가 알거니와 내가 죽은 후에 너희가 스스로 부패하여 내가 너희에게 명령한 길을 떠나 여호와의 목전에 악을 행하여 너희의 손으로 하는 일로 그를 격노하게 하므로 너희가 후일에 재앙을 당하리라 하니라"(신 31:27~29).

여호수아는 이 모든 말씀을 함께 들었을 뿐만 아니라 그동안 모세를 따라다니면서 이스라엘 백성이 지독히도 말을 듣지 않는다는 것을 직접 목격한 사람입니다. 하나님이 애굽의 노예 생활에서 구해 주셨는데도 "고기가 없다, 목이 마르다"며 불평하고 질서를 거슬러서 반역한 백성의 악행을 똑똑히 보았습니다. 그런 백성들을 데리고 앞으로 걸어가야 하기에 여호수아가 두려움을 느끼는 것은 너무나 당연한 일 아니겠습니까?

실존의 문제는 인간에게 두려움으로 다가옵니다. 인간의 두려움에 대해 조사한 연구 결과를 보니 우리가 걱정하는 것의 40%는 결코 일어나지 않을 일이고, 30%는 이미 지나간 일, 12%는 나와 상관없는 일이라고 합니다. 8%만이 정말 걱정할 만한 일이랍니다. 오직 믿음이 있어야 우리는 두려움을 극복할 수 있습니다.

멀쩡하게 밥 한 그릇 뚝딱 비우고 출근한 남편이 하루 만에 죽었을 때 저라고 두려움이 없었겠습니까. 그런데 인간의 속성이 참 이기적입니다. 제가 제일 먼저 느낀 두려움은 '사람들이 나를 어떻게 볼까' 하는 것이었습니다.

"그렇게 큐티, 큐티 하더니 남편이 죽었네."

이렇게 저를 볼까 봐 두려웠습니다. 그리고 남편의 교육열 때문에 아이들을 집에서 먼 사립 학교에 보냈는데, '애들 학교는 누가 데려다줄까' 하는 것 때문에 두려웠습니다. 우리의 모든 두려움은 이렇게 자기중심적인 생각에서부터 시작됩니다.

• 나는 어떤 것을 두려워합니까? 믿었던 사람이 떠날까 봐 두렵습니까? 결코 떠나지 않으실 하나님을 신뢰함으로 두려움을 이기고 있습니까?

> 오직 강하고 극히 담대하여 나의 종 모세가 네게 명령한 그 율법을 다 지켜 행하고 우로나 좌로나 치우치지 말라 그리하면 어디로 가든지 형통하리니_수 1:7

'나는 마음을 강하게 가져야 돼! 강하게! 강하게!' 이러면 마음이 강해질까요? 제 아들이 학창 시절에 무엇에도 의욕이 없고 잠만 자니까 별의별 시도를 다해 봤는데 그중 하나가 '신념 학교'에 보내기였습니다. 이름부터 대단한 '신념 학교'에 보냈더니 마음이 강해졌을까요?

마음을 강하게 하고 '극히' 담대히 하는 비결은 '네게 명령한 그 율법을 다 지켜 행하고 우로나 좌로나 치우치지' 않는 것입니다. 이 말씀을 읽을 때 "그리하면 어디로 가든지 형통하리니"는 팍팍 가슴에 와닿는데, "우로나 좌로나 치우치지 말라"는 부분이 실천하기 어렵게 느껴진다면 이미 치우쳐 있는 것입니다.

남편이 가고 나니 눈만 뜨면 혼자서 결정해야 할 일들이 너무 많았습니다. 앞에 말한 것처럼 아이들 학교가 멀리 있으니까 '전학을 시켜야 되나 말아야 되나', '병원은? 자동차는? 세금은?' 그럴 때마다 모르면 몰라서 치우치고, 알면 아는 대로 손해를 안 보려고 하니까 치우칩니다. 결국 욕심 때문에 두려움이 생기고 좌우로 갈팡질팡하면서 치우치는 것입니다.

정신과 의사이자 사상가인 M. 스캇 펙(Morgan Scott Peck)은 "결정에 따르는 고통을 기꺼이 감수할 용의를 가진 사람이 가장 결정을 잘하는 사람"이라고 했습니다. 내가 고난과 희생을 감수하기로 결정하면 두려움이 없어집니다. 상황에 따라 내가 부모님을 모시고 형제를 도와야 하는데 내가 희생하기 싫으니까 두려워하고 결정을 내리지 못하는 것입니다.

- 나의 관심과 기호, 시간 분배는 어떤 쪽으로 치우쳐 있습니까?
- 쉽게 결정을 내리지 못하는 나의 우유부단함이 그저 착해서가 아니라 손해 보기 싫어하는 이기심 때문임을 알고 있습니까?

> 8 이 율법책을 네 입에서 떠나지 말게 하며 주야로 그것을 묵상하여
> 그 안에 기록된 대로 다 지켜 행하라 그리하면 네 길이 평탄하게 될
> 것이며 네가 형통하리라 9 내가 네게 명령한 것이 아니냐 강하고 담
> 대하라 두려워하지 말며 놀라지 말라 네가 어디로 가든지 네 하나
> 님 여호와가 너와 함께 하느니라 하시니라_수 1:8~9

다시 반복하지만 두려움은 하루아침에 없어지는 것이 아닙니다.

그래서 우리는 말씀을 '주야로 묵상'해야 합니다. 큐티는 내 욕심을 하나하나 가지치기해 가는 과정입니다. 내 욕심 때문에 두려움이 생깁니다. 하루하루가 괴로워도 날마다 회개하고 말씀을 보며 기도하는 것이 형통의 지름길입니다. 나는 너무 연약해서 감정에, 상황에, 사람의 평가에 치우칠 수밖에 없는 존재이지만, 그럼에도 하루도 빠짐없이 말씀을 묵상하게 하신 것이 저에게는 기적이요, 은혜 중의 은혜입니다. 그렇게 습관적으로 온종일 말씀을 생각하니까 하나님이 내 길을 평탄하게 하시고 형통하게 하셨습니다.

어떻게 평탄하게 하셨을까요? 재산을 모았을까요? 애들이 잘돼서 척척 학교에 들어가고, 취직을 잘 했을까요? 자랑할 만한 건강을 갖게 되었을까요? 아닙니다. 그 어떤 것보다 제가 누린 평탄함은 감정의 요동함이 점점 없어지는 것이었습니다. 삼십 대에 과부가 돼서 혼자 살아도, 아이들이 입시에 실패해도, 부모님이 돌아가셔도, 슬픔과 연민의 감정으로 요동하기 이전에 하나님은 말씀으로 그 일들의 의미를 해석해 주셨습니다.

그러니 형통과 내 환경, 내 사건은 별개의 문제입니다. 우리는 성경을 보면서 신관(神觀), 인생관, 가치관을 정확히 정립해 가야 합니다. 말씀이 나의 마음과 삶에 창조적으로 역사하도록 주야로 말씀과 씨름하면서 하나님께 물어야 합니다. 그럴 때 나를 평탄하게 하십니다. 말씀을 하루 안 보면 내가 알고, 이틀 안 보면 가족이 알고, 일주일 안 보면 공동체가 압니다. 그러다가 조그만 사건에서도 요동을 치는 것입니다.

또 말씀 몇 구절 보고서 "성경을 다 알아" 해서도 안 됩니다. 말씀은 마법책이 아닙니다. 말씀 한 구절 안다고 그걸로 만사형통케 되는 것이 아닙니다. 성경을 차례로 읽어 가면서 나의 문화와 내 가족의 문화에 맞게 적용해야 합니다. 결혼을 할 때도 양가 문화를 연구하고 지(知), 정(情), 의(義)를 다해서 나에게 합당한 믿음의 사람을 택해야 합니다. 오직 믿음이라고 해서 시대와 문화는 제쳐 두고 말씀을 문자적으로 적용하는 것은 합리적이지 않습니다. 창조 원리와 시대, 문화를 고려하여 잘 분별하고 적용하도록 성령께 구해야 합니다. 이렇게 말씀을 읽어 가는 것이 치우치지 않는 묵상입니다.

우리는 날마다 치우치는 인생입니다. 평탄하게 잘 닦인 길도 가진 게 많으면 무거워서 기우뚱거리며 가고, 없으면 가벼워서 비틀거리며 갑니다. 기쁘면 기쁜 감정에 들떠 '오버' 하면서 치우치고, 슬프면 슬픈 감정에 빠져 입맛까지 잃어 가며 치우칩니다. 좋으면 좋아서, 나쁘면 나빠서 치우칠 수밖에 없는 인생길에서 어떻게 평탄하고 형통한 삶을 살 수 있을까요?

다윗이 온갖 전쟁에 승리해서 왕국을 세우고, 신나게 춤을 추면서 언약궤까지 되찾아 왔는데, 사탄이 다윗을 충동하여 인구 계수를 하고 말았습니다(대상 21장). 하나님은 다윗의 잘못을 물어 사흘 동안 전염병을 내리셨고, 그 일로 백성 칠만 명이 목숨을 잃었습니다. 내가 잘못해서 누구 한 사람이 죽었다고 해도 끔찍한 일인데 다윗은 자기 잘못으로 칠만 명이 죽는 것을 보았습니다. 얼마나 견디기 힘들었을까요?

당장 죽고만 싶었을 다윗에게 하나님은 역대상 21장 18절에서 이렇게 처방을 내리셨습니다.

"너, 오르난의 타작마당에 가서 예배드려라."

오르난은 지극히 평범한 사람입니다. 먹고살기 위해 농사짓고 곡식을 터는, 자기 삶에 충실한 사람입니다. 그런 사람이 다윗 앞에 꿇어 엎드려 "내 밭을 취하소서"라고 했을 때 다윗은 깨달았을 것입니다. 큰 전쟁에서 이기고 대단한 전리품을 하나님께 드리지 않더라도 평범한 삶에 충실한 사람, 자신이 거하는 환경 속에서 '생활 예배'를 잘 드리는 사람이 영적인 사람이라는 것을 말입니다. 오르난의 삶의 현장인 타작마당이야말로 하나님이 진정 원하시는 예배의 현장입니다.

이것은 어쩌면 다윗처럼 7만 명이 죽고 나서야 깨달을 수 있는 진리인지도 모르겠습니다. 하지만 다시 생각해 보면, 우리가 가장 쉽게 실천할 수 있는 진리이기도 합니다. 생활 예배를 잘 드리는 것은 잘 시간에 자고, 깰 시간에 깨는 것입니다. 세 끼 잘 먹고, 오늘 할 일을 오늘 하는 것입니다. 아침에 일어나면 큐티하고, 때마다 기도하고, 만나면 전도하는 것입니다. 이 일을 열심히 하고 있으면 바로 그곳이 나의 예루살렘, 예배 처소가 됩니다.

우리가 짊어져야 할 최고의 십자가는 생활 예배를 잘 드리는 것이 아닐까요? 최고로 믿음 좋은 사람은 하루 24시간을 보람 있게 사는 사람입니다. 남편이 바람을 피웁니까? 자식이 집을 나갔습니까? 사랑하는 가족을 잃었습니까? 그렇다면 내가 할 일은 잠 잘 자고, 밥 잘 먹고, 늘 하듯이 아침에 일어나서 큐티하면 됩니다. 그럴 때 나의 길이 평탄해지며, 누구도 누리지 못하는 형통을 누리게 될 것입니다.

- 날마다 꾸준히 큐티를 하고 있습니까? '주야로 묵상'하는 것이 아니라 한 번 훑어보는 것으로 대충 '해치우고' 있지는 않습니까?
- 환경은 미친 듯이 요동을 쳐도 날마다 말씀을 묵상하기에 평탄함을 누리고 있습니까?

우리들 묵상과 적용

몇 년 전 남편의 적은 월급으로 살다 보니 빚은 점점 늘어났고, '남편의 외도로도 힘들었는데 내가 이렇게 지질하게 살아야 하나?' 싶어 남편을 무시하는 마음이 들었습니다. 그러나 남편은 수입보다 지출이 많아지자 "있으면 먹고, 없으면 금식하고, 죽으면 천국 가자"며 목사님의 말씀을 들이댔고, 쥐꼬리만 한 월급에 미안함도 없이 말하는 모습에 화가 난 저는 '어디 두고 보자'며 호시탐탐 나가서 일할 기회를 엿보았습니다.

그러다 마침내 다섯 살 난 아들을 어린이집 종일반에 맡기고, 인터넷과 남대문 시장에서 아동복을 구입해 광화문에 좌판을 깔았습니다. 초강력 울트라 열심으로 장사를 하며 생각지 못한 순수익이 생기니 남편을 더 무시하게 되었습니다. 낮에는 아스팔트에서 올라오는 열기와 위에서 내리쬐는 땡볕을 견디고, 저녁에는 집안일과 아이 돌봄에, 새벽 시장까지……. 원더우먼인 양 활개를 치고 다닌 지 6개월쯤 되었을 때, 갑자기 온몸에 힘이 빠지고 계속되는 헛구역질로 병원에 갔습니다. 병명은 일사병. 팔을 들 힘조차 없는 상황에서 간신히 죽 몇 숟가락을 뜨고 쓰러지기를 반복하다, 혈기와 독기로 이 지경이 된 저 자신의 모습에 눈물이 흘렀습니다.

반드시 모세가 죽어야 여호수아가 가나안 땅을 밟아 하나님의 약속을 이루어 가는 것처럼(1:1) 저의 마지막 자존심이던 '돈'은 일사병으로 내려놓았지만, 주님은 여호수아에게 "요단을 건너 내가 이스라엘 자손에게 주는 그 땅으로 가라" 하시며 제게도 건너야 할 요단이 있다고 말씀하십니다(1:2). 그것은 제 속의 욕심을 인정하는 것입니다. '조금만 더' 하는 욕심이 절대 죽지 않으니 겸손한 종의 마음이 될 수 있도록 제 몸을 쳐서라도 가나안 땅을 밟게 해 주신 것 같습니다.

제가 교회에 와서 행한 것은 공예배를 빠지지 않고 주야로 말씀을 묵상하며 기록된 대로 지켜 행하려고 한 것밖에 없는데, 하나님은 가정을 회복시켜 주시고 평탄하고 형통한 삶을 살아가게 하셨습니다(1:8). 또한 공동체 안에서 나의 지질함을 담대하게 나누고 적용하니 우로나 좌로나 치우치지 않는 분별력도 주십니다(1:7). 해마다 여름 햇볕을 쬐면 머리가 어지럽고 속이 울렁거리는 일사병 후유증을 겪고 있지만, 이로 인해 그때의 욕심을 상기하게 하시고, 평생 수고해도 허락되지 않는 것이 있다는 것을 모세를 통해 보게 하십니다. 내 열심과 욕심으로 일사병 사건을 겪고 나니 다시 일하고 싶은 마음이 생겨도 '질서에 순종하라'는 말씀에 마음을 접게 됩니다. 아직도 물질 훈련을 받고 있지만, 현실을 인정하며 남편의 월급에 맞춰 쓰는 순종을 기쁘게 하겠습니다.

영혼의 기도

아버지 하나님, 제 인생에도 모세가 죽고 떠나는 사건들이 있습니다. 제가 너무나 의지하던 모세가 죽었다고 그 자리에서 아무것도 못하고 있지는 않은지 저 자신을 돌아봅니다. 모세가 없어서 아무것도 못하고 있다면 제가 수종자 역할을 제대로 하지 않았기 때문입니다. 내 위치에 순종하지 못하고, 더 낮은 자리에서 하나님을 섬겨 본 경험이 없기 때문입니다.

이제부터라도 충실한 종이 되게 하시고, 그리하여 이제 하나님이 명하신 요단강을 이스라엘 백성과 더불어 건너기를 원합니다. 육적으로, 정신적으로, 영적으로 건너기 힘든 요단강이 아직도 제 앞에 있습니다. 하지만 "내가 네게 주는 그 땅으로 가라"고 하신 명령에 "아멘"으로 응답하며 건너기를 원합니다.

주님, 발바닥으로 밟는 땅을 다 주겠다고 약속하셨사오니 발바닥 인생이 되게 도와주시옵소서. 맨발의 인생이 되게 해 주옵소서. 저는 연약합니다. 말씀을 보면서도 여전히 욕심을 버리지 못합니다. 욕심 때문에 여전히 치우치고 또 치우칩니다. 그래서 두렵습니다.

그럼에도 주님, 하나님의 말씀을 주야로 묵상할 때 저의 길이 평탄하며 형통하게 된다고 하셨사오니 말씀으로 인도해 주옵소서. 좋고 싫은 감정에 요동하지 않으며, 두려움 없이 담대하게 하나님과 동행하게 하옵소서. 저에게 허락하신 지금 이 자리에서 생활 예배를 잘 드리며 충실한 삶을 살게 하옵소서. 그리할 때 세상 어디에도 없는 형통함으로 인도해 주실 줄 믿습니다. 오늘 하루 약속의 말씀을 붙들고 승리하게 도와주시옵소서. 예수님 이름으로 기도하옵나이다. 아멘.

Chapter 2

작전 명령: 작심삼일로 끊어라 여호수아 1:10~18

하나님 아버지, 사흘 안에 요단을 건너
가나안에 들어가리라고 하셨는데 우리가 어떻게 젖과 꿀이 흐르는 땅
가나안에 들어갈지 말씀하여 주시옵소서. 듣겠습니다.

기독교 저술가인 필립 얀시(Philip Yancey)의 오랜 친구가 어느 날 자신이 동성애자임을 얀시에게 고백했습니다. 목사인 그 친구는 동성애를 끊으려고 결혼도 하고, 아이도 낳았지만 끊지 못했다고 했습니다. 그렇게 노력을 해도 안 끊어지는 것이 있습니다.

왕따 문제를 다룬 다큐멘터리를 보았습니다. 한 모범생 여학생이 학교에서 따돌림과 구타를 당하다가 그 충격으로 기억을 상실하고 말았습니다. 부모는 그 여학생을 외국으로 유학 보냈고, 가해자 아이들은 형사 입건이 됐습니다. 그런데 가해 학생을 조사한 형사의 이야기에 따르면, 가해 학생들 중 누구도 뉘우치는 기색이 없고 면회 온 부모들도 오히려 "먹고 싶은 게 뭐냐, 뭐 해 줄까?" 하더랍니다.

누가 가해자이고 누가 피해자입니까? 인간적으로 보면 기억 상실에까지 이른 학생은 참 불쌍하고, 괴롭힌 아이들은 큰 벌을 받아 마

땅한 것 같습니다. 하지만 그런 생각 때문에 이 세상에는 미움과 분노의 고리가 끊임없이 이어집니다.

어느 집사님이 이런 나눔을 했습니다. 남편이 중국 출장을 가는데 늦잠을 자고 말았습니다. 허겁지겁 남편을 깨우고 공항까지 운전해서 가는데 남편에게서 한마디 날아오더랍니다.

"네가 나를 얼마나 개떡같이 알면……."

집사님은 눈물조차 안 나오고 덜덜 떨리는 심정으로 남편을 배웅하고 돌아왔습니다. 그런데 여행 가방에 헤어 젤을 챙겨 넣지 않은 것이 생각났습니다. 그 걱정으로 집에 와서도 떨리는 마음이 진정이 안 되었습니다. 이 부부는 둘 다 우리가 선망하는 명문대 출신입니다. 그래도 이렇게 치사한 감정을 가지고 삽니다.

날마다 우리에게는 이렇게 크나 작으나 건너야 할 요단강이 있습니다. 어떻게 그 요단강을 건너겠습니까.

약속을 기억해야 합니다

여호와의 종 모세가 너희에게 명령하여 이르기를 너희의 하나님 여호와께서 너희에게 안식을 주시며 이 땅을 너희에게 주시리라 하였나니 너희는 그 말을 기억하라_수 1:13

하나님은 말씀하신 것을 행하시는 분입니다. 오늘 말씀을 통해 우리에게 안식을 주시며 이 땅을 주겠다고 약속하십니다. 힘든 여행을 마치도록, 요단강을 건너가도록 우리를 돕기 원한다고 말씀하십니다. 하나님은 여러분이 이 약속을 내 것으로 받기를 원하십니다.

이에 여호수아가 그 백성의 관리들에게 명령하여 이르되_수 1:10

하나님의 약속을 기억하고 앞으로 나아가기 위해 여호수아가 하는 명령을 들어 봅시다.

10절 말씀은 '이에'로 시작합니다. 앞의 9절 "내가 네게 명령한 것이 아니냐 강하고 담대하라 두려워하지 말며 놀라지 말라 네가 어디로 가든지 네 하나님 여호와가 너와 함께 하느니라 하시니라"에 연결되는 내용입니다. 여호수아는 "어디로 가든 너와 함께 있겠다"는 하나님의 격려를 받았습니다. 그러니 '이에' 주님께 "나를 써 주소서" 말할 수 있습니다. 모든 일에 때를 잘 알아야 합니다. 때는 내가 정하는 게 아닙니다. 모세가 죽은 뒤에 하나님의 격려를 받고 '이에' 여호수아의 때가 되었습니다. 때가 되었기에 두려운 사건 속에서도 "힘든 요단을 건너라"고 백성에게 명령할 수 있는 것입니다.

그런데 모세의 수종자로 살던 여호수아에게 어떻게 이런 명령권이 생겼을까요? 여호수아가 성경에 처음 등장한 것이 출애굽기 17장입니다. 이스라엘이 애굽을 빠져나와 르비딤에 이르렀을 때 아말렉 족속이 그들을 공격해 옵니다. 이때 모세가 여호수아에게 출전을 명령하죠.

"모세가 여호수아에게 이르되 우리를 위하여 사람들을 택하여 나가서 아말렉과 싸우라 내일 내가 하나님의 지팡이를 손에 잡고 산 꼭대기에 서리라"(출 17:9).

그런데 아말렉이 어떤 족속입니까? 아말렉은 야곱의 형 에서의 후손들이 이룬 민족입니다. 에서는 약속의 씨인 이삭의 장남이지만 영적인 일에는 좀체 관심이 없었습니다. 오로지 육신의 일에만 관심을 기울이며 '그저 내가 잘 먹고 잘살면 된다, 내가 좋아하는 일만 하면서 살자'는 것이 에서의 주제가였습니다. 그래서 팥죽 한 그릇에 이스라엘의 장자 명분을 야곱에게 넘겨 버렸습니다. 그러므로 아말렉과의 싸움은 영적으로 보면 성령과 육신의 싸움이라고 할 수 있습니다. 우리도 삶을 마칠 때까지 아말렉, 곧 육체의 소욕과 끊임없이 전쟁을 치러야 합니다.

이런 끊임없는 영적 전쟁에 여호수아가 모세에 순종함으로 첫발을 내딛었습니다. 여호수아는 명령을 따라 전장에서 아말렉과 싸우고, 모세는 산꼭대기에 서서 하나님의 지팡이를 들고 기도하며 하나님께 도우심을 구했습니다. 그 결과 이스라엘은 큰 승리를 거두었죠. 여호수아가 전쟁의 선봉에 서서 보이는 싸움을 싸웠다면, 모세는 뒤에서 도우며 보이지 않는 싸움을 싸웠습니다. 모세에게 순종함으로 전쟁을 치르고 승리했지만, 이때 여호수아는 모세를 통해 일하시는 하나님을 경험했을 것입니다.

이후로도 여호수아는 40년간 모세의 수종자 역할을 했습니다. 정상에 오르지 못하고 모세 아래서 기다리는 직책을 오래 담당해 왔습니다. 이렇게 여호수아가 이인자 자리에서 복종하면서 하나님의 명령에 복종하는 법을 배웠습니다. 그러므로 여호수아의 수종자 생활은 결코 무의미한 것이 아니었습니다. 예수님을 믿는 사람에게 무의미한 일은 하나도 없습니다. 여호수아 11장 15절에 "여호와께서 그의 종 모세에게 명령하신 것을 모세는 여호수아에게 명령하였고 여호수아는 그대로 행하여 여호와께서 모세에게 명하신 모든 것을 하나도 행하지 아니한 것이 없었더라"고 합니다. 주님은 모세에게 복종한 여호수아를 하나님에게 복종했다고 여겨 주셨습니다.

명령하기만 좋아하는 사람은 명령에 복종하는 법을 모릅니다. 사람에게 복종하는 것을 배우지 못한 사람은 하나님의 명령에 순종하는 것도 배울 수 없습니다. 성도의 인생에는 부모이든지 배우자이든지 상사이든지 누구를 통해서든 하나님께서 하시는 명령이 있다는 것을 알아야 합니다. 남편이 알코올중독자입니까? 그 힘든 남편을 통해서도 하나님이 명령하시는 것이 있습니다. 누구를 통해서든 하나님은 말씀하십니다. 그 명령에 적극적으로 순종할 때 나에게도 명령할 권한이 주어지는 것입니다.

- 하나님이 내게 주신 약속은 무엇입니까? 매일의 크고 작은 사건에서 그 약속을 기억하고 있습니까? 남편이 알코올중독자입니까? 자녀가 속을 썩입니까? 내 가정에, 내 교회에, 내 직장에 어떤 환난이 왔습니까? 그 일을 통해 주님이 하시는 명령을 잘 듣고 있습니까? 내가 들어야 할 하나님의 명령은 무엇이고, 누구를 통해 그 명령을 들어야 합니까?

여호수아의 일은 당시 모세의 대변자였던 대제사장 아론의 역할과 비교하면 막중한 것이 아닐 수도 있습니다. 그럼에도 아론보다는 여호수아가 모세와 더 가까웠던 것으로 보입니다. 모세가 시내산에 오를 때 아론과 그의 아들들과 여러 장로도 동행했지만, 십계명을 받는 자리에는 여호수아만 데리고 올라갔기 때문입니다.

왜 모세에겐 형인 아론보다 여호수아가 더 편한 사람이었을까요? 거기에도 이유가 있습니다. 아론은 모세가 십계명을 받는 40일 동안 시내산 밑에서 금송아지를 섬겼습니다. 그리고 모세가 돌아와서 야단을 치자 백성을 탓했습니다. 반면에 여호수아는 그 40일 동안 산에서 혼자 기다리는 훈련을 받았습니다. 지도자 훈련 중에는 이처럼 혼자 시간을 잘 가지는 것도 포함됩니다.

제가 남편을 보내고 혼자가 된 지 벌써 30년이 지났는데 그동안 시간이 어찌 갔는지 모르겠습니다. 저는 종일 혼자 있어도 외롭거나 힘들지 않았습니다. 말씀을 보고 기도하며 하루하루 보냈더니 세월이 그야말로 화살같이 흘러갔습니다. 그렇다고 제가 혼자만 지내면서 잘난 척하는 것은 아닙니다. 혼자 있는 시간을 잘 보낼 수 있게 되니까 다른 사람과 있는 시간도 즐겁습니다.

그런데 예수를 믿어도 혼자 있는 시간을 힘들어하는 성도들이 참 많습니다. 여러분도 혼자 있을 때 시간을 어떻게 보내는지 생각해 보기 바랍니다. 몸이 배배 꼬여서 술을 마시거나 누구라도 만나려고 하지는 않습니까? 혼자 있는 시간을 잘 보내는 사람은 다른 사람과 있을 때도 잘 보냅니다. 반면에 혼자 있는 시간을 힘들어하는 사람은 다른 사람하고도 시간을 잘 못 보냅니다.

또한 여호수아는 모세가 말을 다 마치고 진중에 돌아간 후에도 항상 회막을 떠나지 않았습니다. 이렇게 모세에게 절대적인 충성을 보인 여호수아였기에 모세는 그가 더 편했을 것입니다.

여호수아가 영적 진보를 이루고 있어도 하나님이 여호수아에게는 직접 말씀하지 않으셨습니다. 여호수아는 40년 동안 모세의 수종자 노릇을 하고, 아론의 아랫사람으로 있었습니다. 인간에게는 누구나 자존적인 교만이 있기에 남의 말을 듣기가 어렵습니다. 그럼에도 여호수아가 아랫자리에 있는 훈련을 잘 받았기 때문에 영적 리더십이 주어진 것입니다.

저는 세상적으로 윗자리에 앉아 보지 못했습니다. 높은 지위를 좋아하지도 않았습니다. 날마다 밑에 있는 것을 당연한 줄 알고 살아오다가 칠십이 된 지금은 담임목사라는 자리에 있습니다. 그동안 열심히 종노릇하다가 하나님이 주시는 힘으로 명령을 하는 인생이 된 것입니다. 또 하나님은 방송과 인터넷 등의 여러 매체를 통해 전국의 성도들에게 "말씀 묵상과 가정 중수"를 명령하게 하셨습니다. 하나님께 순종하고 있으면 제가 명령하고 싶어서 하는 것이 아니라 이렇게 저절로 하게 되는 날이 온다는 말입니다.

- '예수님을 믿었는데도 왜 아직도 남의 말을 듣는 처지에 있나' 이런 생각이 듭니까? 지금 내 처지에서 내게 허락하신 상사, 배우자, 시부모에게 순종하는 것이 하나님의 명령을 듣는 것이고, 리더십이 생기는 비결임을 압니까?

진중에 두루 다니며 그 백성에게 명령하여 이르기를 양식을 준비하라 사흘 안에 너희가 이 요단을 건너 너희의 하나님 여호와께서 너희에게 주사 차지하게 하시는 땅을 차지하기 위하여 들어갈 것임이니라 하라_수 1:11

여호수아가 무엇을 명령했습니까? "양식을 준비하라"고 했습니다. 광야에서는 만나로 먹여 주셨지만, 이제는 홀로서기를 해서 떠날 준비를 하라는 것입니다. 비전을 제시한 것입니다. 하나님이 여러분에게 건너기 힘든 그 요단을 건너게 해 주겠다고 약속하십니다. 그렇다면 적어도 여러분이 양식을 준비해야 하지 않겠습니까?

남편이 가고 백성과 더불어 요단을 건너고자 했을 때 저도 사람들에게 양식을 준비해야 한다고 외쳤습니다. "큐티하셔야 해요. 예배 드리셔야 해요." 처음에는 제 이야기를 잘 들어 줬습니다. 그러지 않았으면 제가 그 길을 걸어가지 못할 것 같으니까 하나님이 사람들의 마음을 열어 제 말을 듣게 하셨습니다. 여호수아도 처음에 가자고 했을 때 백성이 잘 들어줬습니다.

하지만 정말 많은 사람이 이 이야기를 안 듣습니다. "사흘 안에 가리라" 해도 아무도 급하지 않습니다. 이제는 허리띠를 졸라매고, 최소한의 양식을 준비하고 떠나야 하는데, 아무도 심각하게 생각하지 않습니다. 지금 많은 주님의 일꾼들이 "술을 끊어 보세요. 담배를 끊어 보세요. 여자를 끊어 보세요. 게임을 끊어 보세요. 그리고 준비하세요"라고 명령해도 심각하게 듣지 않는 겁니다. 사흘이라고 했습니다.

삼 일 안에 떠난다고 합니다. 저는 삼 일, 72시간 동안 큐티를 해 보라고 제안하고 싶습니다. 삼 일만 담배를 끊어 보십시오. 삼 일만 공부를 좀 해 보십시오. 삼 일만 컴퓨터를 끊어 보십시오. 삼 일만 전화로 수다 떠는 걸 끊어 보십시오. 교회에 처음 오신 분들은 세 번만 예배에 참석해 보십시오. 그러면 하나님이 주시는 땅에 들어간답니다! 구체적으로 '삼 일만' 적용해 보십시오. 삼 일만 큐티하고, 삼 일만 기도하고, 삼 일 동안 금식 한번 해 보십시오. 하나님의 이름을 걸고 시작만 해도 안식으로 인도하실 것입니다.

양식을 준비하라고 외치는 영적 지도자의 명령을 들으시기 바랍니다. 내일 어떤 일이 일어날지 모릅니다. 그러니 오늘 들으십시오. 여러분에게 안식을 주기 원하시는 하나님의 말씀을 들으십시오.

- 하나님이 주시는 안식과 땅을 얻기 위해 구체적으로 준비해야 할 양식은 어떤 것입니까? 실질적으로 삼 일을 적용해서 내가 끊어야 할 것은 무엇입니까?

선봉에 설 사람이 필요합니다

12 여호수아가 또 르우벤 지파와 갓 지파와 므낫세 반 지파에게 말
하여 이르되 13 여호와의 종 모세가 너희에게 명령하여 이르기를
너희의 하나님 여호와께서 너희에게 안식을 주시며 이 땅을 너희에

게 주시리라 하였나니 너희는 그 말을 기억하라 14 너희의 처자와
가축은 모세가 너희에게 준 요단 이쪽 땅에 머무르려니와 너희 모
든 용사들은 무장하고 너희의 형제보다 앞서 건너가서 그들을 돕
되_수 1:12~14

요단강을 건너는 것은 혼자는 못 합니다. 인도해 주는 선봉장이 있어야 합니다. 르우벤, 갓, 므낫세 반 지파, 이미 요단 동편에서 땅을 차지한 지파들이 전쟁에서 선봉 역할을 합니다. 이미 땅의 안식에 들어갔던 그들은 후일 요단 서편에 들어갈 때는 다른 지파의 선봉에 서서 싸우고, 그 후에 돌아와서 쉬겠다고 약속을 했습니다(민 32장). 하나님이 우리에게 명예도 주시고 재물도 주시는 것은 그 기득권을 가지고 선봉에 서서 싸우라는 것입니다.

물론 하나님의 성도라면 지체의 짐을 나누어 지는 것이 당연합니다. 요단을 건너기 위해서는 반드시 성도가 서로 연합해야 합니다. 그런데 인간의 심리가 그렇지요. 무엇을 얻기 전에는 내 모든 것을 드릴 것처럼 하나님께 서원 기도도 하고 약속을 남발합니다. 그러다 하나님이 정말 응답해 주시면 딴소리를 합니다. "돈 많이 주시면 남을 위해서 쓰겠다"라고 서원해 놓고는, 막상 돈을 벌고 나면 '처자식에게 들어갈 돈이 너무 많아서……' 하는 소리가 나오는 겁니다. 그러나 하나님에게든지 사람에게든지 약속한 것은 반드시 지켜야 합니다. 돈이, 권력이 세상 최후의 안식이 아니기 때문입니다. 이 세상은 불완전합니다. 나그넷길인 인생에 영원한 안식을 얻으려면 사명을 향해서

앞으로, 앞으로 나아가야 합니다.

요단 동편 지파들이 다른 지파들보다 잘나서 땅을 먼저 얻었습니까? '거저' 얻었습니다. 그러므로 그들이 선봉에 서서 싸우는 것은 자선이 아닙니다. 먼저 받은 은혜를 나누어 주는 것뿐입니다. 그런데 우리는 그것이 참 안 됩니다. 함께 환난과 핍박을 받을 때는 서로 지체였어도, 내가 잘되고 돈과 권력이 생기면 그다음 영적 전쟁에 동참하기가 힘들어집니다.

6·25 동란 때 함께 고생하다가 한 집안은 살림이 피고 한 집안은 여전히 힘들다고 해 봅시다. 잠시는 함께하며 고통을 나눌 수 있겠죠. 그러나 점점 어울리기가 어려워집니다. 형편이 나아진 쪽은 힘든 상대가 부담스럽습니다. 그래서 아예 이사를 가 버립니다. 이미 내 것을 얻었는데 다른 사람을 위해 목숨을 내놓기가 어찌 쉽습니까. 여호수아가 이 모든 것을 이미 간파하고 요단 동편에 기업을 얻은 지파들에게 "이제 약속을 지키라"고 하는 것입니다.

이들이 선봉장에 괜히 뽑혔습니까? 이들은 요단 동편을 보고 매료되어 '여기가 좋사오니' 하며 약속이 땅이 아닌데도 땅을 달라고 졸랐습니다. '불신(不信) 결혼은 하지 말라'고 그토록 들었지만 보기 좋은 목초지가 눈에 띄었습니다. 학벌도 좋고 재산, 용모, 성품, 모든 것을 갖췄는데 딱 믿음만 없습니다. 그러니까 "내가 이 사람하고 결혼만 하면 교회도 잘 가고 신앙생활도 열심히 하겠다!", "내가 하라는 것 다 하겠다!"고 맹세하며 허락해 달라고 합니다. "마음 좋은 사람이니까 내가 믿음으로 이끌겠다"고 하면서 결혼합니다.

그런데 결혼하고 보니까 편한 환경이 너무 좋습니다. 돈 많은데 주일에 교회에 옵니까? 골프 치러 가야죠. 내가 약속한 것이 있어서 뒤통수가 조금 당기지만 돈 많은 배우자랑 놀러 다니는 게 백번 더 좋습니다. 골프장에 가면 'Green green grass'가 펼쳐져 있는데 누가 지겹게 교회에 와서 앉아 있겠습니까. 교회 일 하나 맡으라고 하면 '차차, 나중에' 하면서 차차 마귀가 왕 노릇 합니다. 그러다 하나님께 징계 받고 돌아오면 축복이지요. 고난도 없이 잘살다가 하나님을 영영 떠나 버리는 사람이 제일 불쌍합니다.

그래서 "나중 된 자로서 먼저 되고 먼저 된 자로서 나중 되리라" 고 했습니다(마 20:16). 세상을 부러워할 것 없습니다. 내 옆에 지체가 앞서 나가고 잘되면 부러워하면서 질투까지 하는 성도들이 있습니다. 믿음 없어 보이는 지체의 자녀들은 공부도 잘하고, 결혼도 잘 하는데 나는 아무리 울면서 기도해도 내 자식들은 대학에 떨어지고 시집 장가도 못 갑니다. 그러니 분하겠습니까, 안 분하겠습니까.

그러나 전부 인간적인 생각입니다. 부족해도 안식을 누리는 사람이 있고, 모든 것을 받아도 아무것도 받지 못한 자처럼 힘든 사람이 있지 않습니까? 내 옆에 지체가 먼저 잘되는 것 같아도 하나님이 지금 나에게 주신 그대로가 '가장 좋은 것'입니다.

내가 남보다 먼저 받았으면 섬겨야 할 책임이 있음을 기억하십시오. 하나님은 먼저 받은 자들에게 무장하고 너희 형제보다 앞서 건너가서 그들을 도우라고 명령하셨습니다. 왕따를 당해서 고통 받는 아이가 있으면 공부 잘하는 아이들이 그 친구를 도와야 합니다. 나 자신의 일처럼 여겨야 합니다. 공부해서 남 줍니까? 남 줘야지요. 돈 벌어서 남 줍니까? 남 주어야 합니다.

또한 늦게 받는 사람들은 시기하지 마십시오. 시기할 이유가 없습니다. 나도 곧 받을 것이기에 먼저 받은 사람들을 축복해야 합니다. 나도 곧 받게 될 것을 마음에 그리면서 감사할 줄 알아야 합니다. 남이 잘되면 마음껏 축복해 주십시오. 그래야 나에게 축복이 옵니다.

- 남보다 헌신하고 순종하지 못했는데도 하나님이 먼저 누리게 하신 것들은 어떤 것입니까? 먼저 받은 물질과 지식과 건강으로 교회와 공동체를 섬기며 봉사하고 있습니까? 하나님이 주신 것으로 공동체의 영적 싸움을 돕기는커녕 내가 잘나서 받은 줄 알고 잘난 척하며 지체들에게 상처를 주고 있지는 않습니까?

먼저 된 자 중에 나중 된 자들이 많습니다. 동편의 땅은 아무리 좋아도 예루살렘 성전이 없는 곳이기에 노력하고 노력해도 유혹을 당할 수밖에 없습니다. 동편 지파들은 앗수르의 우상을 숭배하다가 망했습니다. 땅을 먼저 얻었지만 유혹을 이기지 못해 결국 망한 것입니다. 그래서 우리는 항상 있는 그대로 감사해야 합니다.

앞에 말씀드린 왕따 사건처럼 가해자, 피해자를 따지면 분해서 어떻게 삽니까. 그렇게 얽히고설킨 미움과 분노의 삶이 끊어지지 않는 이 땅의 삶을 어떻게 풀어 가야겠습니까? 어떻게 원수 같은 사람을 용서할 수 있겠습니까? 어려운 일에서 진짜 선봉장 역할을 할 수 있는 사람은 자신이 피해자인데도 "내가 모든 것을 용서할 테니 제발 예수 믿어라" 하고 말하는 사람입니다. 그러면 미움의 고리가 끊어집니다. 예수님을 믿는 우리는 이런 선봉장 역할을 해야 합니다.

어떻게 그렇게 할 수 있습니까. 잘못된 가치관으로 남에게 해를 끼친 사람이든, 당한 사람이든 예수님이 없으면 모두가 죄인이라는 것을 생각할 때 다른 사람을 긍휼히 여길 수 있습니다. 사소한 죄라고 해도 도무지 끊지 못하는 나 자신을 보면서 '인생은 100% 죄인'임을 깨달을 때 나도, 남도 용서할 수 있는 사람이 될 수 있습니다. 이런 사람이 진정한 안식을 누리기 위해 선봉의 역할을 하는 사람입니다.

'나는 잘못한 것이 하나도 없는데, 나는 잘해 줬는데 남편이 바람을 피웠어. 나는 공부를 잘했는데 내 자녀는 왜 이 모양이야' 이런다면 가정 문제는 도저히 해결될 수 없습니다. 자녀는 항상 부모의 거울입니다. 자녀만 야단치는 부모치고 잘되는 사람이 없습니다. 자녀가 이상한 길로 걸어가면 눈물 흘리며 회개를 해야지, "인연을 끊자" 이런 말을 해서는 안 됩니다. 문제아는 없습니다. 문제 부모만 있습니다. 내 힘으로 해결할 수 있는 문제는 이 세상에 없습니다. 자녀, 남편, 돈……. 내 맘대로 할 수 있는 것이 아닙니다. 무엇도 내 맘대로 할 수 없습니다. 내가 100% 죄인임을 깨닫고, 내게 주신 것들이 오직 영적인 싸움을 위해 쓰여야 한다는 것을 깨달으십시오. 그래서 내가 먼저 미움의 고리를 끊는 선봉의 역할을 해야 합니다.

• 나는 내게 주신 건강과 물질과 모든 것으로 공동체를 위해 선봉장 역할을

하는 자입니까? 주신 것에 안주해서 누리려고만 하며 공동체의 일을 남의 일 보듯 하지는 않습니까?

지도력이 잘 세워져야 합니다

16 그들이 여호수아에게 대답하여 이르되 당신이 우리에게 명령하
신 것은 우리가 다 행할 것이요 당신이 우리를 보내시는 곳에는 우
리가 가리이다 17 우리는 범사에 모세에게 순종한 것같이 당신에게
순종하려니와 오직 당신의 하나님 여호와께서 모세와 함께 계시던
것같이 당신과 함께 계시기를 원하나이다 18 누구든지 당신의 명령
을 거역하며 당신의 말씀을 순종하지 아니하는 자는 죽임을 당하리
니 오직 강하고 담대하소서_수 1:16~18

노예와 수종자로 80년을 보내면서 산전수전 공중전까지 다 거친 후였기 때문에 94세의 여호수아는 이미 후계자로서 검증이 끝난 상태였습니다. 요단을 건너려면 지도자에 대한 충성이 절대적입니다. 그래서 여호수아와 같은 사람이 세워졌습니다. 우리 집안에도 여호수아와 같은 사람이 세워져야 하고, 내가 여호수아와 같이 세워져야 합니다.

지도자 한 사람을 세우는 것이 얼마나 어렵습니까. 아무리 까다로운 절차를 거쳐 지도자를 뽑아도 최악의 평가를 받는 사람이 참 많

습니다. 강대국 미국의 경우만 봐도 그렇습니다. 미국에서 여론조사를 통해 각 대통령의 평판을 조사했더니 이런 결과가 나왔습니다.

갱단 두목 같은 대통령 : 하딩

백악관보다 목욕탕에서 더 많은 시간을 보낸 대통령 : 태프트

자신이 왜 대통령이 됐는지도 모르는 대통령 : 그랜트, 하딩

인간적인, 그러나 무능한 대통령 : 타일러, 존슨, 그랜트

절대로 뽑히지 말았어야 할 대통령 : 하딩, 그랜트

생각하고 싶지도 않은 끔찍한 대통령 : 닉슨

민주주의 선봉이라 하는 미국에서 국민 선거를 통해 뽑은 대통령인데, 우리 미련한 인생들은 이렇게 실수를 합니다. 미국의 수많은 대통령 중에 존경 받는 지도자로 꼽히는 사람은 워싱턴, 링컨, 루스벨트뿐이라고 합니다.

반면에 제너럴 일렉트릭(General Electric Company) 사의 CEO 잭 웰치(Jack Welch)는 재임 기간의 삼분의 일에 달하는 시간을 후계자 양육에 힘썼다고 합니다. 1994년 6월에 시작된 후계자 선정 작업은 2000년 추수감사절 연휴에야 끝났습니다. 잭 웰치의 CEO 임명 과정의 핵심은 무엇보다 '사람'이었습니다. 그는 일반 회사의 승계 관행을 깨고 후보자들에 대한 일반적 평가도 참조하지 않았습니다. 오직 후보자들과 살을 맞대고 한 사람, 한 사람을 확인하는 작업만 했습니다. 오랫동안 후보들을 알기 위해 노력하고, 그들과 함께하며 약점을 보

완하고 잠재력을 테스트하는 시간을 가졌습니다.

이런 모든 과정을 거쳐 제프리 이멜트(Jeffrey Immelt)가 CEO로 선정됐을 때 전 직원이 동의했다고 합니다. 그만큼 CEO 선정 과정이 성실히 이루어졌음을 방증하는 것입니다. 새로운 CEO가 탄생한 후에도 제너럴 일렉트릭 이사회의 인력평가 회의는 계속된다고 합니다.

우리들교회도 목자 한 사람, 한 사람 얼마나 신중하게 뽑는지 모릅니다. 성경적인 원리로 사람을 세우고자 고민 또 고민합니다. 이렇게 하나님의 뜻대로 사람을 세우니 건강한 교회, 강한 교회가 될 수밖에 없습니다. 학연, 지연, 혈통, 학벌…… 사람을 세울 때 이런 것이 작용해서는 안 됩니다. 우리들교회는 큐티하는 교회이기에 비교적 투명하게 사람이 세워지는 것 같습니다.

또 좋든 나쁘든 이미 세워진 지도자에게는 순종하는 자세가 필요합니다. '나는 아무개가 맘에 안 들어, 그 사람 때문에 아무것도 안 하겠어' 이런다면 지도자의 자질이 없는 것입니다. 가족이 마음에 안 든다고 버리고 갈 수 없는 것처럼 공동체 안에서 순종 훈련이 안 되면 지도자의 자질을 갖출 수 없습니다.

백성이 따르는 지도자가 되는 것은 쉽지 않습니다. 전투를 할 때 지도력이 바로 세워지지 않으면 승리하기가 어렵습니다. 그렇다면 어떻게 지도자를 세워야 합니까. 지도자를 세우고 뽑는 데는 하나님의 말씀대로 적용하는 방법밖에 없습니다. 큐티를 하면 선거를 할 때도 누구에게 표를 던져야 할지 분별이 됩니다. 내 고향, 혈통, 학벌…… 이런 것이 들어가면 안 됩니다. 17절에 "당신의 하나님 여호와께서 모세와 함께 계시던 것같이 당신과 함께 계시기를 원하나이다" 한 것처럼 지도력의 핵심은 경력이나 학력이 아니라 하나님이 함께 하시는 사람입니다.

지도자에게 절대적으로 순종하지 않으면 죽임을 당한다고 했습니다. 요단강을 건너가는데 여호수아의 말을 순종하지도 않고 사흘 동안 양식을 준비하라는 말도 듣지 않고, 선봉에 서지도 않으면 죽음이 기다리고 있다는 것입니다. 그만큼 이 일에 우리의 안식과 행복이 달려 있습니다. 우리에게 안식과 행복이 없다면 죽은 것이나 마찬가지 아닙니까. 그러므로 지도자를 따르고 순종하는 자를 주님이 축복하실 수밖에 없습니다. 그것을 방해하는 자는 하나님의 진노를 면치 못할 것입니다.

여호수아는 위로는 하나님의 격려를 아래로는 백성의 절대적인 지지를 받으면서 지도자로서 사역을 시작했습니다. 하나님의 부르심의 사명을 알지 못하는 사람은 집에서도 존경을 받을 수 없습니다. 돈 번다고 인정받을 것 같습니까? 아무리 재벌 회장이라도 하나님을 믿지 않으면 그저 불쌍한 인생일 뿐입니다. 지도자에게는 하나님의 부르심의 사명을 깨닫는 것과 함께 공동체의 인정을 받는 것이 절대적으로 필요하다는 것을 오늘 말씀을 통해 보여 주십니다.

어떤 집사님의 나눔입니다. 남편이 바람을 피우다가 결국 회사도 그만두었다고 합니다. 그래서 집에 있는 김에 아이 좀 봐 달라고 하니까 남편은 "내가 그럴 시간이 어디 있느냐"며 화를 냈습니다. 순간 속이 부글부글 끓었지만, 남편이 회사를 그만뒀다고 그동안 안 해 주던 것을 해 주기 바란 것이 욕심이었다고, 남편을 대적하는 것은 하나님을 대적하는 것인데 하나님 말씀 따라 순종하길 원한다고 했습니다.

항상 사소한 것에서부터 하나님의 뜻을 발견하고 순종해야 합니다. 거기에서 요단강을 건너는 실마리가 잡힙니다. 그럴 때 가정과 직장에서도 하나님의 격려와 가족과 공동체 구성원들의 지지를 받는 리더십이 세워질 것입니다. 언제나 사소한 것에 순종하면서 하나님의 말씀을 청종하여 요단강을 건너가는 여러분 되기를 축원합니다.

- 나라와 공동체의 지도자를 선출할 때 어떤 기준으로 표를 행사합니까? 아무 확신도 없이 남의 말에 혹해서 뽑아 놓고는 비판과 불평을 일삼고 있지는 않습니까? 하나님의 뜻을 구하며 기도로 뽑은 지도자이기에 절대적으로 순종하고 있습니까?

구체적으로 '삼 일만' 적용해 보십시오.
삼 일만 큐티하고, 삼 일만 기도하고,
삼 일 동안 금식 한번 해 보십시오.
하나님의 이름을 걸고 시작만 해도
안식으로 인도하실 것입니다.

우리들 묵상과 적용

이북이 고향이신 부모님은 6·25 때 월남하신 후 자수성가하셨습니다. 아버지는 본부인의 불임으로 두 집 살림을 시작하셨고, 첩을 통해 사 남매를 낳으셨습니다. 그중 장녀였던 저는 생후 3일 만에 본부인인 지금의 어머니에게 보내졌습니다. 어머니가 두 분인 것이 수치스러울 때도 있었지만, 첩의 자식인 저에게 헌신하시는 어머니의 모습을 보며 부모님을 천사처럼 여겼습니다. 부모님과 달리 저는 의지력도 책임감도 없어 어떤 일도 끝까지 완수한 적이 없었습니다. 이런 저의 실체와 낮은 자존감을 집 밖에서는 들키고 싶지 않아 외모를 치장하는 데 몰두했습니다. 그러나 정작 필요한 믿음의 양식은 하나도 준비하지 않았기에 초혼과 재혼 모두 이혼으로 끝이 났습니다(1:11). 그제야 그동안 여호와의 명령을 거역하며 말씀에 순종하지 않은 지난 죄를 회개하게 되었습니다(1:18). 이후 하나님은 남편과의 재결합이라는 요단을 건너게 하시고, 제게 주사 차지하게 하신 땅과 같은 가정을 다시 세워 주셨습니다(1:11).

얼마 전 아흔이 넘으신 아버지와 본부인 어머니는 단기 기억력 감퇴와 치매 초기 진단을 받으셨습니다. 워낙 명철하신 분들이기에 안타까운 마음이 들었지만, 무엇을 해야 할지 몰라 막막했습니다. 그러다 안전을 위해 부모님 댁에 CCTV를 설치하고 살펴보던 중 어머니가 봉투 속 돈을 하루에도 수십 번씩 세어 보시는 모습에 예수님을 모르던 때의 불안한 제 모습이 생각나 마음이 무너졌습니다.

어머니를 요양원에 모시는 것이 하나님의 보호하심과 다스리심에 순종하는 길이라고 생각했지만, 자식 된 도리를 다하지 못한다는 정죄감이 저를 괴롭혔습니다. 말씀 앞에 엎드려 간구하는 제게 하나님은 평생을 절제하며 준비한 돈의 지배에서 벗어나지 못하는 어머니의 인생을 이해하도록 도와주셨습니다. 또한 여전히 친정의 돈에 의지하는 저의 죄를 깨닫고 회개하니 정죄감에서도 벗어나게 되었습니다. 그뿐 아니라 어머니의 병이 우리 집안의 남은 구원을 위해 하나님이 허락하신 일이며, 이 또한 제가 차지할 믿음의 땅이라고 생각되어 담대함도 생겼습니다(1:11).

여호와께서 주시는 안식을 앞서 경험한 후 감정에 치우치지 않고 어머니를 위해 해야 할 준비를 하자, 하나님은 저희 집에서 10분 거리에 있는 요양원으로 길을 인도해 주셨습니다(1:15). '사흘 안에 이 요단을 건너 너희의 하나님 여호와께서 주시는 땅에 들어갈 것'이라는 말씀처럼(1:11), 일사천리로 요양원에 들어가게 되신 어머니를 보며 하나님을 의지함이 최고의 지혜임을 깨닫습니다. 어머니가 하나님을 만날 때까지 말씀으로 무장하고 앞서가는 제가 되길 기도합니다.

영혼의 기도

하나님 아버지, 예수님을 믿고도 건너야 할 무서운 요단강이 제 앞에 있습니다. 부부간에, 부모 자식 간에 문제가 있습니다. 성폭력과 따돌림과 가난의 문제가 있습니다. 도무지 사랑할 수 없는 사람들이 집안에 있습니다.

주님, 하지만 '사흘 안에' 요단강을 건너가리라 말씀하시오니 그 말씀을 약속의 말씀으로 받습니다. 그렇다면 이제 내가 준비해야 할 최소한의 양식이 무엇인지 알기를 원하며 진중에 두루 다니며 외치는 리더의 말을 듣기 원합니다. 지도자의 말, 믿음의 선배의 말을 듣기 원합니다. 양식을 준비하기 위해 구체적으로 삼 일만 술을 끊어 보기 원합니다. 담배를 끊어 보기 원합니다. 컴퓨터 게임, 음란 동영상을 끊어 보기 원합니다. 나의 못된 가치관을 끊어 보기 원합니다. 더 나아가서 큐티를 하고 기도 생활을 하기 원합니다. 목장예배, 구역예배에 참석해 보기를 원합니다. 주님의 말씀을 따라 이렇게 예비하려고 할 때 안식을 주실 줄 믿습니다. 시작이 반이라고 했으니 이제 시작하기를 원합니다. 함께해 주옵소서.

돈과 지위와 지식으로 내게 주어진 기득권이 있다면 그것으로 다른 힘든 지체들을 돕게 하옵소서. 하나님의 말씀으로 기도로 물질로 돕기를 원합니다. 이때를 위해 돈도, 명예도, 권력도 주시고, 큐티의 능력과 기도의 능력도 주신 줄 믿습니다. 형제를 위해 이 모든 것을 주었다고 하셨사오니 앞장서서 돕기를 원합니다.

오늘도 주님이 찾아오셔서 가정의 힘든 요단을 건너가게 하옵소서. 나 혼자의 힘으로는 건널 수 없사오니 서로 눈물로 기도하고 격려하면서 두렵고 무서운 요단강을 같이 건너기를 원합니다. 이 모든 것이 하나님이 나에게 주신 명령인 것을 깨닫고 우리 모두 가나안에 입성할 수 있도록 은혜를 내려 주옵소서. 예수님 이름으로 기도하옵나이다. 아멘.

Chapter 3

탐색전: 싸우기 전에 정탐하라 여호수아 2:1~7

하나님 아버지, 우리 인생에서 이모저모로 전쟁이 찾아옵니다.
많은 전쟁 가운데서 주님 앞에 나아가며 전쟁의 주인은 하나님이심을
고백합니다. 말씀하여 주시옵소서. 듣겠습니다.

미국 한 대학의 연구진이 인간의 거짓말에 관한 실험을 했습니다. 서로 만나 본 적 없는 200명의 성인을 모집해 둘씩 짝을 지은 뒤 10분 동안 자유롭게 이야기를 나누도록 했습니다. 그 후 참가자들에게 "대화 중에 거짓말을 한 적이 있는가?" 물어보았더니, 그중 60%가 "크고 작은 거짓말을 두세 가지 했다"고 답했습니다. '당신 참 멋있다', '만나서 반갑다'라는 거짓말이 가장 많았고, 허위 경력을 내세운 사람도 있었습니다.

그렇다면 거짓말은 몇 살부터 할까요? 같은 연구진이 2~3세의 아이들을 대상으로 또 다른 실험을 했습니다. 아이 뒤편에 장난감을 두고 "절대 보지 말라"고 한 뒤 잠시 혼자 두었습니다. 그중 뒤돌아본 아이에게 "뒤돌아보았느냐?"고 물었더니 모두 아니라고 대답했다고 합니다. 연구 결과, 2살 아이의 65%가 '혼나지 않으려고', 또는 '다른

사람에게 상처를 주지 않으려고' 거짓말을 한다고 했답니다. 연구진은 "남이 거짓말하지 않을 거라고 기대하기보다 거짓말에 속지 않는 지혜가 필요하다"라고 조언했습니다.

또 유명한 신학대학원의 교수 한 분이 '거짓말 박사'였습니다. 이 분이 거짓말을 잘해서 박사가 되었을까요? 그런 게 아닙니다. 이분이 유학을 갔는데 지도교수가 거짓말에 관한 주제로 박사 학위 논문을 써 보라고 했답니다. 제2차 세계대전 당시 독일 경찰들이 성도들의 집으로 와서 "저항운동을 한 사람이 숨어 있느냐?"고 물어봤을 때 성도들은 "없다", "모른다"라고 거짓말을 했습니다. 그런데 전쟁이 끝난 후에 "우리가 비록 사람의 목숨을 구하기 위해 거짓말을 했지만 이건 문제가 있지 않느냐" 하는 반성이 일어났다는 겁니다. 그래서 그 상황에 대해 논문을 써서 박사 학위를 받았다고 합니다.

라합과 정탐꾼의 이야기가 담긴 이 본문을 놓고, 많은 사람이 라합이 거짓말을 한 것이 옳은가, 아닌가를 이야기합니다. 어떤 목사님은 "라합이 선한 일을 하기는 했지만 거짓말한 것은 잘못이다, 우리는 주의 일을 할 때 거짓말을 하지 않도록 하자"고 설교했다고 합니다.

하지만 이 본문을 통해 우리에게 주시는 가르침이 그런 것일까요? 성경을 읽는 것은 하나님과 대화하는 것입니다. 그런데 자꾸 대화의 초점을 못 맞추면 안 됩니다. 본문 말씀에서 라합이 정탐꾼을 살리기 위해 거짓말을 하는 것이 옳은가 아닌가를 따져 보는 것이 하나님의 관심 사항일까요? 그런 것 같지는 않습니다. 그러면 하나님의 관심 사항이 무엇일까요? 여기에 주목하면서 말씀을 한번 읽어 봅시다.

상황 판단을 철저히 해야 합니다

눈의 아들 여호수아가 싯딤에서 두 사람을 정탐꾼으로 보내며 이르되 가서 그 땅과 여리고를 엿보라 하매 그들이 가서 라합이라 하는 기생의 집에 들어가 거기서 유숙하더니_수 2:1

눈의 아들 여호수아가 두 사람의 정탐꾼을 여리고로 보냈습니다. 급박한 상황입니다. 지금 약속의 땅을 얻지 못하면 백성들과 자녀들이 살 땅을 갖지 못하기 때문에 정탐꾼을 보내서 그 땅을 엿봐야 할 상황입니다.

우리는 오늘도 너무나 긴박한 위험 속에 있습니다. 2001년 9월 11일 국제 테러리스트인 오사마 빈 라덴(Osama bin Laden)의 지휘 아래 미국의 월드트레이드센터가 폭파되었습니다. 일촉즉발의 위기 속에서 행해진 테러로 결국 미국과 이라크와의 전쟁이 발발되었습니다. 지금도 나라 간의 전쟁은 끊이지 않고 있습니다. 또 올림픽에서는 금메달을 따려고 얼마나 선수들이 전쟁을 합니까? 온몸이 만신창이가 되도록 전력투구하며 전쟁을 치릅니다.

한 젊은 그리스도인이 회사에 취직을 했습니다. 연봉 1억 원을 목표로 돈을 벌기 위해 동료를 짓밟는 일을 서슴없이 합니다. 예수님을 믿기 때문에 정직하게 행동하고 양보하는 것은 이미 미덕이 아닙니다. 그건 회사 내 생존경쟁에서 손해를 보는 짓일 뿐이죠. 거짓말을 조금 보태서 수입을 잡는 것은 지극히 당연한 일이고, 해외 연수를 가서 모두 윤락업소를 찾는데 혼자 거룩한 척하고 있으면 왕따를 당하기 십상입니다. 직장도 전쟁터입니다.

남편이 15살 된 의붓딸을 성폭행하자 부인이 고소했습니다. 그런데 남편이 무죄 판결을 받자 부인이 판사한테 손가락을 잘라서 보낸 사건이 있었습니다. 더 놀라운 것은 삼촌(시동생)도 그 여자아이를 성폭행했다는 겁니다. 우리가 그런 시대에 살고 있습니다. 예수님 없는 사람이 무슨 짓은 못하겠습니까. 가정이 전쟁터입니다.

하루는 라디오를 듣는데, 아이들이 초팅, 중팅, 고팅이라고 또래끼리 인터넷으로 채팅을 한답니다. 그런데 그냥 채팅이 아니라 PC 카메라를 이용해 화상 채팅하면서 서로 "윗옷을 벗어 봐라, 아래옷을 벗어 봐라" 이런다는 겁니다. 아이들은 이런데, 부모들은 아이들이 뭘 하고 있는지도 모릅니다. 모르면서 그냥 "음란한 것 보지 마라, 나쁜 데는 가지 마라" 타이르기만 합니다. 이런 기가 막힌 전쟁터에서 살고 있는데 "나는 컴퓨터 할 줄 몰라" 이러면서 사태의 긴박성을 모르는 겁니다. 가만히 교양 있게 있으면 우리 아들딸들이 거룩해집니까? 실제적인 전쟁을 치러야 합니다.

힘들고 상처 많은 우리가 모였기에 목장(구역 모임) 또한 전쟁터입니다. 이런 목장이 모여 있으니까 교회 또한 전쟁터입니다. 사탄이 교회 내의 연약한 자, 무지한 자, 강퍅한 자를 이용합니다. 교회를 약화시키기 위해 못하는 짓이 없습니다. 교회 평판을 나쁘게 만들면 그것이 곧 하나님에게 손해가 된다는 것을 사탄은 너무나 잘 알고 있습니다.

이 사태의 심각성을 우리는 알아야 합니다. 우리는 전쟁 중에 있습니다. 지금 라합이 거짓말을 하는가 안 하는가가 중요한 것이 아닙니다. 우리가 얼마나 위급한 시대에 살고 있는지를 인식해야 한다는 겁니다. 현실과 타협하면 문제가 간단해집니다. 힘든 전투를 할 필요가 없습니다. 하지만 우리가 이렇게 힘든 전투를 해야 하는 것은 약속을 성취하기 위해서입니다. 하나님이 주겠다고 약속하신 땅에 들어가기 위함입니다. 그래서 우리 성도를 둘러싸고 있는 이 위험한 사태의 심각성을 인식하고 정탐해야 하는 것입니다.

- 내가 속한 사회와 가정이 영적으로 긴박한 위험에 있음을 인식하고 있습니까? 기막힌 전쟁 중에 하나님의 약속을 기억하고, 날마다 현실과 타협하지 않기 위해 말씀을 묵상하며 기도합니까?

2장 1절을 개역한글판으로 보면 여호수아가 정탐꾼을 '가만히' 보내어 여리고를 엿보라 명령했다고 기록돼 있습니다. 1장에서 여호수아가 "평생에 너를 능히 대적할 자가 없고, 어디로 가든지 너와 함께하겠다"는 하나님의 대단한 격려와 약속을 받았지만, 이제 할 일은 양식을 준비하고 '가만히' 정탐하는 일입니다. 강하고 담대한 마음을 가지고 나니 주님은 나가서 싸우라고 하지 않으시고 "가만히 정탐하라"고 하십니다. 이것이 주님의 처방입니다. 자신감이 너무 넘칠 때가 제일 위험한 때라는 것을 아시기 때문입니다.

주님이 여호수아에게 가만히 엿보라고 하신 것은 38년 전 정탐을 보냈다가 실수한 것 때문입니다. 그 일 때문에 38년 동안이나 가나안 입성이 지연되었습니다.

가나안으로 들어가기 위한 구체적인 첫 관문이 '여리고'입니다. 그래서 우리는 여리고를 잘 정탐해야 합니다. 입시 전쟁에서 기도만 하면, 내가 예수 믿었다고 하면 힘든 요단강이 쫙 건너집니까? 가나안 땅이 내 것이 됩니까? 아닙니다. 예수님을 믿었기에 이제는 내 미래를, 내 적성을 생각하고, 전망을 생각하고 정탐을 해야 합니다. 배우자를 고른다고 해도 성품을 생각하고, 문화를 생각하고, 기질을 생각하고, 성실도를 생각하고 정탐해야 합니다. 전도할 때도 저 사람의 직분이 무엇인가, 성품이 어떤가를 정탐해야 합니다. 큐티를 하고 나누기 위해서도 각자 교회의 형편을 생각해 봐야 합니다. 무엇이든지 정탐을 해야 합니다.

성령이 충만한 정탐꾼들은 정탐을 위해 기생 라합의 집을 택했습니다. 이스라엘의 율법으로는 기생집에 들어가는 것은 간음죄에 해당합니다. 하지만 여호수아가 모세의 수종자로서 모세의 일만 생각했듯이, 이들도 여호수아의 명을 받은 대로 오해와 비난에 관계없이 정탐만 하면 된다고 생각하고 라합 집에 들어갔습니다.

이처럼 구원을 위해서는 순간순간 결정을 잘 해야 하고 나의 욕심을 내려놓아야 합니다. 항상 '구원'을 염두에 두고 결정하면, 지금 당장은 손해 보는 것 같아도 나중에 지나고 나서 보면 나를 위한 가장 좋은 결정이었다는 것을 알게 됩니다.

우리들교회 홈페이지 큐티 나눔 게시판에서 이런 글을 보았습니다. 바람을 피우다가 직장까지 그만둔 남편이 핸드폰 요금을 안 내서 끊겼다며 핸드폰을 자신한테 집어 던졌답니다. 돈이 없어서 못 냈다고, 그래도 전화 끊길까 봐 이미 통장에 돈을 넣었다고 하는데도 핸드폰을 집어 던지는 남편을 보면서 순간 화가 차올랐답니다. 그런데 '말세에 순교는 혈기 안 부리는 것'이라는 제 설교를 기억하고는 가만히 방에서 나갔다고 합니다. 이런 결정이야말로 구원을 위한 결정 아닙니까? 나만 억울한 것 같아도 결국 그 결정이 사실 나를 위한 가장 좋은 결정입니다. 구원으로 이어지기 때문입니다.

미국의 정신과 의사인 제랄드 메이(Gerald G. May)는 "우리가 안전을 위해 믿고 있는 세 가지 신이 있다. 그것은 소유와 권력과 인간관계다"라고 했습니다. 예수를 믿어도 열심히 소유와 권력과 인간관계를 갖춰 놓고 그다음에 예수를 믿는다는 겁니다. 소유와 권력과 인간관계가 하나님 자리에 가 있는 것입니다.

그런데 생각해 보십시오. 오늘 암 선고를 받고, 사형선고를 받았는데 무엇을 내세우겠습니까? 학교 졸업장입니까? 자녀입니까? 권세입니까? 배우자나 부모가 어느 자리에 있다는 것을 내세우겠습니까? 죽기 직전에 나한테 필요한 것은 하나님 나라에 속한 진정한 지체들입니다. 아무것도 필요 없는 겁니다. 자녀에게 일류 교육을 받게 했다고 해도 그 졸업장이 나하고 무슨 상관이 있습니까? 내가 일류 대학을 나왔다고 해도 죽게 생겼는데 그 졸업장이 무슨 상관이 있느냐는 겁니다.

죽음에 이르는 자리에 가 봐야 우리는 겨우 구원을 중심으로 결정합니다. 언제 죽을지 모르는 전쟁 중에, 오늘 나를 도와줄 사람은 부모도 아니고 배우자도 아닙니다. 고관대작도 아닙니다. 오직 하나님 나라에 속한 자입니다.

세상 사람들은 여리고가 무서우니까 권세 있는 자, 대단한 사람이 나를 도와줄 거라고 생각하겠지만 그렇지 않습니다. 정탐꾼들은 성령이 충만해서 이런 하나님 나라의 원리를 알고 분별력이 생겼습니다. 복음은 이렇게 비천하고 아무것도 없어 보이는 라합 같은 자에게 들고 갈 때 결실을 맺게 돼 있습니다. 복음을 위해, 하나님 나라를 위해 나를 도와줄 사람은 라합 같은 사람입니다. 내가 불쌍한 사람에게 복음을 들고 갔을 때, 결국 그 사람이 나를 돕게 됩니다. 그래서 배우자를 택할 때도, 직장을 택할 때도 겉모습은 허술하지만 그 안에 있는 믿음을 볼 수 있게 해 달라고 기도해야 합니다.

C.S. 루이스(C.S. Lewis)는 "감정이 내키지 않아도 남이 돌보지 않는 사람, 싫은 사람을 사랑하기로 결정하고 노력하면 신기하게도 그 사람이 사랑스러워진다"라고 했습니다. 여러분도 한번 경험해 보십시오. 내가 비천하게 여기던 사람을 사랑하는 것, 이것이 사람을 얻는 비결입니다.

한 소설가는 "이해는 내면적 안목에서 비롯되는 것이고 오해는 외형적 안목에서 비롯된다. 이해는 자신이 걸레가 되기를 선택하는 것이다. 걸레는 더러움을 닦아 내기 위해서 자신의 살을 헐어야 한다"고 했습니다.

정탐꾼은 걸레처럼 비참하게 여겨지는 기생 라합에게서 숭고함을 보았습니다. 살면서 이렇게 믿음의 사람을 알아볼 수 있다는 것이 얼마나 축복인지 모릅니다. 정탐꾼과 라합은 서로 딱 알아봤습니다. 부부간에, 부모 자식 간에, 친구와 형제 사이에 이렇게 믿음의 코드가 맞는 만남을 갖는 것이 축복입니다. 서로 믿음의 코드가 맞으면 어떤 힘든 일도 헤쳐 나갈 수 있습니다. 돈이 있고 없고는 문제가 아닙니다. 서로 하나가 된다면 아무리 큰 전쟁 중이라고 해도 승리할 수 있습니다.

- 오늘 시한부 선고를 받았다면 무엇을 내세우겠습니까? 죽을 수밖에 없는 위기 상황에서 누구를 찾고 만나겠습니까? 어려움 속에서도 구원이 이루어지는 것 때문에 서로 박수를 치며 기뻐할 믿음의 지체들이 있습니까?

두려워하지 않습니다

2 어떤 사람이 여리고 왕에게 말하여 이르되 보소서 이 밤에 이스라
엘 자손 중의 몇 사람이 이 땅을 정탐하러 이리로 들어왔나이다 3 여
리고 왕이 라합에게 사람을 보내어 이르되 네게로 와서 네 집에 들
어간 그 사람들을 끌어내라 그들은 이 온 땅을 정탐하러 왔느니라
_수 2:2~3

미리 그 땅을 정탐하고 얻음으로써 하나님의 약속을 성취하려고 하는데, 고발자가 있고 체포조가 있습니다. 예수님을 믿고 너무 기뻐서 성경 속의 약속을 내 삶으로 옮겨 오려고 합니다. 내 삶에서 구원의

약속을 성취하려고 합니다. 그래서 남편과 자녀, 사랑하는 식구들에게도 복음을 전하기 위해 정탐을 합니다. 그랬더니 고발자가 나타났습니다. 내가 예수님을 믿는다고 해서 사람들이 다 좋아하는 게 아닙니다. 예수님을 믿으면 반드시 고발자가 있습니다. 고발자가 있으니까 체포조가 당장 달려옵니다. 시누이가 고발을 하면 시어머니와 시아버지가 체포조가 되어 "네가 예수 믿었어? 우리가 어떤 집안인데" 하면서 막 달려옵니다.

우리가 사는 이 시대는 위험하기만 한 것이 아니라 실제로 나를 잡으려고 달려오기도 하는 곳입니다. 집집마다, 나라마다, 직장마다 고발자가 있고 체포조가 있습니다. 하지만 나를 체포하러 오는 사람들은 자기가 하는 일을 모르기에 그런 일을 하는 겁니다. 대제사장, 바리새인, 서기관들이 예수님을 죽이려고 십자가에 못 박았을 때, 주님은 "저들을 사하여 주옵소서. 자기들이 하는 것을 알지 못함이니이다"라고 하셨습니다(눅 23:34). 교회를 다닌다고 해도 복음을 제대로 모르니 예수 믿는 나를 그렇게 핍박하는 겁니다.

육적인 일만 그런 것이 아닙니다. 큐티 모임과 같은 영적인 일에도 고발자가 있고 체포조가 있을 수 있습니다. 제가 평신도 시절에 큐티 세미나를 하러 갔을 때, 성도들은 좋아하는데 그것을 일러바치는 사람이 있었습니다. 그래서 교회의 최고 강자인 분들이 가장 비참한 라합 같은 저를 잡으러 와서 끌어내리려고도 했습니다. 제가 그런 일을 당하기도 했습니다. 너무 좋은 일이어도 고발자가 있고 체포조가 있었습니다.

사실 정탐꾼에 비하면 여리고는 얼마나 강합니까? 모든 것을 갖추고 있습니다. 그런데 왜 두 정탐꾼을 무서워할까요? 두려움이 바로 사람의 본성이기 때문입니다.

〈대장금〉이라는 드라마 이야기를 좀 하겠습니다. 주인공인 장금이와 한상궁은 최상궁에 의해 모함을 받아 누명을 뒤집어쓰고 옥에 갇힙니다. 죽어 가는 한상궁에게 최상궁이 찾아왔을 때, 한상궁이 이렇게 추궁합니다.

"네가 그랬지? 날 이렇게 모함한 것은 너지? 명희(장금의 어머니)도, 나도, 장금이도 모두 죽음으로 몰아넣은 것이 너지? 너 맞지?"

그러자 최상궁은 "아니야. 모든 것은 너희가 자초한 거야. 명희도 너도 장금이도 다 살 수 있는 기회가 있었어. 그러나 기회를 박탈한 것은 너야. 너 스스로야. 왜? 내게 몸을 맡기지 않은 죄, 권력에 몸을 숙이지 않은 죄. 그러니까 이제는 제발 그냥 조용히 가 줘. 내가 다시는 이런 일을 하지 않도록 가 줘"라고 대답합니다.

타협을 하지 않으니까 끊임없이 이런 문제가 생깁니다. 치를 떠는 한상궁에게 최상궁은 마지막으로 이렇게 말합니다.

"자네에게 명희가 그렇게 아픔이라면 나에게는 명희가 두려움이야."

그렇습니다. 우리는 두려움 때문에 정탐꾼같이 힘없는 사람을 잡아 죽이는 일을 벌입니다. 식구들이 왜 예수 믿는 나를 핍박합니까. 두려워서 그러는 겁니다. 두려워서 시아버지가 며느리를 핍박하고 남편이 아내를 핍박합니다. 내가 아무것도 아닐 것 같으면 왜 나를 체포하고 고발하겠습니까?

남이 나를 고발하는 것도 문제이지만, 스스로를 고발하고 정죄하면서 자기 감옥에 갇혀 있는 사람들이 더 큰 문제입니다. 사실 시어머니가, 남편이, 아내가 괴롭힌다고 말하는 사람들은 영적으로 건강한 사람들입니다. 그런데 자기 자신을 괴롭히는 사람, 자신의 세계에 갇혀 있는 사람은 약도 없습니다. 이런 사람들이 가장 몸이 상하는 사람들입니다.

- 내가 예수 믿고 기뻐하는 것을 두려워해서 온 집안에 소문내어 고발하고 체포하러 달려오는 사람은 누구입니까? 고발자와 체포조가 강할수록 예수님을 믿는 내가 얼마나 가치 있는 존재인지를 깨닫고 있습니까? 환경과 감정에 따라 스스로를 고발하고 가두며 구원의 은혜와 감격을 저버리지는 않았습니까?

라합을 만나야 합니다

4 그 여인이 그 두 사람을 이미 숨긴지라 이르되 과연 그 사람들이
내게 왔었으나 그들이 어디에서 왔는지 나는 알지 못하였고 5 그 사
람들이 어두워 성문을 닫을 때쯤 되어 나갔으니 어디로 갔는지 내
가 알지 못하나 급히 따라가라 그리하면 그들을 따라잡으리라 하였
으나_수 2:4~5

고발자가 있고 체포조가 있는데, 이미 숨겨 준 라합이 있습니다. 이때 만약 라합이 거짓말하면서 숨겨 주지 않았으면, 정탐꾼들은 죽음의 자리에 이르렀을 것입니다. 고발을 하고 체포조가 달려오는데 어떻게 살 수 있었겠습니까.

라합은 위험을 무릅쓰고 하나님 편에 섰습니다. 우리는 라합처럼 하나님 편에 서야 합니다. 하나님 편에 서면 절대 손해 보지 않습니다. 제 책 중에 『복 있는 사람은』이라는 제목이 있는데, 어떤 집사님이 "우리가 팔복을 택하면 육복(육적인 복)도 받게 된다"고 해석해 주었습니다.

- 내 신앙생활을 돕는 라합은 누구입니까? 위험을 무릅쓰고서라도 라합이 되어 하나님 편에 서야 할 사건은 무엇이며, 숨겨 주어야 할 지체는 누구입니까?

하지만 하나님 편에 선다고 해서 당장 이익이 나는 것은 아닙니다. 위험이 있습니다. 배신자라는 비난도 받고 거짓말을 해야 할 일도 있습니다. 우리가 최선을 다하기를 원하지만 그러지 못할 때 차선을 택합니다. 어떤 사람은 어떤 경우에도 거짓말을 하면 안 된다고 합니다. 어떤 상황이든 우리가 주의 말씀에 따라 참을 말하면 그다음은 주님이 책임져 주실 것이라고 주장합니다. 과연 그럴까요?

성경의 2대 거짓말이라고 하는 라합의 거짓말을 보며 악의의 거짓말은 안 되고 선의의 거짓말은 괜찮다고 할 수 있을까요? 믿음의 분량이 안 되는 사람이 선의의 거짓말을 해서 얼마나 다른 사람을 곤혹스럽게 만드는지 모릅니다. 누군가에게 치명적인 상처가 될 수도 있습니다.

인간적으로 보면 라합의 거짓말은 여리고를 죽이는 거짓말입니다. 여리고 입장에서는 매국노로 볼 수 있습니다. 우리는 100퍼센트 죄인이어서 선한 결정을 할 수가 없습니다. 그럼 이런 상황에서 어떻게 해야 올바른 걸까요?

거짓말이면서 거짓말이 아닌 실화를 하나 이야기하려고 합니다.

초대교회 시대에 그리스도인에 대한 박해가 심했습니다. 당연히 교회 나가는 것이 금지되고, 특별히 성찬식에 참여하는 것은 아주 무서운 범죄로 여겨졌습니다. 성찬식에서 예수님의 피를 기념한다고 하니까 예수 믿는 사람들은 피를 좋아한다는 이상한 오해를 불러일으켰기 때문입니다.

그런데 어느 날 한 소녀가 성찬식에 참여하려고 길을 가다가 군인에게 붙잡혔습니다. 군인이 어디에 가느냐고 다그쳐 물었습니다. 순간 선의의 거짓말을 하고 싶은 충동이 일어났지만, 소녀는 하나님 앞에서 선의의 거짓말도 하고 싶지 않은 순결한 마음 때문에 잠시 기도를 했습니다. 그리고 이렇게 대답했습니다.

"얼마 전에 저희 큰오빠가 돌아가셨어요. 그래서 오늘 가족들이 모여서 큰오빠의 유언장을 읽기로 했어요. 오늘은 그 큰오빠를 기념하기로 작정한 날이에요."

이 말을 들은 군인은 빨리 가라고 소녀를 보내 줬습니다.

이 소녀의 말이 거짓말입니까, 아닙니까? 우리가 하나님께 기도할 때 아버지라고 하니까 우리는 하나님의 자녀이고, 예수님도 하나님의 아들이시니까 촌수를 따져 보면 큰오빠 아닙니까? 십자가에서 돌아가신 큰오빠(?)를 기념하고, 큰오빠의 유언장인 성경 말씀을 낭독하지 않습니까? 그러니 거짓말이라고 하기는 어렵지 않을까요? 힘든 고난과 빠져나가기 어려운 상황 속에서도 이렇게 당당하게 말하고 살아남을 수 있는 지혜가 있어야 합니다. 옳고 그름을 따지다가 하나님을 신뢰하는 일을 놓칠 수 있다는 것을 명심하십시오.

그런데 누구라도 무서운 사람 앞에서는 거짓말이 나오게 마련입니다. 안 당해 본 사람은 모를 겁니다. 그리스도인을 박해하는 로마가 너무나 무섭기 때문에 요한계시록에는 숫자와 환상으로 말씀이 기록되지 않았습니까? 로마 같은 존재, 무서운 사람 앞에서 우리가 어떻게 솔직한 이야기를 하겠습니까. 그래서 저는 거짓말하는 사람을 봐도 "어떻게 거짓말을 할 수 있어요!" 이런 소리가 안 나옵니다.

저도 로마처럼 두려운 남편과 살면서, 선의의 거짓말이라고 하면서 죄책감도 없이 얼마나 거짓말을 많이 했는지 모릅니다. 남편이 병원에서 통근 버스를 타고 저녁 6시 '땡' 하면 집에 도착합니다. 그런데 어떤 날은 온종일 교회에 있다가 저녁 5시 55분에 집에 와서 5분 동안에 얼른 홈웨어로 갈아입고, 화장을 지우고, 머리도 약간 헝클어뜨리고 딱 앉아 있는 겁니다. 그리고 남편이 들어와서 "오늘 종일 뭐 했어?" 하고 물으면, "하루 종~~일 집에 있었어요" 제가 이랬습니다.

그런 거짓말을 밥 먹듯이 하면서 전혀 죄의식도 없었습니다. 왜 거짓말을 했겠습니까. 남편이 제가 외출하는 걸 너무 싫어하고 무섭게 화를 니니까 그럴 수밖에 없었습니다.

그런데 애들이 어렸을 때는 몰라도 조금 자라니까 상황이 달라졌습니다. 제가 이사 가서 사람들을 쫙 모아 놓고 성경 공부를 하고 있을 때입니다. 남편이 집에 전화를 했습니다.

"지금 뭐 하고 있어?"

"그냥 혼자 가만히 있어요."

이렇게 말하는데 옆에 있던 딸이 저를 빤히 쳐다보는 겁니다. 빤한 거짓말을 하는데, '이건 아니다'라는 생각이 들었습니다. 하나님은 딸아이를 통해 선의의 거짓말도 안 된다는 것을 가르쳐 주셨습니다. 저도 자신이 없을 때는 거짓말을 자꾸 했지만, 점점 자신이 생기니까 그런 거짓말도 안 하게 됐습니다.

어떤 경우에도 거짓말은 옳은 것이 아닙니다. 우리가 거짓말을 하는 것은 두렵고 당당하지 못해서인데, 하나님은 어떤 경우라도 자신의 자녀들을 보호하실 수 있는 분입니다. 그러니 그것을 믿고 진실을 말하라는 것입니다. 거짓말을 안 해서 위험에 처했더라도 하나님이 지켜 주신다는 믿음이 필요합니다. 그래서 거짓말을 안 하는 것이 믿음의 지표라고 할 수 있습니다.

- 내가 습관적으로 하는 거짓말은 무엇입니까? 가족을 전도하지 못해 교회 일로 자꾸 거짓말하게 되는 것을 애통하며 회개합니까? 어떤 상황에서도 진실을 말할 때 주님이 나를 지켜 주실 것을 믿습니까?

감사하는 마음으로 정탐합니다

6 그가 이미 그들을 이끌고 지붕에 올라가서 그 지붕에 벌여 놓은
삼대에 숨겼더라 7 그 사람들은 요단 나루터까지 그들을 쫓아갔고
그들을 뒤쫓는 자들이 나가자 곧 성문을 닫았더라_수 2:6~7

라합이 정탐꾼들을 어디에 숨겼습니까? 지붕에 벌여 놓은 삼대 속에 숨겼습니다. 숨기는 했지만, 안방에 편안하게 숨은 것이 아닙니다. 삼대는 세마포를 짜는 재료인데 실로 만들어지기 전 삼의 줄기 상태를 말합니다. 그 삼대를 지붕 위에 벌여 놓았던 것입니다.

우리가 신앙생활을 한다고, 큐티를 한다고, 교회에 나온다고 갑자기 편안해집니까? 그렇지 않습니다. 누군가에게 쫓기는 위험한 상황에 처했을 때 나를 도와주는 사람의 말을 듣고 올라갔더니 거기가 편안히 쉴 곳이 아니라 지붕 위입니다. 삼대가 널려 있는 곳입니다.

하지만 그곳은 햇빛이 있고, 바람도 잘 통하는 곳입니다. 숨이 쉬어지는 곳입니다. 내가 말씀대로 순종하면 더 힘들 것 같아도 그곳이 숨이 쉬어지는 곳이라는 말입니다. 할렐루야! 말씀이 있는 곳이 숨이 쉬어지는 곳입니다.

그런데 우리는 그놈의 안방 타령을 계속합니다. 하나님이 어련히 알아서 햇빛 비치고 바람이 잘 통하는 지붕 좋은 곳으로 피할 곳을 주셨을까요? 게다가 삼대로는 세마포를 짤 수 있습니다. 예수님이 돌아가셨을 때 세마포를 입으셨습니다. 또한 세마포는 대제사장이 입

는 옷이기도 하지요. 그 세마포를 짤 수 있는 삼대 속에 하나님이 나를 보호하고 계시니 이 얼마나 감사한 일입니까!

그런데 애굽 사람들은 물이 풍성한 나일강이 있으니까 비가 와도 감사한 줄 모릅니다. 메마른 광야에 있으면 비가 한 방울만 떨어져도 숨이 쉬어지고 너무 감사할 텐데 말입니다. 감사가 없다면 광야로 나가야 합니다. 감사를 모르는 나일강이, 편안한 안방이 좋은 환경이 아닙니다. 말씀이 있고 지체가 있는 곳이 숨이 쉬어지는 환경입니다.

라합만 보아도 그렇지 않습니까. 이제 여리고는 죽음을 앞두고 있습니다. 하나님께서 그들을 멸하기로 작정하셨습니다. 그런데 그 중에서 유대인도 아닌 이방인, 이방인 중에서도 당시 천하게 여겨지던 여자, 여자 중에서도 기생인 라합이 구원됐습니다. 그러니 구원에는 정말 차별이 없습니다.

우리가 매주 교회를 오간다고 해서 모두 구원 받는 것은 아닙니다. 여리고에서 구원 받은 가정은 기생 라합의 집밖에 없다는 것을 기억하십시오. 여리고의 수많은 집 중에서 라합의 집을 정탐꾼들이 찾아갔습니다. 우리에게는 이런 성령의 만남이 중요합니다.

우리들교회에는 어렵고 힘든 분들이 많습니다. 저는 그분들 때문에 하나님이 우리들교회를 축복하신다고 생각합니다. 사무엘서를 보면 엘리 제사장과 그 아들은 대단한 직분을 가졌어도 하나님의 심판을 받았습니다. 하지만 그 시절에 첩 브닌나에게 무시 받던 여인, 자녀를 낳지 못해 고통 받던 한나의 눈물의 기도를 들으시고 하나님은 이스라엘 교회의 명맥을 이어 가셨습니다.

아무리 고통 가운데 있고 어려워도, 원망하거나 미워하지 않고 날마다 구원을 위해 기도하는 사람이라면 어떻게 힘든 사람이라고 할 수 있겠습니까? 그분들이 영적으로 너무나 건강하기 때문에 다른 힘든 사람들을 살립니다. 아무리 비천해 보여도 라합처럼 다른 사람을 살립니다. 초대교회 성도들은 로마의 지하 공동묘지 카타콤에 숨어 살면서도 믿음의 명맥을 이어 갔습니다. 로마를 기독교 국가로 변화시켰습니다. 나의 고난이 얼마나 많은 사람을 살리는지 모릅니다. 한나 한 사람의 눈물의 기도가 이스라엘 교회를 살렸는데 우리들교회에 지금 그런 사람이 몇 명이나 있는지 모릅니다. 그분들 덕분에 우리가 다 살아납니다.

하나님은 우리의 육적인 성전이 무너지는 것만큼 영적인 성전을 지어 주십니다. 어떤 힘든 일이 와도 하나님이 지붕 위 삼대에 숨기셔서 햇빛과 바람이 통하는 그곳에서 숨 쉬게 하십니다. 마침내 힘든 요단을 건너서 가나안 땅에 다 같이 들어가 이제 곧 옛이야기를 할 날이 오게 될 것을 믿습니다.

진짜 기가 막힌 사람은 좋은 환경에서도 감사할 줄 모르고 불평하는 사람입니다. 무엇을 봐도 불행의 씨만 찾아내는 사람입니다. 아무리 환경이 좋으면 뭐 합니까? 날마다 자기 감옥에 갇혀 스스로를 고발하고, 스스로를 체포하고, 그래서 라합이 숨겨 주겠다고 하는데도 고마운 줄을 모릅니다. 여리고처럼 다 죽어 갈 수밖에 없는 사람들이 우리 옆에 있습니다. 그런 가족과 지체들을 위해 우리는 라합처럼 하나님 편에 서서 기도해야 합니다.

이 본문 말씀을 읽으면서 "거짓말을 하지 말자"는 적용에만 머물러서는 안 됩니다. 성도의 삶은 늘 긴박한 위험에 싸여 있습니다. 지금 누가 나를 고발하고 있습니까? 누가 나를 체포하려고, 우는 사자와 같이 나를 삼키려고 두루 찾아다닙니까? 하지만 하나님은 협력자를 통해, 교회를 통해, 또 지체들을 통해 내 옆의 천사를 통해 지붕 위 삼대 속에 나를 숨기십니다.

비천해 보여도 영적으로 나를 도울 사람, 라합의 집에서 유숙하기로 결단하기를 바랍니다. 인생을 사는 동안에 나보다 힘든 사람들을 돕기로 결단하기 바랍니다. 나를 도와줄 사람은 돈 많은 친정이 아닙니다. 돈 많은 남편도 아닙니다. 돈 많은 시댁도 아닙니다. 나를 도와줄 대상은 오직 주님밖에 없습니다. 그런데 주님이 비천해 보이는 기생 라합을 통해 우리를 도우신다는 말입니다. 오늘도 나보다 힘든 사람을 향해 갈 때 하나님이 나에게 보고(寶庫)를 여시고 육복(육적인 복)도 허락해 주실 것입니다.

- 피할 곳을 내시는 주님의 말씀, 나를 돕는 영적 지도자의 판단에 즉각 순종합니까? 말씀의 지붕 위가 불편하고 창피해서 안방 타령만 하고 있지는 않습니까?

우리들 묵상과 적용

친정아버지는 어머니가 돌아가신 후 새엄마 손에 이끌려 일곱 살 때부터 교회에 다니셨고, 신학교까지 가셨지만 경제적인 어려움 때문에 중퇴를 하셨습니다. 아버지는 교회에서는 한없이 마음 좋은 분이지만, 집에서는 엄격하고 불같은 혈기를 보이셔서 청소년기에는 그런 아버지를 많이 원망했습니다. 미워하면서 닮는다고, 제가 결혼하고 아이들을 낳아 키우면서 아버지의 모습이 제 안에 있음을 보았습니다. 그래서 이 시대의 순교는 혈기 부리지 않는 것이라는 말씀을 들으며, 저의 혈기로 눌려 있던 아이들에게 입 다무는 적용을 했습니다.

아버지는 처음 교회에 오셨을 때는 말씀이 들리지 않아 갈등도 하셨지만, 73세의 연세에도 양육 훈련을 받으시면서 말씀이 들리기 시작하셨고, 정탐꾼들이 자신들을 도와줄 라합을 알아보았듯이 교회와 목장예배를 아주 좋아하셨습니다(2:1). "너희들에게 그렇게까지 엄하게 할 필요가 없었는데……"라며 후회도 하시고 엄마를 대신해 손수 설거지와 집안 청소도 하셨습니다. 가족을 배려하는 삶으로 바뀌셨지만 그런 아버지가 왠지 측은하게 여겨지기도 했습니다. 아버지는 사위에게 컴퓨터를 배워 독수리 타법으로 교회 홈페이지에 목장 보고서도 열심히 올리셨습니다. 사업이 망했을 때에도, 당뇨로 두 번의 수술을 받으시는 가운데서도 라합처럼 하나님에 대한 지식과 경외로 늘 감사와 평안을 잃지 않으셨습니다. 그런데 몇 년 전 아버지가 뇌경색으로 쓰러지셨습니다. 몸의 한쪽에 마비가 왔지만 하나님이 언어 기능을 살려 주셔서, 목장 지체들의 안부와 목사님의 설교 말씀을 들려드리면 어린아이처럼 눈물을 보이며 좋아하셨습니다.

아버지는 병상에서 당신의 삶을 돌아보시며 죄에 빠질 뻔했던 순간들, 하나님이 지켜 주신 순간들을 많이 이야기해 주셨습니다. 저도 아버지로부터 물려받은 혈기 때문에 아이들을 힘들게 했던 일들, 아버지를 많이 원망했던 일들을 말씀드리며 그렇지만 지금은 아버지를 존경하고, 무엇보다도 "예수님을 알게 해 주셔서 정말 감사하다"는 말씀을 드렸습니다. 돌아가시기 나흘 전 목사님을 모시고 임종 예배를 드릴 때에도 아버지는 목사님의 말씀에 또렷하게 "아멘"으로 화답하셨습니다. 하나님의 편에 서서 정탐꾼을 숨겨 준 라합처럼 예수님을 생명처럼 사랑하고 떠나신 아버지의 삶을 구원의 약속으로 받으며, 저도 남은 시간 사명을 위해 살기로 다짐해 봅니다(2:4).

영혼의 기도

아버지 하나님, 우리 인생이 너무나도 긴박한 위험에 싸여 있는 것을 알았습니다. 내가 예수님을 믿고 매우 기뻐하는데 그것을 칭찬하는 것이 아니라 끊임없이 고발하는 사람이 있고, 체포조가 있다는 것을 알았습니다.

하지만 아무리 그런 사람이 있다고 할지라도 라합이라는 협력자를 통해 하나님이 저를 지붕 위 삼대 속에 숨겨 주시는 은혜를 알았습니다. 그곳이 햇빛 비치고 바람 잘 통하는 가장 좋은 곳인데 저는 편안한 안방만 생각하면서 날마다 주님께 불평합니다. 주님, 내가 돈이 없고, 병들고, 아무것 없어도 말씀을 들을 수 있다는 것만으로도 숨이 쉬어지는 인생인 것을 알게 하여 주시옵소서. 숨이 쉬어지는 곳에서 기도하는 그 한 사람 때문에 하나님이 나를 축복하시고, 우리 가정을 축복하시고, 교회를 축복하시고, 나라를 축복하시는 것을 믿습니다. 행복한 자리에서도 날마다 불행의 씨만 찾아내지 않도록 도와주옵소서.

어려운 요단강을 건너고 가나안 땅에 들어가기 위해 정탐을 잘하게 도와주옵소서. 오늘 부부간에, 부모 자식 간에, 회사에, 형제간에 어떤 전쟁이 있다고 할지라도 라합처럼 하나님의 편에 서기를 원합니다. 하나님이 누군가를 통해 나를 도우시니 모든 일에 감사하며 내게 있는 문제를 온전히 주께 맡기기를 원합니다. 오직 주님만이 우리의 구원자이며 피난처이심을 믿습니다.

그리고 저보다 더 어려운 사람들을 도울 수 있기를 원합니다. 그것이 사람을 얻는 비결이고 내가 구원을 얻는 비결임을 알았습니다. 힘든 사람들에게 나눠 줄 것만 있는 인생임을 고백하며 앞으로, 앞으로 나아갈 수 있도록 우리를 축복해 주옵소서. 예수님 이름으로 기도하옵나이다. 아멘.

Chapter 4

결사 항전: 생명이 선포된다, 강청 기도 여호수아 2:8~24

하나님, 모든 인생이 전쟁을 치릅니다. 저마다 치러야 할 전쟁이 있습니다. 오늘 붉은 줄의 비밀을 깨닫고 이 전쟁에서 놓여 참 평강을 누릴 수 있도록 말씀하여 주시옵소서. 주님, 찾아오시옵소서.

남편이 가고 한 달 정도 지났을 때 어느 기도회에 참석하게 됐습니다. 처음 만난 분들과 기도 제목을 나누고 서로 기도해 주는 중에 어떤 분이 이렇게 말했습니다.

"우리 애는 꼭 서울대에 붙어야 해요. 그것 때문에 너무 안타까워요." 그래서 제가 말했습니다.

"이제 입학시험 직전이니까 모든 걸 주님께 맡기세요. 한 달 전에 갑자기 남편이 세상을 떠났는데도 저는 이렇게 중보기도 하러 오지 않았습니까?"

그랬더니 그분이 하시는 말씀이,

"남편 죽은 것하고 자식 문제하고 어떻게 비교가 돼요?"

이러시는 겁니다. 그때 제가 30대여서 아직 아이들 입시를 안 치러 봐서 모른다면서 말이죠.

또 다른 분도 아들의 입대를 앞두고 상심에 빠져 있기에 제가 남편의 구원 사건을 전하면서 "평강을 누리시길 기도한다"고 했습니다. 그러니 이분도 대뜸 "남편하고 아들하고 같아요!" 하시더군요.

이분들과 제가 무슨 차이가 있을까요? 어찌 보면 더 큰 고난을 당한 제가 어떻게 다른 고난당한 사람을 위로하게 되었을까요. 어떤 차이일까요? 그 비밀을 오늘 말씀에서 찾아봅시다.

생명이 선포되기 위해서는 때를 알아야 합니다

여리고 성의 모든 집에 이미 죽음이 선포되었습니다. 피할 길은 없습니다. 여러분 가운데 "여리고가 왜 죽어야 하느냐! 하나님은 너무나 불공평하지 않으신가?" 하고 생각하는 분이 있을지도 모르겠습니다. 성경을 잘 모르는 사람이 꼭 따집니다. 그래서 성경의 역사를 알 필요가 있습니다.

하나님이 아브라함을 갈대아 우르에서 불러내셔서 "모든 족속이 너로 말미암아 복을 얻고, 네 자손이 하늘의 별과 바닷가의 모래와 같이 많을 것이라"고 축복해 주셨습니다(창 12:1~3, 22:17). 그리고 "가나안 모든 족속을 네가 물리치리라"고 하시면서 그 약속은 아브라함의 때가 아닌 '네 자손이 애굽에 가서 400년 동안 훈련을 받은 뒤'라고 하셨습니다. '가나안의 죄악이 아직 가득 차지 않았다'는 것이 그 이유입니다(창 15장). 하나님은 그때부터 400년 동안 기다려 주셨는데도, 가나안은 돌아오지 않았습니다. 결국 '죄악이 가득 차서' 그들은 멸망할 수밖에 없었던 것입니다. 그리고 가나안의 첫 성이 바로 '여리고'입니다. 하나님이 몇백 년을 기다려 주셨는데, 여리고가 망하는 것을 불공평하다고 할 수 있겠습니까?

이것은 여리고에만 해당되는 이야기가 아닙니다. 모든 사람은 100퍼센트 죄인입니다. "의인은 없나니 하나도 없으며, 깨닫는 자도 없고 하나님을 찾는 자도 없다"고 했습니다(롬 3:10~11). 그리고 "죄의 삯은 사망"입니다(롬 6:23). 그러므로 어떤 인생도 사형을 면제 받을 인생은 없습니다. 날짜만 모를 뿐, 오늘 지구상의 수십억 인구가 사형 집행일을 향해 걸어가고 있습니다. 100년 뒤에 살아 있을 인생이 여기 누가 있습니까?

결국 죽을 수밖에 없는 우리이고, 죽을 수밖에 없는 여리고입니다. 그런데 기생 라합의 집, 한 집만 구원을 받았습니다. 세상적으로 보면 심판 받아야 할 대상 1호가 바로 음행을 저지른 기생 라합 아니겠습니까? 그런데 라합은 어떻게 생명을 선포 받았을까요?

> 또 그들이 눕기 전에 라합이 지붕에 올라가서 그들에게 이르러
> _수 2:8

라합은 분명 '그리스도 예수 우리 주 안에 있는 영생'이라는 구원의 비밀을 알았습니다(롬 6:23). 구원의 비밀을 아는 사람은 때가 얼마나 중요한지 압니다. 정탐꾼 두 사람이 '눕기 전에' 라합은 지붕에 올

라가서 그들에게 말했습니다. 이 밤이 지나면 그들이 떠날지도 모르기 때문입니다. 그래서 그들이 눕기 전에 라합은 자신과 가족의 구원을 위해 구원 요청을 한 것입니다. 두 사람이 "눕기 전"은 라합에게는 절체절명의 기회였습니다.

옛 노래 중에 김추자 씨가 부른 〈늦기 전에〉라는 노래가 있습니다. 오늘 중요한 것이 "눕기 전에"입니다. 구원의 기회가 다 지나가고 있는데 몰라서 붙잡지 못할 수 있습니다. 예수님이 십자가에 못 박혀 죽으실 때도 한편 강도는 구원을 받았지만, 다른 편 강도는 구원의 기회를 놓쳤습니다(눅 23장). 수로보니게 여자는 개와 같은 취급을 당하고 무시를 받으면서도 "개들도 제 주인의 상에서 떨어지는 부스러기를 먹는다"고 호소하면서 구원의 기회를 놓치지 않았습니다(마 15장).

저도 급성 간암으로 갑자기 사형선고를 받은 남편에게, 그가 영원히 눕기 전에 그 밤에 구원을 강청했습니다. 그 밤에 제가 잤으면 어찌 되었겠습니까? 아무 말 안 했으면 어찌 되었겠습니까? 죽을병에 걸렸다는 말을 당사자에게 왜 알리느냐고, 왜 살 소망을 끊어 버리느냐고, 왜 그렇게 경솔하냐고 모든 식구가 저를 나무랐습니다. 하지만 항상 다수의 의견이 옳은 것은 아닙니다. 그 밤에 제가 몇 시간을 놓쳤으면 어찌 되었겠습니까?

라합이 "눕기 전에" 그 기회를 놓쳤다면 2천 년이 넘는 역사 속에서 믿음의 조상으로 기억이 됐겠습니까? 구원의 계보를 이었겠습니까? 눕기 전에, 나의 모든 식구가 눕기 전에, 나의 부모가 영원히 눕기 전에, 내 자녀들이 눕기 전에 오늘 가서 구원의 줄을 붙들어야 합니다. 그 사람이 인정하든 인정하지 않든, 받아들이든 받아들이지 않든 나는 가서 구원을 강청해야 합니다.

• 내가 놓치지 말아야 할 구원의 시간인 "눕기 전에"는 언제입니까? 체면과 두려움 때문에 구원의 기회를 외면하고 있지는 않습니까?

> 14 그 사람들이 그에게 이르되 네가 우리의 이 일을 누설하지 아니
> 하면 우리의 목숨으로 너희를 대신할 것이요 여호와께서 우리에게
> 이 땅을 주실 때에는 인자하고 진실하게 너를 대우하리라 15 라합
> 이 그들을 창문에서 줄로 달아 내리니 그의 집이 성벽 위에 있으므
> 로 그가 성벽 위에 거주하였음이라 16 라합이 그들에게 이르되 두
> 렵건대 뒤쫓는 사람들이 너희와 마주칠까 하노니 너희는 산으로 가
> 서 거기서 사흘 동안 숨어 있다가 뒤쫓는 자들이 돌아간 후에 너희
> 의 길을 갈지니라_수 2:14~16

생명을 얻으려면 '때'가 참 중요합니다. 그래서 본문에서 주님은 거듭거듭 '때'에 대해 말씀하십니다.

"여호와께서 우리에게 이 땅을 주실 때"까지 비밀을 누설하지 말라고 합니다(2:14). 때가 될 때까지 누설하지 않아야 할 말이 있습니다. 그러기 위해서는 인내가 필요합니다. 구원이라는 작품을 만들려면 때에 따라서는 라합처럼 거짓말도 해야 할 때가 있고, 누설하지 말아야 할 것도 있습니다. 내 이야기를 오픈하는 것도 조심스럽게 해야 하

고, 다른 사람 이야기는 함부로 오픈해서는 안 됩니다.

또 창문에서 줄로 달아 내리는 용기가 필요할 때가 있습니다(2:15). 정탐꾼처럼 사흘을 숨어 있어야 할 때도 있습니다(2:16). "하나님을 믿는데 비굴하게 숨기는 왜 숨어!" 하고 쉽게 말할 수 있는 게 아닙니다. 돌진할 때가 있고, 숨어야 할 때가 있고, 오픈해야 할 때가 있고, 누설하지 않아야 할 때가 있습니다.

때를 아는 것이 큰 지혜입니다. 항상 하나님 편에 서서 결정을 해야 이 지혜가 나옵니다. 신앙은 '때'를 아는 것이라고 해도 과언이 아닙니다. 때를 아는 사람, 그래서 자신이 설 자리와 서지 말아야 할 자리를 구분하는 사람이 매력 있고 지혜 있는 사람입니다.

- 구원을 위해 해야 할 말과 하지 않아야 할 말, 해야 할 때와 하지 말아야 할 때를 분별하고 있습니까? 어떤 상황에서도 때에 맞는 말씀으로 복음을 전할 준비가 되어 있습니까?

생명은 믿음의 고백과 함께 옵니다

2장 1절부터 7절까지 요단을 건너기 위해 여호수아가 정탐꾼을 보내고, 고발자가 나타나고, 체포조가 왔습니다. 숨 가쁘게 진행이 되는데 갑자기 8절에서 이야기가 끊겼습니다. 높이 10미터 두께 11미터인 여리고 성 요새에서 두 정탐꾼이 어떻게 빠져나갔는지보다 더 중요한 이야기가 있기 때문입니다. 바로 라합의 신앙고백입니다. 그 믿음의 고백이 8절부터 14절까지 나오고, 그다음 15절부터 다시 정탐꾼의 이야기가 이어집니다.

라합의 고백이 왜 중요할까요? 이 고백으로 그녀가 사형을 면제받았기 때문입니다. 개역성경에서는 정확하게 표현되지 않았지만, 히브리어는 단수 '나'와 복수인 '우리'가 뚜렷하게 구분되어 쓰였습니다. '나'와 '우리'를 잘 구분하면서 8절부터 11절까지 다시 읽어 보겠습니다.

> 8 또 그들이 눕기 전에 라합이 지붕에 올라가서 그들에게 이르러
> 9 말하되 여호와께서 이 땅을 너희에게 주신 줄을 **내**가 아노라 **우리**
> 가 너희를 심히 두려워하고 이 땅 주민들이 다 너희 앞에서 간담이
> 녹나니 10 이는 너희가 애굽에서 나올 때에 여호와께서 너희 앞에
> 서 홍해 물을 마르게 하신 일과 너희가 요단 저쪽에 있는 아모리 사
> 람의 두 왕 시혼과 옥에게 행한 일 곧 그들을 전멸시킨 일을 **우리**가
> 들었음이니라 11 **우리**가 듣자 곧 마음이 녹았고 너희로 말미암아
> 사람이 정신을 잃었나니 너희의 하나님 여호와는 위로는 하늘에서
> 도 아래로는 땅에서도 하나님이시니라_수 2:8~11

라합은 우선 하나님이 하신 일에 대해 고백했습니다. 여리고 성의 모든 사람이 이스라엘을 인도하신 하나님이 어떤 하나님인지 들었습니다. 홍해를 가르고, 대단한 아모리 왕을 물리친 이야기를 들었습

니다. 그러면서 "아, 이건 사람의 힘이 아니구나. 살아 계신 하나님이 하시는 일이구나" 하는 것을 그들도 알고 있었습니다.

"우리가 듣자 곧 마음이 녹았고, 정신을 잃었나니"라고 했습니다. 마음이 녹았고 정신을 잃은 사람은 누구입니까? 우리입니다. 그런데 "우리"가 다 듣고 놀랐지만, "너희 하나님 여호와는 위로는 하늘에서도 아래로는 땅에서도 하나님"이신 것을 고백하고 하나님 편에 서겠다고 고백한 사람은 누구입니까? "나", 라합입니다.

다른 사람들은 아무리 마음이 녹고 정신을 잃어도 하나님 앞에 무릎을 꿇지는 않았습니다. 그런데 이방 기생 라합이 신앙고백을 한 것입니다. 한 번도 본 적이 없는 모세가 이스라엘 백성을 향해 가르친 내용을, 모세에게 직접 들은 이스라엘 백성도 고백하지 못하는 이 기가 막힌 신앙고백을, 전혀 생각지 못한 이방 기생이 한 것입니다. 정탐꾼들이 도리어 이 이방 여인에게서 하나님의 말씀을 듣고 위로와 도전을 받았을 것입니다. "여리고는 반드시 무찔러야 할 곳이구나" 하면서 힘을 얻었을 것입니다.

라합은 하나님에 대해 정확히 알고 있었습니다. 우리에게 어떤 문제가 생겨도 하나님에 대해 정확히 아는 것이 문제의 답입니다. 하나님의 말씀을 아는 길은 학력이나 권세, 나이에 있는 것이 아닙니다. 하나님이 계시해 주셔야만 알 수 있습니다. "믿음은 들음에서 나며 들음은 그리스도의 말씀으로 말미암았느니라"고 했습니다(롬 10:17).

다른 여리고 사람들도 하나님에 대한 소문을 이미 들었습니다. 그런데 라합처럼 말씀을 듣고 살아나는 것이 아니라 그것을 남의 이야기로 들었습니다.

마가복음 5장에 보면, 예수께서 군대 귀신 들린 자를 고치사 귀신들을 돼지 떼에 옮겨 가게 하셔서 이천 마리 돼지가 몰사하는 이야기가 나옵니다. 온 마을의 골칫덩어리였던 귀신 들린 자가 고침 받고 살아났으니 이 얼마나 기쁜 일입니까. 그러나 마을 사람들은 그저 이천 마리 돼지를 잃은 것만 아까워서 예수님께 떠나시기를 간구합니다. "예수님, 능력이 대단하시네요. 은혜는 받았습니다. 하지만 더는 손해 보기 싫으니 나가 주세요" 한 것이죠. 지금 여리고 사람들이 이러고 있는 겁니다.

우리에게도 수많은 간증이 흘러넘칩니다. 암에 걸려도 감사하고, 부도가 나도 감사하고, 무서운 남편과 시부모도 사랑하고 감사하고, 남편이 실직을 해도 감사하고, 아이가 가출해도 감사하고……. 이런 간증을 계속 우리가 듣고 있습니다. 하지만 속으로는 이럽니다.

'내가 암 걸리면 어떻게 하지? 내가 저렇게 술 먹는 남편 만나면 어떻게 하지? 저런 시부모 만나면 어떻게 하지? 아휴~ 저 집 아들이 우리 아들이 아닌 게 너무 다행이야.'

간증을 들으면서 나도 그런 일을 당할까 봐 두려운 겁니다. 부도가 나서 말씀을 깨닫고 승리하는 간증을 수없이 들었건만, 나한테 조금 비슷한 사건만 와도 여리고 사람들처럼 금세 간담이 녹고 덜덜 떨리는 겁니다. 바람피운 남편도 사랑하고 용서하는 간증을 그리 많이 들었는데도, 내 남편이 술집에 갔다는 얘기만 들어도 잠이 안 옵니다. 말씀으로 승리한 간증을 수없이 들었는데, 막상 내 남편, 내 자식 이야기가 되면 다들 정신이 나가서 간담이 녹고 자유함이 하나도 없습니다. '내가 다 알아, 다 들었어, 목사님 간증 한 번만 더 들으면 백 번이다 백 번!' 이러다가 자기한테 사건이 닥쳐오면 덜덜 떨면서 정신을 못 차립니다. 한 번만 더 들으면 백 번인데, 그렇게 들어도 자기 사건은 해결이 안 되는 겁니다. 이만큼 실전은 힘이 듭니다.

- 지금 나에게 심히 두렵고 간담을 녹게 하는 일은 무엇입니까? 고난 중에 승리한 간증을 들으며 고난만 두렵고, 승리하게 하신 하나님을 못 보고 있지는 않습니까?

여리고 사람들과 라합의 차이는 무엇입니까? 여리고 사람들은 두렵지만 마지막까지도 믿는 구석이 있습니다. 높이 10미터, 두께 11미터인 여리고 철벽, 이 벽을 보루로 삼고, '그래도 여기를 누가 들어오겠어? 누가 이 성벽을 무너뜨리겠어?' 합니다. 사람들은 생각 이상으로 소유와 권력과 인간관계를 신뢰합니다.

하지만 라합은 여리고 왕에게는 없는 하나님을 정탐꾼들 속에서 보았습니다. 왕이라 할지라도 하나님이 부르시면 유언 한마디 못 하고 갈 수밖에 없는 인생이라는 것을 알았습니다. 대단한 여리고 왕이 아니라 초라한 정탐꾼들이 자신과 가족을 구원할 사람이라는 것을 알았습니다.

그런데 라합이 잘나서 믿음의 사람을 보았겠습니까? 위대해서 보았을까요? 라합이 비천했기에, 마음이 곤고했기에 하나님을 볼 수 있었습니다.

수년 전 청주여자교도소에 말씀을 전하러 다녀온 적이 있습니다. 당시 여자 죄수 700명이 모여 있던 곳인데 제 모임에 400명이 참석했습니다. 그중에는 몇십 명의 사형수도 있고, 교도소 안에서 생을 마감해야 할 사람들도 많이 있다고 했습니다. 그래도 외모가 이상한 사람은 한 명도 없었습니다. 모두 예쁘고 얼굴이 밝았습니다.

사회적 범죄를 저지르지 않은 제가 그분들에게 '어떻게 말씀을 전할 것인가' 기도를 많이 하고 갔습니다. 제가 가서 "인생은 100퍼센트 죄인이다"라는 주제로 말씀을 전했습니다. 로마서 3장 말씀을 전하면서 연쇄 살인범인 게리 리지웨이 사건으로 설교를 시작했습니다.

"우리가 다 환난당하고 빚지고 원통해서 죄를 지었습니다. 그런데 여러분은 누군가가 복음을 전해 주지 않아서 환난당하고 빚지고 원통했을 때 그냥 본능대로 행해서 이 자리에 있는 것이고, 교회 다니는 사람들은 그 직전에 주님을 알아서 교회에 앉아 있는 것입니다. 그 차이입니다. 교회를 다녀도 죄짓고 여기 앉아 있을 사람이 대부분입니다. 말씀을 안 들었다면 우리는 순간적으로 미워서 죽입니다. 남편 죽이고, 시어머니 죽이고, 누구라도 죽일 사람들이 교회에 와서 앉아 있습니다. 정말 저는 비굴해서, 더럽고 치사해도 교양이 있어서 살인을 안 할 뿐입니다. 그런데 여러분은 인간적으로 훨씬 순수해서 마음에 있는 대로 표현했기에 이 자리에 있는 것입니다.

48명의 창녀를 죽인 게리 리지웨이는 성 중독증 환자였습니다. 길거리에서도 절제하지 못하는 성 충동 때문에 세 번이나 이혼했고,

충동을 해결하기 위해 창녀를 찾고는 돈을 주지 않으려고 살인을 했습니다. 치료가 필요한 사람인데 그 사람이 너무 열심히 교회에 다니고 찬송을 하고, 목사님 앞에서 눈물을 뚝뚝 흘리니까 아무도 그의 중독을 알지 못했습니다. 그런데 중요한 것은 48명의 창녀를 죽여도 죄인이고, 제 남편처럼 유복한 믿음의 가정에서 의사 교육을 받고 자라서 낙태 수술을 해도 똑같은 죄인 아닙니까? 더 무서운 죄인은 좋은 환경에 살면서 자기가 죄인이라는 것을 모르는 사람입니다. 그것이 가장 무서운 죄입니다."

제가 그분들에게 "죄인이라는 것을 인정하십니까?" 하고 물었을 때 그분들이 우레와 같은 목소리로 "아멘" 했습니다. 저는 어떤 교회에서도 이런 "아멘" 소리를 못 들어 봤습니다. 그 누구도 스스로 죄인이라는데 이의를 달지 않았습니다. 말씀을 전하면서 여기가 교회인가 감옥인가 혼동이 됐습니다. 그분들이 숨소리도 안 들릴 정도로 저의 메시지를 경청했습니다. 왜 그랬을까요? 소망이 없잖아요. 곧 죽게 됐기 때문입니다.

제가 그분들에게 이 자리에서 이렇게 열심히 찬송을 하고 아멘을 해도 나가면 또 죄를 짓는다, 신앙은 감정이 아니다, 주님을 알고 나가야 한다, 그냥 이대로 있다가 나가서는 안 된다고 절규를 하면서 구원 초청을 했습니다. 교회를 다니다가 감옥에 들어온 사람도 있고, 말씀을 처음 듣는 사람도 있는데 제가 주님을 영접하라고 하니 400명이 모두 일어나서 영접 기도를 했습니다. 그냥 영접 기도만 하는 것이 아니라 제가 예배를 끝낼 수 없을 정도로 통곡하며 울었습니다. 어떤 부흥회도 그런 부흥회는 없을 것입니다.

제가 박사 모임에도 말씀을 전하러 간 적이 있었습니다. "여러분들이 죄인입니까?" 하고 물었을 때 모두 가만히 있습니다. '내가 왜 죄인이요?' 이렇게 물어보는 눈치입니다. 자신이 죄인임을 고백하는 곳보다 아름다운 공동체는 없습니다. 하나님이 천국에서 어느 곳을 예쁘게 보시겠습니까? 누구의 예배를 기쁘게 받으시겠습니까?

- 이 세상에서 많은 것을 성취한 사람에게 생명이 선포되는 것이 아니라, 힘들고 어려워서 하나님만 바라보는 사람에게 생명이 선포되는 것임을 믿습니까?

개인의 구원은 가족 구원으로 이어져야 합니다

> 12 그러므로 이제 청하노니 내가 너희를 선대하였은즉 너희도 내
> 아버지의 집을 선대하도록 여호와로 내게 맹세하고 내게 증표를 내
> 라 13 그리고 나의 부모와 나의 남녀 형제와 그들에게 속한 모든 사
> 람을 살려 주어 우리 목숨을 죽음에서 건져내라_수 2:12~13

라합은 진실하게 청해서 정탐꾼들에게 붉은 줄의 징표를 받았습니다(2:18). 죽을 자리에 있음을 하나님께 고백하고, 죽은 자 가운데서 우리 주 예수님처럼 살아났습니다. 이런 사람들은 자기만 구원 받고

좋아하지 않습니다. 가족 구원으로 초점이 옮겨 갑니다.

가족의 구원은 이웃을 위해 선을 행할 때 이루어집니다. 멸망할 수밖에 없는 여리고에서 살아남은 라합의 선행은 무엇입니까? 그 나라 최고 실력자인 여리고 왕에게 정탐꾼의 정보를 알려 주고 많은 상금을 탈 수도 있는데, 라합은 하나님의 사람을 알아보고 초라한 정탐꾼들에게 선행을 베풀었습니다. 그리고 생명을 내놓고 구원의 표를 구했습니다.

제가 남편의 구원을 위해 "내 생명을 거두어 가셔도 좋다"고 기도했을 때, 괜히 그런 기도를 했겠습니까. 비장하지 않았겠습니까? 제 생명 거두셔서라도 남편의 구원을 이루어 달라고 기도드렸을 때 하나님은 그 구원을 이루어 주셨습니다. 그 구원이 헛되지 않아서 지금까지도 수많은 사람을 주님께 인도하는 데 쓰임 받고 있습니다. 라합도 이때 생명을 내놓고 구원을 청했기에 수천 년이 지난 지금까지도 우리에게 은혜를 끼치고 있습니다.

라합은 정탐꾼 중 한 명인 살몬의 부인이 되어서 예수님의 조상으로 우뚝 섰습니다. 사망이 선포된 여리고에서 가계의 저주를 끊어낸 사람은 기생 라합밖에 없습니다. 가계의 저주를 끊어 내고 가족을 구원으로 이끄는 길은 이처럼 어렵습니다. 정말 구원을 원한다면 라합처럼 생명을 내놓고 순종해야 합니다. 그런데 여리고 사람들처럼 간담이 녹고 덜덜 떨면서도 교양 있게 여리고 철벽만 믿고 있다가는 다 같이 죽을 수밖에 없습니다.

청주여자교도소에서 말씀을 전하면서 수감자들에게 이렇게 말했습니다.

"교도소에 있으면서 두고 온 가족을 걱정한다고 뭐가 달라집니까? 정말 가족을 사랑한다면 가족의 구원을 위해 이곳에서 선행을 베풀어야 합니다. 같이 성경 보고 나누고 서로를 위해 기도해 주고, 두고 온 가족들을 위해 기도해야 합니다. 교도소에 있어도 나보다 더 힘든 사람들을 도와주려고 할 때 우리 가족은 하나님이 저절로 지켜 주실 줄 믿습니다."

그분들이 "아멘"으로 화답했습니다. 그분들은 가족이라는 말만 나와도 눈물을 뚝뚝 흘렸습니다. 저 역시 가슴이 찢어질 듯 아팠습니다. 이 메시지를 받아들이는 그들이야말로 우리보다 가족을 더 사랑하는 분들 아니겠습니까?

- 내 남편, 아내, 자녀, 부모에게 복음을 전하기 위해 어떤 선행을 하고 있습니까? 그들의 구원을 위해 생명을 내놓는 순종과 헌신을 해 본 적이 있습니까? 가족 구원에 관심이 없다면 내게 천국과 지옥이 확실하지 않기 때문은 아닙니까?

라합이 한 일이 정말 어려운 일이었기 때문에 히브리서 11장에 보면 믿음의 족보에 아브라함, 이삭, 야곱과 함께 라합의 이름이 올랐습니다. 여호수아는 못 오르고 비천한 기생 라합이 올랐습니다. 또한 마태복음 1장에 나오는 예수님의 계보에도 라합이 올랐습니다. 야고보서 2장에도 라합의 이름이 나옵니다. 남이 알아주지 않아도 내가 한 믿음의 위대한 적용을 하나님은 기억하십니다. 여호수아도 훌륭하겠지만 하나님은 라합에게 점수를 더 많이 주셨습니다.

저는 교회 외형의 크기나 성도 수는 중요하지 않다고 생각합니다. 훗날 우리들교회가 하나님 앞에 섰을 때 이 땅에서 얼마나 올바른 믿음을 가졌는가, 얼마나 건강한 믿음을 가졌는가로 판별하실 것입니다.

성도 개개인도 마찬가지입니다. 돈이 많아서 헌금을 후히 하고, 능력이 많아서 이런저런 은사로 쓰임 받을 수 있는 사람들을 하나님이 더 기뻐하실까요? 오히려 연약한 자를 들어 쓰시는 하나님의 섭리를 봅니다. 그래서 저는 늘 환난당하고 빚지고 원통한 자들에게 오라고 외칩니다. 그런 분들을 사랑합니다.

청주교도소에서 제가 말씀을 전하고 기도를 마치자 거기 모인 모든 분이 박수를 쳐 주셨습니다. 제가 그분들 앞에서 여러분을 정말 사랑한다고 눈물로 고백했습니다. 말씀을 잘 듣는 사람이 가장 사랑스럽기 때문입니다. 아무리 박사라도 자신이 죄인인 걸 모른다면 뭐가 예쁘겠습니까. 주님 말씀을 잘 듣는 사람이 최고 아닙니까?

라합과 같은 믿음의 여인은 망해 가는 집도 다시 세울 수 있는 사람입니다. 부도가 났습니까? 그래서 집안이 콩가루가 됐습니까? 우리들교회에는 부도난 사람, 가정이 어려운 분이 많지만 아내의 변화된 삶을 보고 믿음을 갖게 된 남편들이 정말 많습니다.

한 자매는 카드빚으로 고난을 당해 교회에 왔는데, 말씀을 들으면서부터는 빚을 한 번도 안 졌다고 했습니다. 이것이 말씀을 내 삶에 적용한 것입니다. 빚을 질 수밖에 없는 형편이어도 말씀대로 적용하면 하나님이 빚을 안 지게 해 주십니다.

"있으면 먹고 없으면 금식하고 죽으면 천국 가자!"

이렇게 결단하면 나 한 사람의 믿음 때문에 주님이 망한 집안을 살려 주십니다. 하나님이 죽지 않게 하십니다. 자꾸 먹을 것을 갖다 주십니다. 입을 것도 갖다 주십니다. 한번 경험해 보시길 바랍니다!

라합은 대단한 여리고 왕에게 줄 서지 않고 구원을 위해 초라한 정탐꾼들을 선대했습니다. 정탐꾼들 속에 있는 믿음의 씨를 보았습니다. 우리가 치사하게 살지 말자고요. 세상 성공을 위해 인맥에, 학연·지연에 매달리고 줄 서는 게 아니라 구원을 위해서 줄을 잘 서야 합니다. 모든 것을 믿음의 눈으로 보게 해 달라고, 믿음의 사람을 알아보게 해 달라고 기도해야 합니다. 믿음의 사람을 알아보려면 먼저 내가 믿음의 사람이 되어야 합니다. 내가 믿음의 사람으로 준비되면 누구도 나를 무시할 수 없습니다. 모두가 나를 좋아하게 됩니다. 기생 라합이 믿음의 사람 살몬의 부인이 되고 마침내 예수님의 조상이 되지 않았습니까. 할렐루야!

- 여리고처럼 망해 가는 집을 세우기 위해 어떤 선행을 하겠습니까? 손이 가고 발이 가는 섬김 없이 그저 교회 가기만을 강요하지는 않습니까? 구원을 위해 생명 내놓는 순종을 구체적으로 하고 있습니까?

구원은 이루어 가는 것입니다

17 그 사람들이 그에게 이르되 네가 우리에게 서약하게 한 이 맹세
에 대하여 우리가 허물이 없게 하리니 18 우리가 이 땅에 들어올 때
에 우리를 달아 내린 창문에 이 붉은 줄을 매고 네 부모와 형제와 네
아버지의 가족을 다 네 집에 모으라_수 2:17~18

정탐꾼은 라합에게 여리고 심판의 때에 붉은 줄을 매달라고 했습니다. 붉은 줄은 구약 시대의 제사를 상징합니다. 우리가 모두 죄 때문에 죽어야 하는데, 짐승의 피를 들고 하나님 앞에 나가 그 피로 죄를 대속하고 죽음을 면제 받는 것입니다. 하지만 짐승의 피 자체가 사람을 살리는 힘이 있습니까? 없습니다. 그것은 상징일 뿐입니다. 우리가 예수님을 믿고 다시 오실 예수님을 소망하면서 가는데, 주님 오실 때 보여 드릴 십자가의 피가 있어야 한다는 것입니다.

암에 걸리거나 부도가 나거나 자식이 가출하는 모든 사건이 우리에게 심판의 때라고 할 수 있습니다. 그 심판의 때에 붉은 줄을 창밖에 매달고 집 안에 있어야 한다는 것이 무슨 의미입니까? 구원은 오직 십자가의 피로써만 가능하다는 것을 상징합니다.

그리고 구원의 은총은 '교회'라고 할 수 있는 라합의 집에서만 누릴 수 있습니다. '나 홀로 다방'에서 나 혼자 지는 십자가는 없습니다. 혼자 돈 벌어서 교양 있게 온라인으로 헌금하고, 교회는 1부 예배만 드리고 나가서 주일은 공 차는 날로 생각하는 사람이 있습니다. 이렇

게 교회 공동체에 속하지 않는 사람은 주님께 붉은 줄을 보여 드리기가 어렵습니다. 주일은 1부 예배 갔다 와서 노는 날이 아닙니다. 그런데 평생 그렇게 교회 다니는 사람들이 너무나 많습니다. 우리는 다 연약한 존재입니다. 십자가 튼튼히 지고 가려면 교회 속에 있어야 합니다. 교회 밖으로 나가면 안 됩니다. 나 혼자 신앙생활을 잘 한다고요? 공동체 밖에서도 잘 한다고요? 어림도 없습니다.

주님은 오늘 붉은 줄을 매달고 있으라고 하십니다. 그런데 우리는 그 붉은 줄을 매기가 싫습니다. 혼자만 붉은 줄을 매고 있으려니까 사람들이 보기에 창피합니다. 혼자 희생하면서 걸레질만 하는 것이 너무 창피합니다. 그래서 '과연 주님이 오실까?' 하면서 붉은 줄을 맸다 풀었다, 맸다 풀었다 날마다 이러고 있는 것이 우리 모습입니다.

여기가 '약속의 집'이라는 것을 보이게 하려면 붉은 줄을 매달고 있어야 합니다. 내 수치를 내보여야 합니다. 자꾸 맸다 풀었다 하다가 마지막 날에 잠깐 풀어 놓았을 때 주님이 오시면 심판 받는 겁니다. 그러므로 희생의 붉은 줄을 잘 매달아야 합니다. 가정에서, 교회와 직장에서 내 십자가 희생의 피가 보여야 합니다.

지난 말씀에서 제가 "이해는 내면적 안목에서 비롯되는 것이고 오해는 외형적 안목에서 비롯된다. 이해는 자신이 걸레가 되기를 선택하는 것이다. 걸레는 더러움을 닦아 내기 위해서 자신의 살을 헐어야 한다"라는 한 소설가의 말을 인용했더니, 청년부 자매가 이런 기도문을 목장 보고서에 올렸습니다.

만만하고 잘 닦이는 걸레가 되게 하옵소서. 마른걸레는 먼지만 폴폴 날 뿐입니다. 성령으로, 기도로, 눈물로 젖은 걸레가 되게 하옵소서. 걸레가 안방에 있으면 보기 싫기만 합니다. 필요한 곳으로 불러 주시옵소서. 걸레가 쓰임 받지 못하면 쉰내만 납니다. 윗면, 아랫면, 겉면, 내면 빠짐없이 사용하시옵소서. 걸레를 소독하지 않으면 균이 득실득실합니다. 말씀으로 팍팍 삶아 주시옵소서.

우리 청년부에 비전이 있습니다. 목사인 저보다도 더 적용을 잘 합니다.

여리고처럼 아무것도 변할 것 같지 않은 곳이어도 그곳에 누군가 복음을 전했기 때문에 믿음의 여인 라합이 자라고 있었습니다. 또 그 복음을 듣고 여리고는 전의(戰意)를 상실했습니다. 남편이, 아내가, 자녀가, 시부모님이 안 변할 것 같아도, 그 공동체 안에서 나의 삶으로 붉은 줄을 매고 있으면 됩니다. 복음을 전하고 있으면 됩니다. 다른 누구보다도 말씀을 들으면서 내가 변하고 있으면 됩니다.

복음을 전했을 때 요나서의 니느웨 백성처럼 12만 명이 회개할 수도 있고, 여리고처럼 모두 멸망할 수도 있습니다. 하지만 결과와 상관없이 우리는 복음을 전해야 합니다. 그래서 선교를 해야 하고, 탈북자 사역을 도와야 합니다. 지금 북한에서도 분명 북한 전체를 살릴 라합이 자라나고 있을 것입니다.

바위가 낙숫물 한 방울 한 방울에 의해 깨어지듯이 하나님의 시간을 기다리십시오. 하나님의 시간을 내 기준으로 계산해서는 안 됩니다. 하나님의 때를 성숙하게 기다리면서 한 사람의 라합을 위해 땀 흘려 복음을 전하는 아름다운 발이 되기를 소원합니다.

- 힘든 상황에 있는 우리 가정이 살아나기 위해 오늘 내가 매달아야 할 붉은 줄은 무엇입니까? 먼저 내 잘못을 인정하고, 말 한마디라도 "미안하다, 고맙다, 사랑한다"라고 표현하는 것이 십자가를 지는 희생의 표시임을 압니까? 가정과 교회 공동체에 속해 붉은 줄을 튼튼히 매달기보다 일시적인 위로를 얻으러 이곳저곳 기웃거리고 있지는 않습니까?

때를 아는 것이 큰 지혜입니다.

항상 하나님 편에 서서 결정을 해야 이 지혜가 나옵니다.

신앙은 '때'를 아는 것이라고 해도 과언이 아닙니다.

때를 아는 사람, 그래서 자신이 설 자리와

서지 말아야 할 자리를 구분하는 사람이

매력 있고 지혜 있는 사람입니다.

우리들 묵상과 적용

얼마 전 둘째 아이와 함께 큐티를 하는데, 그날 생각해 볼 질문이 '나는 하나님께 어떤 죄를 용서 받았나요?'였습니다(히 8:12). 그러나 저는 차마 어린 둘째에게 "사실은 아빠가 바람피우다 돌아왔어"라고 저의 잘못을 고백하지 못했습니다. 마음이 불편한 와중에 몇 달 전 고등학생인 큰아이와의 일이 떠올랐습니다.

그날은 교회 모임이 있던 날이었습니다. 그런데 제 간증을 들은 한 집사님이 "왜 교회에서 사생활을 공개적으로 말하는지 이해가 되지 않는다"라고 했습니다. '내가 지혜롭지 못했구나' 하는 생각에 집에 돌아와서도 마음이 녹고 정신이 멍했습니다(2:11). 그런 저를 본 큰아이가 "아빠, 왜 그러세요?"라고 물었습니다. 저는 교회에서의 일을 나누며 "아빠는 우리 가정이 어떻게 지옥에서 탈출하게 되었는지 나누며 다른 가정에도 희망을 주고 싶었어"라는 말과 함께 지난날 두 집 살림을 하다가 집으로 돌아온 간증을 했습니다.

어렴풋이 알고 있던 저의 죄를 낱낱이 알게 된 큰애는 다음 날 아내에게 "아빠 진짜 쓰레기 같았네요? 그런 줄도 모르고 아빠가 좋은 사람이 되었다고 착각했던 제가 싫고 아빠도 싫어요. 그때 엄마를 위로해 주지 못하고 혼자 고통 받게 해서 죄송해요"라고 말했다고 합니다. 아내는 제게 "아이가 아직 어린데 당신이 아이의 믿음을 과대평가

해서 말했다"며 "이것 또한 우리에게 있어야 할 일이니 아이를 잘 위로하며 인내하자"고 했습니다. 교회 모임에서도, 아들에게도 지혜롭게 나누지 못하고 실수했다는 생각에 마음이 너덜너덜해졌습니다.

며칠 후 밤늦게 귀가하는 큰아이를 차로 데리러 갔습니다. 아들은 평소 뒷자리에 탑니다. 그런데 그날은 갑자기 조수석에 타더니 "난 아빠가 다른 여자와 메시지 주고받은 정도의 잘못을 한 줄 알았어요. 그런데 사실을 알고 나니 돌로 머리를 맞은 것 같아요. 아빠가 미워져서 아빠를 위한 기도도 하기 싫었고요. 그런데 큐티를 하면서 '다윗이 암논을 살해한 압살롬의 죄를 엄히 다스리고 그를 바로 용서했어야 한다'는 말씀에 아빠를 용서하기로 마음먹었어요"라고 했습니다(삼하 13:23~39). 아들의 말을 들은 저는 아들에게 고마운 마음이 드는 동시에 인자와 진실로 저를 대해 주신 하나님께 감사했습니다(2:14). 이 일을 통해 하나님 앞에서 결혼 서약을 맺은 배우자를 속이고 불륜을 저지른 죄를 다시 한 번 자복하게 하심에 감사합니다. 한 말씀으로 큐티하는 자녀에게 용서 받고 화합하게 하심도 감사드립니다. 저의 모든 죄를 예수님이 십자가에서 대속하였으니 정죄감은 내려놓되 죄인인 사실만은 기억하겠습니다(갈 1:4). 쓰레기만도 못한 저를 인자와 진실로 대해 주신 하나님께 정말 감사합니다(2:14).

영혼의 기도

하나님 아버지, 우리가 건너야 할 기가 막힌 요단강이 있고, 그 요단강을 건너기 위해 각자 전쟁 중에 있습니다. 그 가운데서도 해야 할 일을 아는 라합처럼 오늘 저희도 "늦기 전에" 구원을 강청하기를 원합니다. 주님은 저를 내일이라도 데려가실 수 있습니다. 나의 사랑하는 가족을 데려가실 수도 있습니다. 주님, 때를 알기 원합니다. 늦기 전에, 영원히 늦기 전에 하나님께 구원을 청하고, 하나님을 내 하나님으로 인정하고 고백하는 제가 되기를 원합니다.

그동안 수많은 말씀을 들었습니다. 하지만 내 문제, 내 집 문제, 내 자녀 문제가 걸리니 듣기는 들었는데 간담이 녹고 덜덜 떨려 아무것도 할 수가 없습니다. 주여, 불쌍히 여겨 주옵소서. 다른 지체들이 만났던 주님이 나의 주님이 되지 않습니다. 너무 무섭습니다. 너무 두렵습니다. 아직도 내려놓지 못하는 것들이 많이 있습니다. 참으로 내가 죄인이라는 것, 나의 비천함을 깨닫고 곤고하고 가난한 심령으로 라합처럼 민족을 살리는 신앙고백이 있기를 원합니다.

특별히 청주교도소 집회에서 주님을 영접한 분들을 기억해 주시옵소서. 그분들 가정마다 끝까지 생명이 선포될 수 있도록 그들의 고백을 주님이 책임져 주시옵소서. 우리 가족의 구원을 위해 여리고 왕을 쳐다보는 것이 아니라, 초라한 정탐꾼 속에 있는 주님을 보게 하옵소서. 그래서 이웃에게 선행을 베풀 때에 주님이 가족을 구원해 주실 것을 믿습니다. 이제 내 가족에게서 한 걸음 나와 다른 사람을 도울 수 있는 일을 하게 도와주옵소서.

이 심판의 때에 구원을 위해 붉은 줄을 매기 원합니다. 라합의 집인 교회를 떠나지 않고, 다른 사람을 위해 희생하며 섬길 때 안식을 누리게 도와주옵소서. 생명의 줄로 우리 모든 가정을 둘러 주셔서 매력 있는 가정, 모든 사람을 살리는 가정이 될 수 있도록 도와주옵소서.

세상에서 아무도 알아주지 않아도 우리 모두 생명책에 올라가는 라합이 되기를 원합니다. 여호수아도 멋있지만 하나님께 인정받는 라합이 되기를 원합니다. 함께해 주옵소서. 예수님 이름으로 기도하옵나이다. 아멘

Chapter 5

기선 제압: 순종이 기적을 부른다 여호수아 3:1~17

하나님, 저희가 요단을 건너가야 하는데 앞에 창일한 물이 있습니다.
여호와께서 기이한 일을 행하시도록 우리가 준비되어야 하는데
어떻게 준비해야 할지 말씀해 주시옵소서. 듣겠습니다.

어디선가 이런 글을 보았습니다. 어느 사회복지시설 직원들이 환담을 나누는 중에 '만약 복권이 1등에 당첨된다면 무엇을 할 것인가?' 상상해 보기로 했답니다. 한 사람이 말했습니다.

"나는 10억을 복지시설에 기부하고 나머지로는 내 집을 사겠어."

다른 한 사람이 말했습니다.

"나는 우선 고급 레스토랑에 가서 가장 비싼 음식을 먹고, 나머지는 어떻게 쓸지 생각해 볼래."

또 한 사람도 환한 낯빛이 되어 말했습니다.

"빚이 너무 많은데 빚만 갚아도 정말 좋겠다!"

복권은 사지도 않았는데 이들은 기부하고, 비싼 요리를 먹고, 빚을 갚을 상상만으로도 즐거워했습니다. 이처럼 '미래를 가불해서 쓰자'라는 것이 이 글의 메시지였습니다.

그런데 비슷한 기적이 일어났습니다. 수년 전 미국 CBS의 〈오프라 윈프리 쇼〉에서 방청객들에게 한화 3,200만 원짜리 제너럴 모터스 자동차를 선물했습니다. 오프라 윈프리는 자동차가 꼭 필요한 사람들에게 사연을 보내라고 해서, 그 사람들을 방청객으로 초청했습니다. 12명에게 자동차를 주겠다고 하고서는 276명의 방청객 가운데 11명을 먼저 뽑아서 무대로 올라오게 했습니다. 나머지 방청객들에게는 자그마한 상자를 나누어 주었습니다. 그리고 "여러분 가운데 나머지 한 사람이 있습니다. 상자 속에 열쇠가 들어 있는 한 사람이 오늘의 열두 번째 주인공입니다"라고 말했습니다. 오프라 윈프리의 사인에 따라 모든 방청객이 동시에 상자를 열자 스튜디오 안은 환호성으로 떠나갈 듯했습니다. 모두의 상자 안에 차 열쇠가 들어 있었던 것입니다. 모두가 열두 번째 주인공이었습니다!

정말 기적 같은 일이 일어났습니다. 이 사람들은 어떻게 이 놀라운 일을 경험했을까요? 성경에 수많은 기적이 등장하는데 어떻게 하면 그 기적을 내 삶에서 경험할 수 있을까요?

여리고를 정탐하고 왔으니 이제 여리고에 들어가야 합니다. 정탐을 잘하고 왔어도 여리고는 싸워야 할 대상입니다. 불신자들이 모여 있는 곳입니다. 그런데 여리고와 싸우기 전에 당장 건너야 할 요단강이 있습니다. 그 물이 너무 창일합니다.

끝없는 요단을 건너고, 건너고 나서는 또 여리고와 싸워야 하는 것이 우리 인생입니다. 지나 보지 않은 길이기에 우리는 두렵습니다. "너희가 이전에 이 길을 지나 보지 못하였음이니라" 말씀하신 것처럼 암에 걸린 사람은 많이 봤지만 내가 걸려 보지 않으면 지나 보지 못한 길입니다(3:4). 모두 결혼을 했어도 내가 결혼해 보지 않으면 지나 보지 못한 길입니다. 모두 사업을 해도 내가 사업해 보지 않았다면 지나 보지 못한 길입니다. 그 지나 보지 못한 길에 대한 두려움이 우리 모두에게 있습니다.

게다가 "요단이 곡식 거두는 시기에는 항상 언덕에 넘치더라"는 말씀에 비춰 보면, 요단강이 곡식 거두는 시기는 늦은 봄비가 오는 때이고, 헤르몬산에 쌓인 눈이 녹아내리는 때여서 요단강의 물이 더욱 창일했을 것입니다(3:15). 강물 깊이가 3~4미터이고 강의 너비가 30미터이니 200만 명의 이스라엘 백성이 건너기에 정말 앞이 안 보이는 길이었을 겁니다. 그들은 지나 보지 않은 길에다가 앞이 보이지 않는 길을 건너야 했습니다. 인간의 힘으로는 어쩔 수 없는 길입니다. 누구라도 두 손 두 발을 다 들 것입니다.

부도가 났습니까? 돈이 없습니까? 암에 걸렸습니까? 앞이 안 보이는 이런 상황에서 어떻게 기적을 준비하겠습니까?

기적을 준비하는 자는 일상생활에 충실해야 합니다

또 여호수아가 아침에 일찍이 일어나서 그와 모든 이스라엘 자손들과 더불어……_수 3:1a

여호수아가 아침에 '일찍이' 일어났습니다. 새벽같이 일어나서 기도하고 축복 받은 사람은 성경에도 많이 등장합니다. 예수님, 모세, 여호수아가 그랬습니다. 그렇다고 해서 아침형 인간이 더 낫다는 것이 아닙니다. 각자 자기 시간을 알차게 보내야 한다는 것이죠. 다만 남들 잘 때 자고 일할 때 일하는 것, 즉 평범한 삶을 잘 사는 것이 가장 중요하다고 생각합니다.

대개 공부를 못하는 학생이 항상 새벽에 공부하겠다며 밤을 새웁니다. 모두가 잠든 적막한 때 두세 시간 공부하면 꼭 열 시간 공부한 것 같은 기분이 든다나요. 그런데 생각해 보세요. 새벽에 공부하면 학교에 가서 졸게 돼 있습니다. 그러고 집에 돌아와서 새벽에 깨서 공부해야 하니까 또 늦게까지 잠을 잡니다. 새벽에 두세 시간 공부하겠다고 24시간을 탕진하는 겁니다. 그래서 평범한 삶을 잘 사는 게 중요합니다.

이게 쉬운 것 같아도 얼마나 어려운지 모릅니다. 제가 결혼해서 가정을 이루고 살아 보니 아무것이나 잘 먹고, 밥그릇 깨끗이 비우고, 일찍 자고 일찍 일어나는 사람이 가장 건강한 사람이라는 걸 깨달았습니다. 이보다 괜찮은 사람이 없습니다. 공부 잘하고 돈 잘 버는 게 중요하지 않습니다. 어떤 사람은 굴비를 구워 놓으면 고등어를 찾고 고등어를 구워 놓으면 굴비를 찾습니다. 공부 못하는 사람은 참아도 식성 까다로운 사람은 견디기가 어렵더군요. 그러니 평범한 게 최고입니다.

여호수아가 아침에 일찍 일어난 이유는 무엇보다 '더불어'의 인생을 살기 위해서였습니다. 아침에 일찍 일어나는 목적이 무엇이냐에 따라 주위 사람들의 삶이 달라집니다. 자기 혼자 잘 먹고 잘살기 위해 일찍 일어나면 온 집안 식구만 괴롭힙니다.

제 시어머니는 청소가 우상이라고 할 만큼 열심이셨습니다. 시집살이하는 동안 저는 새벽 4시에 일어나서 그때부터 하루 세 번 청소를 했습니다. 거실과 안방, 온 집 안에 카펫이 깔려 있는데 새벽 4시부터 진공청소기를 두 시간씩 돌렸습니다. 청소기로 '새벽을 깨우리로다'였죠. 그때 진공청소기 소리가 얼마나 요란했는지 모릅니다. 그러다 단독주택에서 아파트로 이사를 가게 됐습니다. 단독주택에 살 때는 괜찮았는데 아파트로 이사를 가니까 새벽 청소가 당장 문제가 됐습니다. 교양 있는 아래층 부부가 항의를 하러 왔죠. 그러니까 저희 시어머니가 이렇게 말씀하셨습니다.

"사람은 아침에 일찍 일어나야 하는 거예욧! 일찍 일어나서 청소하는 게 뭐가 나쁩니까?"

결국 그분들은 아무 말도 하지 못하고 가셨습니다. 어머님은 전혀 굴하지 않고 날마다 진공청소기를 열심히 돌리셨습니다. 5층 아파트 건물의 3층에 살면서 아래, 위층을 다 깨웠습니다.

생각해 보세요. 청소기를 돌리고 나면 걸레질도 해야 하는데, 거실에서 청소기를 윙윙 돌린 다음 그 자리를 걸레로 꼼꼼히 닦고, 그러고 나서 안방에서 청소기를 돌린 다음 다시 그 자리에 걸레질을 하고……. 아래층에서는 처음에 청소기 소리에 깼다가 걸레질하는 동안에는 조용해져서 잠이 들려고 하면 다시 윙윙 소리가 들려 잠이 달아났을 거 아닙니까? 그러니 얼마나 피곤했겠습니까. 내가 근면하고 절제하며 사는 이유가 더불어 살기 위해서가 아니라 나만을 위해서라면 이렇게 여러 사람을 피곤하게 만듭니다.

또 집안 식구 중에 회사나 학교에 날마다 턱에 숨이 닿도록 지각하는 사람이 있다면 잔소리를 할 수밖에 없죠. 그래서 잔소리를 하는 것도 '더불어'의 인생 때문에 해야 합니다. 돌아가신 친정어머니는 제게 잔소리를 하신 적이 없습니다. 하지만 생각해 보면 이것도 그다지 바람직한 것은 아닌 것 같습니다. 우리가 더불어 살기 위해서는 잔소리를 하는 '더불어'도 필요하고, 잔소리를 안 하는 '더불어'도 필요합니다. 언제나 치우치지 않는 것이 중요합니다.

오프라 윈프리 쇼에서 자동차를 선물하기 위해 차가 꼭 필요한 사람들의 사연을 신청 받았는데, 스스로 사연을 신청하지 않은 사람도 많았습니다. 엄마가 불쌍해서 자녀가 자동차를 신청하고, 선생님이 너무 고물차를 타고 다니니까 학생들이 신청했습니다. 이것이 '더불어'의 인생 아닙니까? 사랑하는 사람들이 곁에 있어서 도움을 주려고 신청을 했습니다. 인생은 혼자 살 수 없습니다. 더불어 살아야 합니다. '나는 혼자야. 자식도 쓸데없고 다 쓸데없어' 이러지 말고 더불어 살기 바랍니다.

- 취침과 기상, 정리 정돈과 식습관 등 일상생활에서 '더불어'가 잘 안 되는 부분은 어떤 것입니까? 내 방식이 무조건 옳다고 우기며 다른 식구들을 괴롭히고 있지는 않습니까?

1 ……싯딤에서 떠나 요단에 이르러 건너가기 전에 거기서 유숙하니라 2 사흘 후에 관리들이 진중으로 두루 다니며_수 3:1b~2

'아침에 일찍이 일어나서 이스라엘로 더불어' 싯딤에서 떠나야 합니다.

싯딤은 광야 생활을 할 때 이스라엘 백성이 모압 여인과 음행을 저지른 곳입니다. 출애굽을 하고 예수를 믿었는데도 아직도 육신의 정욕을 버리지 못하고 음행을 하다가 염병에 걸려 2만 명 이상이 죽은 곳입니다.

그냥 '요단에 이르러'라고 하지 않고 왜 '싯딤에서 떠나'라고 말씀하신 것입니까? 요단을 건너 약속의 땅 가나안에 들어가려면 음행과 부정과 모든 불순종과 거역에서 떠나야 하기 때문입니다. 배우자와 자녀만 싯딤에서 떠나야 하는 것이 아닙니다. 그들이 싯딤에서 떠나지 못하는 것은 아직 내게도 음행과 부정과 불순종과 거역이 있기 때문입니다. 나의 싯딤을 먼저 깨달아야 합니다.

• 내가 떠나야 할 싯딤, 배우자와 자녀가 떠날 수 있게 도와야 할 우리 집안의 싯딤은 무엇입니까?

싯딤에서 떠나야겠는데 떠나기가 얼마나 어려운지 모릅니다. 떠나자, 떠나자 했는데도 또 사흘을 유숙해야 합니다. 여호수아 혼자 못 가서 이러겠습니까? 아닙니다. 백성을 생각하고 또 생각하기 때문에 유숙하는 것입니다.

가나안에 들어가려면 요단을 건너야 하는데, 백성이 요단에 들어가기를 싫어합니다. 교회에 들어오기를 싫어합니다. 설교도 힘들고, 큐티고 뭐고 다 싫다고 합니다. 그런 사람을 오게 하려면 사흘을 유숙해야 합니다. 유리그릇처럼 조심스럽게 다루면서 여호수아가 백성을 생각하듯이, 같이 데리고 건너야 합니다. 그럴 때 못 건널까 봐 노심초사하는 마음이 있어야 합니다.

남편이 싯딤에서 못 떠나고, 중독을 못 끊어도 나는 끝까지 참는 것 외에는 할 것이 없습니다. 중요한 것은 상대방이 '끊고', '못 끊고'와는 상관없이 내가 한결같아야 한다는 것입니다. 내가 한결같은 믿음으로 행하고 있으면 결국은 다 돌아옵니다. 내가 요동하니까 문제입니다.

우리들교회에 도하라는 아이가 있습니다. 도하는 주일예배 시간 내내 잠만 잡니다. 하루는 목사인 제가 "설교 잘 들었느냐?"고 물었더니 졸려서 잤다고 합니다. "밤새 놀다가 아침에 집에 들어왔다"고 얼마나 당당하고 솔직하게 말하는지 모릅니다. 그 모습을 보면서 부모님이 도하를 얼마나 사랑하면 저렇게 당당할까 생각했습니다. 엄마, 아빠의 사랑이 없으면 아마 그러지 못할 겁니다. 적어도 친아들은 맞습니다. 도하가 아무리 집을 나가도 끊임없이 사랑해 주는 부모가 있기에 집으로 돌아옵니다. 남편이 아무리 술을 먹어도, 바람을 피워도 끝까지 사랑해 주는 아내가 있으면 제자리로 돌아오게 돼 있습니다. 집을 나가도 괜찮습니다. 밖에는 자신을 가족만큼 사랑해 주는 사람이 없기 때문에 언젠가 돌아오게 돼 있습니다.

믿음이 연약한 식구들과 함께 가기 위해 사흘을 유숙하는 시간이 필요합니다. 좋은 결정이든 힘든 결정이든 결정하는 데는 시간이 필요합니다. 혹시 이혼을 결정하려고 합니까? 사흘만 기다려 보십시오. 남편을 주님께로 인도하려고 합니까? 아직 안 된 것 같아도 사흘만 기다려 보십시오.

- 문제 많은 내 식구들이 다 같이 가나안에 들어가도록, 각자의 싯딤에서 떠나기까지 잘 기다리고 있습니까? 그 시간이 사흘이 아니라 3년, 30년이 될 수도 있음을 압니까? 상대방이 변하든 변하지 않든 상관없이 가족에게 한결같은 사랑을 보여 주고 있습니까?

전하는 자의 말에 귀 기울여야 합니다

2 사흘 후에 관리들이 진중으로 두루 다니며 3 백성에게 명령하여
이르되 너희는 레위 사람 제사장들이 너희 하나님 여호와의 언약궤
메는 것을 보거든 너희가 있는 곳을 떠나 그 뒤를 따르라 4 그러나
너희와 그 사이 거리가 이천 규빗쯤 되게 하고 그것에 가까이하지
는 말라 그리하면 너희가 행할 길을 알리니 너희가 이전에 이 길을
지나보지 못하였음이니라 하니라_수 3:2~4

백성에게 명하는 관리들이 있습니다. 언약궤를 맨 제사장은 앞서가면서 백성을 인도합니다. 서로가 서로에게 모델이 되고 서로 인도 받으면서 갑니다. 여호수아가 관리들에게, 관리들이 백성에게 "제사장의 말을 잘 들으라"고 합니다. 아무리 큰 사건 앞에서도 제사장의 말을 잘 듣고, 여호수아와 관리들의 말을 잘 듣고 있으면 됩니다. 그렇게 하나님이 세운 지도자의 인도를 따라가기만 하면 됩니다.

그러나 제사장이 마음에 안 든다고 자기 마음대로 가면 죽습니다. 요단강을 건너지 않으면 죽습니다. 우리는 100퍼센트 죄인이어서 자꾸 잘못 행하려는 본능이 있습니다. 그래서 본을 보이려고 하나님이 여호수아를 세우셨습니다. 하나님을 신뢰한다면 하나님이 세우신 지도자도 신뢰해야 합니다. 그런데 "여호수아도, 김 목사도 인간 아니야? 인간은 100퍼센트 죄인이라며 뭐 들을 말이 있어. 요단강 물이 창일한데 당신 말 듣고 들어갔다가 빠지면 당신이 책임질 거야?" 이렇게 따지면서 내 마음대로 행하는 것은 위험한 일입니다.

제가 이렇게 말하면 꼭 비뚤게 보는 분들이 있습니다. "저거 봐. 목사 말 안 들으면 재앙이 온다고 하잖아? 이게 무속하고 뭐가 달라!" 이렇게 말합니다. 물론 여호수아의 말이, 목사의 말이 옳지 않을 수 있습니다. 하지만 지금 당장 요단강을 건너야 하는데, 지도자의 말을 믿지 않으면 어떻게 요단강에 들어서겠습니까? 믿음이 아니면 어떻게 사람의 말을 믿고 가겠습니까? 하나님의 교회는 하나님이 책임지십니다.

• 교회 사역자와 가정의 어른, 직장 상사를 하나님이 세워 주신 지도자로 믿고 따르고 있습니까?

말씀의 인도를 받아야 합니다

요단강을 건너야 하는 지금, 3장 3절부터 4장까지 언약궤 이야기가 무려 18번이나 나옵니다. 결국 말씀의 인도가 절대적입니다. 이기가 막힌 영적 전쟁 앞에서 언약궤가 움직이기 전에는 아무도 요단을 향해 한 발짝도 나가면 안 됩니다. 궤의 움직임을 열심히 주시하면서 가야 합니다. 그러지 않으면 이 전쟁은 할 수 없습니다.

그런데 여기서 놓치지 말아야 할 것은 말씀이 담긴 언약궤는 제사장이 지고 가기에 우리는 제사장을 볼 수밖에 없다는 사실입니다. 그런데 "2천 규빗쯤 떨어져서 따라가라"고 했습니다(3:4). 제사장이 언약궤 멘 것만 보고 따라가라는 것은 무슨 말입니까? 사역은 존경하되 사람은 보지 말라는 뜻입니다. 목회자가 목에 힘준다고 영적 권위가 생기겠습니까? 제사장 입장에서는 권위를 내세우는 것이 아니라 언약궤(말씀) 멘 것만 보여 주면 됩니다. 그리고 백성은 말씀만 좇으면 됩니다. 그런데 제사장 소리가 크다 작다, 옷이 길다 짧다, 화려하다 초라하다, 그런 것들만 불꽃같은 눈으로 보니까 성도들이 쓸데없이 열광하거나 실망합니다.

200만 명이 따라가려면 가까이서는 안 보입니다. 좀 떨어져서 가야 보입니다. 제사장과 너무 가까우면 화장실 가는 것 보고도 시험에 들고, 밥 먹는 것 보고도 시험에 듭니다. 그렇다고 제사장과 너무 멀어도 안 됩니다. 제사장과 멀어지면 하나님과 멀어집니다. 제사장과의 관계를 잘 유지하는 것이 영적인 전쟁에서 승리하는 비결이고 성숙의 지표입니다.

• 말씀 앞에서, 또 말씀을 전하는 사람들에 대해 어떤 태도를 취하고 있습니까? 목사님이 훌륭해서 교회에 가고 설교를 듣는 것이 아니라, 하나님 때문에 목사님과 직분자들을 인정하고 따르고 있습니까?

스스로 성결하게 해야 합니다

여호수아가 또 백성에게 이르되 너희는 자신을 성결하게 하라 여호와께서 내일 너희 가운데에 기이한 일들을 행하시리라_수 3:5

분별을 잘 하는 방법은 스스로 성결하게 하는 것입니다. 그렇다면 어떻게 하는 것이 스스로 성결하게 하는 것일까요?

하나님이 특별히 쓰시고자 하는 사람에게는 특별한 준비를 요구하십니다. 에스겔 선지자는 '멸시 받는다'라는 뜻의 이름을 가진 제사장 부시의 아들이었지만 하나님이 특별히 쓰시는 사람이 됐습니다. 하나님이 특별히 쓰시려고 특별히 말씀이 임하게 하셨습니다. 특별히 말씀이 임하게 하시려고 갈대아 땅 그발 강가에 사로잡히게 하셨습니다(겔 1장). 특별한 준비를 요구하셨습니다.

강팍한 배우자를 붙이셨습니까? 시부모님을 붙이셨습니까? 사장을 붙이셨습니까? 하나님이 나에게 특별한 준비를 요구하시는 것입니다. 그러니 '하나님이 나를 특별히 쓰시겠구나! 할렐루야!'입니다.

이것이 스스로 성결하게 하는 것입니다. 얼마나 구별된 생각입니까? 내 고난이 하나님의 특별한 훈련임을 알고 감사할 때 하나님은 우리에게 기이한 일들을 행하십니다. 그런데 똑같이 갈대아 땅 그발 강가에 사로잡혀도 말씀을 못 알아듣는 사람은 지지리 고생만 하다가 죽는 것입니다.

- 질병과 돈 문제, 배신의 사건 속에서 내가 바라는 여호와의 기이한 일은 무엇입니까? 특별한 사건이 내게 일어나도 세상 사람들과 다르게 반응하는 구별된 가치관이 있습니까? 큐티를 통해 날마다 욕심과 원망을 끊으며 자신을 성결하게 합니까?

> 여호수아가 또 제사장들에게 말하여 이르되 언약궤를 메고 백성에 앞서 건너라 하매 곧 언약궤를 메고 백성에 앞서 나아가니라_수 3:6

여호수아의 명으로 제사장이 나아가고, 제사장이 나아가는 걸 보고 백성이 따랐습니다. 지금까지 여호수아는 "제사장들을 보고 따르라"고 계속 강조하고 있습니다. 하지만 결국 여호수아, 제사장, 관리, 백성 중에 최고의 리더십이 누구에게 주어졌습니까? 제사장이 아니고 모세의 수종자를 했던 여호수아입니다.

어떤 사람이 영의 직분을 가질까요? 결국 주어진 자기 직분에 순종하는 사람이 영의 직분을 가진 사람입니다. 엘리 제사장이 아니라 불임으로 고통 받던 한나의 기도로 이스라엘 교회가 이어지지 않았습니까? 당시 한나는 아이를 낳지 못해 첩 브닌나에게 괴롭힘을 당하고 무시 받는 처지였습니다. 그러나 그로 인해 말씀을 더욱 사모하고 간절히 기도할 수 있었습니다. 반면에 엘리는 제사장이었어도 영적 눈이 어두워진 상태였습니다(삼상 3:2). 그럼에도 한나가 그런 엘리에게서 축복을 받아 냈습니다. 그가 축복하지 않을 수 없도록 한나가 순종을 잘 한 것입니다. 그래서 결국 사무엘을 얻었습니다.

엘리가 제사장이라고 한나보다 훌륭합니까? 후세는 한나를 더욱 높이 평가합니다. 아무도 한나를 무시하지 않습니다. 내가 나를 무시하니까 남들도 나를 무시하는 것입니다. 내가 수종자 역할을 잘해서 하나님의 기름 부으심이 있다면 직분은 어떠하든지 관계가 없습니다. 제가 평신도 사역을 하면서 집사라고 해서 사람들을 주님께 인도하지 못했습니까? 하나님은 그분의 말씀에 순종하는 자에게 영적 권위를 주십니다. 사람을 전도하고 양육하는 데 직분이 무슨 상관입니까. 전적으로 영적인 일, 하나님의 일은 직분에 관계없이 하나님의 사람만이 할 수 있습니다. 목사라도 전도 못할 수 있습니다. 또 집사라도 전도하고 사람을 변화시킬 수 있습니다.

• 직분이 없어서 전도를 못 하고, 교회 봉사를 못 한다고 생각하십니까? 끊임없이 직분에 매여 주저하고 있는 것은 나의 열등감 때문은 아닐까요?

요단에 들어서는 최소한의 순종이 필요합니다

7 여호와께서 여호수아에게 이르시되 내가 오늘부터 시작하여 너를
온 이스라엘의 목전에서 크게 하여 내가 모세와 함께 있었던 것 같이
너와 함께 있는 것을 그들이 알게 하리라 8 너는 언약궤를 멘 제사장
들에게 명령하여 이르기를 너희가 요단 물가에 이르거든 요단에 들
어서라 하라 9 여호수아가 이스라엘 자손에게 이르되 이리 와서 너
희의 하나님 여호와의 말씀을 들으라 하고 10 또 말하되 살아 계신
하나님이 너희 가운데에 계시사 가나안 족속과 헷 족속과 히위 족속
과 브리스 족속과 기르가스 족속과 아모리 족속과 여부스 족속을 너
희 앞에서 반드시 쫓아내실 줄을 이것으로서 너희가 알리라 11 보라
온 땅의 주의 언약궤가 너희 앞에서 요단을 건너가나니 12 이제 이스
라엘 지파 중에서 각 지파에 한 사람씩 열두 명을 택하라 13 온 땅의
주 여호와의 궤를 멘 제사장들의 발바닥이 요단 물을 밟고 멈추면 요
단 물 곧 위에서부터 흘러내리던 물이 끊어지고 한 곳에 쌓여 서리라
14 백성이 요단을 건너려고 자기들의 장막을 떠날 때에 제사장들은
언약궤를 메고 백성 앞에서 나아가니라_수 3:7~14

하나님의 말씀, 즉 언약궤를 멘 제사장을 따른다고 해도 스스로 흘러내리는 요단의 물을 밟는 최소한의 순종을 해야 합니다. 요단을 건너는 기적에 비하면 내가 물을 밟는 것은 아무것도 아닌 것 같습니다. 하지만 그 순종이 없으면 기적은 일어나지 않습니다. 요단강에 들어가면 꼭 죽을 것만 같아도, 3~4미터 깊이의 물에 내가 어떻게 들어갈 것인가 싶어도 일단 순종하면 기적을 볼 수 있습니다.

하나님은 출애굽 하는 모세에게 "지팡이를 들고 바다 위로 내밀면 바다가 갈라지리라"고 하셨습니다(출 14:16). 모세가 200만 명이 보는 앞에서 지팡이를 들고 내밀었을 때 홍해가 안 갈라지면 어떻게 합니까? 창피해서 어떻게 합니까? 그런 생각을 하면 지팡이 들고 내미는 일이 결코 쉬운 일은 아니었을 것입니다. 하지만 모세가 최소한의 순종을 했을 때 홍해가 갈라졌습니다. 죽을 것 같지만 한 발만 내디디면 물길이 열립니다.

저는 4대째 모태신앙인으로 교회 반주자로 섬기고 대학생 선교단체에서도 활동했지만, 결혼할 때 저의 기준은 '신랑이 피아노과 교수가 되고 싶은 내 꿈을 뒷바라지해 줄 수 있는가'였습니다. 그래서 남들이 부러워하는 집안으로 시집을 갔는데 시집살이 5년은 그야말로 '지나 보지 못한 길', 생각지 못한 훈련의 연속이었습니다. 무학(無學)의 시어머니 밑에서 살림을 배우면서 매사에 기쁨이 없었고, 그러면서도 인정받는 것이 우상이었던 저는 겉으로는 "네, 네" 웃었지만 속으로는 자꾸 병들어 갔습니다. 그러다 결국 시집살이 5년 만에 가출을 해서 기도원에 갔습니다.

그런데 제가 있는 기도원을 알려 줬는데도 남편이 전화도 안 하고 저를 데리러 오지도 않는 겁니다. 하지만 기도원에서 성령이 임하시는 회개를 하고 주님을 만났기에 제 발로 걸어서 집에 돌아왔습니다. 남편만 있는 집도 아니고 시부모님과 아이들, 일하는 사람도 있는데 나 혼자 나갔다가 제 발로 다시 들어가기가 쉽지 않았습니다. 그동안 교양 있게 "네, 네" 하다가 집을 나왔는데 다시 들어가서 용서를 빌기가 쉬웠겠습니까? 죽을 것처럼 어려웠습니다. 그래도 주님을 만나고 제 마음에 가족을 향한 사랑이 있었기에 제 발로 걸어 들어갈 수 있었습니다. 그것이 하나님이 제게 원하시는 최소한의 순종이었습니다.

자존심과 두려움 때문에 죽을 것 같지만, 한 발만 내디디면 이스라엘의 목전에서 물길이 열립니다. 내 발바닥으로 들어서는 최소한의 순종이 창일한 요단강을 끊고 길을 냅니다.

제가 제 발로 걸어 들어갔더니 하나님은 열흘이 지나서 따로 살림을 나게 해 주셨습니다. 살림을 나서 기뻤다는 이야기가 아닙니다. 살림을 났어도 제가 주님을 영접하고 시부모님을 사랑하게 됐기 때문에 함께 살 때보다 더 열심히 시부모님을 섬길 수 있었습니다. 아니, 그제야 진정한 섬김을 행할 수 있었습니다. 이전의 섬김이 어머님 비위를 맞추려고 인정받고 싶어서 잘한 것이었다면, 이후에는 구원을 위한 참사랑의 섬김이 시작된 것입니다. 그때부터는 어머님과 둘이 마주 앉아서 남편이 밉네, 곱네 하면서 속 깊은 이야기도 나누게 되고, 말씀과 기도를 나누는 지체가 되었습니다. 사람과의 관계에서도 사랑이 있으면 길이 트입니다. 부부가 수십 년을 살아도 사랑하지 않으면 마음의 길이 트이지 않습니다. 제가 사랑하니까 남편하고도 길이 트였습니다. 상대방이 안 트여도 내게 사랑이 있으면 길이 트입니다.

- 넘어서지 못하는 관계, 막힌 진로가 트이기 위해 필요한 '내 발로 요단에 들어서는 최소한의 순종'은 무엇입니까? 순종해야 할 구체적인 행동이나 말이 깨달아지지 않는다면 당장 기도와 큐티부터 열심히 해 보는 건 어떨까요? 그럴 때 하나님이 나를 움직이실 것을 믿습니까?

순종의 첫걸음을 내디디면 주님은 온 이스라엘의 목전에서 놀라운 일을 보게 하십니다(3:7).

1986년 첫 전파를 탄 〈오프라 윈프리 쇼〉는 미국뿐 아니라 전 세계 3천만 명이 보는 프로그램이 됐습니다. 오프라는 여섯 살 때까지 신발을 한 번도 가져 보지 못한 가난한 환경에서 자랐습니다. 어려서 성폭행을 당했고, 열네 살 때 미혼모로 아이를 출산했는데 그 아이는 죽었습니다. 끊임없는 고난으로 그녀의 성장 과정은 불행했습니다. 그런데 이렇게 험난한 인생을 산 오프라의 쇼가 왜 유명한지 압니까? 그 프로그램에는 유명한 사람이 나오지 않습니다. 힘든 사람들, 성폭행당한 사람이 나와서 이야기를 하면 오프라가 "저도 성폭행을 당했어요" 하고, 가난한 사람이 나와서 이야기를 하면 "저도 가난했어요" 이렇게 얘기합니다.

제가 『복 있는 사람은』이라는 책을 내면서 우리들교회 가족 이야기를 썼습니다. 보통 교회에서는 그런 이야기를 안 하는데 우리들

교회에서는 어떤 힘든 일도 말씀으로 적용해서 내어놓고 서로 기도합니다. 그것이 왜 창피한 일입니까? 오프라 윈프리도 자신이 당한 모든 일로 전 세계 사람을 살리고 있습니다. 오프라는 토크쇼를 직접 제작하고 진행하는 첫 번째 여성 진행자가 됐습니다. 2004년도에는 UN이 지정하는 '세계 지도자 상'을 받기도 했습니다. 그야말로 하나님이 이스라엘의 목전에서 보이신 놀라운 일과 같지 않습니까?

> 15 요단이 곡식 거두는 시기에는 항상 언덕에 넘치더라 궤를 멘 자
> 들이 요단에 이르며 궤를 멘 제사장들의 발이 물가에 잠기자 16 곧
> 위에서부터 흘러내리던 물이 그쳐서 사르단에 가까운 매우 멀리 있는 아담 성읍 변두리에 일어나 한곳에 쌓이고 아라바의 바다 염해로 향하여 흘러가는 물은 온전히 끊어지매 백성이 여리고 앞으로
> 바로 건널새 17 여호와의 언약궤를 멘 제사장들은 요단 가운데 마른땅에 굳게 섰고 그 모든 백성이 요단을 건너기를 마칠 때까지 모든 이스라엘은 그 마른땅으로 건너갔더라 _수 3:15~17

오프라 윈프리 쇼에서는 방청객들이 자동차 열쇠를 보는 순간 너무 좋아서 실신할까 봐 구급차까지 대기시켜 놓았다고 합니다. 하지만 요단강을 건너는 이 기쁨은 자동차 한 대와는 비교도 안 되는 것입니다. 물이 끊어지고 길이 나는 것을 보며 이스라엘 백성이 얼마나 환호를 했을까요?

자동차 한 대로 많은 사람에게 감동을 주기 위해서도 치밀히 계

획을 세우고, 많은 돈을 쓰고, 자동차 회사의 협찬을 얻어 가며 준비했습니다. 그런데 오늘날 교회에서 그만한 감동을 줄 수 없다면 그것은 교회의 책임입니다. 전적으로 내 책임이고, 교회 직분자들의 책임이고, 믿는 우리 모두의 책임입니다. 생명이 있는 사람은 가만히 있을 수가 없습니다. 움직임이 있습니다. 감동이 있습니다. 집안에 새 생명이 태어나면 얼마나 기뻐합니까? 자동차 한 대가 생긴 것과는 비교할 수 없는 기쁨이 새 생명의 기쁨입니다. 교회 안에 생명이 있다면 그런 감동과 기쁨이 있어야 합니다. 살아 있는 가정과 교회라면 날마다 생명을 낳는 감격이 있어야 합니다.

순종한 백성은 마른땅을 건너갔습니다. 말씀을 따라야 합니다. 말씀은 우리 앞을 가로막는 물을 끊고 길을 냅니다. 하나님의 백성이 갈 길을 막고 있던 장애물이 사라집니다. 노도와 같이 흘러내리던 증오의 물, 열등감의 물, 탐욕의 물, 슬픔의 물이 다 그치고 온전히 끊어집니다. 갈라진 요단 물 사이로 마른땅을 건너는 이스라엘 백성을 보며 가나안의 대적들은 할 말을 잃었을 것입니다. 전의(戰意)를 상실했을 것입니다. 적의 간담은 이렇게 생명의 순종으로 서늘하게 만드는 것입니다.

오프라 윈프리의 재산이라고는 어렸을 때 할머니에게 매 맞으면서 성경 구절 외운 것밖에 없다고 합니다. 그녀는 어릴 때부터 할머니한테 이런 말을 들으며 자랐습니다.

"하나님은 당신의 자손을 망치지 않으신단다. 너는 살면서 많은 일을 당하게 될 거야. 그때 두려워하지 않아도 돼. 그리고 강한 자는 반드시 다른 사람을 돌봐야 한단다."

오프라에게 하나님을 향한 믿음이 있었기에, 그리고 그녀가 말씀대로 믿고 요단강에 발을 내디뎠기에 기적을 경험하고, 다른 사람에게 기적을 베푸는 삶을 살게 되었습니다. 그녀가 자동차를 선물하는 데 100억 원(800만 불)이 들었다고 합니다. 그녀는 마음만 먹었는데, 자동차 회사가 전부 협찬해 주었습니다.

하나님을 믿는 우리도 마음만 먹으면 주님이 해 주십니다. 북한을 도우려고 마음만 먹어도 하나님이 필요한 물질을 채워 주실 것입니다. 내가 먼저 나서서 감동을 만들어 가야 합니다. 우리 삶에서도 하나님의 기이한 일을 경험하도록 준비를 해야 합니다. 내가 발을 내딛기만 하면 기적이 일어납니다.

- 내 구원의 여정을 가로막는 상황은 무엇입니까? 내가 말씀을 따라 순종할 때 하나님께서 증오의 물, 열등감의 물, 탐욕의 물, 슬픔의 물을 마르게 하실 것을 믿습니까?

자존심과 두려움 때문에
죽을 것 같지만, 한 발만 내디디면
이스라엘의 목전에서 물길이 열립니다.
내 발바닥으로 들어서는 최소한의 순종이
창일한 요단강을 끊고 길을 냅니다.

우리들 묵상과 적용

이십 대 후반인 저는 남들보다 늦은 나이에 대학교를 졸업하고 지금은 취업을 준비하고 있습니다. 한창 다른 친구들이 취업 준비를 하던 마지막 학기, 저는 노무사(노동 법률 전문가) 시험을 준비하기 위해 휴학하고, 지난 2년간 공부에만 전념했습니다. 시험을 몇 개월 앞둔 상황에서는 지방에서 수도권으로 올라와 자취까지 하며 공부에 몰두했지만, 정작 시험에는 2년간 한 번도 공부하지 않은 문제가 나왔습니다. 평소 주위 사람들에게 "시험에 합격하든 불합격하든 주님의 뜻이 있을 것"이라고 말해 왔지만, 막상 모르는 문제를 마주하니 너무 절망이 되고 당장이라도 시험장을 뛰쳐나가고 싶었습니다. 지금까지 공부도, 신앙생활도 소홀히 하지 않고 잘 준비했다고 생각했는데, 제대로 된 답도 써 보지 못한 채 공부를 마무리하려니 무기력해졌습니다. 결국 저는 마지막 학기를 마치기 위해 학교로 돌아왔습니다.

그런데 '내 수험 생활의 문제점이 무엇이었을까?' 고민하다가 저의 숨겨진 죄를 깨닫게 되었습니다. 저는 그동안 부족한 점을 더 열심히 공부하라고 주님이 주신 시간을 제대로 사용하지 않았던 것입니다. 저는 모든 예배를 잘 드리니 주님이 제게 만족할 만한 결과를 주실 거라고 생각했습니다. 하지만 실상은 어렵고 힘든 공부는 뒷전으로 미룬 채, 쉬고자 하는 마음이 우선이었습니다. 또한 하나님께 쓰임 받는 노무사가 되기를 바라는 이면에는 학벌에 대한 열등감을 전문 자격증 취득으로 감추고 싶은 마음이 있었습니다. 저의 숨은 마음이 하나둘 깨달아지자 하나님이 제 욕심을 회개하게 하시고자 '노무사 시험 낙방'을 허락하셨음을 인정할 수밖에 없었습니다.

저는 처음부터 다시 취업을 준비해야 합니다. 아무것도 준비되지 않은 상황에서 어떤 것도 보이지 않는 취업의 길을 걷고자 하니, 요단강을 건너기 전 이스라엘 백성의 마음처럼 막막하기만 합니다. 2년간 노무사 시험을 공부한 것 외에는 취업을 위해 따로 준비한 것이 아무것도 없기에 취업 장벽이 높게만 느껴집니다.

하지만 오늘 말씀을 묵상하며 하나님이 제게 '더불어 사는 인생'을 가르쳐 주시고자 한 번도 지나 보지 않은 취업의 길을 걷게 하신다는 생각이 듭니다(3:1). 모세와 함께하시고 여호수아와 이스라엘 백성 가운데 함께 계신 하나님이 제게 가장 합당한 직장으로 인도해 주실 것을 믿습니다(3:7, 10). 그때까지 얼마나 많은 시간이 걸릴지 지금은 알 수 없지만, 매일 말씀을 묵상하는 것이 '내 발로 요단에 들어서는 최소한의 순종'임을 기억하겠습니다(3:8). 취업 고난을 앞서 겪은 지체들의 도움을 받으며 이 시간을 믿음으로 잘 통과하길 소망합니다(3:6).

영혼의 기도

아버지 하나님, 창일한 요단 물 같은 남편, 아내, 자녀, 부모님 때문에 너무나 두렵습니다. 그러나 주님의 기적을 경험하는 길은 평범한 일상생활을 잘 사는 것이라고 하십니다. 그러므로 힘든 환경에 머물러 원망하고 불평하는 것이 아니라, 여호수아가 그런 것처럼 아침에 일찍이 일어나기 원합니다. 평범한 삶을 잘 살며 잘 먹고, 잘 자는 것부터 적용하기 원합니다. 특별한 적용을 하는 것이 아니라 내게 허락하신 남편, 아내, 부모, 자녀, 학생의 역할에 최선을 다하기 원합니다.

또한 우리가 일찍이 일어나야 하는 것은 '더불어'의 삶을 살기 위함이라고 하셨습니다. 싯딤에서 떠나지 못하는 상대방을 보면서 나의 싯딤, 나의 음행과 불순종을 먼저 보게 하옵소서. 상대방의 싯딤도 없앨 수 있도록 나부터 회개하며, 더불어 가기 위해 사흘 동안 유숙하며 기다리게 하옵소서. 사흘이 아니라 3년, 30년이 걸린다고 할지라도 잘 인내하며 기다리도록 도와주시옵소서.

무엇보다도 말씀을 전하는 자의 말을 듣기 원합니다. 절대적인 말씀의 인도함을 받기 원합니다. "잘못했습니다. 사랑합니다" 이런 말을 잘 하기 원합니다. 요단강에 한 걸음을 내딛는 것이 죽기보다 어렵지만, 그 한 걸음을 내디뎠을 때 물길이 열린다고 하십니다. 돈 길이 열린다고 하십니다. 사람의 길이 열린다고 하십니다. 내가 한 걸음 내

딛는 최소한의 순종이 무엇일까 생각합니다. 그 최소한의 순종이 가정을 살리고, 교회를 살린다고 하셨사오니 그 한 걸음을 뗄 수 있도록 도와주옵소서. 욕심과 자존심을 내려놓고 오직 말씀에 순종하게 하옵소서. 그리하여 기적을 경험하는 자가 되게 하옵소서. 예수님 이름으로 기도하옵나이다. 아멘.

Chapter 6

전쟁 기념비: 이 돌들은 무슨 뜻이냐

여호수아 4:1~24

하나님 아버지, 과거의 은혜를 늘 기억하고 기념하며,
후손들이 '이 돌들은 무슨 뜻이니이까' 물을 때 대답해 줄 간증이 있는
인생 되기를 원합니다. 말씀해 주시옵소서. 듣겠습니다.

창일한 요단의 물이 갈라졌습니다. 이스라엘 백성은 마른땅을 밟으며 요단을 건넜습니다(3:17). 그리고 마침내 요단 건너가기를 마치자, 주님은 요단 가운데서 열두 돌을 취해 길갈에 세우고 이 모든 일을 기억하고 기념하라고 하십니다. 날마다 지나 보지 못한 길을 걷는 인생에서 하나님의 은혜가 내게 기억되고, 기념되지 않으면 한 걸음도 나아갈 수 없기 때문입니다.

이스라엘의 역사만 봐도 그렇습니다. 출애굽기 19장에서 하나님은 이스라엘을 향해 "너희가 내게 대하여 제사장 나라가 되며 거룩한 백성이 되리라"고 선포하셨습니다(출 19:6). 제사장 나라로서 온 세계에 복음을 전파하는 사명과 축복을 이스라엘에 주신 것입니다. 그런데 그들은 이런 은혜와 사명을 망각하고 끝내 예수님을 십자가에 못 박았습니다. 그래서 갖은 고초를 겪고도 지금까지도 돌아오지 않

습니다.

그런데 요즘 우리나라에서도 비슷한 현상이 일어나고 있습니다. 가난한 조선이라는 나라에 선교사들이 들어와서 교회를 세우고 학교를 세우고 병원을 세웠습니다. 하나님이 은혜를 베풀지 않으셨다면 우리나라가 이렇게 부강해질 수 있었을까요? 그런 대한민국이 지금은 가장 전도하기 어려운 나라가 되었습니다. 성경 원리를 거스르는 인본주의가 판을 치고 기독교를 '개독교'라고 부르며 손가락질합니다. 왜 그렇습니까? 하나님의 은혜를 망각했기 때문입니다. 과거의 은혜를 망각한 인생은 미래를 기약할 수 없습니다. 우리가 주님의 은혜를 기억하고 기념하기 위해서는 어떻게 할까요?

물어볼 것이 있는 인생을 살아야 합니다

1 그 모든 백성이 요단을 건너가기를 마치매 여호와께서 여호수아
에게 말씀하여 이르시되 2 백성의 각 지파에 한 사람씩 열두 사람을
택하고 3 그들에게 명령하여 이르기를 요단 가운데 제사장들의 발
이 굳게 선 그곳에서 돌 열둘을 택하여 그것을 가져다가 오늘 밤 너
희가 유숙할 그곳에 두게 하라 하시니라 4 여호수아가 이스라엘 자
손 중에서 각 지파에 한 사람씩 준비한 그 열두 사람을 불러 5 그들
에게 이르되 요단 가운데로 들어가 너희 하나님 여호와의 궤 앞으
로 가서 이스라엘 자손들의 지파 수대로 각기 돌 한 개씩 가져다가

어깨에 메라 6 이것이 너희 중에 표징이 되리라 후일에 너희의 자손
들이 물어 이르되 이 돌들은 무슨 뜻이냐 하거든 7 그들에게 이르기
를 요단 물이 여호와의 언약궤 앞에서 끊어졌나니 곧 언약궤가 요
단을 건널 때에 요단 물이 끊어졌으므로 이 돌들이 이스라엘 자손
에게 영원히 기념이 되리라 하라 하니라_수 4:1~7

큰 사건을 당할 때마다 하나님의 도우심으로 지나간 경험은 아무리 기억하고 기념해도 지나치지 않습니다. 날마다 말씀을 읽고 적용함으로 내 삶에 임하신 하나님을 기억하고 기념하며, 그래서 누군가 나에게 물어볼 표징(돌)이 있어야 합니다. 모르는 사람이 보기에는 요단에 세워진 돌무더기에 불과할 뿐이겠지만, 그것이 무슨 의미를 갖고 있는지 묻게 만드는, 그런 인생을 살아야 하는 것입니다.

누구나 하는 시집살이를 하고 입시 공부를 하고 남들과 다를 바 없는 삶을 평범하게 살아도 무언가 물어볼 것이 있는 인생, 그리고 그 질문에 대답할 것이 있는 인생이 바로 하나님이 함께하시는 자의 삶입니다. 그런데 내가 가정에서는 게으르고 혈기 내고 수시로 포르노 사이트에 접속하고, 직장에서는 승진을 위해 상사 비위를 맞추며 수단과 방법을 가리지 않는 육적(肉的)인 삶을 살면서 교회에서는 주일학교 교사로 섬기고 찬양대에 서며 영적(靈的)인 모습을 가장하고 있다면 아무것도 물어볼 것이 없는 인생이 됩니다. 그런 사람은 나도 속고 남도 속이기 쉽습니다.

독수리가 알에서 깨어나 창공을 나는 법을 배우기까지 엄마 독

수리는 새끼를 쪼고, 또 쪼아서 절벽에서 떨어뜨립니다. 한두 번도 아니고 수십, 수백 번을 떨어뜨리는데 그러다 죽을 것 같지만, 새끼 독수리는 거기서 나는 법과 살아가는 방법을 체득하게 되는 것입니다. 주님과의 영적인 만남이 없다면 나의 육적, 심적 생활은 아무 의미가 없습니다. 독수리가 자기 새끼를 떨어뜨리듯이 내가 떨어질 때마다 하나님이 개입하십니다. 그래서 하나님의 역사를 경험하는 인생은 무조건, 어떤 경우에도 아름다운 인생입니다.

- 어떤 사건을 통해 하나님의 은혜를 경험했습니까? 당시에는 아팠지만 그 일을 통해 나를 아름답게 하시고, 누군가에게 할 이야기가 있는 인생이 되게 하신 것에 감사합니까?

하나님이 행하신 일을 기억하고 기념해야 합니다

독수리가 절벽에서 떨어지듯이 수많은 떨어짐의 사건 속에서 우리는 살아난 이야기를 해야 합니다. 이삭의 아들 에서는 사냥도 잘하고 아버지를 기쁘게 해 드리는 효자였습니다(창 25:27~28). 자기 능력으로 사냥하고, 자기 힘으로 효도하니까 에서에게는 하나님의 존재가 절실하지 않았습니다. 반면 야곱은 아버지와 형을 속이고, 돈 좋아하고, 여자 좋아해서 외삼촌 라반에게 속아 넘어갔습니다. 자신의 힘으로는 돈도, 여자도 끊을 수 없으니 하나님을 의지할 수밖에 없었습니다. 그래서 야곱은 기념할 것이 많은 인생입니다.

열두 지파를 의미하는 열두 돌을 쌓은 길갈이 정말 중요한 이유는 모든 수치가 물러간 곳이기 때문입니다(5:9). 야곱은 수치스러운 것이 많은 인생이었지만 그의 모든 수치가 성경을 통해 알려지고 기념되었기에 우리에게 은혜를 끼치는 것입니다.

나의 수치를 기념하는 것, 그것이 길갈의 의미입니다. 요단에 빠져 죽을 수밖에 없는 나, 연약한 나로 인해 겪은 수치를 기념하며 열두 돌을 쌓을 때 그 모든 수치는 요단의 창일한 물에 덮여 흘러갑니다. 죄인이었던 나는 간 곳이 없고 '나는 요단에서 죽을 수밖에 없었는데 하나님이 나를 살려 내셨다. 내가 여자 문제, 돈 문제, 내 욕심 때문에 죽을 뻔했는데 하나님이 살려 주셨다' 이런 고백이 영원히 기념되는 것입니다.

> 그들에게 이르기를 요단 물이 여호와의 언약궤 앞에서 끊어졌나니 곧 언약궤가 요단을 건널 때에 요단 물이 끊어졌으므로 이 돌들이 이스라엘 자손에게 영원히 기념이 되리라 하라 하니라_수 4:7

하나님이 내게 기적을 베푸시는 이유는 그것을 다른 사람에게 전하라는 것입니다. 학생의 때, 자녀의 때, 며느리의 때, 아내의 때를 지나 남편을 보내고 어머니의 때와 전도인의 때를 살다가 지금은 목회자의 때를 살고 있습니다. 제 인생의 때마다 건너야 할 요단이 있었고, 때마다 요단 물이 끊어지는 기적을 하나님이 행하셨습니다. 저는 전도를 하고, 큐티 모임을 인도하고, 말씀을 전할 때마다 그것을 끊임없이 기념해 왔고 책과 인터넷을 통해서도 기념하게 되었습니다.

각자의 체험과 간증을 다 책으로 낼 수는 없지만 집집마다 믿음의 스토리가 있을 것입니다. 오직 내가 할 일은 앉으나 서나 모든 기회를 이용해서, 무엇을 통해서든 그것을 기념하는 것입니다. 하나님이 행하신 일을 기념하고 나의 죄와 수치가 어떻게 떠나갔는지, 우리 집안이 하나님으로 인해 어떻게 살아났는지 물어볼 것이 있고, 대답할 것이 있는 인생이 되어야 합니다. 그 기념의 돌들을 보면서 우리의 삶에 얼마나 하나님의 은혜가 넘쳤는가를 알게 해 줘야 합니다. 반복해서 전하고 또 전해야 합니다. 교육은 반복입니다. 식구들과 자녀들 속에 성경적 가치관이 바로 세워질 때까지 수없이, 일관성 있게 전하다가 떠나는 것이 우리의 사명입니다.

홍해를 건너고 요단을 건너는 기적을 경험했으면 이제는 상식으로 가야 합니다. 신앙은 가장 상식적인 것입니다. 몰상식, 비상식은 올바른 신앙이 아닙니다. 109세 할머니, 105세 할아버지의 장수에 관한 기사가 났는데 그 비결은 다른 것에 있지 않았습니다. 매끼 소식하고 골고루 먹고 가족 관계가 좋고 부지런해서 요즘에도 방 청소를 직접 한다고 했습니다.

신앙인은 바랄 수 없는 것을 바라면 안 됩니다. 열두 돌을 보면서 다시 기적을 체험하기 위해 요단을 건너라는 것이 아닙니다. 또 다른 기적을 구하라는 것이 아닙니다. 길갈의 돌 앞에서 은혜를 기억하고 자기 삶으로 돌아가라는 것입니다. 일찍 일어나고, 더불어의 삶을 잘

살며, 땀 흘려 농사지으며 다시 부지런히 살아가라는 것입니다. 상식의 삶을 잘 살지 못하면 내가 아무리 하나님의 기적을 경험했어도 그 기적을 전할 수 없습니다. 일상생활이 무너져서 배우자, 부모, 자녀가 나를 인정하지 않는다면 내가 경험한 기적이 무슨 의미가 있겠습니까. 정말 하나님의 기적을 체험하고 그것을 증거하고 싶다면 가장 상식적인 사람으로 일상의 삶을 잘 살아야 합니다. 그래서 가장 먼저 가까운 가족들에게 인정받는 사람이 되어야 합니다.

- 나의 영적, 육적 자녀들에게 들려줄 믿음의 간증이 있습니까? 고생담을 늘어놓으며 신세타령만 하고 있지는 않습니까? 자녀가 힘든 일을 만났을 때 부모의 믿음을 기억하면서 용기를 얻을 수 있는 그런 간증이 있습니까? 그것을 나누며 기념하고 있습니까?

> 8 이스라엘 자손들이 여호수아가 명령한 대로 행하되 여호와께서
> 여호수아에게 이르신 대로 이스라엘 자손들의 지파의 수를 따라 요
> 단 가운데에서 돌 열둘을 택하여 자기들이 유숙할 곳으로 가져다가
> 거기에 두었더라
> 9 여호수아가 또 요단 가운데 곧 언약궤를 멘 제사
> 장들의 발이 선 곳에 돌 열둘을 세웠더니 오늘까지 거기에 있더라
> _수 4:8~9

열두 돌은 이스라엘의 열두 지파를 의미합니다. 내가 가져다가 두어야 할 돌은 어떤 돌일까요? 요단 물이 끊어진 그곳, 하나님의 기

적이 일어난 그곳에서 취한 돌입니다. 언약궤를 멘 제사장들, 말씀을 가진 이들의 발이 굳게 선 곳에서 취한 돌입니다.

이제까지 광야에서 유목민으로 살다가 가나안 땅에 들어가면 직접 땅을 경작해서 먹고살아야 합니다. 낯선 땅에서 처음으로 농사짓는데 모르는 것도 많고, 어려운 점도 많을 것입니다. 그러니 농사가 잘 안될 때마다 풍요의 신 바알에게 가서 무릎을 꿇고 싶어집니다. 비가 안 올 때마다 바알에게 가서 기도하고 묻고 싶어집니다. 그런 마음이 들 때마다 '길갈 국립 공원'을 기억하라는 것입니다. 길갈 국립 공원에 가서 쌓인 열두 돌을 보고 하나님을 기억하라는 것입니다.

안 지어 본 농사를 해서 먹고살아야 하는데 목구멍이 포도청이라 타협할 일이 얼마나 많겠습니까. 하지만 타협하지 않기 위해 그동안 받은 복을 세어 보라는 것입니다. "하나님이 홍해를 건너게 하셨다! 40년 광야 생활 동안 의복이 해어지지 않고 발이 부르트지 않았다! 하나님이 전적인 은혜로 만나를 먹이셨다! 반석에서 물이 나오게 하셨다! 요단강을 마른땅으로 건너가게 하셨다!" 이렇게 받은 복을 세어 보시길 바랍니다.

사랑의 특징은 기억하는 것입니다. 사랑하면 그 사람의 모든 것을 기억하게 되고, 기억하려고 애씁니다. 기억은 저절로 되는 것이 아닙니다. 기억하기 위해 노력해야 합니다. 연애할 때는 만난 지 100일, 200일을 잘도 기억하고 챙기다가 결혼하면 배우자 생일도 잊어버립니다. 하나님의 은혜를 기억하라는 말씀이 성경에 수도 없이 반복되는 것은 우리가 너무나 잘 잊어버리기 때문입니다. 남편이 결혼기념

일을 잊었네, 이런 치사한 것에 목숨 걸지 말고 생명의 주인이신 예수님, 나를 살리신 하나님만 기억합시다. 그러면 더 이상 억울할 것도, 서운할 것도 없습니다.

- 세상일로 지쳐 타협하고 싶어질 때 나를 정신 차리게 해 주는 길갈 국립공원은 어디(어떤 일)입니까? 큐티와 나눔을 통해 하나님이 행하신 일을 새기며 받은 복을 세고 있습니까?

믿음의 지도자와 공동체가 중요합니다

> 또 여호와께서 여호수아에게 명령하사 백성에게 말하게 하신 일 곧 모세가 여호수아에게 명령한 일이 다 마치기까지 궤를 멘 제사장들이 요단 가운데에 서 있고 백성은 속히 건넜으며_수 4:10

요단을 건너는 백성 속에는 부도난 사람도 있고, 바람피운 사람도 있고, 알코올중독자도 있습니다. 몸이 불편한 사람도 있습니다. 가난한 사람도 있고, 성격이 못된 사람, 거짓말하는 사람, 사기당한 사람도 있습니다. 이 모든 사람이 이스라엘 공동체에 속해 있으니까 그냥 섞여서 건너갔습니다. 누군가 앞장서서 건너니까 그냥 따라서 건넜습니다.

'속히' 건넌 사람들은 못나서 속히 따라 건넜을 것입니다. 잘났으면 모세의 수종자이던 여호수아만 믿고 그렇게 속히 건넜겠습니까? '여호수아가 틀렸으면 어떻게 하냐. 강물이 다시 넘치면 어떻게 하냐. 내가 저 사람을 왜 믿고 따라가냐' 이러지 않았을까요? 잘난 사람은 따라가기가 어렵습니다.

그래서 정말 강한 사람은 잘난 사람이 아닙니다. 자기 생각이 많은 사람, 용모가 훌륭한 사람, 학벌이 좋은 사람, 돈 많은 사람이 아닙니다. "믿음이 강한 우리는 마땅히 믿음이 약한 자의 약점을 담당하고 자기를 기쁘게 하지 아니할 것이라"는 말씀처럼 연약한 자의 약점을 담당하는 우리, '강한 우리'가 있는 사람이 강한 사람입니다(롬 15:1). 연약하고 못났어도 이스라엘 공동체에 속해 있다는 이유 하나로 요단을 건넌 것처럼 서로의 연약함을 담당하며 요단을 건너는 우리, 그 '우리' 안에 속해 있는 사람이 강한 자입니다.

교회 공동체를 멀리하고 나 혼자 말씀 보면서 내 생각으로 삶을 운영하는 사람은 함께 요단을 건너지 못합니다. 혼자 남아서 요단을 못 건넌다면 그것은 죽음입니다. 때에 맞춰 순종하지 못하면 뒤처져 죽을 수밖에 없습니다. 교회 공동체를 생각하는 나의 태도가 어떤지에 따라 내가 강한지 약한지 판가름 납니다. 지체들이 나와 믿음도 다르고, 재력도 다르고, 학력도 다르다고 '나는 공동체가 너무 싫어, 그들과 어울리기 싫어'라며 불평만 하고 있다면 결코 강한 자가 될 수 없습니다. 당장 내 구역 식구 중에서 싫은 사람이 많고, 내 가족 중에 싫은 사람이 많아서 섬기기 싫다면 매주 선교 헌금하고, 선교지에 다녀오는 것이 무슨 소용이겠습니까.

그리고 교회의 리더들은 믿음으로 서 있어야 합니다. 하나님이 모세에게, 모세가 여호수아에게 명령한 것을 여호수아가 순종했듯이 본을 잘 보여야 합니다. 3장에서도 제사장들이 '굳게 서다'라는 표현이 나오는데 백성이 속히 잘 건너도록 지키려면 리더 자신이 믿음으로 잘 서 있는 것이 중요합니다(3:17). 그래서 작든지 크든지 공동체의 리더라면 전도도, 기도도, 큐티도, 봉사도 제일 열심히, 제일 잘하는 사람이 되어야 합니다.

> 모든 백성이 건너기를 마친 후에 여호와의 궤와 제사장들이 백성의 목전에서 건넜으며_수 4:11

공동체의 지도자라면 요단 물에 발을 들이는 힘든 일은 제일 앞서서 하고, 요단 물에서 나올 때는 맨 마지막에 나와야 합니다. 지도자들은 항상 손해 보는 쪽을 택하는 것이 옳습니다. 바른 지도자라면 백성이 다 올라왔어도 하나님이 여호수아를 통해 명령하실 때까지 요단강에서 꼼짝도 하지 말아야 합니다.

어떤 목적으로 모였든지 지도자에 대한 신뢰가 없다면 그 공동체는 불쌍한 공동체입니다. 방송과 신문에 기독교계의 문제점을 다루는 내용이 자주 등장합니다. 교회 내의 갈등, 목회 세습, 대형 교회의 온갖 비리들이 시사 프로그램의 소재로 등장한 것은 어제오늘의 일이 아닙니다. 하지만 불교에는 문제가 없고, 천주교에는 문제가 없겠습니까? 교회는 무조건 초라해야 하고, 목회자는 무조건 가난해진다고 해서 문제가 없겠습니까? 교회 건물이 있고 없고의 문제가 아닙니다. 한 교회 안에서 목회자와 성도 사이에, 성도와 성도 사이에 신뢰가 사라지고 있는 것이 심각한 문제입니다.

- 공동체의 지도자에게 어떤 태도를 취합니까? 믿음 없는 가족들, 연약한 사람들과 함께 가기 위해 내가 먼저 순종하는 모습을 보이고 있습니까? 자격과 상관없이 은혜를 누리는 믿음의 공동체가 있음에 감사합니까?

수년 전 어느 기독교 재단 학교의 한 학생이 종교의 자유를 주장하며 단식까지 했습니다. 그 사건으로 결국 학생들에게 예배를 강요해서는 안 된다는 교육부의 방침이 내려졌습니다. 언론은 "한 어린 학생의 외로운 투쟁이 마침내 세상을 바꾸기 시작한 것"이라고 특필했습니다. 그 고등학교에서 수많은 믿음의 지도자들이 나왔습니다. 조선 시대, 가난하고 황무지였던 우리나라에 선교사들이 들어와서 학교를 세우고, 병원을 세워서 우리가 이만큼 교육을 받고 발전할 수 있었습니다. 5천 년 역사 동안 오랜 빈곤 국가였던 우리나라에 예수 그리스도의 복음이 들어와서 잘살게 됐는데 그것을 잊고 있습니다.

『닥터 홀의 조선 회상』은 조선을 사랑한 의료 선교사 닥터 셔우드 홀(Sherwood Hall)의 자서전입니다. 이 책에는 조선에 복음을 전하고자 일생을 바친 홀 일가의 치열한 삶과 아름답고 감동적인 일들이 기록돼 있습니다. 셔우드 홀의 아버지 제임스 홀(William James Hall)은 부인인 로제타 셔우드 홀(Rosetta Sherwood Hall)과 함께 조선에 경성 여자 의학전문학교(고려대학교 의과대학 전신)를 세우고, 로제타 여사는 동대문 부인병원(보구녀관)에서 일하며 당시 소외당하던 여성들이 의료 혜택을 받을 수 있도록 헌신했습니다. 이 부부는 전염병 치료에도 힘썼는데, 제임스 홀이 자신의 피부를 떼어서 환자를 수술해 준 일도 있었다고 합니다. 그러다 조선에 온 지 3년 만에 제임스 홀이 전염병으로 죽고, 그의 어린 딸도 죽고 말았습니다. 그런데 아들 셔우드 홀이 미국에 가서 의학 공부를 하고 의사가 되어서 역시 의사인 아내와 함께 다시 조선 땅에 온 것입니다.

일제강점기인 1940년, 셔우드 홀 부부는 한국에서 추방되었습니다. 그 후 셔우드 홀은 인도에서 25년 동안 선교하며 우리에게는 잊힌 사람이 되었습니다. 그는 우리나라의 결핵 퇴치를 위해 크리스마스 씰(seal)을 팔고 전 세계에 도움을 요청한 사람입니다. 대한결핵협회에 그의 사진이 걸려 있어도 그가 미국 사람인지 캐나다 사람인지, 죽었는지 살았는지도 모르다가 1984년 『조선 회상』이라는 책이 발간되면서 알려진 것입니다.

제임스 홀의 부인인 로제타 홀과 아들 셔우드 홀, 그리고 그의 부인 메리안도 미국의 양로원에서 죽음을 맞았습니다. 『조선 회상』이 출간된 후 셔우드 홀을 한국에 초청하고자 미국에 찾아갔더니 그는 자신을 추방했던 나라인데도 무척 기뻐하며 오고 싶어 했다고 합니다. 한국에 입고 올 제대로 된 옷 한 벌이 없어서 친구들에게 수소문해서 옷을 빌리고, 그 옷들을 입어 보며 설레하고 기뻐하던 그 모습을 잊을 수가 없더라는 글을 읽었습니다.

저는 책을 보며 눈물이 났습니다. 주의 일이란 그렇게 이 땅에서의 상급은 바랄 수 없는 것인지도 모르겠습니다. 그래서 더욱 하나님 나라만 고대하게 되는 것이 진정 사역자의 길일 것입니다. 셔우드 홀은 98세의 나이에 죽으면서 한국의 양화진에 묻히기를 바랐고, 그 바람대로 그는 아버지 제임스 홀, 어머니 로제타 홀, 여동생과 함께 양화진에 묻혔습니다.

홀 일가뿐만 아니라 헨리 아펜젤러(Henry Gerhard Appenzeller), 언더우드(Horace Grant Underwood), 메리 스크랜튼(Mary Fletcher Benton Scranton) 등 이름도 빛도 없이 이 땅을 섬기다 간 선교사들이 얼마나 많은지 모릅니다. 이들이 없었다면 우리나라의 교육과 의학이 이만큼 발전할 수 있었을까요? 우리는 모두 그들에게 빚진 자입니다. 그런데도 기독교 교육이 없어도 된다고 말하겠습니까? 조선 시대에 여자들은 영혼도, 가치도 없는 존재라고 여겨져 교육의 기회조차 없고, 이름도 없이 그저 '아무개 엄마'라고 불렸습니다. 쓰개치마를 둘러쓰고 눈만 내놓은 채 거리를 다녀야 했고, 그마저도 낮에는 외출이 허락되지 않아 밤중에만 출입해야 했습니다. 여자인 제가 100여 년 전에만 태어났더라도 아마 얼굴도 못 들고 다녔을 것입니다. 이름도 가질 수 없는 존재였을 겁니다. 선교사들의 피로써 얻은 발전과 혜택을 누리며 살고 있으면서도 종교의 자유만 외쳐서야 되겠습니까!

12 르우벤 자손과 갓 자손과 므낫세 반 지파는 모세가 그들에게 이
른 것같이 무장하고 이스라엘 자손들보다 앞서 건너갔으니 13 무장

한 사만 명 가량이 여호와 앞에서 건너가 싸우려고 여리고 평지에 이르니라_수 4:12~13

르우벤 자손과 갓 자손과 므낫세 반 지파는 요단 동편에 기업을 먼저 받았기에 약속대로 앞장서서 건너갔습니다. 먼저 하나님의 은혜를 받은 성도는 항상 앞장서서 가야 합니다. 하나님의 은혜로 돈을 얻고, 자식을 얻고, 학력을 얻었다면 내가 누리는 것을 하나님의 일을 위해서 아낌없이 드려야 합니다.

우리는 이 대학에 합격만 하면, 그 직장에 들어가면, 이 사업이 잘되면 하나님께 영광을 돌리겠다고 기도합니다. 그리고 응답을 받으면 처음에는 열심히 합니다. 예배도 열심히 드리고, 봉사도 열심히 드리고, 십일조도 망설임 없이 드립니다. 르우벤과 요단 동편 지파들도 처음에는 약속을 잘 지켰습니다. 그러던 그들이 나중에는 달라집니다.

지금 4만 명이 건넜다고 했는데 요단을 건너기 전 르우벤 자손 중에서 전쟁에 나갈 사람을 계수한 숫자는 원래 43,730명이었습니다(민 26:7). 그런데 어느새 3천 명가량이 빠졌습니다. '3천 명이나'라고 해야 할까요. '3천 명밖에'라고 해야 할까요? 아무튼 요단 동편 땅을 주면 앞서가서 싸우겠다고 그렇게 큰소리치더니 벌써 마음이 달라져서 3천 명이 빠진 것입니다.

다른 지파는 길이 없으니까 아이까지 무조건 다 건넜습니다. 그런데 동편에 기업을 차지한 지파들은 아이와 부녀자는 남겨 두고, 남자들 중에서도 빠진 사람이 있었습니다. 힘들고 어려우면 제 발로 요단을 건너가는데 먼저 땅을 취한 기득권자들은 혀를 깨물고, 허벅지를 찔러 가며 가려고 해도 안 되는 것이 신앙의 길입니다. 다른 살길이 있기 때문입니다. 길이 있기 때문에 땅끝까지 내려가는 가난한 마음이 안 되는 것입니다.

다른 사람이 아니라 바로 제 이야기입니다. 앞서 당한 고난이 있어 힘든 사람들과 함께 사역을 해 왔고, 지금도 하고 있습니다. 하나님은 제게 많은 기업을 얻게 하셨습니다. 부족한 저를 사용하셔서 말씀을 깨닫게 하시고, 목회를 하게 하시더니 책과 방송, 신문 기사를 통해 이름도 알려지게 하셨습니다. 저는 그렇게 먼저 받은 기업 때문에 낙오되는 삼천 명에 속할까 봐 항상 두렵고 떨립니다. 어디 믿을 인생이 있겠습니까? 저 역시 장담할 수 없는 사람입니다. 하지만 조금이라도 생색을 내려고 하면 이렇게 말씀으로 경고해 주시니 오직 하나님의 말씀만 붙잡고 갈 뿐입니다.

- 요단 동편 지파들처럼 먼저 받은 지식과 건강과 물질이 있습니까? 그것으로 남보다 앞서 해야 할 일은 무엇입니까?

> 그날에 여호와께서 모든 이스라엘의 목전에서 여호수아를 크게 하시매 그가 생존한 날 동안에 백성이 그를 두려워하기를 모세를 두려워하던 것같이 하였더라_수 4:14

평신도에게 성경을 가르쳐 놓으면 목사의 권위가 없어지기 때문에 안 된다고 말하는 사람도 있습니다. 그들이 말하는 권위는 주님이 주시는 영적 권위가 아니라 바리새인들이 누렸던 대접 받는 권위가 아닐까요? 목사의 권위를 위해서 성도에게 성경을 가르쳐서는 안 될까요?

그렇지 않습니다. 진정한 권위는 사랑에서 생기는 것입니다. 성경을 조금 많이 안다고 생기는 것이 아닙니다. 내가 전한 말씀 때문에 상대방에게 변화가 일어날 때 생기는 것입니다. 직분이 주어진다고 권위가 저절로 생기는 것이 아닙니다. 여호수아처럼 하나님께 순종하고 지도자 모세에게 순종할 때 생기는 것입니다.

- 하나님이 나를 크게 하신 일은 어떤 것입니까? 직분과 부서에 관계없이 그 일로 다른 사람들을 섬기고 있습니까?

올바른 기억과 기념을 해야 합니다

15 여호와께서 여호수아에게 말씀하여 이르시되 16 증거궤를 멘 제
사장들에게 명령하여 요단에서 올라오게 하라 하신지라 17 여호수아
가 제사장들에게 명령하여 이르기를 요단에서 올라오라 하매 18 여
호와의 언약궤를 멘 제사장들이 요단 가운데에서 나오며 그 발바닥
으로 육지를 밟는 동시에 요단 물이 본 곳으로 도로 흘러서 전과 같

이 언덕에 넘쳤더라 19 첫째 달 십일에 백성이 요단에서 올라와 여
리고 동쪽 경계 길갈에 진 치매 20 여호수아가 요단에서 가져온 그
열두 돌을 길갈에 세우고 21 이스라엘 자손들에게 말하여 이르되
후일에 너희의 자손들이 그들의 아버지에게 묻기를 이 돌들은 무슨
뜻이니이까 하거든 22 너희는 너희의 자손들에게 알게 하여 이르기
를 이스라엘이 마른땅을 밟고 이 요단을 건넜음이라 23 너희의 하나
님 여호와께서 요단 물을 너희 앞에서 마르게 하사 너희를 건너게
하신 것이 너희의 하나님 여호와께서 우리 앞에 홍해를 말리시고
우리를 건너게 하심과 같았나니_수 4:15~23

이스라엘 백성이 출애굽 하고 40년 광야 생활을 지냈습니다. 이제 약속의 땅 가나안을 향해 제2의 출애굽을 하면서, 아직도 타협하고 있는 많은 부분을 요단강에 묻고 장사를 지내야 합니다. 이제는 가나안 땅을 정복하고 사역으로 나아가야 하기 때문입니다.

요단강의 돌을 기념하는 것은 주의 은혜로 나의 옛것이 죽고 수치가 물러간 것을 기억하기 위함입니다. 주님이 모든 수치를 요단 물에 장사 지내시고 나를 의롭다 해 주신 것이 감사해서 기념해야 합니다. 야곱이 자신의 모든 수치를 성경에 오픈하고 기념했기에 지금까지 우리가 말씀을 통해 은혜를 받지 않습니까.

그러므로 열두 돌을 세운 길갈은 사망을 전제로 한 부활의 장소입니다. 낮아짐을 전제로 한 높아짐의 장소입니다. 수치를 전제로 한 승리의 장소입니다. 후일에 물으면 창일한 물이 갈라지고 마른땅을

걸었다고 대답할 곳입니다. 위태로운 광풍 가운데, 빈곤의 황무함 속에서, 가정의 불화 속에서, 가난하고 병들고 내 옆에 아무도 없는 외로운 상황 속에서, 경쟁의 갈등 속에서, 배우자의 폭력과 거짓말 속에서…… 나는 신기하게 마른땅을 밟고 건넜다고 대답할 곳입니다.

> 이는 땅의 모든 백성에게 여호와의 손이 강하신 것을 알게 하며 너희가 너희의 하나님 여호와를 항상 경외하게 하려 하심이라 하라
> _수 4:24

요단을 건넌 일을 기념하게 하신 이유는 '여호와의 손이 강하신 것을 알게' 하기 위해서입니다. 우주를 창조하신 하나님이 무엇을 못하시겠습니까? "너는 청년의 때에 너의 창조주를 기억하라. 곧 곤고한 날이 이르기 전에, 나는 아무 낙이 없다고 할 해들이 가깝기 전에 그리하라"고 하셨습니다(전 12장). "창조주를 기억하라"는 말씀의 원래 뜻은 집을 나설 때마다 "나는 오늘 죽을 수 있다는 것을 생각하라"는 것입니다.

물고기의 지능은 0.4, 기억력은 3초라고 합니다. 그래서 물고기는 수초 전에 물었다가 혼이 났던 미끼를 또다시 물어서 낚시에 걸립니다. 결국 기억하지 못해서 죽습니다. 기억하지 못하는 것은 곧 죽음입니다. 예루살렘에 유태인 600만 명 추모 기념관을 세웠는데 가스실의 기억을 잊고 건물 자체로만 기념한다면 고통은 반복될 수밖에 없습니다. 하나님을 기억하지 못하는 인생은 그 누구도 망할 수밖에 없

습니다.

올바른 기억과 올바른 기념을 해야 합니다. 윌리엄 제임스 홀, 로제타 홀, 그 딸과 아들 셔우드 홀, 그의 부인 메리안…… 이들의 피를 기억해야 합니다. 내가 어떻게 요단을 건너 가나안 땅에 발을 디뎠는지를 기억하고, 요단의 열두 돌을 기억해야 합니다. 가정과 직장과 학교에서 또 나의 내면에서 수많은 전쟁을 만날 때마다 '길갈 국립 공원'을 찾아가 기억하고 기념하며 다시 전쟁에 임해야 합니다. 그것이 '이 돌들은 무슨 뜻이냐'고 묻는 자녀들에게 들려줄 대답입니다. 그 대답을 가진 자라면 어떤 전쟁에서도 승리를 얻을 수 있습니다.

- 하나님의 역사를 기념할 나의 길갈이 있습니까? 나의 길갈을 기억하고 전함으로 내 가족과 주위 사람들이 하나님을 경외하는 자가 되어 가고 있습니까?

우리들 묵상과 적용

몇 년 전, 교회 담당 사역자님으로부터 갑작스레 "남편과 함께 주일예배 시간에 간증하라"는 연락을 받았습니다. 남편이 늑간신경의 극심한 통증으로 약을 과다 복용하여 응급실에 다녀온 지 1년밖에 지나지 않을 무렵이라 불안과 두려움 속에 생활하던 때였습니다. 결혼 후 심해진 남편의 우울증과 병, 끊이지 않는 부부 싸움과 경제적인 불안 등 저희 부부를 찾아온 온갖 고난이 서럽기만 할 때라 막상 어떤 간증을 해야 할지 막막했습니다. 그저 저희 삶을 많은 사람이 알게 되는 것이 부끄럽기만 했습니다.

비록 그런 마음으로 간증을 했지만 시간이 지날수록 "남편이 아파서 내가 너무 힘들다"고 외치는 저의 모습을 발견했고, 그동안 저도 잘한 것이 하나도 없다는 것이 인정되었습니다. 무엇보다 이기적인 저 때문에 힘들었을 남편의 마음이 이해되었습니다. 그리고 지체들의 기도로 요단 물에 빠져 죽을 위기에 처한 저희 부부의 마음을 회복시켜 주셔서 요단을 무사히 건너가게 하신 하나님께 감사하게 하셨습니다(4:1). 이후 그날 수치의 간증은 저희 가정에 세운 표징의 돌이 되어 오늘까지 기념하고 있습니다(4:9).

얼마 전 시험관 아기 시술을 받는 병원에서 난자 수정 실패를 통보 받았습니다. 벌써 9번째 실패입니다. 재작년 여름부터 꾸준히 병원에 다니며 임신을 위해 최선을 다해 왔지만, 제 힘으로 할 수 있는 것이 아무것도 없음을 처절하게 느꼈습니다. 이 일을 들으신 목자님은 "몸을 쉬게 하라"고 권면하셨습니다. 하지만 시술을 멈추니 이내 삶이 무료하고 무기력한 것 같았습니다. 파트타임이라도 일을 하고자 이력서를 내고 면접 일정을 잡았습니다. 그 사실을 아신 목자님은 "왜 자꾸 무언가를 하려고 하는지 생각해 보라"고 말씀하셨습니다. 몸과 마음을 병들게 하는 줄도 모른 채 그저 제 열심으로만 똘똘 뭉친 저를 꿰뚫어 보신 조언이었습니다. 이어지는 대화를 통해 아무것도 할 수 없는 꽉 막힌 저의 삶을 하나님께 온전히 맡기기는커녕 제 힘으로 벗어나고자 아등바등했다는 것을 고백하게 되었습니다. 여전히 영적 열매보다 육적 열매를 맺기에 급급해한 것을 회개합니다.

하나님은 저희 부부에게 간증의 기념비를 세워 주시고, 함께 말씀을 나눌 수 있는 건강한 공동체와 믿음의 선진을 허락해 주셨습니다. 그리고 말씀을 통해 "몸도 아프고 잦은 고난 가운데 살아가지만 하나님의 궤를 메고 요단을 건너는 너희 부부를 여호수아처럼 크게 하실 것"이라며 위로해 주십니다(4:10, 14). 이제는 주님이 제게 주신 소망을 기억하며 감사와 기쁨으로 살겠습니다.

영혼의 기도

아버지 하나님, 황폐하고 가난한 이 땅에 선교사들이 복음의 씨를 뿌려 우리가 이만큼 잘살게 되었습니다. 한 사람의 참된 헌신이 백 년이 지나는 동안 이렇게 많은 열매를 맺었습니다. 그 은혜를 보며 주님 앞에 부끄럽고 죄송함을 느낍니다. 말할 수 없는 주님의 사랑 때문에 전율합니다. "내가 이미 얻었다 함도 아니요, 온전히 이루었다 함도 아니라 오직 내가 그리스도 예수께 잡힌 바 된 그것을 잡으려고 달려가노라"는 바울의 고백을 기억합니다(빌 3:12). 오직 하나님이 베풀어 주신 은혜로 요단을 건너게 하신 일을 기억하고, 기념하기를 원합니다. 인생에서 힘든 요단을 주님이 건너가게 하실 때마다 우리가 열두 돌을 취하여서 날마다 간증하기를 원합니다. '이 돌들은 무슨 뜻이니이까' 물어보는 인생이 되고 대답할 것이 있는 인생이 되게 하옵소서.

주님, 우리는 연약하고 부족하지만 말씀의 공동체에 속해 있으면 함께 요단을 건너게 하겠다고 하십니다. 교회 공동체에 잘 붙어 있으며 믿음의 선배들을 잘 따라가게 하옵소서. 또한 내가 공동체의 리더로서 요단 물에 발을 들이는 힘든 일을 솔선하기 원합니다. 그리하여 이 땅의 교회들이 목회자가 성도를, 성도가 또 다른 성도를 서로서로 신뢰하는 건강한 공동체로 거듭나게 하옵소서.

하나님, 부족하고 연약한 저를 무장하고 앞장서 건너게 하심에 감사합니다. 마지막까지 할 일을 다할 수 있게 하옵소서. 제게 허락하신 은혜를 주의 일에 쓰게 하옵소서.

망각으로 빠져들지 않기를 원합니다. 망각은 죽음이라고 했사오니 하나님이 살리신 일을 기억하며 감사하고, 하나님께 영광을 돌리게 하옵소서. 요단을 건널 때 하나님이 베풀어 주신 은혜를, 하나님의 능하심을 모든 사람에게 전할 수 있도록 은혜를 내려 주옵소서. 예수님 이름으로 기도하옵나이다. 아멘.

Chapter 7

병력 강화: 영적 치매의 치유책, 포기와 회복

여호수아 5:1~15

하나님 아버지, 인생에서 기로에 놓일 때마다 포기하기가 쉽지 않습니다. 그러나 포기하는 그 자리가 회복의 자리인 것을 알게 하옵소서. 각자의 환경에 말씀으로 찾아와 주시옵소서. 말씀하시옵소서. 듣겠습니다.

미국 버지니아의 그린빌에 신실한 크리스천 부부가 살고 있었는데, 이 부부에게 아이가 없었습니다. 아이를 위해 7년 동안 하루도 빠지지 않고 열심히 기도하는 중에 드디어 하나님이 아이를 주셨습니다. 너무 기뻐서 아들이면 사무엘, 딸이면 한나라고 미리 이름도 지어 놓고 출산일을 기다렸습니다. 그리고 심한 산고 끝에 아기가 태어났습니다. 그런데 산모가 깨어났는데도 아무도 아기를 보여 주지 않았습니다. 산모가 왜 아기를 보여 주지 않느냐고 하니까 머뭇거리던 간호사가 아이를 데려왔습니다. 아기를 본 산모는 비명을 지르면서 기절했습니다. 아기가 너무나도 흉측하게 뒤틀린 기형아였기 때문입니다.

기도도 열심히 하고 남도 많이 돕고 열심히 신앙생활을 했는데 어째서 이런 일이 일어났는지, 부부는 울부짖었습니다. 남편은 길거리로 뛰쳐나가 밤새 떠돌아다녔습니다. 그러다가 새벽이 되어 한 교회에 들어갔습니다. 괴로운 마음으로 기도하던 남편은 하나님의 음성을 들었습니다. 그는 곧 아내가 있는 병원으로 달려갔습니다.

"여보, 하나님이 이 아픈 아기를 누구에게 보낼까, 누구에게 보내면 사랑을 해 줄까 고민하시다가 우리 부부에게 보내셨어. 하나님이 우리를 이만큼 인정하시니까 우리는 이 아이를 잘 키워야 해. 너무 감사하지?"

남편의 말에 아내와 병원 식구들 모두 눈물을 흘리면서 감동했습니다.

우리는 신앙생활을 하면서 우리의 삶에 아픔이 클수록 상상할 수 없는 문이 열린다는 것을 늘 간과합니다. 내가 신앙생활을 하면서 몸과 마음이 너무도 아프다면 그만큼 감당해야 할 일들이 많다는 것을 생각해야 합니다. 그래서 다시 한번 추스르고 각자의 영적 전쟁을 치러야 합니다.

하나님은 여호수아 4장에서 "요단을 마른땅으로 건너게 한 나의 역사를 기억하라"고 말씀하셨습니다. 그래서 "기념비를 세우라"고 명령하셨습니다. 기억장치를 확실하게 해 놓으라는 것입니다. 그런데도 우리는 영적 치매에 걸려 자꾸 잊어버립니다. 치매가 무엇입니까? 못 알아듣고 기억하지 못하는 것입니다. 이 영적 치매의 치유책은 무엇일까요?

다시 할례를 행해야 합니다

요단 서쪽의 아모리 사람의 모든 왕들과 해변의 가나안 사람의 모든 왕들이 여호와께서 요단 물을 이스라엘 자손들 앞에서 말리시고 우리를 건너게 하셨음을 듣고 마음이 녹았고 이스라엘 자손들 때문에 정신을 잃었더라_수 5:1

40년 광야 생활을 하다가 가나안 땅으로 들어가기 전에, 이스라엘 민족은 요단강 동편에서 바산 왕 옥과 아모리 왕 시혼이라는 막강한 왕을 물리쳤습니다. 아모리 사람들로서는 도무지 이해할 수 없는 일이 일어났습니다. 요단 서편에 있던 아모리 족속은 자신들처럼 힘센 종족이 이스라엘 사람에게 무너졌고, 그들이 이제 요단을 건너왔다는 소리를 들으니까 마음이 녹고 정신을 잃었습니다. 이스라엘 백성이 기적 가운데서 요단까지 건너왔는데, 아모리 사람과 가나안 사람은 함께 기뻐할 수 없습니다.

미스코리아 출신인 학생이 하버드대학교에 들어갔다고 하면 모두 대단하다고 칭찬하며 박수를 칩니다. 하지만 그 학생이 동서 딸이라는 말을 들을 때는 마음이 녹고 정신을 잃습니다. 학벌 좋은 우리 집안에서 당연히 붙어야 할 우리 애는 서울대에 떨어졌는데, 지금까지 같이 큐티했던 김 집사 아들은 서울대에 붙었습니다. 겉으로는 같이 어울리면서도 속으로는 가난하다고 무시했는데, 그 집 아이가 서울대에 들어갔다고 하니까 말은 "잘됐다"고 하면서도 속으로는 마음이 녹고 정신을 잃습니다. 요단 동편의 일일 때는 녹지 않았는데, 서편으로 건너와서 내 문제가 되니까 마음이 녹고 정신을 잃는 아모리 사람, 가나안 사람과 같습니다.

누구라도 멀리 있을 때는 시기의 대상이 되지 않습니다. 그리고 아무리 형제의 원수라고 해도 나한테 잘해 주면, 내 원수는 되지 않습니다. "그 사람 너무 이상하지 않아?" 그래도 나한테 잘해 주면 "사람이 다 똑같지 뭐" 이렇게 말합니다. 하지만 내 밥그릇과 직결되는 경쟁 관계가 되면 이야기가 달라집니다. 상대방이 잘된다는 소식에 무조건 기뻐해 줄 수 없습니다. 남 잘되는 이야기에 마음이 녹고 정신을 잃습니다. 이것은 인간의 본능입니다. 슬픈 일에 함께 슬퍼하기가 세 배 어렵고, 기쁜 일에 같이 기뻐하기가 일곱 배 어렵다고 합니다. 일곱은 완전수입니다. 인간은 누구나 이해타산에 얽혀 울었다 웃었다 할 수밖에 없습니다.

예수를 믿어도 내 식구가 더 잘 믿어야 하고, 큐티를 해도 내 자식이 더 잘 깨달아야 한다는 신념이 굳게 박혀 있습니다. 남편들이 똑같이 속 썩이다가 저 집 남편이 잘되면 마음이 녹습니다. 함께 기뻐해 주지 않습니다. 우리 집 자녀, 옆 지체의 자녀가 똑같이 속 썩이다가 옆 지체의 자녀가 회심하고 공부를 잘하면 배가 아픕니다. 자식 사랑이 숭고해 보여도 자식은 걸어 다니는 나의 에고(ego)이기 때문에 결국엔 나를 사랑하는 것입니다. 주 안에서의 사랑이 아니라 육신적인 사랑이기에 자식 때문에 마음이 절절히 녹습니다.

교회에서도 어느 목장(구역)이 굉장히 부흥된다고 하면 기쁜 것이 아니라 마음이 녹고 정신을 잃습니다. 그러면서 드는 생각이 '똑같이 시작했는데 내 꼴은 이게 뭔가' 하는 생각이 듭니다. 그래서 날마다 회개를 빙자한 정죄감에 몸부림칩니다. '나는 왜 이 꼴이야. 나는 안되는 것밖에 없어' 하며 마음에 평강이 없습니다.

창일한 요단 물을 이스라엘 사람들이 잘나서 건넜습니까? 그냥 이스라엘 공동체에 속해 있어서 자연히 건너게 되었습니다. 가난하건, 못났건 공동체에 속해 있었기에 건널 수 있었습니다. 예수님을 믿고 요단을 건넜다면 이제는 정죄함이 없습니다(롬 8:1). 택함 받은 사람이라면 내가 어떤 상황에서 실패를 하더라도 주님은 실패하지 않으시고 나를 이끌고 가십니다. 남들 잘되는 소식에 배 아파할 것이 하나도 없습니다. 당장 눈에 보이는 성공은 없다 해도, 나는 이미 예수 그리스도 안에서 승리한 자입니다. 그러므로 다른 사람의 성공을 보고 마음이 녹는 것이 아니라, 진심으로 기뻐할 수 있어야 합니다.

- 가까운 형제, 친구가 잘됐다고 할 때 온몸으로 기뻐해 줍니까? 아니면 '나는 뭔가' 하면서 가슴을 칩니까? 요즘 마음이 녹는 일은 무엇입니까?

그때에 여호와께서 여호수아에게 이르시되 너는 부싯돌로 칼을 만들어 이스라엘 자손들에게 다시 할례를 행하라 하시매_수 5:2

그렇다면 반대로 이스라엘 백성은 자신들이 승리했다는 소식에 마음이 녹은 아모리 사람들과 가나안 사람들을 어떻게 대해야 할까요? 내가 잘나가고 있는데, 남들의 마음이 녹을 때는 어떻게 해야 할까요?

하나님의 처방은 "부싯돌로 칼을 만들어서 할례를 행하라"입니다. "가나안 땅에 아직 들어가지도 않았는데, 칼이 없는데 어떻게 할례를 행하느냐"고 핑계 대지 말고, 부싯돌로 할례를 행하라고 하십니다. 할례는 생식기의 포피를 베어 내는 것입니다. 하나님이 아브라함과 사라에게 "여러 민족의 아버지와 어머니가 되리라"고 말씀하시고, "가나안 땅이 네 것이 될 것이라"고 언약을 주시면서 아브라함에게 시키신 것도 이 할례였습니다(창 17장). 그러므로 할례는 아픔을 통과하지 않으면 하나님의 기업도 받을 수 없음을 말해 주는 것입니다.

하지만 주님의 명령에 이스라엘 백성인 우리는 이렇게 말합니다.

"지금까지 참은 게 얼만데요. 400년 노예 생활을 거치고, 광야에서 40년 고생하고, 그것도 모자라서 다 버리고 요단강까지 건너왔는데…… 내가 시동생, 시어머니 위해, 회사를 위해 다 포기하고 살았는데, 온 집안을 위해서 내가 희생했는데, 그런데 양피를 베라고요? 또 피를 흘리라고요? 또 참으라고요?"

하나님의 계획이 무엇입니까?

"너한테 요단강 건너는 정도의 기적만 주는 게 아니라, 가나안 일곱 족속을 주려고 그러잖아. 지금까지 잘 싸웠으니까 이제 네가 누릴 가나안 땅을 다 주려는 거야. 마지막까지 참아. 한 번만 더 참아!"

이것을 축복의 말씀으로 듣는 사람은 '할렐루야!'입니다.

다른 사람이 기적적으로 요단을 건넌 나를 시기하고, 보기 싫어

하는 마음이 있다는 것을 인정하라는 겁니다. 그것을 인정하고 끝까지 희생을 보여 주라는 것입니다.

그래도 이스라엘 백성은 이해하기가 힘듭니다. 할례를 행하고 나면 상처가 낫기까지 기다려야 합니다. 낫는 데만 사나흘 걸립니다. 이때 적들이 와서 치면 백발백중 지는 것 아닙니까? 이제 여리고를 쳐야 하는데 적들이 마음이 녹고 정신을 잃었을 때 쳐야 하지 않습니까? 저 사람들이 나를 괴롭혔으니까 이제는 우리가 으스대면서 나가서 본때를 보여 줘야 하는 것 아닙니까? 하지만 하나님은 상대방이 나 때문에 정신을 잃었을 때 "얘, 네 잘못을 찾아봐. 잠잠히 가만히 있어. 피 흘리고 가만히 있어라" 하고 명령하십니다. 완전히 무장해제 하고 하나님만 의지하라는 겁니다. 우리는 연약해서 잘난 척할 때 넘어지기 때문입니다.

3 여호수아가 부싯돌로 칼을 만들어 할례 산에서 이스라엘 자손들
에게 할례를 행하니라 4 여호수아가 할례를 시행한 까닭은 이것이니
애굽에서 나온 모든 백성 중 남자 곧 모든 군사는 애굽에서 나온 후
광야 길에서 죽었는데 5 그 나온 백성은 다 할례를 받았으나 다만 애
굽에서 나온 후 광야 길에서 난 자는 할례를 받지 못하였음이라 6 이
스라엘 자손들이 여호와의 음성을 청종하지 아니하므로 여호와께
서 그들에게 대하여 맹세하사 그들의 조상들에게 맹세하여 우리에
게 주리라고 하신 땅 곧 젖과 꿀이 흐르는 땅을 그들이 보지 못하게
하리라 하시매 애굽에서 나온 족속 곧 군사들이 다 멸절하기까지 사

십 년 동안을 광야에서 헤매었더니 7 그들의 대를 잇게 하신 이 자손
에게 여호수아가 할례를 행하였으니 길에서는 그들에게 할례를 행
하지 못하였으므로 할례 없는 자가 되었음이었더라_수 5:3~7

너무 기가 막힌 명령이지만 여호수아는 즉시 할례를 행했습니다. 왜 할례를 행했습니까?

여호수아는 '여호와의 말씀을 청종하지 않은 우리 조상의 저주가 아직 안 끝났구나, 조상의 죄 때문에 내가 이것을 감당해야 되는구나'라는 것을 깨달았습니다. 마음에 평강을 얻는 중요한 깨달음이 온 것입니다.

훌륭한 지도자는 어떤 일이 있을 때 빨리 하나님의 음성을 깨닫는 사람입니다. 즉시 순종하고 말씀을 적용하는 사람입니다. 백성의 수많은 불순종 가운데서 어떤 경우에도 순종하며, 자기가 먼저 회개하는 사람이 바른 지도자입니다. 믿음이 있는 사람과 없는 사람 중에서는 믿음 있는 사람이 무조건 잘못한 것이고, 믿음이 있는 사람들 사이에서는 성숙한 사람이 무조건 잘못한 것입니다. 이것을 깨닫고 희생의 본을 보이는 것이 리더십입니다.

8 또 그 모든 백성에게 할례 행하기를 마치매 백성이 진중 각 처소
에 머물며 낫기를 기다릴 때에 9 여호와께서 여호수아에게 이르시
되 내가 오늘 애굽의 수치를 너희에게서 떠나가게 하였다 하셨으므
로 그곳 이름을 오늘까지 길갈이라 하느니라_수 5:8~9

내가 할례를 행하고 희생하고 있으면 애굽의 수치가 떠나간다고 하십니다. 길갈은 사망과 부활의 장소이기도 하지만, 포기와 회복의 장소이기도 합니다. 요단강을 건넜지만 아직도 포기하지 못한 것이 있습니다. 아직도 세상의 인정과 명예를 좋아하고, 자식이 공부 못하는 것이 부끄럽습니다. 말할 수 없어도 내 속에 '아리송해, 아리송해' 하는 것들이 있습니다. 그런 나를 정확하게 아시는 하나님은 아리송한 것이 확실해지라고 할례를 행하게 하십니다.

- 드디어 나를 가로막던 문제가 해결되고 모든 일이 잘될 것 같은 이때 하나님이 포기하라고 하시는 것은 무엇입니까? 말도 안 되는 이유로 나를 대적하며 시기하는 사람들에게 포기와 희생의 본을 보이고 있습니까?

유월절을 지켜야 합니다

또 이스라엘 자손들이 길갈에 진 쳤고 그달 십사일 저녁에는 여리고 평지에서 유월절을 지켰으며_수 5:10

출애굽 직전에 하나님이 애굽에 내리는 마지막 열 번째 재앙으로 그 땅의 모든 장자를 다 치실 때 문설주에 어린 양의 피를 바른 이스라엘의 집은 죽음이 지나갔습니다. 이것을 기념하는 절기가 바로 유월(踰越, pass-over)절입니다. 그러니까 유월절은 전적인 하나님의 은혜,

어린 양 되신 주님의 십자가로 내가 구원 받은 것을 기념하는 구원의 기억장치입니다.

난공불락의 여리고 성을 물리치기에 앞서 이스라엘 백성은 먼저 구원의 축제를 가졌습니다. '내가 희생하겠다, 포기하겠다' 하는 것만으로는 부족합니다. 힘든 사건이 닥쳤을 때 구원의 기억장치인 예배가 회복되어야 합니다. 구원을 기념하는 예배가 회복되지 않으면 힘든 전쟁을 치를 수 없습니다. 예배를 우습게 여기면 어떤 전쟁도 감당할 수 없습니다. 그런데 많은 사람이 남편이 못 가게 한다고, 아이가 아프다고, 결혼식이 있다고, 기분이 우울하다고 핑계를 대면서 주일 예배를 아무렇지도 않게 빠집니다. 구원의 은혜를 회복할 수 있도록 하나님이 예배라는 기억장치를 마련해 주셨는데도 이 장치를 제대로 쓰지 않습니다. 그래서 감사가 없고 더 큰 축복으로 주실 가나안 땅을 정복할 수도 없습니다.

사탄은 예수님을 믿는 성도들을 공격합니다. 아예 세상적인 사람, 지옥 백성은 사탄의 밥도 안 되기에 공격도 안 합니다. 또 믿음이 워낙 투철한 사람도 공격하지 않습니다. 사탄의 공격 대상 1호는 조금 잘되면 나태해지고, 사탄에게 조금 공격 받으면 낙심하는 사람, 하나님을 원망하면서 왔다 갔다 하는 사람입니다.

그러므로 예배가 회복되지 않으면 하나님이 나를 회복시켜 주실 수 없습니다. 힘들어도 꼬박꼬박 주일을 성수하고, 목장예배도 잘 드리는 사람은 어떤 경우에도 회복됩니다. 개인 예배, 즉 큐티도 중요합니다. 왜냐하면 성경적 가치관은 쉽게 세워지지 않기 때문입니다. 오래 교회를 다녀도 성경을 모르는 사람이 대다수입니다. 그러나 아무리 어려워도 성경을 한 절, 한 절 차례대로 읽어 가다 보면 말씀이 기억됩니다.

인생에서 겪는 전쟁이 하나님의 전쟁인 것을 모르고, 예배가 회복되지 않은 채 싸우려면 몸과 마음이 아프지 않은 데가 없습니다. 예배가 회복되어야 모든 것이 회복됩니다. 예배를 사모하고, 예배가 기다려지고 기쁨과 감격이 있을 때 말씀이 나에게 능력이 됩니다.

• 나의 구원을 기념하는 예배를 날마다 드리고 있습니까? 내 코가 석 자인데 예배드릴 시간이 어디 있느냐며 우선순위를 착각하지는 않습니까?

예배가 회복되면 육적인 것도 회복됩니다

11 유월절 이튿날에 그 땅의 소산물을 먹되 그날에 무교병과 볶은
곡식을 먹었더라 12 또 그 땅의 소산물을 먹은 다음 날에 만나가 그
쳤으니 이스라엘 사람들이 다시는 만나를 얻지 못하였고 그 해에
가나안 땅의 소출을 먹었더라_수 5:11~12

요단강을 건너 가나안 땅에 들어간 지 5일밖에 안 지났는데 무슨 씨를 뿌리고 수확을 했겠습니까? 하지만 하나님은 가나안 사람들이 농사지어 놓은 것으로 무교병과 볶은 곡식을 먹게 하셨습니다. 심지

도 않고 거두게 하셨습니다. 내가 죽을 것 같은 상황에서도 명령대로 할례를 행하고(포기하고), 유월절을 지키면(예배를 회복하면) 하나님은 이렇게 육적인 것도 채워 주십니다.

세상적인 가치관에 대해 분명히 "NO"라고 말할 수 있는 사람이 거듭난 사람입니다. 아직도 세상이 좋아서 세상과 거꾸로 가는 성경 말씀을 적용하기가 너무 어렵지만, 죽었다가 깨어나도 못할 'NO'를 당당하게 하면 하나님은 내 모든 것을 빼앗으시는 것이 아니라 생각지 않은 육의 축복까지 허락하십니다.

우리들교회의 한 자매도 이혼하자는 남편에게 "NO"를 잘 하고 있습니다. 때로는 너무 치사해서 부아가 치밀기도 하지만 하나님의 뜻을 따라 가정을 지키고자 날마다 남편에게 웃으며 순종한다고 합니다. 남편은 "저 위선자, 아양 떠시네" 하며 그런 자매를 조롱하지만, 저는 이 자매를 더 크게 쓰시려는 하나님의 뜻이 있다고 생각합니다. '내가 왜 위선자야!' 하지 말고 '그래, 내게 정말 위선적인 부분이 있어. 남편이 그런 면을 참 잘 보는구나' 하면 됩니다. 그것이 평강의 축복입니다.

하나님이 얼마나 정확하신지 광야에서 내리던 만나가 가나안에 오니까 딱 그쳤습니다. 광야에서는 농사를 지을 수 없어 만나를 주셨지만, 가나안에 도착하니 이제 농사를 지으라고 하십니다. 내가 일할 준비가 됐는지 안 됐는지 하나님은 정확히 아십니다. 예수님을 믿는 사람은 가나안에 들어서면 만나가 그칩니다. 이제는 내 힘으로 벌어야 합니다. 하나님은 "요단을 건너는 기적을 베풀었으니 이제 상식으로 돌아가라"고 말씀하십니다. 가만히 입만 벌리고 있지 말고 내 할 일에 최선을 다해야 합니다. 그래서 어떤 일이든 주어진 것을 열심히 하려는 마음이 드는 것이 육적·영적 회복입니다.

참된 영적인 회복, 만남을 허락하십니다

> 13 여호수아가 여리고에 가까이 이르렀을 때에 눈을 들어 본즉 한
> 사람이 칼을 빼어 손에 들고 마주 서 있는지라 여호수아가 나아가
> 서 그에게 묻되 너는 우리를 위하느냐 우리의 적들을 위하느냐 하
> 니 14 그가 이르되 아니라 나는 여호와의 군대 대장으로 지금 왔느
> 니라 하는지라 여호수아가 얼굴을 땅에 대고 엎드려 절하고 그에게
> 이르되 내 주여 종에게 무슨 말씀을 하려 하시나이까 15 여호와의
> 군대 대장이 여호수아에게 이르되 네 발에서 신을 벗으라 네가 선
> 곳은 거룩하니라 하니 여호수아가 그대로 행하니라_수 5:13~15

'더 이상 혼자 싸우지 말고, 이 힘든 전투가 하나님의 전쟁이 되게 하라'고 여호와의 군대 대장이 전투를 수행하기 위해 왔습니다. 이 전쟁이 하나님의 전쟁이기 때문입니다. 영적 싸움을 싸울 때 하나님의 사람을 내게 붙여 주지 않으시면 싸울 수가 없습니다. 혼자서는 싸울 수 없습니다. 만남의 영성이 필요합니다. 이 세상에서 친구가 무엇입니까? 형제가 무엇입니까? 친구 장례식에 가도 떡 챙겨 오기 바쁘

고, 명절에 모이면 친척끼리 서로 좋은 말만 하느라 긴장해서 힘이 듭니다. 믿음의 공동체가 아니면, 세상 어디에 일주일마다 이렇게 기쁘게 만나는 사람들이 있겠습니까? 힘들고 피곤해도 서로를 보면 힘이 나는 만남, 말씀으로 함께 울고 웃으며 기쁨과 평안을 얻는 믿음의 모임이 만남의 영성입니다.

하나님이 여호수아에게 "두려워하지 말고 담대하라"고 하셨으니 칼을 차고 있는 군대 대장에게 그가 두려워하지 않고 물었습니다. 그럼으로써 군대 대장은 자기를 도와줄 사람인지 대적할 사람인지 분별하게 됐습니다. 여호수아는 순종해야 할 사람, 군대 대장을 알아보고 엎드렸습니다. 집에서 자기 우선순위를 잘 지키는 사람, 하나님이 하라는 일을 잘 하는 사람은 나가서도 큰일을 합니다. 집에서 연약한 부녀에게 큰소리치는 사람은 나가서도 큰일을 할 수 없습니다. 사랑해야 할 사람에게 큰소리치고, 순종해야 할 사람에게 순종하지 않으면 하나님이 결코 쓰지 않으십니다.

군대 대장은 나의 전쟁을 잘 싸우게 해 주는 사람입니다. 그런데 그가 "네 신을 벗으라"고 말합니다. "네가 선 곳은 거룩하다"고 합니다.

'거룩'은 예배 용어입니다. 그래서 이 장면은 전쟁 장면이 아니고 예배 장면입니다. 전투에서 이기는 사람은 예배를 소중히 여깁니다. 영적 전쟁에서 가장 훌륭한 준비는 거룩입니다. 성결입니다. 구별된 인생입니다. '땅의 먼지와 불결한 것을 벗으라'는 것입니다. "너 그러면 안 돼. 부하로서 순종해야 돼. 애매한 것은 없어. 오늘도 할례를 행해야 돼. 뇌물 받으면 안 돼" 하는 것이 하나님의 뜻대로 일을 처리하도록 돕는 것입니다.

- 내게 여호와의 군대 대장 역할을 해 주는 사람이 있습니까? 일주일 동안 어떤 모임에 갑니까? 그 만남이 내게 어떤 유익을 주고 있습니까? 믿음의 조언을 해 주는 사람보다 어떤 상황에서도 내 편을 들어주는 사람이 좋아서 무익한 만남을 지속하고 있지는 않습니까?

그런데 여호수아의 모습을 상상해 보십시오. 투구를 쓰고, 갑옷을 입고, 칼을 찼는데 아래를 보니까 신을 벗었습니다. 너무 우스꽝스러운 모습 아닙니까? 그 당시 종의 신분인 사람들만 신을 벗고 다녔습니다. 즉, 내가 하나님의 종이라는 것을 온몸으로 고백하라는 것입니다. 전쟁은 하나님께 속한 것이니 "하나님이 나의 주인이십니다" 하면서 전쟁의 주도권을 하나님께 넘기라는 겁니다. 남편에게 순종하고, 시부모에게 순종하고 직장 상사에게 순종하는 전쟁에서 내가 하나님께 예배만 드리면 그 전쟁을 하나님이 대신 치러 주십니다. 전쟁을 하나님께 넘기지 않고 내 미움과 원망으로 내가 싸우고, 내가 물리치려니까 죽을 지경입니다. 전쟁의 성격을 알아야 합니다. 나의 모든 싸움은 하나님의 전쟁입니다.

"우리는 우리를 전파하는 것이 아니라 오직 그리스도 예수의 주 되신 것과 또 예수를 위하여 우리가 너희의 종 된 것을 전파함이라" (고후 4:5).

내가 하나님의 종이라는 것을 날마다 선포하려면, 상대방에게

"나는 당신의 종"이라는 것도 선포하십시오. 내가 하나님의 종이기에 나는 내 주위의 사람들, 예수를 믿어야 할 모든 사람의 종입니다. 믿지 않는 남편에게, 자식에게, 친구들에게 입으로 고백하십시오.

"나는 당신의 종입니다."

이렇게 고백하는 것 자체가 포기이고 회복입니다.

- 하나님이 싸우시도록 벗어야 할 나의 신발은 무엇입니까? 예배를 소중히 여기며 세상과 구별된 모습을 보이고 있습니까? 나는 종으로서 오직 하나님만이 주인이시라는 것을 삶으로 어떻게 보여 주고 있습니까?

우리들 묵상과 적용

어느 날 예배가 끝나고 눈물을 닦으며 예배당을 나올 때였습니다. 한 집사님이 "집사님은 예배 때 왜 눈물이 나세요? 아들딸 모두 공부도 잘하지, 남편도 훌륭하잖아요"라고 물었습니다. "그러게요, 잘 모르겠어요" 하고 대답했지만, 사실 그때 아들은 잘 다니던 대학을 돌연 휴학하고 밤낮이 바뀐 생활을 하고 있었습니다. 아들은 낮에는 늘어져 잠을 자고 밤에는 라면을 끓여 먹으며 게임을 했습니다. 그것으론 부족했는지 "이제는 엄마 아빠가 믿는 하나님을 믿지 않겠다. 내가 믿을 신은 내가 찾겠다"라며 성경은 신화에 불과하다고 말했습니다.

아들은 청소년기부터 남편과 종교적 언쟁을 많이 했습니다. 남편은 그때마다 아들을 심하게 질책했습니다. 저희 부부가 교회 봉사를 열심히 할수록 아이들은 교회 내에 방치되었습니다. 그럼에도 아이들이 불평불만 하지 않으니 저는 '엄마 아빠 따라 신앙생활을 잘한다'고 생각하며 아이들의 마음을 살펴보지 않았습니다. 이제야 드러난 아들의 영적 방황에 바리새인처럼 율법만 따르던 신앙생활을 회개하고 아이들에게 사과했습니다. 하지만 이후 아들은 더 마음 편히 "교회에 가지 않겠다"고 으름장을 놓으며 무기력한 생활을 반복했습니다. 교회와 집에서의 모습이 다른 저희 부부를 향해 이중적이라고 비판하기도 했습니다.

그즈음 주일예배를 드리다 “모세가 십계명 돌판을 깨는 것이 자신의 고정관념을 넘어선 것”이라는 설교 말씀이 마음 깊이 와닿았습니다(출 32:19). ‘나는 어떤 고정관념을 가지고 있을까?’, ‘아들이 다시 교회에 나와 예배를 드리게 하려면 어떻게 도와야 할까?’ 고민했습니다. 거듭하여 생각해도 결론이 나지 않아 게임을 마친 아들에게 어떻게 해 줬으면 좋겠는지 물었습니다. 아들은 “고양이를 기르게 해 주면 다시 교회에 나가겠다”고 답했습니다. 저는 그날 들은 주일 설교를 짧게 아들에게 들려준 후 믿음의 로열패밀리가 되어 남들에게 인정받고 싶었던 저의 고정관념을 할례 하는 마음으로 고양이를 입양했습니다(5:2~3).

고양이를 기르면서 저희 가정은 새로운 대화 주제로 웃음꽃이 피어났고, 아들은 약속대로 매주 예배의 자리에 나올 뿐 아니라 대학도 복학했습니다. 이제는 아들이 그저 평범한 일상을 살며 하나님을 예배하는 자가 되기만을 간절히 소망합니다. 제 인생의 목적이 거룩과 영혼 구원이 되게 하시고, 때마다 격려하고 인도해 주신 하나님과 교회 공동체 지체들에게 감사드립니다. 날마다 구원에 대한 감사와 기쁨이 넘치는 예배를 드리며, 유월절 어린 양을 찬양하는 저희 가정이 되도록 기도 부탁드립니다(5:10).

영혼의 기도

하나님 아버지, 예수를 믿고 요단강을 건너왔다고 자부하지만, 날마다 마음이 녹고 정신을 잃을 일들이 있음을 주님이 아십니다. 남이 잘됐다고 하는데 기뻐하지 못하고 '나는 왜 이 모양인가' 하며 회개를 빙자한 정죄하는 마음이 있음을 주님이 아십니다. 그래서 무엇보다도 내 마음속이 지옥인 것을 알았습니다. 지체가 잘되는 것을 기뻐할 수 있도록 은혜를 내려 주옵소서.

오늘 처한 환경에서 나는 더 이상 견딜 수 없다고 생각될 때 다시 한 번 할례를 행하고, 아픔과 낮아짐을 감당하라고 하십니다. 환경에 순종하기를 원합니다. 포피를 베고, 이 상처가 낫기까지 잠잠히 기다리기를 원합니다. 내가 할례를 행하고 순종하면 그곳이 수치의 돌이 떠나가는 길갈이 되고, 회복의 장소가 된다고 약속하셨사오니 도와주옵소서. 내가 죽을 것같이 힘들지만 순종했을 때, 내가 농사짓지 아니한 것으로 나를 먹이고 회복시키실 것을 믿습니다.

특별히 예배가 회복되기를 원합니다. 예배가 기쁨이 되기를 원합니다. 구원을 기념하기 원합니다. 주일을 지키며, 날마다 큐티를 하고, 모여서 예배를 드릴 때 상상하지 못한 육적인 축복도 허락하겠다고 하셨사오니 육적인 것도 회복되게 하옵소서. 최선을 다해 일할 수 있도록 직장의 축복을 허락해 주옵소서. 힘든 상황에서도 내가 마음껏 주님을 높일 때 일할 장소를 허락해 주실 줄 믿습니다. 배우자를 위해 기도하고, 직장을 위해 기도할 때 영적인 만남을 허락해 주옵소서.

모든 싸움이 하나님의 싸움입니다. 하나님께 이 전쟁을 맡기기 원합니다. 주님이 대신 싸워 주옵소서. 내가 신을 벗기 원합니다. 종으로서 낮아짐으로 전쟁을 수행하기 원합니다. 주님, 함께해 주옵소서. 지혜를 주옵소서. 여리고를 정복하도록 준비하는 자가 되게 도와주옵소서. 예수님 이름으로 기도하옵나이다. 아멘.

Part 2

날마다 승리하는 비결

Chapter 8

난공불락 여리고 성: 예상하지 마라, 하나님의 전쟁

Chapter 9

복마전: 성공하려면 사소한 것에 목숨을 걸어라

Chapter 10

각개격파: 아골 골짜기, 죄에는 장사가 없다

Chapter 11

복구전: 회개한 자에게 주시는 기회

Chapter 12

심리전: 날마다 하나님을 선택하라

Chapter 8

난공불락 여리고 성: 예상하지 마라, 하나님의 전쟁 여호수아 6:1~27

하나님 아버지, 우리 각자에게 무너뜨려야 할 여리고 성이 있습니다.
어떻게 무너뜨려야 할지 우리가 해야 할 일을 가르쳐 주시옵소서.
말씀해 주시옵소서. 듣겠습니다.

우리들교회를 처음 시작했을 때, 집에서 첫 예배를 드렸습니다. 교회 건물도 없이 아파트에서 예배를 드린다니 과연 몇 명이나 모일까, 여자 목사가 인도하는 교회에 사람들이 와 줄까, 이런저런 걱정과 생각이 많았습니다.

그런데 첫 예배 드리는 날, 계단까지 신발을 벗어 놓아야 할 정도로 많은 사람이 모였고, 몇 주가 지나자 더는 집에서는 예배를 드릴 수 없게 되었습니다. 준비된 자본이 없으니 당장 장소를 임대할 형편도 안 되고, 교회 건물을 짓는 것은 더더구나 생각할 수 없었습니다. 그런 상황에서 예배 처소를 구하는 일은 난공불락의 성 여리고를 무너뜨리는 것과 같았습니다.

모교회도 없는 개척 교회, 여자 목사, 하나님밖에는 살길이 없어 모여든 환난당하고 빚지고 원통한 사람들, 그야말로 비상식적인(?) 여건에서 교회가 출발했습니다. 그런데 하나님은 상식을 뛰어넘는 방법으로 때마다 우리를 인도하셨습니다. 예배 처소로 휘문 학교를 주시리라고는 상상을 못 했습니다. 지금은 판교 채플이 지어져서 판교 채플과 휘문 채플에서 함께 예배를 드리고 있지만, 우리들교회는 오랫동안 교회 건물 없이 예배를 드렸습니다. 하나님의 전쟁은 이렇게 우리의 예상과는 다른 전쟁입니다.

하나님의 전쟁에서는 적이 더 강퍅하게 나옵니다

이스라엘 자손들로 말미암아 여리고는 굳게 닫혔고 출입하는 자가 없더라_수 6:1

요단강을 건너온 이스라엘 백성으로 인해 아모리 사람들의 마음이 녹고 그들이 정신을 잃었다고 했습니다(5:1). 그래도 우리는 할례를 행하며 피를 뿌리면서 희생하고, 유월절 예배를 드렸습니다.

그렇게 순종했는데도 이스라엘 자손들 때문에, 나 때문에 여리고는 더 굳게 닫혔고 출입하는 자도 없다고 합니다. 이쯤 되면 여리고가 순순히 손을 들고 나오면 좋겠는데, 망하는 사람들은 절대로 손을 안 듭니다. 끝까지 싸워 보겠다고 합니다.

여리고 성은 가나안 거주민이 살고 있는 곳입니다. 모세가 보낸 정탐꾼들이 돌아와서 "그들은 너무 장대해서 그에 비하면 우리는 메뚜기 같았어" 하고 보고했던 그 백성입니다(민 13장). 게다가 여리고의 성벽이 얼마나 철벽인지 두께 11미터로 외벽과 내벽을 쌓았고, 그 두 벽의 각도가 35도가 되게끔 벽을 세웠고, 외벽 밖에는 3~4미터 높이의 석조 장애물을 쌓아 놓았습니다. 그 벽을 타 넘고 여리고를 침입할 생각은 아무도 못 했을 것입니다.

안 그래도 그들은 혼자 잘난 맛에 살고 있는데, 홍해를 가르고 요단강을 마른땅으로 건넌 이스라엘 백성이 할례를 행한답시고 포피를 베고 있으니 한편으로는 무서우면서도 더 마음을 굳게 닫습니다.

이 세상 사람들은 하나님께 무릎 꿇기 전에 자신의 알량한 자존심으로 끝까지 버팁니다. 성문을 닫고 버티는 여리고 사람들처럼 자기가 가진 것을 헤아리며 "네가 아무리 그래도 나는 돈이 있어" 하고 버팁니다. '내가 이렇게 예수님 믿는 거 보고 우리 가족이 예수님을 믿으면 얼마나 좋을까?' 나는 그렇게 생각하지만, 오히려 우리 가족은 출입문만 더 굳게 닫습니다. 나는 사장을 위해서, 시부모를 위해서, 장인 장모를 위해서, 배우자를 위해서, 포피를 베고 예배 더 열심히 드리면서 기다리고 있는데, 그들은 더 마음을 닫고 출입도 못 하게 합니다. 그들이 바로 여리고입니다.

우리는 생각하기를 지난 주일에 포피를 베었으면 이번 주일에는 우리 가족이 다 교회 나오는 줄 압니다. 하지만 내 가족이 모두 구원받기까지는 30년이 걸릴 수도 있고, 내가 죽은 다음에야 돌아올 수도 있습니다. 하나님의 시간과 우리의 시간은 다릅니다. 하나님이 치르시는 전쟁은 우리의 예상과는 다릅니다.

• 말씀을 듣고 '포피를 베어야지, 희생해야지' 하고 갔는데 핍박이 더 심해졌습니까? "교회 다니려면 이혼하자, 집을 나가라" 이런 소리를 들었습니까? 믿지 않는 가족이 하나님 앞에 돌아오기까지 중요한 것은 '언제'가 아닌 '어떻게'입니다. 사랑하는 사람들의 구원의 시간을 앞당기기 위해 어떤 순종과 인내로 하나님의 전쟁에 임하고 있습니까?

하나님의 전쟁은 '나'를 거룩하게 하는 전쟁입니다

여호와께서 여호수아에게 이르시되 보라 내가 여리고와 그 왕과 용사들을 네 손에 넘겨주었으니_수 6:2

어떤 왕과 용사라 할지라도 내 손에 넘기셨다고 합니다. 내가 가난하고, 출세도 못 하고, 병에 걸리고, 아무 보잘것없어도 예수님을 믿는 사람이라면 우리 집안, 우리 공동체의 대장입니다. 예수님을 믿는 내게 다 넘기셨습니다.

큐티를 하면서도 '지난주에 내가 순종했어도 하나도 바뀐 게 없어. 남편은 술을 더 많이 먹고, 애는 가출하고…… 하나님은 믿을 수 없는 분이야. 도대체 나보고 언제까지 기다리라는 거야. 참는 거 좋아하네' 하는 분이 있을지도 모릅니다. 하지만 이런 경로를 한 단계씩 밟아 가는 것이 하나님의 전쟁입니다. 하나님이 전쟁하시는 목적은 단 하나, '나'를 거룩하게 하시려는 것이기 때문입니다. 나는 이 전쟁을 통해 남편이 술과 여자를 끊고 제자리로 돌아오거나, 자녀가 정신 차리고 공부하기를 기대했을지 모르지만, 그것은 전쟁의 목적이 아닙니다. 오로지 '나'를 거룩하게 하기 위해 끊임없이 여러 사건이 닥친다는 것을 알아야 합니다.

• 부도와 질병과 외도로 가정을 무너뜨리는 강한 대적, 모함과 술수로 직장을 무너뜨리는 막강한 존재까지도 내 손에 넘기신 주님을 믿습니까? 모든 싸움의 목적이 상대방의 변화가 아닌 나의 변화와 성숙을 위한 것임을 깨닫고 있습니까?

하나님의 전쟁에서는 기도가 무기입니다

> 너희 모든 군사는 그 성을 둘러 성 주위를 매일 한 번씩 돌되 엿새 동안을 그리하라_수 6:3

내 전쟁이 아니고 하나님의 전쟁이기 때문에 세상의 방법이 아닌 하나님의 방법으로 싸워야 합니다. 요단을 건넌 후 하나님은 길갈에 돌 쌓기, 할례와 유월절 지키기 등 전쟁과는 상관없을 것 같은 방법으로 이스라엘 백성을 인도하셨습니다. 그리고 강적 여리고에 도착했더니 하나님은 또 성 주위만 돌라고 하십니다. 정말 돌아가실 지경입니다. 총칼 들고 싸우라고 하셨으면 좋겠는데 이해되지 않는 명령만 계속하시는 겁니다.

결혼하여 직장에 다니던 어느 형제가 신학을 공부하고 전도사가 되었습니다. 그런데 부인이 이혼 소송을 냈습니다. 남편에게 실수와 허물이 너무 많기 때문에 이런 사람은 목사가 되면 안 된다고 생각해서 이혼을 하겠다는 것입니다. 부부가 다 높은 학벌을 갖추고 좋은 직장을 가진 엘리트입니다. 어떤 경우에도 이혼은 말려야 하겠기에 제가 양쪽을 만나 상담을 했습니다.

전도사인 남편은 아내가 교만해서 생긴 문제이고, 자신은 최선을 다했기 때문에 법원이 판결하는 대로 따르겠다고 합니다. 그런데 부인은 남편이 겸손하게 태도를 바꾸기만 하면 소송을 취하하겠다고 했습니다. '남편이 전도사님이니까 말씀으로 잘 설득하면 되겠구나' 하고 부인의 의사를 전했습니다. 그랬더니 자기 아내는 교만해서 안 된다는 겁니다. 신학을 공부했어도 큐티는 안 한다고 하기에 말씀을 묵상하라고 했더니 그런 것은 본질이 아니라고 말하면서 "아무튼 아내가 교만해서 더는 같이 살 수 없다"고만 합니다. 아내보다도 더 말이 안 통하는 사람이 전도사 직분을 가진 남편이었습니다.

두세 마디 말을 건네 보고 더는 말이 통하지 않는 상대라면 그 사람의 상처에 대해 생각해 봐야 합니다. 이 전도사님에게도 역기능 가정에서 자란 상처가 문제였습니다. 아버지를 일찍 여의고 어려운 형편에서 자란 형제는 오직 공부 잘하는 것으로 주위 사람들의 인정을 받았습니다. 그래서 좋은 대학에 가고, 좋은 직장에 갔는데 어디에서든 사람들과의 관계가 힘들었습니다. 대인 관계에 문제가 생기고 힘들어지자 다시 택한 것이 신학입니다. 자신이 잘하는 한 가지 '공부'를 도피처로 삼은 것입니다. 신학대학원에 가서도 공부를 잘하고, 누구보다 성경도 많이 알고 있으니 사람들에게 인정만 받을 뿐 자신의 문제를 깨달을 틈이 없었습니다.

그런 사람에게 무슨 상담이 가능하겠습니까? 하는 말마다 성경구절이 좔좔 나와도 정작 대화가 안 통합니다. 자기 문제는 보지 못하고 '아내가 교만하다'는 소리만 하고 있으니 대화가 안 되는 겁니다. 그 형제야말로 난공불락의 여리고였습니다.

그래도 그런 사람을 위해 기도하라고 하십니다. 날마다 기도하라고 하십니다. 현실적인 대책 없이 기도하고 여리고 성을 빙빙 도는 것이 무모한 일 같아 보여도 "엿새 동안" 그리하라고 하셨습니다. "엿새"는 끝이 없어 보이는 시간입니다. 강한 대적 앞에서 침묵하며 순종하기에는 길고 막막한 시간입니다. 그러나 끝이 없어 보이는 그 시간 동안 하나님의 신호가 있을 때까지 잠잠히 순종하며 성을 돌라는 것입니다.

> 10 여호수아가 백성에게 명령하여 이르되 너희는 외치지 말며 너희 음성을 들리게 하지 말며 너희 입에서 아무 말도 내지 말라 그리하다가 내가 너희에게 명령하여 외치라 하는 날에 외칠지니라 하고
> 11 여호와의 궤가 그 성을 한 번 돌게 하고 그들이 진영으로 들어와서 진영에서 자니라_수 6:10~11

여섯 바퀴를 돌면서 제일 중요한 것은 침묵해야 한다는 것입니다. 60만 명이 모여 여리고를 치러 가면 60만 개의 의견이 있지 않겠습니까? 몇백 명이 모이면 몇백 개의 의견이 있습니다. 게다가 믿음이 좋지 않은 사람들도 섞여 있습니다. 여리고 성을 돌면서 "이 전쟁 져요! 여리고 사람들이 화살 한 번만 쏘면 우리는 다 죽어요! 죽으면 책임질 거요!" 이런 의견을 가진 사람들이 얼마나 많겠습니까? 그래서 주님은 침묵하라고 하십니다.

우리는 무슨 문제가 생기면 남에게 털어놓기를 좋아합니다. "기도해 줘" 하고 기도 부탁을 하면서 곳곳에 내 짐을 나누어 줍니다. 하지만 중요한 것은 오직 하나님 한 분만이 내가 의지하고 신뢰할 대상임을 깨닫는 것입니다. 다른 사람에게 기도 부탁을 해도 하나님이 모든 사건의 열쇠를 쥐고 계신다는 것을 알아야 합니다. 그런 신뢰가 없으면 아무리 기도 부탁을 해도 응답 받을 그릇이 못 됩니다.

- 난공불락의 성 여리고 같은 내 옆의 가족을 위해 하루에 한 번씩 돌면서 기도합니까? 믿지 않는 강퍅한 남편은 잠잘 때 몰래 손을 얹고 기도하십시오. 시아버지 같으면 뒤에서 양복 끈이라도 붙잡고 기도하고, 시어머니는 "어머니~" 하면서 하루에 한 번씩 안아 드리고 기도하십시오. 정말 안 무너지고 안 변하는 '나'를 위해서도 날마다 기도하십시오.

여리고 성 행진에는 예배'팀'이 선두에 있어야 합니다

4 제사장 일곱은 일곱 양각 나팔을 잡고 언약궤 앞에서 나아갈 것
이요 일곱째 날에는 그 성을 일곱 번 돌며 그 제사장들은 나팔을 불
것이며 5 제사장들이 양각 나팔을 길게 불어 그 나팔 소리가 너희에
게 들릴 때에는 백성은 다 큰 소리로 외쳐 부를 것이라 그리하면 그
성벽이 무너져 내리리니 백성은 각기 앞으로 올라갈지니라 하시매
6 눈의 아들 여호수아가 제사장들을 불러 그들에게 이르되 너희는
언약궤를 메고 제사장 일곱은 양각 나팔 일곱을 잡고 여호와의 궤
앞에서 나아가라 하고_수 6:4~6

중요한 것은 행진은 혼자서는 못한다는 것입니다. 본문 말씀처럼 언약궤가 중심에 있고, 앞에 무장한 자가 있고, 뒤에 또 후군이 있고…… 이렇게 전열을 갖춰 돌아야 합니다. 말씀을 듣고 함께 기도하고 격려하면서 같이 가야 여리고 성을 무너뜨릴 수 있습니다.

제일 중요한 것은 '언약궤 앞에서'입니다. 일곱 제사장이 일곱 나팔을 불고, 일곱째 날에 일곱 바퀴를 돌라고 하셨습니다. 6장에만 '7'이라는 숫자가 열네 번이 나오고 언약궤(궤)라는 말이 열 번 나옵니다. 이 전쟁은 총칼을 들고 싸우는 전쟁이 아니기 때문입니다.

사실 인간이 죽는 것은 칼과 총에 의해서가 아니라 하나님의 섭리(뜻과 주권)에 의한 것입니다. 우리 인생은 하나님의 말씀, 언약궤를 중심에 두고 싸우는 전쟁과 같습니다. 제사장의 나팔 소리를 들으며

찬송하면서 싸우는 전쟁입니다. 소총, 장총으로 싸워서 이기라는 것이 아니라 찬송으로 이기라는 것입니다. 기도로 이기라는 것입니다. 하나님의 말씀으로 이기는 것입니다. 우리가 죽고 사는 것은 예배에 달려 있습니다.

오직 말씀대로 싸워야 하는데, 그것이 비상식적으로 보여서 순종하기가 쉽지 않습니다. 엿새 동안 여섯 바퀴를 돌면서 얼마나 소리 지르고 싶고 악을 쓰고 싶을 때가 많겠습니까. '세상에 저렇게 장대한 여리고 백성이 쳐다보고 있는데 아무것도 안 하고 여섯 번을 돌라니!' 하지만 주님은 인내하라고 하십니다. 힘든 일이 많아도 날마다 기도하며 성을 한 바퀴 돌아야 하고, 주일예배에 와서 말씀을 듣고 가야 합니다.

도저히 무너지지 않을 것 같은 나의 여리고가 앞에 있어도 지체의 교제가 있을 때는 슬프지 않습니다. 집이 없고, 물질도 없고, 아무것도 없지만, 목장예배(구역예배)에서 그냥 나누기만 해도 슬픔이 나누어집니다. 기쁨은 함께할수록 커집니다. 그런데 꽁꽁 싸 두고 '내 어려움을 누가 알겠어, 아무도 몰라' 하는 마음은 마귀의 속성입니다. 마귀의 속성은 폐쇄적인 것입니다. '아무도 몰라' 이러면서 마음을 닫는 사람은 문제가 해결되지 않습니다. 믿음은 부끄러움이 없는 것입니다. 여리고 성을 무너뜨리려면 목장에서 서로서로 사소한 것도 나누어야 합니다.

우리들교회의 한 여집사님이 첫사랑이나 옛 은사를 찾아 주는 방송 프로그램에서 "누가 당신을 찾는다"는 연락을 받았습니다. 저는

'누가 날 안 찾아 주나, 어렸을 때 나를 흠모한 사람은 없을까' 해도 연애 경험이 워낙 없어서인지 아무도 안 찾습니다. 그런데 이 집사님을 어느 남자 동창생이 찾더랍니다. 그것도 연예인이 말입니다.

그런데 당시 큐티 본문인 신명기에서 "너는 스스로 삼가라"는 말씀이 반복해서 나오기에 집사님이 목장예배에서 이 일을 나누었습니다. 내심 출연해 볼까 하는 마음도 있었지만 목자도, 목장 식구들도 하나같이 "나가지 말라"고 했답니다. 세상 사람들이었다면 한번 나가 보라고 권하지 않았겠습니까. 프로그램에 나가면 출연료도 받고, 유명인과 인맥도 쌓고, 밥이라도 얻어먹었을 텐데 이런 결정이 비상식적으로 보입니다. 그러나 이미 결혼해 가정을 이룬 사람인데 첫사랑은 만나 무엇 하겠습니까. 믿음의 공동체를 통해서 속지 말라고 가르쳐 주신 것이죠.

그래서 목장(구역)에 속해 사소한 일까지 나누는 것이 중요합니다. 힘들 때, 어려운 문제를 만났을 때 말씀을 붙잡고 먼저 본을 보이며 선두에서 양각 나팔을 불어 주는 목자와 지체들이 곁에 있다면 무너지지 않습니다. 이런 지체들과 함께 말씀을 중앙에 두고 행진한다는 자체만으로도 우리에게 기쁨과 평안이 생깁니다.

- 한 주간 나의 생활은 예배를 중심으로 움직이고 있습니까? 주일예배를 드리고, 구역모임이나 목장예배에 동참하며 위로와 힘을 얻고 있습니까?

무장한 군사들이 선두에 섰습니다

7 또 백성에게 이르되 나아가서 그 성을 돌되 무장한 자들이 여호와
의 궤 앞에서 나아갈지니라 하니라 8 여호수아가 백성에게 이르기
를 마치매 제사장 일곱은 양각 나팔 일곱을 잡고 여호와 앞에서 나
아가며 나팔을 불고 여호와의 언약궤는 그 뒤를 따르며 9 그 무장한
자들은 나팔 부는 제사장들 앞에서 행진하며 후군은 궤 뒤를 따르
고 제사장들은 나팔을 불며 행진하더라_수 6:7~9

하나님이 여호수아에게 말씀하실 때는 제사장 일곱이 먼저 나왔습니다(6:4). 하지만 사실은 무장한 군사들이 궤 앞에서 행진했습니다(6:9). 하나님은 천사들을 선두에 세우지 않으셨습니다. 우리 몫으로 주신 싸움을 하나님의 백성인 우리가 승리로 이끌어야 하기 때문입니다.

각자의 가정에서 영적 전쟁을 할 때 아버지의 몫을 다해야 하고, 어머니의 몫을 다해야 하고, 남편의 몫을 다해야 하고, 아내의 몫을 다해야 합니다. 직장에서 여러분의 전투를 감당해야 합니다. 누가 대신해 줄 수 없습니다.

제사장들이 나팔을 불 수 있도록 무장한 자들이 앞에 나가서 장애물을 치워 줘야 합니다. 말씀이 절대적으로 보호를 받아야 하기 때문입니다. 말씀의 은혜가 넘치는 교회가 되려면 앞과 뒤에서 보호를 해야 합니다. 안타깝게도 많은 사람이 하나님의 전투가 어떤 모습으로 이루어지는지를 모릅니다. 말씀을 보호하는 무장 군인들이 되어

야 할 자가 오히려 말씀을 훼방하는 일을 할 때가 많습니다. 여리고 사람들, 예수님을 믿지 않는 사람들이 교회를 놓고 "그 교회가 어쩌고저쩌고하더라" 그러면 온몸으로 막아야 합니다. 요단강을 건널 때는 앞에 장애물이 강물밖에 없기 때문에 언약궤가 먼저 들어갔습니다. 하지만 여리고 전투에서는 무장한 자들이 먼저 나갑니다. 사람이 제일 무섭기 때문입니다. 교회도 무너지는 게 항상 사람 때문입니다. 돈 때문에 무너지는 게 아닙니다. 사람 때문에 무너집니다.

믿지 않는 사람들이 소문을 듣고 와서 말하는데, 무턱대고 "가서 큐티해요!" 이러면 "큐티가 뭐냐, 기저귀냐?" 이럽니다. 그러면 말씀이 조롱 받고 훼방 받는 거 아닙니까? 내가 무장되지 않았으면 무장된 사람한테, 목사님께 여쭈어보고 말하십시오. 말씀이 만홀히 여김을 받을까 봐 언약궤를 감싸고 보호하는 것입니다. "나의 사랑하는 책 비록 해어졌으나~" 감싸고 보호해야 합니다. 이 모두가 구원이라는 작품을 이루기 위해 일사불란하게 움직이는 것입니다.

- 믿음으로 무장하고 힘든 일의 선두에 서서 아내, 남편, 자녀의 역할을 잘 하고 있습니까? 말씀이 훼방 받지 않기 위해, 교회가 훼방 받지 않기 위해 성도로서 삶을 잘 살고 있습니까?

일찍이 일어나서 여전한 방식으로 나아가야 합니다

12 또 여호수아가 아침에 일찍이 일어나니 제사장들이 여호와의 궤
를 메고 13 제사장 일곱은 양각 나팔 일곱을 잡고 여호와의 궤 앞에
서 계속 행진하며 나팔을 불고 무장한 자들은 그 앞에 행진하며 후
군은 여호와의 궤 뒤를 따르고 제사장들은 나팔을 불며 행진하니라
14 그 둘째 날에도 그 성을 한 번 돌고 진영으로 돌아오니라 엿새 동
안을 이같이 행하니라 15 일곱째 날 새벽에 그들이 일찍이 일어나
서 전과 같은 방식으로 그 성을 일곱 번 도니 그 성을 일곱 번 돌기
는 그날뿐이었더라_수 6:12~15

"일찍이 일어나서 전과 같은 방식으로!"

개역한글판에는 15절의 '전과 같은 방식'을 '여전한 방식'이라고 기록하고 있습니다. 평범함 속에 비범함이 있습니다. 다른 방법이 없습니다. 여리고 성이 무너지는 승리, 우리 삶의 모든 승리는 여호와의 언약궤 앞에서 "여전한 방식으로" 일곱 번 돌 때 이루어집니다. 주님 앞에 가는 그날까지 오늘이 그날인가 하는 마음으로 똑같이 살라는 것입니다.

언제나 시종여일(始終如一)하게 여전한 방식으로 살면 됩니다. 다른 것 하나도 안 해도 됩니다. 그래서 성경도 반복해서 똑같은 이야기를 합니다. 그냥 아침에 일찍 일어나서 여전한 방식으로 잘 살고 있으면 너의 일곱째 날이 온다고 말씀하십니다. 여전한 방식으로 말씀을

따라 살면 언제 외치고, 언제 가만히 있어야 하는지 때를 알게 된다고 하십니다.

그런데 사건이 해결되기 바라고, 학교에 붙기를 원하고, 사업이 잘되기를 원하고, 우리 애가 좋은 배우자를 얻기 원하면서도 여전한 방식으로 예배를 안 드립니다. 생활 예배도 안 드리고, 주일예배도 안 드리고, 목장예배(구역예배)도 드리지 않으면서 날마다 내 사건만 해결되기를 바랍니다.

남편이 돈 잘 벌면 뭐합니까? 자녀들이 일류 학교 나온 부모라고 존경할 것 같습니까? 자녀들이 제일 존경하는 부모는 성경대로 사는 부모입니다. 어머니가 학벌이 없고 능력이 없어도 알코올중독자 아버지를 섬기는 그 모습을 볼 때 자녀들이 엄마를 존경하는 겁니다.

여전한 방식으로 새벽에 일찍 일어나서, 끝이 안 보이는 성을 그저 순종하며 도는 것이 성도의 삶입니다. 그러면 드디어 나의 일곱째 날 새벽이 옵니다. 이 세상에서 그 일곱째 날을 누리지 못해도, 끝없이 돌다가 천국 가면 됩니다.

일곱째 되는 날은 일곱 번 돌라고 하셨습니다. 그날은 말씀에 따라 더 기도하면서, 더 애통하는 마음으로 일곱 번을 돌아야 합니다. 6 더하기 7은 13인데, 13이란 숫자는 내 힘으로는 못 당하는 세력을 상징한다고 보면 됩니다.

저도 남편이 구원 받던 해에는 성령님이 더 기도하게 하시고, 생명을 내놓게 하시고, 그러면서도 더 잠잠히, 더 애통하게 하셨습니다. 남편이 쓰러지던 날 아침에도 눈물로 기도하면서 그날 큐티 노트에

"우리 남편이 구원이 안 됐어도 말세에 이렇게 기도할 수 있는 인생보다 더 기쁜 인생이 어디 있겠는가" 이렇게 썼습니다.

하지만 제가 침묵하며 여리고를 돌 때, "네가 이래도 돌겠느냐, 이래도 돌겠느냐!" 하면서 '악~' 소리를 지르고 싶은 사건들도 많았습니다. 그 사건 중에 하나가 이른바 '샴푸 사건'입니다.

남편이 떠나기 한 달 전 일입니다. 저는 선천적으로 머리숱이 적은데 당시 머리카락이 심하게 빠져 대학병원에서 진료를 받았습니다. 몇 번이나 예약을 해서 어렵게 진찰을 받고 처방으로 비싼 샴푸를 사서 돌아왔습니다. 그런데 비싼 샴푸가 욕심이 났는지 아들이 자꾸 그 샴푸를 쓰는 겁니다. 어느 주일에는 아들이 그 샴푸로 머리를 감고 있는 걸 직접 보게 됐습니다.

"너 왜 자꾸 그 샴푸로 머리를 감니!"

아들을 야단치면서 소리를 지르니 거실에 있던 남편이 "무슨 일이냐?"며 욕실로 왔습니다. 이러고저러고 설명을 했더니 남편은, "어미가 돼서 샴푸나 아끼고 말이야, 아들이 쓰겠다는데 그걸 못 쓰게 하는 어미가 어미냐!" 하면서 버럭 소리를 질렀습니다.

저는 제가 옳다고 설명을 했는데 남편은 제가 이러고저러고 하는 것 자체가 싫었던 것입니다. 속으로 '가만히 있을걸……' 하면서 얼른 입을 다물었는데 제가 입을 다물기도 전에 남편은 "그래, 샴푸가 그렇게 아까워서 아들도 못 쓰게 하냐!"고 하며 그 비싼 샴푸를 제게 다 부어 버렸습니다.

엿새 동안 침묵하며 여리고 성을 도는 것이 여리고 사람들에게 조롱 받을 일인 것처럼 저도 아들 앞에서 샴푸를 뒤집어쓰고 조롱을 받게 됐습니다. 인간적인 마음으로는 당장 이혼이라도 할 수 있을 것 같았죠. 그러나 그것이 영적 전쟁인 줄 알았기에 저는 금세 벙어리가 되어 침묵했습니다. 언제 외치고, 언제 가만히 있어야 하는지 때를 분별한 것입니다.

저는 조용히 방으로 가서 옷을 갈아입었습니다. 평소 주일 저녁 예배는 남편 때문에 가지 못했는데 그날은 저녁 예배에 가도 남편이 아무 말 안 할 것 같았습니다. 울지도, 화내지도 않고 아무 일 없다는 듯이 "교회 갔다 올게요" 하고 나와 예배를 드리러 갔습니다.

그날 설교 말씀이 "우리는 우리를 전파하는 것이 아니라 오직 그리스도 예수의 주 되신 것과 또 예수를 위하여 우리가 너희의 종 된 것을 전파함이라"는 말씀이었습니다(고후 4:5). 하나님은 제가 남편에게 예수가 주 되심을 선포하기 위해서는 "너희의 종 된 것", 남편의 종 된 것도 선포해야 한다고 하셨습니다.

'내가 남편의 종인데 주인이 종에게 샴푸를 붓든지 말든지 무슨 상관인가. 나는 남편의 종인데…….'

이것을 깨닫자 기쁨이 밀려왔습니다. 저녁 예배 한 시간 만에 마음을 바꾸어 주신 주님, 이것이야말로 기적입니다.

"내 주를 가까이하게 함은 십자가 짐 같은 고생이나~"

찬송을 부르며 기쁜 얼굴로 집에 돌아왔습니다. 그리고 말씀대로 남편에게 이야기했습니다.

"당신, 나랑 살아 줘서 너무 고마워요. 난 정말 당신의 종이에요."

들었는지 못 들었는지 남편은 반응이 없었습니다. 그러나 저는 남편의 태도가 변하기를 기대하면서 한 것이 아니었습니다. 말씀을 깨닫고 그 말씀에 순종하는 마음으로 말했기 때문에 남편이 변화되든지 안 되든지 기뻤습니다. 참으로 구원을 위해서 사는 자는 어떤 일을 당해도 슬프지 않습니다!

그리고 한 달 뒤 남편은 주님을 영접하고 세상을 떠났습니다. 남편의 육적 여리고가 무너진 것입니다.

- 하나님이 외치라 하시는 날까지 침묵하며 기도하고 있습니까? 아무리 기도해도 달라지는 것이 없고, 무조건 잠잠히 있으려니 억울하고 슬픕니까? 여리고는 하루의 외침만으로 무너진 것이 아닙니다. 엿새 동안의 침묵 기도가 철벽 여리고를 조금씩 무너뜨리고 있다는 것을 잊지 마십시오.

믿음으로 외칠 때 여리고 성이 무너집니다

일곱 번째에 제사장들이 나팔을 불 때에 여호수아가 백성에게 이르되 외치라 여호와께서 너희에게 이 성을 주셨느니라_수 6:16

급성 간암으로 갑자기 쓰러진 남편은 제게 기도를 부탁했습니다. 벙어리로 침묵하던 저였지만 죽음을 앞둔 남편 앞에서는 그 어느 때보다 강하고 처절하게 구원을 청했고, 남편은 자신의 죄를 시인하며 예수님을 영접했습니다. 생명을 내놓고 날마다 여리고 성을 돌며 기도했더니 하나님은 남편의 육적인 여리고를 무너뜨리시고 영으로 살려 주셨습니다. 할렐루야!

나의 여리고 성이 끝까지 안 무너질 것 같아도, 정직하게 살면서 여리고 성이 무너지기를 기다리는 것이 너무 힘들어 보여도, 구원을 외치며 행진할 때 여리고 철벽이 무너집니다. 불가능해 보이는 일도 믿음으로 외치며 나아갈 때 하나님이 이루실 것입니다.

> 17 이 성과 그 가운데에 있는 모든 것은 여호와께 온전히 바치되 기
> 생 라합과 그 집에 동거하는 자는 모두 살려 주라 이는 우리가 보낸
> 사자들을 그가 숨겨 주었음이니라 18 너희는 온전히 바치고 그 바친
> 것 중에서 어떤 것이든지 취하여 너희가 이스라엘 진영으로 바치는
> 것이 되게 하여 고통을 당하게 되지 아니하도록 오직 너희는 그 바친
> 물건에 손대지 말라 19 은금과 동철 기구들은 다 여호와께 구별될
> 것이니 그것을 여호와의 곳간에 들일지니라 하니라_수 6:17~19

16절에 '이 성을 주셨느니라' 했으면 17절에 바로 여리고가 무너진 함락 기사가 나와야 할 것 같은데 그렇지가 않습니다. 승전보를 거창하게 알리는 것이 아니라, 여리고가 무너져도 "거기에서 전리품을 취하지 말라"는 말씀이 나옵니다. '남편이 예수님을 믿으면 나한테 잘해 주겠지' 하는 마음으로 기도해서는 안 된다는 것입니다. 시어머니, 사장님 덕을 보려고 전도하면 안 된다는 것입니다. 이 길고 긴 전투의

유일한 상급은 하나님뿐이어야 합니다.

- 하나님의 힘으로 무너진 여리고에서 전리품을 취하려는 마음은 없습니까? 배우자, 자녀, 시부모, 상사에게서 내가 취하고자 하는 전리품은 어떤 것입니까? 내가 전도해서 저 사람이 달라졌다고 생색내지는 않습니까?

20 이에 백성은 외치고 제사장들은 나팔을 불매 백성이 나팔 소리
를 들을 때에 크게 소리 질러 외치니 성벽이 무너져 내린지라 백성
이 각기 앞으로 나아가 그 성에 들어가서 그 성을 점령하고 21 그 성
안에 있는 모든 것을 온전히 바치되 남녀노소와 소와 양과 나귀를
칼날로 멸하니라_수 6:20~21

여리고 성 함락 기사는 6장 전체에서 딱 한 번 나옵니다. 여리고가 무너졌다는 것보다 그 과정이 더 중요하기 때문입니다. 자녀가 입시에 붙고 떨어지고가 문제가 아닙니다. 바람난 남편이 제자리에 돌아온 것이 전부가 아닙니다. 직장 상사가 예수님 믿게 됐다고 좋아만 할 게 아닙니다. 내가 그때까지 어떤 과정을 거쳤는가가 더욱 중요합니다.

아리스토텔레스는 "인간은 한 번의 결정적인 행동에 의해 규정되는 것이 아니라 반복되는 행동에 의해 규정된다. 그러므로 위대한 것은 습관이다"라고 말했습니다. 하나님은 우리가 어떤 삶을 살고 있는지 날마다의 과정을 보십니다. '날마다 내가 신을 벗고 전쟁하고 있

나(구별된 가치관으로 살아 내는가), 무장한 사람(예배 공동체)을 앞에 세웠나, 언약궤(말씀)를 중심으로 움직이고 있나'를 보시는 것입니다.

- 강퍅한 배우자, 문제 많은 자녀 여리고를 복음의 나팔을 불고 외치며 구원으로 취한 간증이 있습니까? 그 간증이 있기까지 내 삶의 모든 내용이 기적이요, 은혜임을 깨닫고 있습니까?

22 여호수아가 그 땅을 정탐한 두 사람에게 이르되 그 기생의 집에
들어가서 너희가 그 여인에게 맹세한 대로 그와 그에게 속한 모든
것을 이끌어 내라 하매 23 정탐한 젊은이들이 들어가서 라합과 그
의 부모와 그의 형제와 그에게 속한 모든 것을 이끌어 내고 또 그의
친족도 다 이끌어 내어 그들을 이스라엘의 진영 밖에 두고 24 무리
가 그 성과 그 가운데에 있는 모든 것을 불로 사르고 은금과 동철 기
구는 여호와의 집 곳간에 두었더라 25 여호수아가 기생 라합과 그
의 아버지의 가족과 그에게 속한 모든 것을 살렸으므로 그가 오늘
까지 이스라엘 중에 거주하였으니 이는 여호수아가 여리고를 정탐
하려고 보낸 사자들을 숨겼음이었더라 26 여호수아가 그 때에 맹세
하게 하여 이르되 누구든지 일어나서 이 여리고 성을 건축하는 자
는 여호와 앞에서 저주를 받을 것이라 그 기초를 쌓을 때에 그의 맏
아들을 잃을 것이요 그 문을 세울 때에 그의 막내아들을 잃으리라
하였더라 27 여호와께서 여호수아와 함께하시니 여호수아의 소문
이 그 온 땅에 퍼지니라_수 6:22~27

구원에 관심이 없는 자, 여리고의 모든 것은 단호히 불살라야 합니다. 구원의 통로가 된 라합과 그 가족만 살리라고 하셨습니다. 기생 라합의 집만은 살려야 합니다. 그러기 위해서는 내 속의 여리고가 먼저 불살라져야 합니다. 그래야 살아남는 자가 될 수 있습니다.

죽어도 안 변하는 남편이 있습니까? 아내가 있습니까? 내 힘으로 물리칠 수 없는 무수한 여리고가 우리 옆에 줄줄이 있습니다. 이제까지 온갖 방법으로 여리고를 향해서 싸웠을 것입니다. 각종 치유 프로그램, 상담, 성경 공부, 설교, 기도, 금식……. 그래도 무너지지 않는 여리고가 지금도 딱 버티고 서 있습니다. 어떻게 하겠습니까. 하나님이 원하시는 것은 새로운 방법이 아닙니다. 내가 성령 충만을 받아서 새사람이 되는 것입니다.

제가 남편 구원이라는 여리고 성을 열세 바퀴나 돌면서 무엇을 깨달았겠습니까. 제 남편 여리고는 날마다 저를 보고 "네가 열심히 예수 믿어 봐라, 그런다고 내가 믿을 줄 아냐" 하면서 비웃었습니다. 예수 믿는 제가 아무리 잘해도, 안 믿는 남편은 완고하기만 했습니다. 저보다 더 늦게 자고도 더 일찍 일어나고, 헌금도 온라인으로 꼬박꼬박 했습니다. 저의 힘으로는 남편을 부술 수 없었습니다. 저는 남편보다 나은 것이 하나도 없었습니다.

'주님, 저는 여리고를 절대로 무너뜨릴 수 없습니다. 저의 무엇으로도 여리고를 함락할 수 없습니다.'

이것이 제가 여리고 성을 열세 바퀴 돌면서 깨달은 것입니다. 하나님이 여리고 성을 열세 바퀴를 돌면서 깨닫게 하시는 것은 '우리 힘으로는 할 수 없다'는 것입니다.

"하나님이 해 주지 않으시면 남편은, 우리 어머니는, 내 자녀는, 우리 직장 상사는 변화될 수 없습니다."

바로 이것을 고백하라는 것입니다. 이 고백이 성령 충만의 비결입니다.

평범함 속에 비범함이 있습니다.

다른 방법이 없습니다.

여리고 성이 무너지는 승리, 우리 삶의

모든 승리는 여호와의 언약궤 앞에서

"여전한 방식으로" 일곱 번 돌 때

이루어집니다.

우리들 묵상과 적용

"마지막 연애가 언제야?" 몇 해 전 직장 동료에게 들은 질문입니다. 자유로운 연애관을 가진 40대의 미혼 남성인 그는 "아직 연애해 본 적이 없다"는 제 말에 깜짝 놀라며 이유를 물었습니다. 이런저런 이유를 대는 제게 그는 "그게 아니라 그냥 너를 사랑하는 남자가 그동안 단 한 명도 없었던 거야"라고 단호하게 대꾸했습니다. 이 말이 제게는 "너는 여자로서 매력이 없어"라는 말로 들렸습니다.

알코올중독인 아버지 아래에서 자란 저는 부성애의 결핍이 있습니다. 대학에서도, 업무 실습을 했던 곳에서도, 처음 취직한 직장에서도 늘 또래에는 관심이 없고 나이 많은 이성에게만 마음이 끌렸습니다. 이런 마음에도 겁이 많은 성격 덕분에 불순한 관계로 이어지지 않는 것을 다행이라 여겼습니다. 후에 그것 또한 정신적 간음이었음을 알고 회개했지만, 20대 후반이 되도록 여전히 '모태 솔로'인 스스로가 수치스러웠습니다. 그런데 목장예배의 지체들은 그런 제게 "너는 충분히 사랑 받을 만한 존재"라고 말해 주었습니다. 점차 마음이 건강해지며 예수 믿는 나 한 사람을 통해 불신인 가족을 구원하실 하나님을 알아 갔습니다. 아직 이루어지지 않은 저의 연애는 여리고 성이 무너지고 그 안에 남아 있는 기생 라합의 믿음을 보존하기 위한 '신 결혼'의 준비 과정임도 믿어졌습니다(6:17). 그러나 동료의 그 한마디는 '맞아, 이건 다 합리화였어'라는 생각을 심어 주었습니다.

저의 여리고 성은 가족 대대로 내려오는 뿌리 깊은 불신앙입니다. 외가는 불교를 믿으며 선행을 베풀고, 친가는 이혼과 재혼, 자살 등 크고 작은 상처로 점철되어 있습니다. 하나님은 이런 난공불락의 여리고를 함락시키려면 침묵하며 성 주위를 엿새 동안 돌아야 한다고 하십니다(6:3). 그럼에도 저는 하나님의 선하신 계획을 신뢰하지 못하고 외모와 재력, 능력이 없는 저 자신을 탓하며, 믿음마저 없는 제 가족을 부끄러워했습니다.

일곱째 날이 언제인지, 외쳐야 하는 때가 언제인지 지금은 알 수 없지만(6:16), 제게 주어진 엿새의 평범한 하루를 말씀 묵상과 기도로 하나님과 교제하며 보내라고 하시는 명령에 순종하겠습니다. 이제는 세상에 저를 사랑하는 남자가 없어서 그동안 연애를 못 한 것이 아님을 깨닫습니다. 저와 제 가족의 불신앙의 여리고를 무너뜨리기 위한 하나님의 선하신 계획을 신뢰하며, 도적같이 임할 저의 결혼식이 믿지 않는 식구들을 초대하는 결혼 예배가 되길 소원합니다. 구원의 잔치가 열릴 그날을 위해 기도하며, 예수님의 아름다운 신부로서 청년의 때를 잘 보내겠습니다. 저를 구원하시고 믿음의 가정을 소망하게 해 주신 하나님의 소문이 저의 가문 온 땅에 퍼지기를 소망합니다(6:27).

영혼의 기도

하나님 아버지, 그동안 영적 전쟁에서 낙심도 하고, 승리도 했습니다. 한쪽에서는 포피를 베고 유월절을 기념하고 희생하고자 했지만, 아직도 출입문을 굳게 닫고 출입하는 사람이 없는 여리고 성 같은 내 옆의 식구들이 있습니다. 또한 아직도 출입문을 열지 못하고 있는 저 자신이 있습니다. 절망스러운 상황이지만 주님은 여리고 왕과 모든 용사를 제 손에 넘겼다고 하셨습니다. 이기는 전쟁이라고 하셨습니다.

그러므로 우리가 용기를 가지고 나의 사랑하는 식구들을 하루에 한 번씩 안고 사랑한다고 말하며, 기도하면서 하루에 한 번씩 성을 돌기를 원합니다. 주님, 저는 할 수 없습니다. 그러나 하나님을 사랑하는 믿음을 의지해서 행하고자 하오니 하루에 한 번씩 여리고를 돌 수 있도록 은혜를 내려 주옵소서.

그것을 할 수 있는 비결은 아침에 일찍 일어나 여전한 방식으로 성을 도는 것밖에 없다고 하십니다. 그 가운데서 특별히 침묵하며, 벙어리가 되어서 아무 소리 없이 나의 모든 것을 내려놓고 돌기를 원합니다. 열세 바퀴를 돌며 깨닫는 것은 여리고는 내가 부술 수 없다는 것입니다. 내가 변화시킬 수 없다는 것입니다. 나는 100% 죄인이오니, 나는 아무것도 할 수 없사오니 주님이 대신 전쟁을 치러 주시기를 바랍니다. 주님 손만 의지하고 가오니 이 전쟁이 하나님의 전쟁이 되게 하옵소서. 참으로 내 죄만 보고 걸어갈 때 총칼 들고 싸우지 않아도, 돈 들고 싸우지 않아도 하루아침에 여리고가 무너질 줄 믿습니다.

나에게 잘해 주기 위해서 아내가, 남편이, 사장이 예수님을 믿어야 되는 것이 아니라고 하셨습니다. 전리품을 취하지 않고 오직 하나님만이 상급이 되기 위해 기도하기 원합니다. 하나님은 속지 않으십니다. 내가 무엇을 상급으로 원하는지 아십니다. 하나님만이 상급이 되는 우리 모두가 되게 하시고. 우리의 모든 전쟁이 하나님의 전쟁이 되어서 하나님을 영화롭게 하도록 축복하여 주옵소서. 예수님 이름으로 기도하옵나이다. 아멘.

Chapter 9

복마전: 성공하려면 사소한 것에 목숨을 걸어라

여호수아 7:1~15

하나님 아버지, 우리는 늘 성공을 원합니다. 많은 실패를 겪은 후에 성공이 찾아오는데 무엇이 진짜 성공인지 가르쳐 주시옵소서. 말씀해 주시옵소서. 듣겠습니다.

회삿돈 30억 원을 횡령한 혐의로 모 기업의 회장님이 수사를 받았습니다. 그런데 사무실을 압수 수색하는 중에 놀라운 것들이 발견되었습니다. 서랍 가득 수백 통의 감사 편지가 들어 있었던 것입니다. 그 회장님은 한 해 수천만 원씩을 종합병원에 보내 백 명이 넘는 난치병 환자들이 수술을 받도록 도왔습니다. 또 형편이 어려운 대학생 23명에게 8,800만 원의 장학금을 지급하고, 빈민층 680가구에 매달 쌀 700여 포대를 지원했다고 합니다. 매년 어려운 사람들을 위해 사용해 온 돈이 10억 원에 달했습니다.

그 회장님은 2000년도 초반에 사업이 부도나고 그 충격으로 반신이 마비되는 고통을 겪었습니다. 그러면서 평생 마음에 품어 왔던 자선 활동을 실천하기 시작했다고 합니다. 무척 아름답고 좋은 일이지만, 인간적으로 하는 일들은 금세 무너질 수밖에 없습니다. 회사가 어려우면 먼저 회사를 살려야지 무조건 자선 활동만 한다고 좋은 것이 아닙니다. 진정한 성공이 무엇인지를 모르고 열심을 다하기에 남들이 보기에 크게 성공한 것 같아도 하루아침에 무너지는 것입니다.

어떤 부인이 상담을 하기 위해 저를 찾아왔습니다.

예쁜 외모에 교양 있는 태도, 남부러울 것이 없어 보이는 분입니다. 부인은 처녀 때부터 신앙생활을 하고 교회를 열심히 나갔는데 괜찮은 남자를 만나 결혼한 후에 교회를 떠났습니다. 남편이 교회 가는 것을 반대하지는 않았지만, 아이를 낳고 분주하게 살다 보니 교회에 가다 말다 하다가 아예 안 가게 된 것입니다. 부인과 남편 모두 학벌도 좋고, 남편이 돈도 잘 벌고 핍박도 안 하니 이 부인은 누가 봐도 성공한 인생처럼 보였죠.

그런데 어느 날 남편이 바람을 피운다는 사실을 알게 됐습니다. 뜨거운 연애 끝에 결혼했고, 별 탈 없이 결혼생활을 잘 해 왔다고 생각했는데 남편의 마음이 떠나 버린 겁니다. 교회 안 나가는 남편을 위해 교회도 알맞게 안 나가 주고, 자녀를 위해 최선을 다해 수고했는데 이해할 수 없는 일이 일어난 것입니다.

"아이는 셋이나 되고, 주위의 눈도 있고, 이혼해 봤자 별다른 살길이 없어요. 그래서 이혼은 포기했는데 삶이 너무 공허하네요. 사람 만나는 것도 싫고……. 자존심이 상하지만 남편 마음을 붙잡으려고 예쁜 잠옷도 사다 입고, 요리 학원도 다니고, 남편이 퇴근할 때 맞춰서 집안 분위기를 바꿔 놓고…… 정말 안 해 본 일이 없어요. 그런데 다 소용없습니다. 아무것도 달라지지 않아요."

이 부인의 결혼생활같이 성공한 것처럼 보이지만 실패한 삶이 있습니다.

여리고 성을 멋지게 무너뜨린 이스라엘은 이어지는 전투에서도 당연히 이기기를 원했을 것입니다. 그러나 아이 성 싸움에서 그들은 뜻밖의 실패를 경험합니다. 그 실패의 원인이 무엇인지 살펴보면 성공적인 삶이 무엇인지, 성공을 위해 무엇을 해야 할지 알 수 있을 것입니다.

아이 성 전투 실패의 원인은 죄입니다

이스라엘은 배 한 척 없이 맨발로 요단강을 건넜습니다. 창일한 요단강을 마른땅으로 건너 온 이스라엘의 소식을 듣고 요단 서편의 가나안 왕들이 마음이 녹고 정신을 잃었다고 했습니다(5:1). 그리고 이스라엘은 여리고 전투에서도 대승을 거두었습니다. 1936년 여리고 유적을 발굴한 영국의 존 가스탕(J. Garstang) 박사는 여리고 외부 성벽 유적에서 심한 파괴와 화재의 흔적을 발견하고 "여리고는 갑작스러운 지진에 의해 무너졌다"라는 결론을 내렸습니다. 우리가 앞서 읽어 온 말씀이 신화나 꾸며 낸 이야기가 아니라는 것을 증명한 것입니다. 그러니 아이 성 주민들에게도 이스라엘은 이미 두려운 존재였을 것입니다.

그런데 이런 아이와의 전투에서 이스라엘이 대패합니다. 7장 5절에 보니 이번에는 되레 이스라엘 사람들의 마음이 녹아 물같이 되었다고 합니다. 도대체 무슨 죄 때문에 이런 실패가 찾아왔을까요?

첫째, 전리품에 마음을 빼앗겼기 때문입니다

> 이스라엘 자손들이 온전히 바친 물건으로 말미암아 범죄하였으니 이는 유다 지파 세라의 증손 삽디의 손자 갈미의 아들 아간이 온전히 바친 물건을 가졌음이라 여호와께서 이스라엘 자손들에게 진노하시니라_수 7:1

아이와의 전쟁이 시작되기 전, 서두에 이 말씀을 기록하고 있습니다. 앞으로 벌어질 싸움이 실패로 이어지는 근본적인 원인이 바로 죄 때문임을 강조하는 것입니다. 유다 지파 중에서 모태신앙인 중에서 죄인이 나왔습니다. 모든 백성 중에서 유력한 지파 사람이 범죄를 저질렀습니다.

우리는 학교만 붙으면, 결혼만 하면, 병만 나으면 다 하나님께 드리겠다고 하지만 막상 원하는 것을 얻으면 내가 취하고 싶은 부분이 있습니다. 내가 자랑하고 싶은 부분이 있습니다. 일류 학교에 들어가면 하나님이 인도해 주셨다고 고백하기보다는 내 자랑을 하고 싶습니다. 결혼도, 직장도 자랑하고 싶습니다. 그래서 하나님께 드린 부분을 내가 취하는 것입니다.

둘째, 자신을 과신했기 때문입니다

> 여호수아가 여리고에서 사람을 벧엘 동쪽 벧아웬 곁에 있는 아이로 보내며 그들에게 말하여 이르되 올라가서 그 땅을 정탐하라 하매 그 사람들이 올라가서 아이를 정탐하고_수 7:2

아이 성 전투가 여리고 전투와 달라진 게 하나 있습니다. 여리고 전투에서는 "여호와께서 여호수아에게 이르시되 보라 내가 여리고와 그 왕과 용사들을 네 손에 넘겨주었으니"라는 말씀의 인도를 받고 출발했습니다(6:2). 그런데 여리고를 딱 이기고 난 다음에 아이 성 전투에서는 하나님의 말씀 없이 여호수아가 명령을 내립니다(7:4). 이것이 자기 과신의 죄입니다.

제가 16년 동안이나 재수생 큐티 모임을 인도했습니다. 아이들이 재수를 하면서 마음이 곤고하고 절박하니까 전부 하나님께 드리겠다고 합니다. 대학교에 가도 꼭 큐티한다고 합니다. 하지만 이 약속을 지키는 아이들은 많지 않습니다. 남이 가기 어려운 대학교에 붙고 나면, 갑자기 자신이 복음이 됩니다. 자기가 복음이 된다는 게 무슨 뜻입니까? 어떻게 붙었냐고 물어보면 "내가 수학의 정석을 열심히 공부하고 영어 문제집을 죽어라 팠다" 이렇게 나오는 겁니다. "하나님이 하셨다!" 이런 이야기는 절대 안 합니다. 큐티도 딱 끊습니다.

제가 재수생들을 경험해 보니까 시험 보기 전날까지는 얼마나 겸손하게 큐티하는지 모릅니다. "하나님, 도와주세요!" 하고 간절히 하나님께 묻던 아이들이 대학에 붙기만 하면 갑자기 신이 내렸는지 아무것도 묻지 않습니다. 어디서 자신감이 생긴 건지 시험보다 훨씬 중요한 배우자 문제, 직장 문제를 묻지 않습니다. 대학 가서 이성 교제를 할 때, 그 일이야말로 영적인 스승에게 물어야 하는데, 절대 안 물어봅니다. 입시 치를 때는 프라이버시고 뭐고 그런 말은 안 하더니, 대학에 들어간 후에 이성 교제에 대해 물으면 "왜 사생활을 침해하냐"고 합니다. 꼭 연애하고 놀기 위해 대학에 들어간 것처럼, 성전인 몸에 술을 부어라 마셔라 하고, 혼전 순결을 우습게 여깁니다. 무엇을 위해 대학에 가고 직장에 갔는지 다 잊어버립니다. 16년 재수생 모임을 하면서 누구도 예외가 없었습니다. 똑같았습니다.

> 여호수아에게로 돌아와 그에게 이르되 백성을 다 올라가게 하지 말고 이삼천 명만 올라가서 아이를 치게 하소서 그들은 소수이니 모든 백성을 그리로 보내어 수고롭게 하지 마소서 하므로_수 7:3

그러니 정탐을 잘할 수 있겠습니까? 못합니다. 여리고 성을 무너뜨리고 스스로 도취되었습니다. 소위 잘된 사람들끼리 수준에 맞춰서 놀다 보니 거기에는 하나님께 간절한 사람이 아무도 없습니다. 그런데 무슨 정탐을 제대로 하겠습니까. 부모가 정탐을 잘못해서 38년을 광야에서 떠돌았는데, 어느새 그 시절을 다 잊어버렸습니다. 부모하고 나하고 상관이 없습니다. 나 혼자서 학교도 직장도 잘 붙고, 잘살게 되니까 나도 모르는 사이에 교만이 들어갑니다. 다들 대학 입시 때 했던 200분의 1의 수고도 하지 않고 결혼하려고 합니다.

'내가 그렇게 어렵다는 학교도 들어갔는데, 그까짓 결혼쯤이야 못하겠어? 내 용모와 학벌로 얼마든지 잘 할 수 있을 거야.', '내가 저 남자 마음쯤이야 못 움직이겠어? 내가 저 남자 교회 나가게 하는 것쯤이야 할 수 있지.'

이런 생각을 하겠습니까, 안 하겠습니까? 당연히 합니다. 이래서 자기 과신이 생기는 겁니다.

그렇게 잘된 사람들끼리 모여서 하나님을 잊어버립니다. '못 정탐'끼리 모여 '안 정탐'을 하니까 실수를 하는 겁니다. 여리고를 함락시켰다는 전제에서 이런 정탐이 나온다는 것을 잊지 마십시오. '내가 여리고를 물리쳤다. 그러니 아이는 아무것도 아니야' 이런 생각에서 실패가 시작되는 것입니다. 솔직히 여리고 전투에서 백성이 한 일이 뭐가 있습니까? 소리 한 번 지른 것밖에 더 있습니까? 한 일이 아무것도 없는데, 막상 이기니까 자만심이 생깁니다.

저에게도 대학 입시가 여리고 전투와 같았습니다. 저는 정말 하나님이 대학에 붙게 해 주셨습니다. 제가 피아노로 입시를 치렀는데, 어머니는 제 입학식·졸업식은커녕 레슨 한번 따라 와 주신 적이 없었습니다. 마침 집도 망해서 레슨도, 과외도 제대로 못 받고 실기 시험에서 실수도 했습니다. 그러니 어떻게 제가 붙을 수 있었겠습니까. 정말 하나님이 붙여 주신 것이 맞지요. "하나님, 이 대학만 붙게 해 주시면 제가 나중에~~!!"라는 기도를 저도 참 많이 했습니다. 그래서 하나님이 붙여 주셨는데 막상 제가 원하던 대학에 들어가니까 자만심이 생겼습니다.

성도에게 제일 위험할 때가 승리의 순간입니다. 우리는 예수님의 은혜가 아니면 어떤 작은 유혹도 이길 수 없는 인생입니다. 내 육체 속에는 선한 것이 하나도 없다는 것을 알아야 합니다.

> 4 백성 중 삼천 명쯤 그리로 올라갔다가 아이 사람 앞에서 도망하니
> 5 아이 사람이 그들을 삼십육 명쯤 쳐죽이고 성문 앞에서부터 스바
> 림까지 쫓아가 내려가는 비탈에서 쳤으므로 백성의 마음이 녹아 물
> 같이 된지라_수 7:4~5

여리고 성 전투에서는 60만 명이 일사불란하게 여리고를 돌면서 움직였지만 한 명의 전사자도 없었습니다. 그런데 아이 성 전투에서는 3천 명만 보내는 수고 아닌 수고를 해서 36명이나 죽었습니다.

저는 성도의 삶에 패배는 있을 수 있다고 생각합니다. 하지만 패배가 있을 필요는 없다고 생각합니다. 무엇 때문에 필요 없는 패배를 해서 시간을 낭비합니까. 앞에 말씀드린 부인처럼 왜 바람피우는 남편 때문에 눈물을 흘리고, 밤잠을 못 자고, 건강 낭비, 시간 낭비, 감정 낭비를 해야 합니까?

원하든 원하지 않든 36명이 죽었습니다. 이 부인도 갑작스러운 남편의 외도를 경험하면서 자신의 학벌과 경력과 그동안의 모든 수고를 생각하니 '마음이 녹아 물같이' 될 수밖에 없습니다(7:5). 그렇다고 반찬 만들고, 잠옷 바꾸고, 소파를 이리 놓았다 저리 놓았다 한들

문제가 해결되겠습니까? 공허할 수밖에 없습니다. 본질이 안 바뀌었는데 겉모습을 아무리 바꾼들 하나님의 형상인 사람이 그것에 만족할 수 있겠습니까? 외도하는 남편도, 배신당한 부인도 인생의 목적을 몰라서 방황하기는 마찬가지입니다.

그러므로 아이 성 전투에서 36명이 죽어 나간 사건, 남편의 외도 사건은 이 부인에게 축복입니다. 36명이 죽은 사건 속에는 200만 명을 살리시려는 하나님의 뜻이 있기 때문입니다. 남편의 외도 사건 속에 하나님의 사랑이 있기 때문입니다. 진짜 성공한 삶을 살라고 남편을 통해 하나님이 개입하신 것입니다. 마음이 물같이 녹는 것이 오히려 하나님의 사랑입니다. 그 부인의 마음이 물같이 녹았기에 저를 찾아왔고, 상담을 통해 하나님의 말씀을 들었습니다. 어떤 사람은 똑같은 사건을 당해도 마음이 냉장고처럼 차가워져서 전혀 말씀을 안 듣습니다. 힘든 사건 앞에서 마음이 물같이 녹는 것이 축복입니다.

- 결혼, 진로, 자녀 양육의 문제에서 정탐을 잘못하고 36명이 죽는 실패를 겪었습니까? 마음이 물처럼 녹는 사건에서 나의 교만을 깨닫고 있습니까? 정탐을 잘하기 위한 첫째 조건은 나는 아무것도 할 수 없음을 인정하는 것입니다. 스스로 어떤 부분을 과신하고 있는지 돌아봅시다.

진짜 성공을 위해서는 주님 앞에 엎드려야 합니다

여호수아가 옷을 찢고 이스라엘 장로들과 함께 여호와의 궤 앞에서 땅에 엎드려 머리에 티끌을 뒤집어쓰고 저물도록 있다가_수 7:6

여호수아가 이스라엘의 장로들과 함께 엎드렸습니다. 혼자 엎드린 것이 아니라 공동체의 지도자들도 함께 엎드렸습니다. 힘들 때는 혼자서 아무것도 못 합니다. 우리에겐 믿음의 지체가 절대적으로 필요합니다. 그리고 여호수아는 옷을 찢었습니다. 마음을 찢는 심정으로 여호와의 궤 앞에서 하나님의 말씀을 나누어야 한다는 것입니다. 머리에 티끌을 뒤집어쓰는 것은 수치를 당했을 때 행하는 고대의 관행입니다. 돌이킬 수 없는 실패 앞에서 나의 수치를 드러내야 죄가 약화됩니다.

여호수아는 모든 것이 몸에 배어 습관적으로 이런 일들을 행했습니다. 습관은 참 중요합니다. 그래도 모태신앙이니까 속상하면 교회에 나오고, 목장예배에 가고, 죄를 털어놓으라니까 티끌을 머리에 뒤집어쓰고 오픈을 합니다. 어떤 사람은 그 집안의 습관을 따라 점쟁이한테 갑니다. 어떤 사람은 습관적으로 돈 많은 사람, 능력 있는 세상 사람을 찾습니다. 그런 사람들을 찾다가는 더 수치를 당할 것인데 그게 습관이 돼서 그렇습니다.

무슨 일을 당할 때 기도 부탁을 하고, 교회 모임에 가고, 서로 아뢰는 것이 습관이 되어야 합니다. 그러기 위해서는 아이들을 어려서부터 교회로 보내고, 말씀을 읽게 하고, 나누게 해야 합니다.

그랬지만 여호수아도 "저물도록" 있었습니다. 문제는 하루아침에 해결되지 않습니다. 그렇게 기도를 해도 하루아침에 해결이 안 됩니다. 그럴 때 여호수아는 어떻게 했을까요?

> 이르되 슬프도소이다 주 여호와여 어찌하여 이 백성을 인도하여 요단을 건너게 하시고 우리를 아모리 사람의 손에 넘겨 멸망시키려 하셨나이까 우리가 요단 저쪽을 만족하게 여겨 거주하였더면 좋을 뻔하였나이다_수 7:7

"강하고 담대하라 내가 너와 함께하리라"(신 31:23)는 말씀을 받고 떠난 여호수아가 '어찌하여'를 외칩니다. 말씀을 듣고 또 들어도, 큐티를 열심히 해도 아이가 대학 입시에서 떨어지고, 남편이 바람피우면 "어찌하여! 멸망시키려고 요단을 건너게 하셨습니까!" 하고 말합니다. "왜 예수를 믿어서, 거기다가 큐티는 왜 해서, 또 목자는 왜 해서……"라며 끝도 없이 원망이 나옵니다. 하나님이 제일 싫어하시는 말이 '어찌하여'입니다. '어찌하여'는 하나님이 틀렸다는 뜻 아닙니까?

저도 '내가 목사는 왜 했지?' 하는 생각이 저절로 들 때가 있습니다. 제가 처음 예수님을 믿고 전도를 했는데, 전도하고 집에 왔을 때 남편이 속상하게 하면 '내가 전도는 왜 해서, 전도 안 했으면 당장 이혼할 텐데……' 하고 생각했습니다. 그러다 병원 살림집에서 두세 명씩 데리고 성경 공부를 하게 됐습니다. 부부 싸움을 할 때마다 '내가 성경 공부만 없으면 당장 이혼할 텐데 말이야. 내가 올해까지만 성경 공부를 하고 내년엔 이혼을 해야지……' 이런 생각을 했습니다. 정말 밤낮 '내가 왜 예수님을 믿어서, 뭐 하려고 성경 공부는 해서……' 하고 생각했습니다. 그랬는데 하나님은 두세 명이 열 명이 되게 하시고, 열 명이 백 명이 되게 하시고, 백 명이 천 명이 되게 하셨습니다. 하나님의 사람은 그렇게 인도하십니다.

저도 예수님을 만나고, 하나님의 마음에 맞는 자가 되고 싶었습니다. 그런데 쉽지 않았습니다. 남편이 외출도 못 하게 하고, 병원 직원들 앞에서 "야!" 하고 부르며 저를 너무 무시하고, 시어머니 용돈도 며느리인 제가 드려야 하는데 항상 남편이 드리고……. 여러 가지로 자존심이 팍팍 상했습니다. 제가 너무 교만하니까 하나님이 그렇게 낮추셨습니다.

하지만 어떤 때는 저도 참지 못하고 소리를 질렀죠. 병원 위에 살림집이 있을 때 오늘은 남편한테 꼭 소리를 질러 주리라 마음먹고 병원으로 내려간 적도 있었습니다. 환자들 앞에서 망신 한번 당해 보라는 심산이었습니다. 그래서 간호사에게 확인도 안 하고 진찰실 문을 활짝 열어젖혔습니다. 그런데 환자 세 명이 앉아 있다가 놀라서 저를 쳐다보는 겁니다. 결국 그대로 나오고 말았죠. 소리는 못 질렀지만 얼마나 황당한 광경입니까? 이 일이 있은 뒤에 남편이 비웃었습니다.

"예수 믿는다고 그러더니 소리 한번 잘 지르시네~"

저로 인해 주의 이름이 훼방 받았기 때문에 너무 괴롭고 슬펐습니다.

어느 주일 청소년부 예배에서 한 학생에게 나눔을 시켰습니다. 그 학생이 하는 말이 "우리 아빠가 예수를 안 믿는데요, 엄마와 아빠가 싸우는 소리를 들어 보니까 아무리 그래도 엄마가 참아야 할 것 같아요. 아빠의 구원을 원한다고 하면서 엄마가 그러면 안 되는 거예요" 이럽니다. 아들이 재판관입니다. 그 엄마도 시부모님 모시면서 집안일도 열심히 하는데 "내가 못한 게 뭐가 있느냐?" 이렇게 말할 수 있습니다. 그러면 속은 시원할지는 몰라도 "야, 네가 그러고도 예수 믿는 사람이냐?"는 소리를 들으면 앞이 캄캄해집니다. '소리 한번 지르고 살아 보자'가 아니라 되로 주고 말로 받는, 아니 트럭으로 받는 일이 벌어집니다.

자녀 문제, 돈 문제, 자존심 문제에서 우리는 "네가 예수 믿는 사람 맞아?"라는 말을 들을 정도로 화를 냅니다. 내가 홍해를 건너서 구원 받고, 요단을 건너고, 여리고를 무너뜨리고 산전수전, 공중전까지 다 치른 줄 알았습니다. 그런데 여리고 성과 비교도 안 되는 아이 성에 걸려서 갖은 수치를 당합니다. 남편 바람피운 것도 용서하고 잘 견뎠는데 아이 학원비 때문에 싸우다가 이혼하고 싶어지는 겁니다.

아무리 예수를 믿어도 배우자와 살기 싫다는 생각 한번 해 보지 않은 사람이 어디 있겠습니까? 결혼생활 가운데 이혼을 생각해 보지 않은 사람이 어디 있겠습니까? 그래도 좋다 이 말입니다. 그런 생각을 백번, 천 번 해도 믿는 사람은 빨리 돌아옵니다. 여호수아처럼 머리에 티끌을 뒤집어쓰고 저물도록 앉아 있으면 돌아오게 돼 있습니다. 끔찍하게 싫어도 교회에 가고, 가기 싫어도 목장예배에 가고 어쨌든 가서 앉아만 있으면 돌아옵니다. 하나님께 인도 받으려는 사람은 "어찌 하여" 하다가도 빨리 제자리로 돌아옵니다.

• 힘든 일이 있을 때마다 습관처럼 파고드는 생각과 말은 어떤 것입니까? '하나님이 안 계신 것 같아. 하나님이 날 사랑하지 않으시는 것 같아' 하면서 스스로를 더 후퇴시키고 있습니까? 너무 괴로워서 그런 생각이 들었다면 그 마음 그대로 하나님 앞에 엎드리십시오.

> 8 주여 이스라엘이 그의 원수들 앞에서 돌아섰으니 내가 무슨 말을
> 하오리이까 9 가나안 사람과 이 땅의 모든 사람들이 듣고 우리를 둘
> 러싸고 우리 이름을 세상에서 끊으리니 주의 크신 이름을 위하여
> 어떻게 하시려 하나이까 하니_수 7:8~9

400년 노예 생활과 40년 광야 생활을 지나 요단강을 건너고 여리고를 무너뜨렸습니다. 그런데 적들이 백성의 이름을 세상에서 끊어 버릴 것만 같은 일이 또 찾아왔습니다. 대학교도 떨어지고, 사업도 망하고 되는 일이 하나도 없게 하실 수 있습니다. 이제는 하나님께 물어야 합니다. 친정엄마한테 가서 묻지 말고, 돈 많은 사람한테 묻지 말고, 하나님께 물어야 합니다. "하나님! 어떻게 이런 남편 주실 수가 있어요? 어떻게 이런 자식이 있을 수가 있어요? 나는 못 살아! 못 살아!" 그저 악을 쓰고 욕을 해도 하나님께 가서 하십시오. 그러면 하나님이 찾아오십니다.

10 여호와께서 여호수아에게 이르시되 일어나라 어찌하여 이렇게
엎드렸느냐 11 이스라엘이 범죄하여 내가 그들에게 명령한 나의 언
약을 어겼으며 또한 그들이 온전히 바친 물건을 가져가고 도둑질하
며 속이고 그것을 그들의 물건들 가운데에 두었느니라_수 7:10~11

하나님이 여호수아에게 "왜 그러느냐"고, "어찌하여 이렇게 엎드렸느냐"고 하십니다. 일어나라고 하십니다. 그리고 "실패의 원인이 네 욕심 때문이다. 네 삶의 결론이다"라고 가르쳐 주십니다. 구체적으로 실패의 원인을 지적하십니다.

"네가 언약을 어겼어. 하나님의 뜻대로 살겠다고 하고서는 왜 너 혼자 잘 먹고 잘살려고 하니? 하나님의 소유를 왜 네 것으로 삼았니? 이스라엘의 죄가 너의 죄야. 예수 믿는 사람이 너잖아."

그리고 하나님께 바친 물건을 도적질해서 자기 물건들 가운데 둔 사람이 있다고 가르쳐 주십니다. 하나님 것이라고 해 놓고 내 것으로 여기기 때문에 마음이 녹는 것입니다. 자식을 하나님 것이라고 해 놓고도 내 것으로 여기기에 자녀가 대학교에 떨어지면 마음이 녹습니다. 남편을 내 것이라고 생각하니 남편이 바람을 피우면 마음이 녹습니다. 문제는 자식, 남편이 아니라 내 속의 욕심입니다. 그것을 알았다면 무슨 일을 당했을 때 먼저 예수님을 믿는 내가 회개하고 돌이켜야 합니다.

그러므로 이스라엘 자손들이 그들의 원수 앞에 능히 맞서지 못하고

그 앞에서 돌아섰나니 이는 그들도 온전히 바친 것이 됨이라 그 온전히 바친 물건을 너희 중에서 멸하지 아니하면 내가 다시는 너희와 함께 있지 아니하리라_수 7:12

이 죄로 인해 이스라엘 백성은 원수 앞에 능히 맞서지 못하고 그 앞에서 돌아섰습니다. 그렇게 사랑했던 남편이 바람을 피우니까 원수가 됐습니다. 그런데 남편이 원수가 아니고, 나의 탐심이 진짜 원수라는 것을 깨달아야 합니다. 나의 탐심 때문에 원수를 맞서지 못하는 것입니다. 부부간에, 대인 관계에서 아직도 나의 지독한 욕심이 처리가 안 돼서 감당할 수 없는 일이 많은 것입니다. 나는 하나님께 바쳐진 인생인데 아직도 내 것을 포기하지 않고 멸하지 못하고 쌓아 놓고 있었기에 실패했다고, 하나님이 말씀하십니다.

- 하나님께 '바친 것' 중에 내가 도적질하고 있는 것은 없을까요? 날마다 감정의 원수, 비교와 열등감의 원수에게 패배하는 것이 내 욕심 때문임을 인정합니까?

13 너는 일어나서 백성을 거룩하게 하여 이르기를 너희는 내일을
위하여 스스로 거룩하게 하라 이스라엘의 하나님 여호와의 말씀에
이스라엘아 너희 가운데에 온전히 바친 물건이 있나니 너희가 그
온전히 바친 물건을 너희 가운데에서 제하기까지는 네 원수들 앞에
능히 맞서지 못하리라 14 너희는 아침에 너희의 지파대로 가까이

나아오라 여호와께 뽑히는 그 지파는 그 족속대로 가까이 나아올 것이요 여호와께 뽑히는 족속은 그 가족대로 가까이 나아올 것이요 여호와께 뽑히는 그 가족은 그 남자들이 가까이 나아올 것이며 15 온전히 바친 물건을 가진 자로 뽑힌 자를 불사르되 그와 그의 모든 소유를 그리하라 이는 여호와의 언약을 어기고 이스라엘 가운데에서 망령된 일을 행하였음이라 하셨다 하라_수 7:13~15

"빨리 일어나서 스스로 거룩하게 하라!" 이것이 실패에 대한 하나님의 처방입니다. 환난이 심해도, 환난이 없어도 우리는 스스로 거룩해지기가 어렵습니다. 돈이 없으면 "그까짓 것……" 하고 자기 자신을 합리화하면서 막살고 싶고, 돈이 많으면 쾌락에 빠지기 쉽습니다. 하지만 하나님은 "내일을 위하여 스스로 거룩하게 하라"고 하십니다.

그러면 어떻게 하는 것이 스스로 거룩하게 하는 것입니까?

미국의 의사이자 저널리스트인 티모시 존슨(Timothy Johnson) 박사는 오래오래 행복하게 살기 위한 여섯 가지 지침을 제시했습니다. 첫째로 걷기 운동을 하라고 합니다. 걷기는 가장 좋은 운동입니다. 신체를 건강하게 할 뿐만 아니라 일상을 벗어나 홀로 걸으면 외로움과 고독함을 느끼게 되는데, 모두에게 그런 시간이 필요하다는 겁니다. 둘째로 남을 도우라고 합니다. 힘든 사람, 어려움에 처한 사람의 이야기를 잘 들어주고 한 시간 이상 대화하십시오. 이것이 영혼의 운동이라고 합니다. 셋째로, 정기 검진을 받으라고 합니다. 건강 검진도 중요하지만 매일의 큐티, 즉 말씀 묵상이 영혼의 정기 검진 아니겠습니까?

넷째로, 친한 친구를 두라고 합니다. 장수와 행복의 가장 큰 장애물은 친한 친구가 없는 것이라고 합니다. 유명한 CEO 중에도 친구 한 명 없는 사람이 꽤 많다고 하죠. 다섯째는 잘 쉬는 것이고, 여섯째로는 내면에서 깊은 감동이 느껴지는 것을 따르라고 합니다. 우리가 말씀을 듣고 묵상하며 그대로 적용하려는 것이 딱 이런 것입니다.

티모시 존슨 박사는 육체와 영혼은 연결되어 있기에 한쪽에 좋은 것은 다른 쪽에도 좋다고 말합니다. 육체에 좋은 것은 영혼에도 좋고, 영혼에 좋은 것은 육체에도 좋다는 겁니다. 그러고 보면 우리는 이 모든 것을 저절로 실천하고 있습니다. 날마다 말씀을 묵상하며 영혼을 검진 받고 목장에서 영혼의 친구인 지체들과 친밀히 교제하며 서로서로 힘든 이야기를 들어주잖아요.

우리들교회의 한 중학생이 시험을 보는데 모르는 문제가 있어서 답을 찍어서 썼습니다. 그런데 시간이 돼서 시험지를 내려는 순간 앞의 친구가 쓴 답이 보였습니다. 그걸 보고 얼른 바꿔서 쓰면 되는데, '하나님의 자녀로서 이걸 맞아서 점수를 한 점 더 얻으면 뭐하나'라는 생각이 들어서 안 썼다고 합니다. 저 같으면 쓸 텐데 말입니다. 이것이 말씀을 적용한 삶 아니겠습니까? 스스로 거룩하게 하는 것이 바로 이런 것입니다. 영육의 건강을 위해 사는 것입니다.

마라톤 경주에서 처음부터 너무 빨리 달리는 사람은 일등을 할 수 없습니다. 마라톤처럼 긴 인생에서 승리하려면, 힘을 비축하기 위해 천천히 생각하면서 달려야 합니다. '저기쯤에 장애물이 있겠지? 내가 어디에서부터 잘못됐을까? 내가 어디에서 명령을 어겼을까?' 자꾸 뽑아내야 합니다.

저는 학교 시험 볼 때는 밤잠을 못 자고 열심히 공부하고 기도했습니다. 하지만 결혼을 위해서는 그렇게 열심히 기도하지도 준비하지도 않았습니다. 남편이 저를 너무 좋아해 주고, 성실하니까 결혼하면 제게 잘해 줄 거라고 생각했습니다. 그런데 그게 아니었습니다. 제 결혼생활은 행복하지 않았습니다. 그 이유는 남편 때문이 아니었습니다. 내 속에 인정받고 싶은 마음, 안목의 정욕을 누리려는 마음이 있었기 때문입니다. 남편을 전리품으로 취해서 남편이 태워 주는 자가용을 누리며 고고하게 살려고 했던 마음이 있었습니다. 그러니 제가 누구를 원망하겠습니까.

세상에서도 부자가 되려면 마음을 비워야 합니다. 경주 최부잣집이 유명한데, 300년 부자의 비결이 과거 시험을 보되 중사 이상은 하지 않는 것이었다고 합니다. 나라에 충성하는 것은 좋지만 높은 관직에 있으면 모함에 빠지고 숙청을 당할 수 있기 때문입니다. 그래서 언제나 부를 지키기 위한 최소한의 지위만 가지라고 했다는 것입니다. 또 흉년에는 땅을 사지 않고, 며느리들은 시집와서 3년 동안 무명옷을 입었습니다. 그러다 1945년 광복이 되었을 때는 모든 재산과 장서를 대학에 기증했습니다.

우리는 모두 하나님께 바쳐진 인생입니다. 그런데 아직도 내가 취하고 있는 것이 있기 때문에 하나님은 아이 성 싸움에서 실패를 경험하게 하십니다. 나에게 있으면 안 될 것들을 불사르고 망령된 것들을 빨리 뽑아내야 원수에게 맞설 수 있습니다. 숨기고 있는 욕심과 죄를 버려야 합니다. 진정 성공을 원한다면 내 것으로 삼고 싶은 자랑과 칭찬을 제해야 합니다. 숨기고 있는 내 욕심과 죄를 말씀으로 발견하고 이제는 뽑아내야 합니다.

- 오늘 실패의 원인이 내 삶의 결론임을 인정합니까? 나도 미처 몰랐던 탐심과 교만을 뽑아내기 위해 매일 말씀의 거울을 보고 있습니까? 가장 먼저 버려야 할 것이 무엇인지 구체적으로 적용해 보십시오.

우리들 묵상과 적용

어릴 적 수술을 앞둔 제게 "키가 크지 않게 될 것이다"라고 하신 의사 선생님의 말씀처럼 저는 또래 친구들보다 키가 작았습니다. 얼굴이 잘생기지도, 공부를 특별히 잘하지도 않아 늘 자존감이 낮았습니다. 열등감으로 얼룩진 제 인생에 결혼이란 없을 줄 알았지만 하나님은 배우자와의 만남을 허락하셨습니다. 말씀 묵상을 하는 공동체에서 만난 아내는 스스로 열등감이라 말하는 저의 연약함을 '다른 사람을 위로하는 약재료'로 봐 주는 사람이었기에 그 마음에 감동하여 결혼을 결심했습니다(겔 47:12). 그러나 장모님의 거센 반대로 3년 6개월간 결혼의 때를 기다려야 했습니다.

그러던 어느 날, "결혼을 진행하라"는 장인어른의 말씀에 저는 서둘러 결혼을 준비했습니다. 장모님의 마음이 아직 열리지 않은 때였습니다. '아무리 반대를 해도 결혼식에는 참석하시겠지'라고 생각했지만, 식장에 오신 장모님은 아내와 사진만 찍으시곤 혼주석엔 앉지도 않으셨습니다. 그 모습에 상처를 받은 저는 결혼식이 끝나고, 식장 바닥에 주저앉아 엉엉 울었습니다. 그러나 오늘 하나님은 제가 사람의 말은 들었으나 하나님의 말씀엔 귀 기울이지 않은 여호수아와 같은 잘못을 저질렀기에, 마음이 녹아 물같이 될 수밖에 없었다고 알려 주십니다(7:3, 5). 결혼 준비를 하는 동안 저는 '아직 장모님을 뵐 때가 안 되었다'고 생각하며 장모님의 허락을 구하기 위한 어떤 행동도 하지 않았습니다. 장인어른이 허락했으니 괜찮다고 여긴 것입니다. 저를 인정해 주지 않는 장모님께 분이 났지만, 그것까지도 수용하는 괜찮은 사람으로 보이고 싶어 "장모님을 위해 기도하고 있다"는 말로 위선을 행하기도 했습니다.

그뿐 아니라 교회에서 오랜 시간 리더로 공동체를 섬기며 많은 사람의 인정과 칭찬을 받은 저는 스스로를 믿음 좋은 청년이라고 착각했습니다. 결혼식에 오신 장모님에게 저의 결혼을 축하해 주러 온 많은 지체를 전리품처럼 자랑하고 싶었습니다. '이렇게 많은 사람이 우리의 결혼을 축하해 주는데 반대하는 장모님이 이상한 사람'이라고 정죄하는 마음이 있었던 것입니다.

이런 실패 가운데 제가 할 일은 저의 악을 온전히 불사르는 회개임을 기억하겠습니다(7:12). 최근에는 저의 죄를 회개하는 마음으로 장모님께 용서를 구하는 편지와 용돈을 보내 드렸는데, 장모님도 아내를 통해 제가 먹고 싶어 하는 음식을 보내 주셨습니다. 그럼에도 장모님이 여전히 저를 싫어할 거라는 생각으로 찾아뵐 생각을 하지 않는 저의 죄를 고백합니다. 단절된 장서 관계가 장모님이 아닌 저 때문임을 더욱 인정하며 회개하겠습니다.

영혼의 기도

하나님 아버지, 참으로 성공하고 싶습니다. 그런데 예수를 믿고도 세상의 성공을 바라기 때문에 마음이 물같이 녹는 일들이 너무 많습니다. 예수를 믿어도 남편이 예수를 믿어서 나에게 잘해 주기를 원하고, 자녀가 예수를 믿어서 공부를 잘해 주기 원하고, 돈을 많이 벌기 원하기 때문에 끊임없이 마음이 물같이 녹습니다. 대단한 것에 무너지면 말하기도 좋겠는데 말도 안 되는 아이 성에 넘어졌습니다. 자존심에 넘어졌습니다. 아무것도 아닌 사건에 넘어졌습니다. 부끄럽습니다.

그러나 이렇게 망한 것이 서른여섯 명 죽이고 이백만 명을 살리려는 하나님의 사랑인 것을 알았습니다. 남편 때문에, 부인 때문에, 모든 식구 때문에 마음이 물처럼 녹아서 오늘도 예배를 드리러 왔습니다. 너무나 목이 곧아서, 잘나가면 이렇게 간절한 마음으로 예배를 드릴 수 없는 인생인 것을 고백합니다. 그래서 오늘 여호수아처럼 티끌을 뒤집어쓰고 슬프다고 외치며 늘 교회에 앉아 예배를 드리게 하시니 감사합니다.

대적들이 세상에서 내 이름을 끊어 버릴 것 같은 두려움이 있을지라도 이제는 하나님의 말씀을 잘 듣고 내일을 위해서 스스로 거룩하게 하는, 영육의 강건함을 갖기 원합니다. 남을 돕기 원합니다. 아직도 가족 우상 주의에 젖어서 내 남편 때문에, 내 아내 때문에, 내 식구 때문에 슬퍼하는 우리를 불쌍히 여겨 주시옵소서. 하나님이 해 주실 것을 믿고 이제는 다른 힘든 사람들을 향해 힘차게 나아가게 하옵소서. 지경을 넓히게 하옵소서.

내 속에 있는 망령된 것을 다 뽑기 원합니다. 불사르기를 원합니다. 진정한 성공으로 나아가라고 우리 집안에서 나를 택하셔서 말씀하시오니 모든 것을 내 탓으로 여기게 하옵소서. 그래서 내가 하나님 앞에 홀로 설 때 이제 이백만 명의 이스라엘 백성을 데리고 떠나게 될 줄 믿습니다. 이 말씀을 약속의 말씀으로 믿사오니 주님과 나 사이에 주시는 이 언약을 지켜 주실 줄 믿습니다. 우리도 이 언약을 지키기 원합니다. 함께하여 주시옵소서. 예수님 이름으로 기도하옵나이다. 아멘.

Chapter 10

각개격파: 아골 골짜기, 죄에는 장사가 없다

여호수아 7:16~26

하나님 아버지, 죄에는 장사가 없습니다.
우리의 마음을 여셔서 어떻게 죄를 이길지 말씀해 주옵소서. 듣겠습니다.

알베르 카뮈의 〈오해〉라는 희곡에는 가난하게 살면서 여인숙을 운영하는 두 모녀가 등장합니다. 가난에 시달리던 모녀는 남몰래 죄를 저지르기 시작합니다. 여인숙에 오는 사람 중에 연고가 없어 보이거나 부유한 손님이 있으면 음식에 약을 넣어 살해한 후 시체를 강물에 버리는 것입니다. 모녀는 그런 방법으로 손님의 돈을 훔쳐서 생활을 유지했습니다.

그러던 어느 날 부유해 보이는 한 청년이 여인숙을 찾았습니다. 죄의 표적이 된 청년은 모녀에 의해 죽임을 당하고 청년을 죽이면서 딸 마르타는 이렇게 말합니다.

"우리는 우리에게 행복과 사랑의 문을 열어 줄 돈을 위해서 살인을 하는 거야."

청년의 시체를 강물에 던지고 그의 가방을 뒤지던 모녀는 자신들이 죽인 사람이 그들의 아들이요, 오빠라는 것을 알게 됩니다. 도시에 나가서 성공한 아들이 어머니와 누이를 행복하게 해 주려고 찾아왔다가 놀라게 해 주고자 자기 신분을 숨겼던 것입니다. 절망에 빠진 어머니는 아들을 버린 강물에 투신하고 누이 마르타는 이렇게 독백합니다.

"천 명이 이 범죄에 가담했다고 할지라도 죄는 불행할 뿐이다."

그리고 뒤이어 그녀도 목숨을 끊습니다.

두 모녀는 불행한 자신들에게 행복과 사랑의 문을 열어 줄 유일한 길은 돈뿐이라고 믿으며 끔찍한 죄를 행했습니다. 그러나 결국 그들이 얻은 것은 불안과 초조와 살인, 그리고 성공하여 돌아온 아들과 자신들의 죽음뿐이었습니다.

누가 강한 자입니까? 죄를 이기는 사람이 강한 자입니다. 그런데 문제는 죄를 이기는 사람이 없다는 것입니다. 죄에는 장사가 없습니다.

이에 여호수아가 아침 일찍이 일어나서…… _수 7:16a

아이 성 전투에서 실패한 이스라엘 백성은 하나님 명령대로 스스로 거룩하게 하기 위해 '여호와의 언약을 어기고 이스라엘 가운데서 망령된 일을 행한' 사람을 제하는 일을 하기 시작합니다(7:15).

"이에 여호수아가 아침 일찍이 일어나서" 처방대로 순종했습니다. 여호수아가 아침에 일찍이 일어났다는 말씀은 여호수아서에만 여섯 번 나옵니다. 요단강을 건널 때, 여리고 성을 돌 때는 두 번 나오고, 아이 성을 공격할 때도 두 차례 나옵니다. 그리고 아간의 죄를 뽑아내는 오늘 본문에서도 또 나옵니다.

요단을 건너고, 여리고를 무너뜨리는 외적인 기적과 똑같이 중요한 것이 자신의 내면을 직시하는 것입니다. 자신의 내면을 늘 직시하지 않으면 잘난 척하게 됩니다. 여리고를 무너뜨렸는데 내 죄를 보지 않으면 순간적으로 또 실수를 합니다. 나를 직시하고 내 속의 더러운 것들을 뽑아내라고 아이 성 싸움에서 마음이 물같이 녹는 일을 허락하신 것입니다.

믿음의 가문에서 죄인이 뽑혔습니다

> 16 ……이스라엘을 그의 지파대로 가까이 나아오게 하였더니 유다
> 지파가 뽑혔고 17 유다 족속을 가까이 나아오게 하였더니 세라 족
> 속이 뽑혔고 세라 족속의 각 남자를 가까이 나아오게 하였더니 삽
> 디가 뽑혔고 18 삽디의 가족 각 남자를 가까이 나아오게 하였더니
> 유다 지파 세라의 증손이요 삽디의 손자요 갈미의 아들인 아간이
> 뽑혔더라_수 7:16b~18

16절에서 18절까지 보면 "뽑혔고, 뽑혔고, 뽑혔고, 뽑혔더라"가 계속 나옵니다. 아간은 완전 범죄를 했다고 생각했을 것입니다. 여호수아 한 사람만 속이면 모두를 속일 수 있다고 착각했을 것입니다. 그

런데 제비를 뽑았는데 육십만 명 중에 아간이 딱 뽑혔습니다. 여호수아가 안 뽑아내도 하나님이 뽑아내 주십니다. 우리는 기다리면 됩니다. 내가 죄인을 색출하려고 할 필요가 없습니다. 사람은 속여도 하나님은 속일 수 없기 때문입니다.

유다는 다윗을 배출해 낸 이스라엘의 명가이고 예수님도 이 가문에서 태어나셨습니다. 그런데 이스라엘 자손 중에서 가장 강력한 지파인 유다 지파에서 범죄자가 뽑혔습니다. "유다 지파 세라의 증손, 삽디의 손자, 갈미의 아들"이라고 했는데 유다의 뜻은 '찬양'입니다. 세라는 '새싹', 삽디는 '하나님만이 은혜를 베푸신다', 갈미는 '풍성한 수확'이라는 뜻입니다.

그 훌륭한 고조할아버지, 증조할아버지 밑에서 아간이 나왔는데, 아간의 뜻은 다름 아닌 '사고뭉치'입니다. 찬양의 가문에서 생명의 싹이 나고, 하나님의 은혜로 풍성히 수확한 것을 이제 누리기만 하면 되는데 아간에게서 그만 끝이 난 것입니다.

유아세례 교인, 목사 아들, 장로 딸, 교양이 흘러넘치는 가문…… 다 소용없습니다. 죄를 이길 사람이 없습니다. 죄는 지옥처럼 강합니다.

유다는 자신을 통해 예수님이 오신다는 약속을 받았어도 4대에 가서 사고뭉치 아간이 나왔습니다. 그런데 유다가 어떻게 예수님의 약속을 받았습니까? 여기서 유다라는 인물을 잠깐 살펴봅시다.

유다는 야곱의 넷째 아들로 예수님의 표상이라고 할 수 있는 동생 요셉을 팔아먹고, 이방 여인과 결혼했습니다. 하나님이 계속 경고하셨지만, 그는 자신의 첫째, 둘째 아들이 죽어도 정신을 못 차렸습니다. 그저 일에 미쳐 살면서 술 마시고, 신전 창기와 놀아났습니다. 이스라엘의 계대 혼인 제도에 따라 아들이 죽으면 그 며느리를 또 다른 아들과 혼인시켜야 하는데도, 대를 잇는 것에는 관심이 없었습니다. 그저 자기 인생을 즐기는 데만 정신이 팔려 신전 창기와 동침을 한 것입니다.

그런데 그 창기가 바로 며느리 다말이었습니다. 시아버지와 며느리의 동침이라니, 그야말로 콩가루 집안입니다. 그러나 다말이 한 일은 대를 잇기 위한 몸부림이었습니다. 믿음의 대를 잇기 위해 수치를 무릅쓰고 시아버지와 동침하는 힘든 행동을 했기 때문에 유다는 다말이 한 일이 옳다고 인정을 했습니다(창 38:26). 그런 일을 겪은 후에는 형제들과의 분쟁에서 중재자가 되고 일생을 겸손하게 살았습니다.

아무리 콩가루 집안이라고 해도 하나님은 그런 유다와 다말을 통해 예수님이 오신다고 약속해 주셨습니다. 그 약속을 은혜로 누리면 됩니다. 이 지구상에 유다 가문보다 더 좋은 가문이 있습니까? 창조주 예수님이 이 가문에서 나셨는데 이보다 더 좋은 집안이 어디 있겠습니까?

이것을 믿음의 눈으로 보고 기다려야 하는데 아간은 그러지 못했습니다. 이때는 아직 유다 가문에서 유명한 다윗 왕이나 솔로몬이 등장하기 전입니다. 세상적으로 번듯하게 내세울 것이 없으니까 아간은 자기 집안이 부끄러웠을지도 모릅니다. 아무리 조상이 예수님을 잘 믿었다고 해도 아간은 이렇게 생각할 수 있습니다.

'아무리 생각해도 고조할아버지 유다와 며느리 다말의 동침 사

건은 해석이 안 돼. 너무 부끄러운 일이야!'

오래전 검거된 '지존파'라는 조직은 사람을 납치해 살인하고, 담력을 키우기 위해 인육을 먹었다고 해서 우리 가슴을 서늘하게 했습니다. 그런데 그 지존파 사람들이 감옥에서 복음을 듣고 예수님을 영접했다고 합니다. 인육을 먹었어도 그들은 예수님을 믿고 천국에 갔습니다. 그렇다고 해도 지존파 일원의 가족들은 그들을 자랑하지 못합니다. 흉악한 지존파라도 예수님을 믿음으로 천국에 갔다면 거기에 감사해야 하는데 감사가 나오지 않습니다.

그래도 다윗이 왕이 된 다음에는 상황이 좀 달라졌겠죠. 집안에 왕이 나오고 부유함의 상징인 솔로몬도 나왔으니까 그때는 좀 자랑할 수 있습니다. 하지만 우리는 다윗 왕만 자랑스럽지 며느리와 간음한 유다는 자랑스럽지가 않습니다. 믿음의 대를 이었다고 해도 유다를 생각하면 '며느리와 간음', 이것만 생각납니다. 교회에서 간증을 해도 "저 사람은 망한 사람, 아픈 사람이다" 자꾸 그것만 보입니다. 그러니 우리는 참 죄인입니다.

19 그러므로 여호수아가 아간에게 이르되 내 아들아 청하노니 이스
라엘의 하나님 여호와께 영광을 돌려 그 앞에 자복하고 네가 행한
일을 내게 알게 하라 그 일을 내게 숨기지 말라 하니 20 아간이 여호
수아에게 대답하여 이르되 참으로 나는 이스라엘의 하나님 여호와
께 범죄하여 이러이러하게 행하였나이다 21 내가 노략한 물건 중에
시날산의 아름다운 외투 한 벌과 은 이백 세겔과 그 무게가 오십 세

겔 되는 금덩이 하나를 보고 탐내어 가졌나이다 보소서 이제 그 물건들을 내 장막 가운데 땅속에 감추었는데 은은 그 밑에 있나이다 하더라_수 7:19~21

아간은 자기 집안이 얼마나 좋은 집안인지를 아직 잘 모릅니다. 그러기 때문에 '시날산의 외투 한 벌도 없는데 예수만 믿으면 다야?' 하면서 시날산의 아름다운 외투를 갖고 싶어 합니다. 믿음으로 결혼하고 자녀를 낳고 신실하게 신앙생활을 해도 우리 집안이 가난하고, 학벌도 없고, 사연이 많으면 자랑하기가 참 어렵습니다. 자꾸 다른 집안과 비교가 되기 때문입니다.

예수님의 가문과 세상의 가문을 감히 어떻게 비교할 수 있습니까. 그런데 어쩔 수 없이 자꾸 비교가 되는 겁니다. 나는 예수님을 믿어도 초라한데 세상적으로 화려하고 잘나가는 여리고를 보니까 열등감이 팍팍 드는 겁니다. 비교하며 열등감에 빠지는 데는 대통령도, 어떤 부자도 예외가 없습니다.

비록 유다가 불신 결혼을 하고 며느리와 동침하는 패륜을 저지르기는 했지만 회개하고 돌이킴으로 유다의 죄는 거기에서 끝났습니다. 그런 유다에게서 예수님이 오셨는데 어떤 사람은 조상의 죄를 부여잡고 들먹이면서 '내가 조상 때문에 이 모양이야!' 불평합니다. 유다처럼 내 집안도 죄를 깨닫고 예수님을 만났어도 자꾸 행위만 물고 늘어지는 것입니다. 이런 기가 막힌 일이 집집마다 일어납니다.

우리들교회에는 힘든 분들이 많이 있습니다. 사업이 망하고, 가정이 흔들리고, 암에 걸린 분들이 있습니다. 아프고 힘든 사람들이 모여서 나누고, 기도하면서 많은 치유와 회복이 일어났고, 하나님이 기적도 보여 주셨습니다. 그런데 그 기쁨에 동참하지 못하고 학벌을 비교하고, 출신을 비교하면서 무시한다면 그 사람이 바로 아간입니다. '김 집사 간증에 은혜는 받았지만 어울리기는 싫어. 나하고는 격이 안 맞아' 속으로 이런 생각을 하고 있다면 내가 바로 아간입니다.

아간과 비교했을 때 라합은 조상이 누구인지, 부모가 누구인지 전혀 나와 있지 있습니다. '여리고 기생'이라는 것이 그의 출신에 대한 전부입니다. 그러나 라합이 이스라엘 백성을 구한 일, 구원을 위해 한 일은 성경에 모두 기록되어 있습니다. 라합은 마태복음 1장에 기록된 예수님의 계보에까지 등장합니다. 반면에 아간은 대단한 가문, 대단한 조상들이 다 언급되어 있지만 성경은 그가 저지른 죄에 대해서만 기록하고 있습니다. 자랑할 것 없는 기생이라고 해도 라합은 찬란한 믿음의 위인으로 남았고, 자랑할 것이 많은 가문이라고 해도 아간은 공동체를 망하게 한 죄인으로 남은 것입니다.

내가 기생 라합처럼 내세울 것 없고 부끄러운 삶을 살았다고 해도 찬란한 믿음의 역사를 쓸 수 있고, 내가 모태신앙인으로 훌륭한 믿음의 가문에서 자랐어도 아간처럼 죄의 표본으로 남을 수 있습니다. 그런데 왜 비교합니까? 나는 하나님의 작품입니다. 작품은 개성이 강할수록 더욱 빛납니다. 다른 작품과 똑같다면 무엇이 빛나겠습니까.

이스라엘의 역사를 보면 악한 왕에게서 선한 왕이, 선한 왕에게서 악한 왕이, 악한 왕에게서 악한 왕이, 선한 왕에게서 선한 왕이 나는 네 유형의 모델이 전부 있습니다. 그러니 조상 때문에 내가 이렇다고 불평할 게 없습니다. 내가 창조주 예수님이 오신 유다 가문인데 빵한 조각 탐내고 있는 게 딱 아간의 모습입니다. 라합이 될 것인가, 아간으로 남을 것인가. 이것은 전적으로 나의 선택입니다. 조상 탓이 아닙니다.

조상으로 인해서는 감사밖에 할 것이 없습니다. 믿음의 조상이 있으면 있어서 감사하고, 믿음의 조상은 없고 지존파 같은 사람이 있다고 해도 그 죄 속에서 나를 구원해 주신 것에 감사하면 됩니다. 내 믿음은 내가 책임지고 가야 하는 것입니다.

또 내가 선대, 부모의 입장이라면 이렇게 적용하십시오. 아간이 범죄함으로 4대 조상의 이름이 언급됐습니다. 그러니 자식들이 악을 본받지 않도록 부모인 내가 잘 살아야 합니다. 악한 자로 성경에 이름을 올리는 자가 되어서는 안 됩니다. 내가 예수를 믿어도 술 마시고 도박하고 이혼하면 약한 자녀에게 마귀가 틈탑니다. '부모가 술을 좋아해서 나도 술을 먹었어', '부모가 이혼해서 나도 이혼을 했어'라는 동기를 제공하게 됩니다. 조상의 저주를 끊어 내야 합니다. 부모로서, 자식으로서 책임을 통감해야 합니다.

- 우리 집이 아무 내세울 것 없는 집안이라도 예수님을 믿는 한 사람을 자랑할 수 있습니까? 조상이 어떠어떠해서, 부모가 무능력해서 내 인생이 꼬였다고 원망합니까? 죄의 고리를 끊기 위해 어떤 부모가 되어야 할지 말씀으로 경고 받고 있습니까?

'한 사람'을 '우리'가 도와야 합니다

내가 노략한 물건 중에 시날산의 아름다운 외투 한 벌과 은 이백 세겔과 그 무게가 오십 세겔 되는 금덩이 하나를 보고 탐내어 가졌나이다 보소서 이제 그 물건들을 내 장막 가운데 땅속에 감추었는데 은은 그 밑에 있나이다 하더라_수 7:21

아간의 죄를 이렇게 말할지도 모릅니다. "그까짓 것, 세상에서 볼 때 그건 아무것도 아니야. 여리고 전투에서 이기고 외투 한 벌, 금덩이 하나 가졌기로서니 그게 무슨 큰 죄야. 못 가진 놈이 바보지."

그렇게 눈 한번 감으면 평생이 보장될 것 같습니다. 여기에서 자유로울 수 있는 사람이 누가 있겠습니까? 하지만 이런 말을 듣지 말라는 것입니다. 아간은 '보고 탐내어' 가졌다고 했습니다. 창세기에도 하나님의 아들들이 사람의 딸들의 아름다움을 '보고' 자기들이 좋아하는 모든 여자를 아내로 삼는 죄가 시작됐다고 했습니다(창 6:2). 탐욕의 뜻은 '조금 더'입니다. '조금 더' 하다가 과식하는 것처럼, 조금 더 욕심을 부리다가 죄를 짓게 되는 것입니다.

시날산의 아름다운 외투는 오늘날로 따지자면 밍크코트에 비할 수 있겠지요. 그러니 생각나는 일화가 있습니다. 남편이 제게 밍크코트를 한 벌 사 줬습니다. 그런데 남편은 정작 본인이 사 주고도 제가 그 코트를 입고 나가려고 하면 "예수 믿는 사람이 그걸 입고 교회에 가느냐"고 다그쳤습니다. 남편이 그렇게 말하지 않아도 저도 선뜻 입을 수가 없었습니다. 밍크코트가 주인을 잘못 만나서 평생 장롱에만 있습니다. 밍크코트를 입는 게 죄라는 말이 아닙니다. 사 입을 능력이 되는 사람이 입는다면 모르겠는데, 자기 주제에 안 맞게 탐을 내는 것이 문제라는 겁니다.

아간은 "내가 노략한 물건 중에" 라고 말합니다. 내가 권세를 노략해서, 학벌과 지식과 용모를 노략해서 얻었기에 자꾸 탐심이 드러나는 것입니다.

큐티는 탐심을 정리하는 훈련입니다. 제가 복음을 전하면서 '내가 얼마나 말씀을 잘 전했으면 사람들이 이렇게 많이 모일까?' 이런 생각이 든다면 그것은 망하는 길입니다. 그런 마음이 들지 않도록 제가 하루도 빠지지 않고 열심히 큐티를 하는 것입니다.

22 이에 여호수아가 사자들을 보내매 그의 장막에 달려가 본즉 물
건이 그의 장막 안에 감추어져 있는데 은은 그 밑에 있는지라 23 그
들이 그것을 장막 가운데서 취하여 여호수아와 이스라엘 모든 자손
에게 가지고 오매 그들이 그것을 여호와 앞에 쏟아 놓으니라 24 여
호수아가 이스라엘 모든 사람과 더불어 세라의 아들 아간을 잡고
그 은과 그 외투와 그 금덩이와 그의 아들들과 그의 딸들과 그의 소
들과 그의 나귀들과 그의 양들과 그의 장막과 그에게 속한 모든 것
을 이끌고 아골 골짜기로 가서 25 여호수아가 이르되 네가 어찌하
여 우리를 괴롭게 하였느냐 여호와께서 오늘 너를 괴롭게 하시리라
하니 온 이스라엘이 그를 돌로 치고 물건들도 돌로 치고 불사르고

26 그 위에 돌무더기를 크게 쌓았더니 오늘까지 있더라 여호와께서
그의 맹렬한 진노를 그치시니 그러므로 그곳 이름을 오늘까지 아골
골짜기라 부르더라_수 7:22~26

아간 한 사람을 뽑기 위해 온 이스라엘이 나왔습니다. 아간이 죄를 범했는데, 이스라엘이 죄를 범했다고 합니다. 믿음의 공동체에서 한 사람의 죄와 아픔과 슬픔은 우리의 것입니다. 아간은 이것을 몰랐습니다. 나 한 사람이 우리 가정을, 우리 교회를, 우리 직장을 전부 살리기도 하고 죽이기도 합니다. 그러므로 모든 것이 나 한 사람에게 달려 있습니다.

제가 한국교회를 위해 말씀 묵상과 가정 중수를 외치고 있지만, 그것만큼 중요한 것이 구원을 위해 서로 돕는 것입니다. 그만큼 한 사람이 중요하기 때문입니다. 죄는 우리의 전진을 가로막습니다. 죄로 인해 아간이 나아가지 못했을 뿐만 아니라, 이스라엘 전체가 이 아간 때문에 멈춰 선 것을 보십시오. 우리는 그 한 사람을 도와야 합니다.

그러면 어떻게 도와야 할까요?

22절에 보면 여호수아는 아간의 고백을 듣고 사자들을 보냈습니다. 그들이 그의 장막에 달려가 보니 아간이 감춘 것들이 있었습니다. 사자들은 그것을 장막 가운데서 취하여 여호수아와 이스라엘 모든 자손에게 가지고 왔고, 이스라엘은 우리가 되어 여호와 앞에 그것을 쏟아 놓았습니다. 그리고 아간을 돌로 치고 불살랐습니다.

'죄를 고백했는데 불사를 것까지 있겠는가' 생각할지 모르겠습니다. 그런데 19절에 보면 아간이 범죄한 자로 뽑히자 여호수아가 아간을 "내 아들아" 하고 불렀습니다. 그러니 돌로 치고 불사르는 것이 미움이 아닙니다. 이것은 대단한 사랑입니다. 사랑이 말로만 해서 됩니까? 내가 가기 싫은 아골 골짜기로 그와 같이 가 줘야 합니다. 그가 구체적으로 하나님 앞에 자복하고 드러내도록, 숨기지 말도록 도와주어야 합니다. 내면을 직시하도록 도와주어야 합니다.

또 자세히 살펴보면 지금 아간이 말만 했지 자기가 취한 것들을 안 가지고 왔습니다. 말은 잘 하는데 적용을 못 하니까 모든 공동체가 말씀을 행동으로 적용하도록 도운 것입니다. 말씀을 깨닫고도 스스로 적용하지 못하는 사람이 정말 많습니다. 특히 모태신앙인 중에 그런 사람이 많습니다. 아는 것은 많아서 성경 말씀은 좔좔 나옵니다. 아간이 바로 그런 사람입니다. 지금, 가나안 정복 전쟁의 서막이기에 하나님은 아간의 죄를 일벌백계로 무섭게 다루십니다. 백성에게 본을 보일 필요가 있기 때문입니다.

15장 7절을 보면 아간을 처형하여 돌무더기를 쌓은 아골 골짜기가 유다 자손 땅의 경계가 되었다고 합니다. 이스라엘에 큰 기념이 된 것입니다. 그러니 나의 탐욕에 하나님이 극렬한 분노를 부으신다면 도리어 감사해야 합니다. 호세아 2장 15절에서 주님은 우리가 이 땅에서 저주를 받고 돌로 침을 당하고 불사름을 당한 나의 "아골 골짜기를 소망의 문이 되게 하겠다"고 말씀하십니다. 그러므로 이 땅에서 불사름을 당하는 것이 축복입니다. 예수를 안 믿는데, 그저 내 탐욕대로 살아가는데 이 땅에서 망하지 않고 그냥 살아가는 것은 저주입니다.

여호수아와 백성들이 아간을 잡고 그 집에 속한 아들과 딸과 소와 나귀와 양을 이끌고 와서 아골 골짜기로 갑니다. 여호수아가 그를 "네가 어찌하여 우리를 괴롭게 하였느냐"라며 책망하자 온 이스라엘이 그를 돌로 치고 불사릅니다. 이것이 잔인한 처사 같아도 사실 구원을 위한 최선의 양육입니다. 한 사람의 죄를 위해 온 이스라엘이 일어나는 것이 사랑입니다. 아간을 위한 길입니다. 빨리 수술을 하면 낫기 때문입니다. 죄는 엄중히 다루어져야 하기 때문입니다.

우리들교회가 부흥한 것도 다른 게 없습니다. 아픈 한 사람을 살리기 위해, 죄에 빠져 있는 한 사람을 살리기 위해 온 목장이, 온 성도가 함께 힘쓰고 기도하며 왔기 때문입니다. 이혼당할 위기의 한 사람을 위해 지체들이 대신 그 배우자를 찾아가 잘못을 구한 일도 있었습니다. 이혼을 하겠다는 사람에게는 도시락 싸 가지고 다니면서 말렸습니다. '한 사람'을 위해 '우리'가 함께 이런 적용을 했기에 부흥한 것입니다. 변화가 일어났습니다.

죄는 하나님을 진노하시게 합니다. 왜 하나님이 진노하십니까? 우리가 죄로 인해 받는 고통이 너무 크기 때문입니다. 하나님이 죄를 다루시는 방법의 클라이맥스가 예수님의 십자가인데 예수님이 십자가에서 그토록 비참하게 돌아가신 이유가 무엇입니까? 십자가에 달리신 예수님의 비참한 모습이 바로 우리 죄의 실상입니다. 예수님을 십자가에 박은 못의 길이가 대략 30센티미터라고 합니다. 손과 발에 박으면 얼마 못 버티고 손발이 찢어지니까 손목과 발목에 박았습니다. 이렇듯 죄는 비참하고 아픈 것입니다. 고통스러운 것입니다.

그래서 나를 사랑하시는 하나님은 죄의 문제를 엄중히 처리하십니다. 예수님은 죄를 해결하시기 위해 이 땅에 오셨습니다. 죄를 이길 수 있는 장사는 아무도 없습니다. 예수님만이 죄를 이기는 장사이십니다. 이 예수님과 연합해야 합니다. 예수님과 함께함으로 죄를 이기는 복된 삶을 누리기 바랍니다.

- 죄가 드러난 남편과 자녀, 지체에게 어떤 태도를 취합니까? 정죄와 원망으로, 혹은 무조건 덮어 줌으로써 다 같이 죄 가운데로 몰려가지는 않습니까? 죄의 심각함을 알려주기 위해 함께 가야 할 아골 골짜기는 어디입니까?

예수님은 죄를 해결하시기 위해
이 땅에 오셨습니다. 죄를 이길 수 있는
장사는 아무도 없습니다.
예수님만이 죄를 이기는 장사이십니다.
이 예수님과 연합해야 합니다.

우리들 묵상과 적용

제가 스무 살 때 부모님이 이혼하신 후 우리 사 남매는 어머니와 살았습니다. 아버지와는 연락이 끊겨 서로 소식조차 모르고 25년을 살았습니다. 교회에서 양육을 받으며 "아버지를 언제 만날지 모르니 아버지의 구원을 위해 기도로 준비해야 한다"라는 권면을 자주 들었지만, 저는 나중 일이라며 심각하게 여기지 않았습니다.

그런데 2년 전 어느 날, 아버지로부터 등기우편이 왔습니다. "그동안 소식을 모르고 살았지만 보고 싶다. 내가 암 말기라 언제 죽을지 모른다. 죽기 전에 한번 봤으면 좋겠다"라는 내용이었습니다. 지난 25년간 연락 한 번 하지 않으시다가 병이 든 후에야 만나고 싶다니……. 저는 몹시 당황스러웠습니다. 어린 시절 외도와 무책임한 태도로 가족을 힘들게 했던 아버지의 모습이 떠올라 화도 났습니다. 그러나 미리 들은 권면을 떠올리며, 아버지께 복음을 전하고 자식 된 도리를 지키자는 마음으로 동생들을 설득해 아버지가 계신 병원을 찾아갔습니다.

아버지는 암 진단을 받았으나 위급한 환자는 아니었고, 정상적인 언어 소통도 가능한 상태였습니다. 우리 남매가 나타나자 아버지와 사실혼 관계에 있던 분은 기다렸다는 듯 떠나셨습니다. "경제력도 없고 암에 걸린 남자를 돌볼 수 없다"는 이유였습니다. 아버지는 그동안 어떻게 지냈냐는 안부나 미안한 내색도 없이, 대뜸 "너희에게 수술비를 받아 암을 고치고 살고 싶다"고 하셨습니다. 저는 그런 아버지가 참으로 염치없고 사고뭉치 아간 같게 여겨져 마음이 어려웠습니다(7:18). 그러나 갈 곳도, 돌봐 줄 사람도 없이 혼자 남겨진 아버지를 모르는 체할 수 없어 요양병원에 모셨습니다.

지난 2년 동안 우리 남매는 병원 진료가 있는 날이면 번갈아 아버지의 수발을 들었습니다. 그러나 저희의 수고를 모르시는 아버지는 "요양병원은 지옥 같다"며 수시로 외출하여 술을 마시다가 끝내 병원에서 쫓겨나셨습니다. 다른 요양병원으로 옮겼지만 외출해 술 마시는 일상은 여전히 반복되고 있습니다. 하루가 멀다고 "자유롭게 살고 싶으니 퇴원시켜 달라"며 전화를 하십니다. 하루는 제가 너무 화가 나서 "조용히 병원에 있지, 왜 우리를 힘들게 하느냐"고 소리친 적도 있었습니다. 이렇듯 사랑 없는 저의 모습을 회개합니다. 구원을 위해 나의 시간과 물질, 감정까지도 내어드려야 하는데, 그저 아버지를 원망의 돌로 치기만 하는 제가 너무나 부끄럽습니다(7:25). 주님이 저를 교만과 탐심의 죄에서 구원해 주셨듯이, 외로운 요양병원이 아골 골짜기가 되어 아버지가 하나님을 만나시기를 늘 기도하겠습니다(7:26). 이혼으로 흩어진 우리 가족이 복음으로 하나 되길 소망합니다.

영혼의 기도

아버지 하나님, 죄에는 장사가 없습니다. 이스라엘 가운데 범죄한 자를 뽑았더니 예수님이 오신 유다 지파의 아간이 뽑혔습니다. 그러니 목사도, 장로도, 믿음 좋다 하는 누구도 죄에서 자유로울 수 없음을 깨닫습니다. 예수님 때문에 이만큼 살아온 것을 모르고 여전히 세상을 바라보고 비교하며 탐욕을 품는 아간이 바로 저인 것을 고백합니다. 주님, 불쌍히 여겨 주시옵소서. 이제라도 나의 탐심을 고백하며 말씀으로 그 죄를 불사르게 하옵소서.

내 식구 중에 아간이 있다면, '너 때문에 우리 집안이 망했다'는 원망을 거두게 하옵소서. 우리를 괴롭게 하는 부모, 형제, 배우자, 자녀를 "내 아들아"라고 사랑으로 부를 수 있기를 원합니다. 그들의 죄를 함께 아파하며 온몸으로 껴안을 수 있는 사랑을 우리에게 주옵소서. 그 한 사람을 돕는 '우리'가 되게 하옵소서.

내가 했다고 착각하는 것이 너무 많습니다. 내 배우자와 내 자녀가 나 때문에 잘된 것 같아서 탐이 납니다. 쳐다만 보아도 좋아서 마음이 녹습니다. 주님, 배우자도 자녀도 이미 하나님께 바친 것임을 잊지 않게 하옵소서. 시날산의 외투가 탐나서, 금덩이가 탐나서 나의 죄를 합리화하지 않기를 원합니다. 나의 탐심 때문에 나와 공동체가 병들까 봐 두렵습니다. 오늘도 말씀을 통해 나의 죄를 보게 하시고 모든 악에서 돌이키게 하옵소서.

더 이상 조상이나 환경을 탓하지 않고 믿음의 계보를 새로 쓰는 사람이 되기 원합니다. 기생 출신이라도 구원의 계보에 오른 라합처럼 예수님의 계보를 이어 가는 우리가 되기를 원합니다. 예수 그리스도가 오심으로 모든 죄를 이기는 저와 우리 가정이 되기를 원합니다. 예수님 이름으로 기도하옵나이다. 아멘.

Chapter 11

복구전 : 회개한 자에게 주시는 기회

여호수아 8:1~29

하나님 아버지, 우리가 회개의 심령이 되어
주님이 베풀어 주시는 은혜를 알고 누리기 원합니다.
말씀해 주시옵소서. 듣겠습니다.

한 남자가 여리고 성 같은 의사 공부를 정복하고, 부잣집 딸과 결혼도 했습니다. 결혼을 잘 하고 잘 사는 것 같았는데 어느 날 낯선 여인이 자신의 아이를 낳았다면서 나타났습니다. 결혼 전 유흥업소에 갔다가 한두 번 만난 여자였는데, 그때 임신하여 아들을 낳았다는 것입니다. 그 사실을 안 부인은 이혼을 요구했습니다. 남자는 술집 여자를 사랑하지 않기에 이혼을 할 수도 없고, 자기 아들을 낳았다고 하니 무시할 수도 없는 상황에 처했습니다. 유흥업소, 여자라는 '아이 성'을 우습게 봤다가 평생 짐을 지게 된 것입니다.

오늘 벌어지는 싸움은 한 번 패하고 난 뒤의 복구전입니다. 한 번 패한 경험이 있으니 복구전은 훨씬 힘든 싸움입니다. 하지만 아이 성 전투는 필요 없는 전투가 아닙니다. 꼭 필요한 전쟁입니다.

밧세바와 불륜을 저지른 다윗은 눈물로 침상을 적시며 "어머니가 죄 중에서 나를 잉태하였나이다"라고 회개했습니다(시 51:5). 그리고 "보소서 주께서는 중심이 진실함을 원하시오니 내게 지혜를 은밀히 가르치시리이다"라고 간구했습니다(시 51:6). '주께서 진실함을 원하신다'고 하는데 이 진실함은 무엇입니까. 거짓말 안 하는 것이 진실일까요? 주님이 원하시는 진실은 내가 약하다는 것을 인정하는 것입니다. 성령으로 인 침 받지 못하고 세상 것을 많이 쌓은 사람은 절대 진실할 수 없습니다. 다윗이 왕이어서 진실한 것이 아닙니다. 밧세바와의 불륜이 알려지고 나단 선지자가 회개를 촉구했을 때 그는 주께서 중심에 진실함을 원하신다는 것을 알았습니다.

결혼생활에서, 사회생활에서, 영적 전쟁에서 쓰라린 패배를 맛보고 있다면 지금부터라도 패배를 인정해야 합니다. 복구전을 잘 하기 위해서는 패배를 인정하는 것이 먼저입니다. 이 세상에 가장 확실한 지식은 나의 약함을, 내가 아무것도 할 수 없는 존재임을 분명히 아는 것입니다. 나의 약함을 인정하면 자기 확신을 버리고 하나님을 신뢰하게 됩니다.

아이 성 싸움에서 실패했어도 의기소침할 필요는 없습니다. 우리의 승리와 패배와 징계와 배반, 이 모든 것이 인생을 구성하는 한 요소이기 때문입니다. 그런 일을 당할 때마다 아골 골짜기의 사건을 기억하여 죄를 자백함으로 회개하면 됩니다. 그럴 때 하나님이 기뻐하십니다. 언제나 우리의 해결책은 회개입니다.

회개한 자에게 주시는 새로운 방법: 전력으로 싸우라

1 여호와께서 여호수아에게 이르시되 두려워하지 말라 놀라지 말
라 군사를 다 거느리고 일어나 아이로 올라가라 보라 내가 아이
왕과 그의 백성과 그의 성읍과 그의 땅을 다 네 손에 넘겨주었으
니…… 3 이에 여호수아가 일어나서 군사와 함께 아이로 올라가려
하여 용사 삼만 명을 뽑아 밤에 보내며_수 8:1~3

인생은 지나 보지 않은 길을 가는 것이기에 늘 새로운 은혜가 임하지 않으면 또 실패하게 됩니다. 날마다 새로운 은혜가 필요합니다. 아이 성 싸움의 실패 원인인 아간의 죄를 해결하기 위해 그를 아골 골짜기로 데려가 돌로 치고 불살랐습니다. 그러자 하나님은 이처럼 새로운 명령을 주십니다. 내가 진심으로 회개하면 성경을 볼 때마다 하나님의 명령이 들립니다. "여호와께서 여호수아에게 이르시되"가 "여호와께서 내게 이르시되"로 들립니다.

난데없이 나타난 여자 때문에 남자의 아내는 정신과 치료를 받고, 아이들은 처가에서 데려가 버렸습니다. 유흥업소 여인은 "당장 아들을 데려가고 위자료를 내놓으라"고 했습니다. 아무리 회개했어도 얼마나 두려운 사건입니까. 어렵게 의사로 자리를 잡았는데 이 일이 알려져서 많은 것을 잃게 될 생각을 하니, 아간을 돌로 치고 불살랐어도 두려운 마음이 드는 것은 어쩔 수 없습니다.

그 두려움을 주님이 아시고 "두려워하지 말라"고 말씀하십니다.

내가 두려울 때 "두려워하지 말라" 하시니 얼마나 말씀이 잘 들리겠습니까. 하나님은 두려워하지 말라고 명령하실 수 있는 분입니다. "아이 왕과 그의 백성과 그의 성읍과 그의 땅을 다 네 손에 넘겨주었으니"라는 든든한 약속을 주시고, 반드시 이루어 주십니다.

회개한 영혼에게 주어진 새로운 명령은 군사를 '다' 거느리고 일어나라는 것입니다. 처음 싸울 때는 아이 성을 하찮게 여겨 묻지도 않고 삼천 명만 올라갔는데 주님의 새로운 방법은 '다' 올라가는 것입니다. 그 명령을 듣고 여호수아가 용사 삼만 명을 뽑아 보냅니다. 처음 싸울 때 삼천 명의 열 배입니다. 그만큼 전력을 다해 싸우라는 것입니다.

- 두려운 실패 앞에서 "두려워하지 말라" 하시는 하나님의 음성을 듣습니까? 회개는 했는데 여전히 낙심되어 널브러져 있습니까? 믿음으로 털고 일어나 다시 명령에 순종하며, 삼만 명의 용사, 열 배의 기도와 노력으로 영적 전쟁에 임하고 있습니까?

회개한 자에게 주시는 것: 구체적인 은혜

너는 여리고와 그 왕에게 행한 것같이 아이와 그 왕에게 행하되 오직 거기서 탈취할 물건과 가축은 스스로 가지라 너는 아이 성 뒤에 복병을 둘지니라 하시니_수 8:2

하나님은 아이와의 싸움도 "여리고와 그 왕에게 행한 것같이" 행하기를 원하셨습니다. 그런데 인간은 그러지 못합니다.

제가 설교를 하며 목에 무리가 와서 병원에 갔더니, 성대 결절이라는 진단을 받았습니다. 되도록 목을 쓰지 말고 하루에 열 잔씩 물을 마시라고 했습니다. 목을 안 쓸 수는 없으니까 방에 가습기를 틀어 놓고 목에 스카프를 잔뜩 둘렀습니다. 도라지 달인 물에, 한약에, 양약에 몇 주 동안 열심히 먹었습니다. 아프니까 열심히 먹었습니다. 그러다 조금 나아지니까 당장에 약을 먹기가 싫어지더군요. 병원에도 안 가고 약도 안 먹고 가습기도 안 트니까 살 것 같았습니다. 그런데 하루가 지나자 다시 목이 아프기 시작했습니다.

마찬가지입니다. 여리고 전투에서 한 번 이기고 나니까 그때와 똑같은 자세로 임한다는 것이 쉽지 않아졌습니다. 그래서 우리에게는 고난이 축복입니다. 하루라도 고난이 없으면 성경책을 멀리하고, 기도를 멀리하게 됩니다. 처음부터 정신 차리고 싸워서 패배하지 않았으면 좋았을 텐데, 애초에 목을 잘 관리했으면 성대 결절이 안 왔을 텐데, 예비를 소홀히 했다가 복구전을 치르게 된 것입니다.

우리는 다 복구가 필요한 인생들입니다. 이제라도 복구전을 잘하기 위해 삼만 명을 동원하듯 전심으로 큐티하고 헌신하면, 주님이 "탈취할 물건과 가축은 스스로 가지라"고 보상도 주십니다. 여리고 싸움에서는 전리품을 취하지 말라고 하셨는데 아이 성 전투에서는 물건과 가축을 주겠다고 하십니다.

그런데 먼저 해야 할 것은 아간과 그가 취한 것들을 돌로 치고 불사르는 일입니다. 나의 죄를 회개해야 합니다. 내 속의 탐심을 불사르고 마음을 비우면 내가 가지지 않아도 하나님이 가지게 하십니다. 회개한 자에게 주시는 은혜는 물건과 가축입니다. 실제적으로 삶에 필요한 구체적인 은혜입니다. 우리가 보기에 환난당하고 빚진 자일지라도, 하나님이 보시기에는 누구나 '내 자식' 아닙니까? 하나님의 자녀로서 온전히 자라 갈 때 물건과 가축은 하나님이 거저 주십니다.

- 원하던 대학, 직장에 가고 성공했어도 동일한 태도로 주어진 일에 최선을 다합니까? 실패해도 원망하지 않고 회개할 때 나의 진로와 결혼과 먹고 사는 모든 문제를 하나님이 책임져 주실 것을 믿습니까?

하나님의 작전 명령1: 매복전

3 이에 여호수아가 일어나서 군사와 함께 아이로 올라가려 하여 용
사 삼만 명을 뽑아 밤에 보내며 4 그들에게 명령하여 이르되 너희는
성읍 뒤로 가서 성읍을 향하여 매복하되 그 성읍에서 너무 멀리하
지 말고 다 스스로 준비하라_수 8:3~4

하나님은 아주 구체적으로 작전을 지시하십니다. 바로 매복전입니다.

남자는 부인 모르게 술집 여자를 만났습니다. 혼외 아들을 낳았

습니다. 실수했습니다. 그랬으면 이제는 죽은 듯 매복해야 합니다. 내 힘으로 해결하겠다고 나서도 안 되고, 그렇다고 모르는 척 떨어져 있어도 안 됩니다. 잠잠히 기도하면서 매복 작전을 펴야 합니다. 부인이 화가 나서 말을 안 한다고 남편도 꿀 먹은 벙어리처럼 있으면 그것은 멀리 있는 것입니다. 종일 살피면서 부인이 화내면 용서를 빌고, 물을 가져다 달라고 하면 가져다주기도 해야 합니다. 가정 회복이라는 승리를 얻기 위해 매복을 잘 해야 합니다.

> 5 나와 나를 따르는 모든 백성은 다 성읍으로 가까이 가리니 그들
> 이 처음과 같이 우리에게로 쳐 올라올 것이라 그리할 때에 우리가
> 그들 앞에서 도망하면 6 그들이 나와서 우리를 추격하며 이르기를
> 그들이 처음과 같이 우리 앞에서 도망한다 하고 우리의 유인을 받
> 아 그 성읍에서 멀리 떠날 것이라 우리가 그들 앞에서 도망하거든
> _수 8:5~6

남편이 쓰러졌다는 연락을 받고 병원으로 달려가니 남편은 저를 보자마자 "기도해 달라"고 했습니다. 평소 교회 가는 것도 싫어하던 사람이 기도를 부탁하니 너무 기뻐서 "할렐루야"를 외치고 싶었습니다. 그러나 저는 크지도 작지도 않은 소리로 침착하게 기도를 드렸습니다. 큰 소리로 기도를 하면 시끄럽다고 그만두라고 할까 봐 조심스러웠던 것입니다. 그러지 않았다면 남편의 마음이 열리지 않았을지도 모릅니다. 갑작스러운 슬픔에도 기쁨에도 알맞은 소리를 낼 수 있

는 것, 이것이 매복의 실력입니다.

그러나 제가 처음부터 이런 실력을 갖춘 것은 아닙니다. 우리가 매복하지 못하는 이유가 무엇입니까? 주제 파악을 못 하고 우습게 보니까 그렇습니다. 이스라엘이 아이와의 첫 싸움에서 실패한 것도 아이 사람들을 우습게 보고 잘못 건드렸기 때문입니다. 그래서 그들이 처음에는 도망을 갔습니다. 대수롭지 않게 생각했다가 무서워서 도망을 쳤습니다.

저도 그랬습니다. 연애 시절 남편이 너무 잘해 주니까 결혼생활을 우습게 생각하고 잘할 거라고 착각했습니다. '들어가기 어렵다는 대학에도 들어갔는데 내가 백발 시부모님 비위 하나 못 맞추겠어', '집안일 도와주는 사람이 둘이나 있는데 뭐 어렵겠어, 살림은 그 사람들이 하고 나는 피아노나 쳐야지' 속으로 이런 계획을 세우고 시집을 갔습니다. 그런데 세상에……. 집안일 도와주는 사람이 둘이나 있어도 피아노를 치기는커녕 걸레질만 했습니다.

제가 실력이 없으니까 다 무서웠습니다. 남편도 무섭고, 시어머니도 무섭고, 온 시댁 식구가 무서웠습니다. 그러나 결과적으로는 이것이 제게 축복이 됐습니다. 제 계획이 다 무너지고, 안되고 안되는 일을 계속 겪다 보니까 저절로 '내 힘으로 사는 게 아니구나' 깨달아지면서 매복의 실력이 쌓인 것입니다. '나는 아무것도 할 수 없는 인생이구나' 조금씩 알아 가면서 점점 삼만 명의 매복 실력을 갖추게 됐습니다.

사람들은 대부분 자신을 드러내기 좋아합니다. 그러니 삼만 명의 매복병을 갖추는 것이 얼마나 큰 능력인지 모릅니다. 내가 아무리

의과대학에서 공부를 많이 했어도 경력도 없는데 갑자기 위급한 환자를 데려오면 수술할 수 있습니까? 못 합니다. 삼만 번의 수술을 해야 명의가 되는 것입니다. 영적인 일도 마찬가지입니다. 아무리 교회를 오래 다니고 성경 공부를 했어도 말씀을 내게 적용해서 순종하는 훈련이 되지 않으면 아무 소용이 없습니다. 환난이 주제가 되고, 성경이 교과서가 되고, 성령이 스승이 돼서 실전을 치러야 합니다. 그렇게 환난이라는 실전을 통해서 나의 무능을 깨닫고 말씀으로 실력이 쌓이면 어떤 때도, 어떤 사람도 두려워하지 않게 됩니다.

> 너희는 매복한 곳에서 일어나 그 성읍을 점령하라 너희 하나님 여호와께서 그 성읍을 너희 손에 주시리라_수 8:7

매복을 잘 하고 있으면 "일어나 성읍을 점령"할 때가 옵니다.

제가 아무리 성경을 잘 알아도 남편에게 얼마나 조롱을 당했는지 모릅니다. 그래서 한마디 하고 싶어도 참고, 참고, 또 참았습니다. 참는 실력이 진짜 실력입니다. 그렇게 매복을 잘 했더니 급성 간암이라는 방법으로 남편의 육적 성읍이 점령되었습니다. 남편의 구원은 죽음의 문 앞에서 들은 한 번의 복음으로 이루어진 것이 아닙니다. 그동안 제가 쌓은 기도와 큐티와 순종이 남편을 유인하고 남편의 마음 문을 열었습니다. 성경을 많이 안다고 실력 있는 게 아닙니다. 진짜 실력은 구원을 위해 상대방을 기다려 주고, 배려하고, 편하게 해 주는 것입니다.

8 너희가 그 성읍을 취하거든 그것을 불살라 여호와의 말씀대로 행
하라 보라 내가 너희에게 명령하였느니라 하고 9 그들을 보내매 그
들이 매복할 곳으로 가서 아이 서쪽 벧엘과 아이 사이에 매복하였
고 여호수아는 그 밤에 백성 가운데에서 잤더라_수 8:8~9

모든 명령을 들은 후 이제 매복할 곳으로 갑니다. 한쪽은 벧엘이고 한쪽은 아이입니다. 벧엘은 야곱이 주님을 만났던 영적인 곳입니다. 아이는 전투에서 패한 수치스러운 곳입니다. 하나님의 명령에 순종해서 걸어가면 영적 승리가 보장돼 있지만, 조금만 어긋나도 수치의 구렁에 빠질 수 있습니다. 택한 성도라고 해도 얼마든지 실수합니다. 승리하다가도 수치를 당하는 것이 성도의 인생입니다.

그래서 우리에게 영적 지도자가 필요합니다. '그 밤에 여호수아가 백성 가운데에서 잤더라'는 말씀처럼 백성과 호흡을 같이하는 영적 지도자의 권면을 잘 따라야 합니다. 또 오늘 승리했어도 내일은 넘어질 수 있기에 '날마다' 큐티로 하나님께 나아갈 길을 물어야 합니다. 그런데 "큐티가 안 된다, 말씀이 어렵다" 하는 분이 있습니다. 어려우면 어려운 대로 안 되면 안 되는 대로 겸손하게 따라가면 됩니다. 말씀을 삶의 근본 삼는 것이 중요하지, 지식적으로 알라는 것은 아닙니다. 큐티는 성경 공부가 아닙니다. 앞서 이야기했듯 우리는 얼마든지 수치의 수렁에 빠질 수 있기에 말씀을 붙들고 가라는 것입니다. 그것이 큐티입니다.

• 하나님이 써 주실 때까지 매복해야 할 나의 실력은 무엇입니까? 누군가의 구원을 위해 삼만 번의 큐티와 기도를 쌓고 있습니까? 하나님의 때를 기다리며 말씀의 능력으로 준비하고 있습니까?

여호수아가 아침에 일찍이 일어나 백성을 점호하고 이스라엘 장로들과 더불어 백성에 앞서 아이로 올라가매_수 8:10

중요한 전쟁을 앞두고 여호수아가 '일찍이' 일어납니다. 여전한 방식으로 평범한 삶을 잘 사는 것, 이것이 승리의 비결입니다. 둘째로 여호수아가 백성을 점호했다고 합니다. 전쟁에서 승리하기 위해서 출석을 불렀다는 말입니다. 매주 수많은 성도가 우리들교회에 오시는데 저도 누가 왔나, 안 왔나 다 보고 있습니다. 왜 그렇습니까? 예배 출석만 잘 해도 반은 승리이기 때문입니다. 주일예배, 수요예배, 목장예배(구역예배)…… 내가 출석만 하면 잘났든지 못났든지 저절로 은혜의 배에 실려 요단강을 건넙니다. 그런데 출석을 안 하면 누가 나를 이 배에 실어 주겠습니까? 영적 전쟁에서 승리하려면 비가 오나 눈이 오나 예배 출석을 잘 해야 합니다.

11 그와 함께 한 군사가 다 올라가서 그 성읍 앞에 가까이 이르러 아
이 북쪽에 진 치니 그와 아이 사이에는 한 골짜기가 있더라 12 그가
약 오천 명을 택하여 성읍 서쪽 벧엘과 아이 사이에 매복시키니 13 이
와 같이 성읍 북쪽에는 온 군대가 있고 성읍 서쪽에는 복병이 있었

더라 여호수아가 그 밤에 골짜기 가운데로 들어가니_수 8:11~13

삼만 명을 매복시켰는데 그중에 오천 명을 또 뽑아서 매복시킵니다. 그리고 여호수아가 솔선하여 골짜기 가운데로 들어갑니다. 전쟁에 임하는 여호수아의 자세가 매우 신중해졌습니다.

아이 왕이 이를 보고 그 성읍 백성과 함께 일찍이 일어나 급히 나가 아라바 앞에 이르러 정한 때에 이스라엘과 싸우려 하나 성읍 뒤에 복병이 있는 줄은 알지 못하였더라_수 8:14

아이 왕도 여호수아와 똑같이 아침에 '일찍이' 일어났다고 합니다. 그런데도 성읍 뒤에 복병이 있는 줄은 알지 못했습니다. 똑같이 일찍 일어나도 하나님이 함께하지 않으시는 부지런함은 진실할 수도 없고, 분별도 안 됩니다. 세상에서는 성공할는지 모르지만, 부지런히 교양 있게 살다가 지옥에 가는 것입니다.

바리새인들이 그랬습니다. 그들은 성경을 통째로 외어도 예수님을 그리스도로 알아보지 못했습니다. 이삭과 이스마엘을 분별하지 못합니다. 누가, 무엇이 중요한지 모릅니다. 성경을 좔좔 암송한다고 잘 아는 게 아닙니다. 해석을 잘 해야죠. 개인적으로 성경을 외우는 것도 좋지만 날마다 큐티하면서 나에게 주시는 말씀으로 해석하는 것이 훨씬 중요합니다. 성경을 좔좔 외어도 해석이 안 되는데, 어떻게 내 인생을 해석하겠습니까? 아이 왕처럼 부지런히, 일찍이 일어나도 복병이 숨어 있는 것을 모르는 겁니다.

- 내가 부지런히 수고하는 일은 무엇입니까? 하나님과 상관없는 열심은 아닙니까? 날마다 큐티하며 하나님께 나아갈 길을 묻습니까? 성경 말씀을 나에게 주시는 말씀으로 듣고 해석합니까?

하나님의 작전 명령2: 져 주는 은혜

여호수아와 온 이스라엘이 그들 앞에서 거짓으로 패한 척하여 광야 길로 도망하매_수 8:15

거짓으로 패하는 것도 은혜 안에서만 가능합니다. 내 힘으로 이 악물고 지는 척하면 이만 바스러집니다. 아무리 남편이 악을 쓰고, 바람을 피워도 내가 회개해야 은혜로 져 줄 수 있습니다. 잘못한 쪽은 남편인데 내가 왜 회개를 합니까? 내가 하나님 말씀을 먼저 받았기 때문입니다. 말씀을 받은 자가 '나'이기 때문입니다.

거짓 패하여 도망가더라도 삼만 명의 매복병이 있으면 두렵지 않습니다. 도망가면서도 그동안 갖춰 온 매복의 실력이 있기에 앞을 볼 수 있습니다. '내가 이렇게 져 주고 있으면 저 사람이 곧 예수님을 믿겠구나'라고 앞을 보는 것입니다.

남편이 살아 있을 때 일입니다. 병원 위층에 살림집이 있을 당시 병원을 수리할 일이 있어 하루는 친정어머니가 도와주러 오셨습니다. 하룻밤을 주무셨는데, 남편이 하루에도 수십 번씩 병원과 집을 오르락내리락하는 것을 보면서 어머니는 그 하룻밤이 십 년 같게 느껴졌다고 하셨습니다. 저더러 "어쩌면 그렇게 남편이 앉으라면 앉고 일어나라면 일어날 수 있느냐"고 은혜를 받았다고 하시더군요.

또 하루는 전세를 살다가 바로 앞집으로 이사를 하는데 비가 왔습니다. 한두 방울 떨어지는 비였습니다. 그런데 출근한 남편이 전화로 진두지휘를 하면서 "비가 오니까 이사를 멈추라!"고 했습니다. 이삿짐센터 사람들이 이미 짐을 싣고 비닐을 다 덮은 뒤였습니다. 친정 식구들도 이사를 돕겠다며 와 있었습니다. 모두 그 정도 비는 괜찮다고, 바로 앞이니까 그냥 가자고 하는데 저는 남편이 "스톱!" 하니까 가만히 기다렸습니다. 이삿짐센터 사람들까지 덩달아 기다릴 수밖에 없었죠. 그렇게 몇 시간이 지나자 비가 그쳤습니다. 드디어 남편이 "시작!" 하기에 저도 다시 이사를 시작하자고 했습니다. 그런 저를 보고 식구들은 혀를 내둘렀습니다.

제게는 남편의 구원이 우선순위이기에 어쩔 수 없습니다. 남편 모르게 이삿짐을 옮길 수도 있었겠죠. 하지만 남편의 구원을 위해 늘 기도와 큐티로 매복해 온 저이기에 이런 일에는 화가 나지 않았습니다. 구원을 위해 거짓으로 기쁘게 패하는 능력이 제게 생긴 것입니다.

16 그 성읍에 있는 모든 백성이 그들을 추격하려고 모여 여호수아
를 추격하며 유인함을 받아 아이 성읍을 멀리 떠나니 17 아이와 벧

엘에 이스라엘을 따라가지 아니한 자가 하나도 없으며 성문을 열어 놓고 이스라엘을 추격하였더라_수 8:16~17

저에게 삼만 명의 매복병이 있으니까 평신도 집사로 숨겨져 있어도 많은 분이 "성문을 열어 놓고" 저를 따라왔습니다. 평신도이든지, 여자 목사이든지 그것이 무슨 상관입니까. 하나님이 명하시는 대로 삼만 명 매복시켜 놓고 있으면 하나님이 쓰십니다. 하나님이 쓰시겠다고 하면 누구도 어쩔 수 없는 것입니다.

나에게 실력이 있으면 사람들을 유인할 수 있습니다. 드러난 실력 말고, 드러나지 않은 매복의 실력이 있어야 합니다. 처음에는 이스라엘이 아이를 우습게 보고 삼천 명만 데리고 출정했다가 패배했습니다. 그러나 하나님의 말씀에 따라 삼만 명이 매복했더니 아이와 벧엘에 이스라엘을 따라가지 않은 자가 없다고 합니다. 드러난 삼천 명의 실력과 드러나지 않은 삼만 명의 실력은 비교가 안 되는 것입니다.

- 복음을 전하기 위해 거짓으로 져 주어야 할 대상은 누구입니까. 오랫동안 매복한 기도의 실력으로 기쁘게 져 줍니까?

하나님의 작전 명령3: 긴장하고 깨어 있으라

여호와께서 여호수아에게 이르시되 네 손에 잡은 단창을 들어 아이를 가리키라 내가 이 성읍을 네 손에 넘겨주리라 여호수아가 그의 손에 잡은 단창을 들어 그 성읍을 가리키니 _수 8:18

삼만 명의 군사가 매복하고 있는데 밤중에 창 하나 들고 있으면 군사들의 눈에 그것이 보이겠습니까? 거기에 긴 창도 아니고 단창이라고 합니다. 그런데 이 "단창을 들어 아이를 가리키라"는 말씀을 그냥 지나치면 안 됩니다.

아마도 삼만 명의 매복병 모두 단창을 볼 수는 없겠죠. 그래서 중간중간 관측병들이 있었을 것입니다. 위험을 무릅쓰고 중간에 서 있는 관측병들이 "여호수아가 단창을 들었어요. 지금 일어나야 합니다!"라고 전했을 것입니다. 구원을 위해 긴장하고 사는 사람은 단창이 보입니다. 그런 분들이 관측병이 되어서 여호수아가 단창 든 것을 매복병에게 알려 주는 것입니다.

- 힘든 싸움을 치르며 내가 집중해서 들어야 할 단창은 무엇입니까? 날마다 말씀을 보며 매 순간 주시는 하나님의 신호에 집중하고 있습니까?

그의 손을 드는 순간에 복병이 그들의 자리에서 급히 일어나…… _수 8:19a

여호수아가 손을 들자 복병이 그들의 자리에서 "급히" 일어납니다. 급하지 않은 사람은 말이 많습니다. 간음한 여인이 붙잡혀 왔을 때 예수님은 "너희 중에 죄 없는 자가 먼저 돌로 치라"고 하셨습니다(요 8:7). 그런데 간음한 여인이 너무 급하니까 "주님, 그게 성경 몇 장 몇 절입니까?" 물어보지 않았습니다. 사정이 급한 사람은 말씀이 잘 들립니다. 반면에 조금이라도 배가 부른 사람은 이 결정적인 밤에 졸음을 못 이겨 단창을 보지 못합니다.

한 사람이라도 딴청을 부리면 이날의 작전은 실패로 돌아갑니다. 삼만 명이면 삼만 개의 의견이 있지 않았겠습니까. 한밤중에 힘들게 매복하고 있는데 군사들에게 왜 불평불만이 없었겠습니까. 그러나 지금은 순종해야 할 때입니다.

삼만 명이 여호수아에게 일제히 순종하여 일어난 것은 그만큼 자기 자신에게는 믿을 것이 없음을 인정했기 때문입니다. 집도 없고, 의지할 데라곤 없는 광야에서는 순종을 잘 합니다. 그러나 조금만 먹고살 만하면 우리는 내가 할 수 있는 부분이 있다고 금세 착각합니다. 나는 아무것도 할 수 없다는 것, 내가 죄인이라는 것은 오직 하나님의 은혜로만 깨달아집니다. 주님의 은혜 안에서 때마다 시마다 나의 무능함과 부패함을 깨닫고 회개하며 나아가는 것입니다.

그런데 또 이런 사람도 있습니다.

'죄지어도 회개하면 되니까 나는 날마다 죄를 짓겠어!'

얼핏 들으면 맞는 말 같지만 잘못된 생각입니다. 자녀가 부모님을 사랑해도 철들기 전에는 부모 속을 썩이는 법입니다. 하지만 부모님을 골탕 먹이려고 일부러 사고를 치지는 않습니다. 자녀가 실수를 저질렀을 때 부모님께 솔직히 고하고 용서를 구하면 부모의 마음도 눈 녹듯이 녹습니다. 진짜 문제 자녀는 생전 부모 형제를 우습게 알고 평생 사과할 줄도, 져 줄 줄도 모르는데 공부 잘하고 돈 잘 버는 혼자 잘난 자식입니다.

우리는 철이 들고도 실수합니다. 자신도 모르게 저지른 실수를 누가 정죄하겠습니까. 그래서 진실한 회개는 계속 반복해도 은혜가 넘칩니다. 회개는 은혜로 하는 것입니다. 입으로만 회개해서는 안 됩니다.

매복을 하는 이유가 무엇입니까? 밤중에, 그 힘든 환경에 매복하는 이유는 긴장을 늦추지 않다가 결정적인 순간에 목숨을 걸고 나서기 위해서입니다. 이것을 간과하면 안 됩니다. 순종하고 매복하고 있다가 때가 이르면 급히 일어나야지, "여기가 좋사오니" 하며 영원히 머무르면 안 됩니다.

제가 큐티 모임을 인도할 당시 남편이 너무 힘들게 하여 누구보다도 열심히 모임에 참석하시던 분이 있었습니다. 얼마나 열심히 오셨는지 필기를 하기 위해 조그만 개인 책상을 들고 다니실 정도였습니다. 그렇게 열심히 오시던 분이 남편이 출세하자 오랫동안 안 보였습니다. 그러다 어느 날 자녀를 데리고 오셨습니다. 아이는 큐티 모임을 좋아하며 교회도 열심히 나왔습니다. 그러자 그분은 도리어 그런 아이를 나무라셨습니다. "얘, 네가 교회를 열심히 나가면 어떡해? 내가 아빠한테 이렇게 핍박을 받는데 네가 꼭 교회를 가야겠어?"라며 아이를 다그치시는데 제가 참 기가 막혔습니다.

그러니 출세가 꼭 좋은 것은 아닙니다. 이분이 처음엔 남편이 무서워서 순종하다가 남편에게 능력이 생기니까 이제는 우상처럼 섬기게 됐습니다. 출세가 아닌 구원에 관심을 두고 말씀을 따라 일어나야 할 때 일어나야 하는데, 내가 왜 매복을 하는지, 왜 순종해야 하는지 잊어버리고 만 것입니다.

내가 누리던 것을 못 누릴까 봐 상대방을 따르는 것은 순종이 아니라 맹종입니다. 내가 맹종하면 아무리 상대에게 잘해도 무시만 당합니다. '나는 왜 무시만 받지?' 하는 사람이 있다면, 그것은 내가 무시받도록 행동했기 때문입니다. 상대방을 정말 사랑해서, 진심으로 그 사람을 배려하여 섬기는 것이 순종입니다.

순종의 모든 동기는 오직 구원입니다. 삼만 명 매복해서 실력을 갖췄으면 긴장을 늦추지 말고 여호수아의 단창에 집중해야 합니다. 한 사람의 구원을 위해서 무슨 말을 하고 하지 말아야 할지, 어디를 가고 가지 말아야 할지 큐티를 통해, 목자와 영적 지도자의 가르침을 통해 집중해야 합니다. 그래서 결정적인 구원의 기회를 놓치지 않는 것이 매복의 목적입니다. 삼만 명이 일제히 매복하는 실력을 갖추면 구원의 기회를 놓치지 않습니다. 아무리 강조해도 지나치지 않은 것이 때에 순종하는 것입니다. 삼만 명이 밤에 매복하고, 아무 소리 내지 않고, 여호수아가 한 번 손짓만 해도 일사불란하게 따라가는 공동체라면 큰 구원의 열매를 맺을 수 있습니다.

• 말씀을 따라 급히 일어나 순종함으로 승리한 간증이 있습니까? 하나님의

때가 왔음을 알면서도 변명과 합리화로 머뭇거리고 있지는 않습니까? 그러다 구원의 기회를 영영 놓칠 수도 있습니다.

남김없이 태우고 끊어야 할 것이 있습니다

19 ……성읍으로 달려 들어가서 점령하고 곧 성읍에 불을 놓았
더라 20 아이 사람이 뒤를 돌아본즉 그 성읍에 연기가 하늘에 닿
은 것이 보이니 이 길로도 저 길로도 도망할 수 없이 되었고 광야
로 도망하던 이스라엘 백성은 그 추격하던 자에게로 돌아섰더라
_수 8:19b~20

구원을 위해 아까운 아이 성읍에 불을 놓을 수 있어야 합니다. 아이 사람이 이 길로도 저 길로도 도망할 수 없을 때가 공격의 때입니다. 사방이 막히는 때가 하나님의 때입니다. 길이 없는 것이 오히려 축복입니다. 우리가 교통사고만 내도 검사를 알고, 판사를 알고, 경찰 한 명이라도 알면 여기저기 전화를 합니다. 내가 잘못한 대로 처벌 받을 생각은 안 합니다. 사돈의 팔촌까지 뒤지면서 경찰서에 아는 사람이 없을까 지연·학연·인연을 끊임없이 찾습니다. 예수님이 "내가 곧 길"이라고 하셨는데 예수님을 의지하지 않습니다. 내게 다른 길이 많기에 하나님이 할 수 없이 나의 아이 성 싸움을 실패하게 하시고 서른여섯 명이 죽는 아픔을 허락하시는 것입니다.

예수님이 나의 길이 되면 내 육의 아이 성이 불타도 놀라지 않습니다. 내 가족을 향해서도 그들의 육의 성전이 무너지기 전에는 영의 성전이 세워질 수 없다는 것을 알게 됩니다.

앞에서도 이야기했지만 결혼하기 전 남편이 저를 너무 좋아한다고 하니까, 저는 결혼하면 남편이 제 말을 잘 들어주리라고 생각했습니다. 그래서 쉽게 봤습니다. 그랬다가 패배 후 복구전을 치르느라고 얼마나 힘들었는지 모릅니다. 이렇게 저렇게 복음을 전해 봐도 남편이 도무지 안 받아들이니까, "남편의 병원을 망하게 해서라도 남편이 구원 받게 해 달라!"고 기도를 드렸습니다. 제가 피아노 공부를 하면서 원하는 대학에 붙기를 바랐어도 이때만큼 절실하지는 않았습니다. 결혼 후 나의 아이 성이 무너지는 실패를 경험하고 나니까 영적인 성전을 위해 울며 기도하게 됐습니다. 구원을 위해서라면 어떤 재물도, 내 생명도 내려놓을 수 있다는 것을 주님이 실패를 통해 알게 하셨습니다. 육적인 아이 성읍이 불타지 않으면 새로운 성읍이 세워질 수 없습니다. 아이 성은 불타야 하는 성읍입니다.

- 도망할 길이 없는 처지에서 무엇(누구)을 길로 삼고 있습니까? 안 믿는 배우자, 자녀들이 하나님만 바라볼 수 있도록 불태워야 할 아이 성읍은 무엇입니까?

21 여호수아와 온 이스라엘이 그 복병이 성읍을 점령함과 성읍에
연기가 오름을 보고 다시 돌이켜 아이 사람들을 쳐죽이고 22 복병

도 성읍에서 나와 그들을 치매 그들이 이스라엘 중간에 든지라 어
떤 사람들은 이쪽에서 어떤 사람들은 저쪽에서 쳐죽여서 한 사람도
남거나 도망하지 못하게 하였고 23 아이 왕을 사로잡아 여호수아
앞으로 끌어 왔더라_수 8:21~23

한 사람도 남거나 도망하지 못하게 죽여야 한다는 말씀이 잔인해 보일 수도 있습니다. 하지만 죄를 제대로 끊지 않으면 그것이 씨가 되어서 나를 괴롭히는 두목이 됩니다.

대학교수인 어떤 분은 도박을 끊은 지 18년째인데 아직도 충동을 느낀답니다. 술을 끊고, 도박을 끊었다고 해도 완전히 끊기가 어렵습니다. 예수님을 믿어도 세상 모임, 동창 모임에 자꾸 발을 들이다 보면 어쩔 수 없이 죽음이 전염됩니다. 우리가 물론 세상에서 빛과 소금의 역할을 해야 하지만, 세상 모임에 가면서 세상 문화를 끊는다는 것은 정말 어렵습니다. 한 사람도 남김없이 쳐 죽이기 위해서는 내가 즐기고 있는 습관적인 오락과 모임들을 당장 정리해야 합니다.

24 이스라엘이 자기들을 광야로 추격하던 모든 아이 주민을 들에서
죽이되 그들을 다 칼날에 엎드러지게 하여 진멸하기를 마치고 온
이스라엘이 아이로 돌아와서 칼날로 죽이매 25 그날에 엎드러진 아
이 사람들은 남녀가 모두 만 이천 명이라_수 8:24~25

처음 아이 성 싸움을 할 때 삼만 명이 올라갈 수 있는데 삼천 명

만 올라갔다가 서른여섯 명이 죽었습니다. 그런데 하나님의 명령을 따라 열심히 매복해서 아이의 만 이천 명을 죽였습니다.

결혼한 후 처음에는 앉으나 서나 제가 손해를 보는 것 같았습니다. 그런데 지나고 보니까 남편이 저 때문에 너무 손해를 봤습니다. 제가 서른여섯 개 손해를 봤다면, 남편은 만 이천 개 손해를 봤습니다. 열심히 돈 번 사람은 남편이고 저는 그것을 누리고 살았습니다. 저 때문에 남편이 무척 수고했습니다.

저는 서른여섯 개 수고를 하고 내 죄를 깨달았지만, 믿지 않는 아이 성 남편은 구원 받기까지 만 이천 개의 수고를 치렀습니다. 아이 사람 만 이천 명이 죽는 수고를 치르고 나서 이스라엘 이백만 명이 가나안 땅에 들어가게 됐습니다. 안 믿는 식구들 때문에 나만 수고하는 것 같지만 나의 거룩을 위해 내 식구들이 수고한다는 것을 알아야 합니다. 내가 끊지 못하는 세상의 것들 때문에 내 옆의 식구가 만 이천 개의 수고를 치릅니다.

그러나 그 모든 수고가 이백만 명의 구원으로 이어질 것입니다. 내가 끊지 못하는 것 때문에 낙심하지 말고 날마다 말씀으로 진멸해야 할 것들을 찾고 적용하면 됩니다.

> 아이 주민들을 진멸하여 바치기까지 여호수아가 단창을 잡아 든 손을 거두지 아니하였고_수 8:26

아이 주민을 진멸하기까지 끊임없이 단창을 들고 있는 여호수아가 있습니다.

"누군가 널 위하여 누군가 기도하네. 네가 홀로 외로워서 마음이 무너질 때 누군가 널 위해 기도하네."

이 기도의 소리를 들으시기 바랍니다. '내 속을 누가 알아. 아무도 몰라. 하나님도 몰라! 하나님이 뭘 할 수 있어!'라며 나 홀로 낙심하여도 여호수아는 단창을 들고 있습니다.

우리가 끊임없이 바라보아야 할 단창이 있습니다. 그것을 긴장하면서 보아야 합니다. 왜 그렇습니까? 내가 죽고 사는 문제이기 때문입니다. 그러니 죽기 살기로 단창을 쳐다봐야 합니다. 목숨을 걸고 말씀을 듣고, 묵상하고, 나누어야 합니다. 목숨을 걸고 예배를 사수하고 기도해야 합니다.

> 27 오직 그 성읍의 가축과 노략한 것은 여호와께서 여호수아에게 명령하신 대로 이스라엘이 탈취하였더라 28 이에 여호수아가 아이를 불살라 그것으로 영원한 무더기를 만들었더니 오늘까지 황폐하였으며_수 8:27~28

그러면 "가축과 노략한 것"을 다 탈취하게 하신다고 합니다. 제가 "병원이 망해도 좋으니 남편을 구원해 달라" 하며 재물을 내려놓으니까, 천하보다 귀한 내 생명을 내놓고 기도드리니까, 내 속의 아이 사람 만 이천 명이 무너지고 나니까 주님은 구하지 아니한 재물도 허락하셨습니다.

그러나 아무리 재물을 허락하셨다고 해도 그것을 아이 성에서 쓰면 안 됩니다. 아이 성은 이제 불살라야 합니다. 이제 아이 성은 영원한 무더기로 만들어야 합니다. 오늘까지 황폐해야 합니다. 아이 성과 같은 만 이천 가지 세상 습관이 다시 살아나면 안 됩니다. 어렵게 술을 끊었는데 옛 습성이 다시 살아나면 어쩝니까. 담배를 끊고 다시 그 습성이 살아나서는 안 됩니다. 도박 끊고 다시 살아나서는 안 됩니다.

- 겉으로는 끊어진 것 같은데 내 속에 아직 살아 있는 아이 성의 습성과 가치관은 무엇입니까? 만 이천 개의 값을 치러서라도 나에게 있는 아이 성의 죄가 끊어지고 구원이 이루어지는 것에 전적으로 감사합니까?

> 그가 또 아이 왕을 저녁때까지 나무에 달았다가 해 질 때에 명령하여 그의 시체를 나무에서 내려 그 성문 어귀에 던지고 그 위에 돌로 큰 무더기를 쌓았더니 그것이 오늘까지 있더라_수 8:29

두목인 아이 왕은 저녁때까지 나무에 달아야 합니다. 나무에 달았던 시체를 던져 그 위에 돌무더기를 쌓았더니 "그것이 오늘까지 있더라"고 합니다. 내가 남이 보기에 부끄러운, 아이 왕급의 수치를 오픈하는 것이 모두에게 기념이 되는 일이라고 합니다. 우리의 감사는 여기에서부터 비롯됩니다. 내가 구원의 간증을 하는 것은 '우리'의 돌무더기를 쌓는 것입니다. 후손들이, 우리 자녀들이 이것을 두고두고 기념할 것입니다.

우리들교회의 한 집사님이 아버지와 오빠, 삼촌에게까지 성폭행을 당한 아픔을 어렵게 나누어 주셨습니다. 그야말로 수치 중에 아이 왕급 수치 아닙니까? 그런데 이분이 이 수치 중의 수치를 나무에 달았습니다. 부모님조차 울타리가 돼 주지 못했습니다. 이분은 아버지와 오빠, 삼촌의 괴롭힘 속에서 어찌하지도 못하고 무섭고 긴긴밤을 보냈습니다. 직계 가족 이야기라 누구에게 말할 수도 없었습니다. 아름다워야 했던 사춘기도, 연애 시절도 진심으로 웃지 못했습니다. 결혼하고 자녀의 재롱을 보면서도 웃어 줄 여유가 없었습니다.

그런데 이분이 누구에게도 말하지 못한 이야기를 성령님의 도우심으로 지체들과 나누게 되었습니다. 제가 평생 교회를 다녀도 교회에서 이런 이야기를 나누는 것을 듣지 못했습니다. 그러나 이분은 아이 왕급 수치를 나무에 매달았습니다. 그러면서 부끄러운 것이 사라지고 그동안 흑암에 살던 심령이 빛을 얻게 됐습니다. 자신의 아픔을 공감하고 함께 울고 기도해 주는 지체들을 통해 편안함과 자유함을 느끼게 됐습니다.

내가 100퍼센트 죄인임을 생각할 때 어떤 것도 부끄러운 것은 없습니다. 내가 아이 성 싸움에서 한 번 실패했다고 해도, 두목급 아이 왕을 나무에 매달면 그것이 영원히 기념되어 다른 사람을 치유할 수 있습니다. 이것이 아이 성 전투의 복구전입니다.

- 나의 수치를 매달고 오픈함으로 심령이 살아난 경험이 있습니까? 다른 사람을 살리기 위해 내가 매달아 기념해야 할 수치는 무엇입니까?

우리들 묵상과 적용

이스라엘에 왕이 없으므로 각자 자기 소견에 옳은 대로 행한 사사 시대 백성처럼 저는 제멋대로 살았습니다(삿 21:25). 그러다 가정이 깨질 위기에서 아내의 전도로 교회에 다니게 되었습니다. 교회에서 말씀으로 양육을 받고 목장에서 나눔을 하며 높은 자리에 앉아 주위 사람들을 힘들게 한 사람이 저라는 것을 깨달았습니다. 그 사실을 되새길 때마다 그런 저를 값없이 구원해 주신 하나님의 은혜가 느껴져 깊은 감사를 고백했습니다. 저는 저를 위해 쌓은 인정 중독의 성, 음란의 성, 혈기의 성 등 많은 성을 무너뜨리는 영적 전쟁을 치렀습니다. 저의 섬김으로 상처가 많은 여동생이 교회에 나오게 되었고, 저는 목자가 되어 지체들을 섬기는 수고도 기쁨으로 감당했습니다. 학원을 운영하면서도 예배의 자리를 지키는 것을 우선으로 삼았습니다. 그중 가장 기쁜 일은 무너져 가던 가정이 하나님의 말씀 안에서 온전히 하나가 된 것이었습니다. 난공불락의 큰 성들이 하나씩 무너지니 구원의 하나님께 더욱 감사했습니다.

하지만 시간이 흐르며 구원의 감격은 시들해졌습니다. 감사로 가득하던 제 마음은 생색으로 가득 찼습니다. 상처 많은 여동생을 배려해 주는 일은 불만이 되었고, 목장예배가 일로 여겨졌으며, 학원은 돈을 버는 곳이라고 생각했습니다. 그러자 끊은 줄 알았던 자동차 중독에 다시 빠져들며 아내와의 사이는 최악으로 치달았습니다. 그뿐 아니라 저의 혈기에 상처를 받은 여동생과 목장의 한 지체가 교회를 떠났습니다. 학원 또한 학생들이 점점 줄어 축소 이전을 해야 했고, 자동차도 처분하게 되었습니다.

연이어 일어난 일에 자책과 패배감으로 힘든 시간을 보내던 중 그동안 신앙생활을 잘 한다고 여겼던 저의 모습이 사실은 저의 유익을 위해 주님을 이용한 것임을 깨달았습니다. "진짜 문제 해결은 문제가 없어지는 것이 아니라 문제 가운데 주님을 붙드는 것이다"라는 주일설교 말씀을 통해 제가 할 일이 회개라는 것을 깨닫고 회개하게 해 달라고 기도했습니다. 이 일들이 제 안에 견고히 쌓아진 교만의 성을 무너뜨리기 위해 반드시 필요한 일이라는 것이 인정되자 "두려워하지 말라, 놀라지 말라, 일어나 올라가라"는 주님의 격려가 감사했습니다(8:1). 감사의 마음을 회복하자 하나님은 다른 식구를 통해 여동생의 화가 조금씩 풀려 간다는 소식을 듣게 하셨습니다. 교회를 떠나셨던 목장 지체도 다시 예배의 자리로 돌아오셨습니다. 저의 교만과 혈기의 성을 무너뜨리기 위해 수고한 동생과 집사님에게 죄송하고 감사합니다. 이제는 저를 드러내기를 멈추고 잠잠히 매복하여 주님의 뜻에 순종하기를 소망합니다(8:9).

영혼의 기도

아버지 하나님, 회개하는 자에게 주시는 은혜를 보았습니다. 참으로 내가 할 수 없다는 것을, 내가 아무것도 할 수 없기에 나 자신을 믿어서는 안 된다는 것을 알기 원합니다. 하나님만을 의지하며 주님 앞에 진실하기를 원합니다. 실패한 것 같은 결혼생활과 자녀 양육과 직장생활에서 우리가 복구전을 치르고자 일어날 때 더 이상 실패에 매이지 않고 전력을 다해 싸우게 하옵소서. 삼만 명 매복의 실력을 갖추게 하옵소서. 하나님이 일어나라고 하시는 때에 급히 순종할 수 있도록 삼만 번의 큐티와 기도로 실력을 쌓기 원합니다.

상대의 구원을 위해 거짓으로 져 주는 지혜가 있어야 하는데, 하나님의 은혜가 아니면 나의 혈기와 속상함과 분함 때문에 져 줄 수가 없습니다. 주여, 불쌍히 여겨 주옵소서. 우리가 오직 은혜로 말미암아 내 죄를 보며 참고 져 줄 때, 모든 식구가 성문을 열어 놓고 따라올 것을 믿습니다. 구원의 반열에 합류할 줄을 믿습니다.

우리가 매복하고 순종하는 모든 동기가 구원이기 원합니다. 순종하다가 무서워서 안주하지 않게 도와주시고, 늘 깨어서 여호수아의 단창을 바라보게 하옵소서. 내가 모르겠으면 영적 지도자를 통해, 믿음의 지체를 통해서 잘 해석 받게 하옵소서. 그래서 하나님의 때를 알기 원합니다. 급한 사람은 말씀이 잘 들린다고 하셨습니다. 우리가 구원의 문제에 급하게 도와주옵소서.

육적 성전이 무너지기 전에는 영의 성전이 세워질 수 없다는 것을 알고 나의 아이 성을 불사르는 적용을 하기 원합니다. 내가 서른여섯 가지 수고하며 생색내지 않게 하옵소서. 나 때문에 만 이천 가지 수고를 하는 식구들을 바라보며 그들을 위해 기도하기 원합니다. 내 속의 만 이천 가지 아이 성과 같은 습관도 끝까지 물리치게 도와주옵소서.

아이 왕 같은 두목급 수치를 간증한 여러 형제자매를 찾아가 주시고, 그들에게서 흑암의 모든 세력이 물러가게 하옵소서. 내가 수치를 오픈함으로 다른 사람도 은혜를 받을 뿐만 아니라 나 자신도 "나 자유 얻었네" 인생을 살게 하실 줄 믿습니다. 주님, 함께하여 주시옵소서. 예수님 이름으로 기도하옵나이다. 아멘.

Chapter 12

심리전: 날마다 하나님을 선택하라

여호수아 8:30~35

하나님 아버지, 인생을 걸어가면서 수많은 일을 직면하고 선택해야 합니다. 성령께서 우리를 만져 주셔서 무엇이 바른 선택인지 알게 해 주시옵소서. 말씀해 주시옵소서. 듣겠습니다.

이스라엘은 요단을 건너 여리고 싸움에서 승리했습니다. 아이 성 싸움에 패했다가 손에 땀을 쥐는 복구전을 치러 승리했습니다. 아이 왕을 나무에 매달고 돌무더기를 쌓았습니다. 백성은 이 모든 일을 통해 다시는 실수하지 말아야겠다는 생각이 가득했을 것입니다. 그러나 남은 전쟁에서 선택해야 할 것이 얼마나 많습니까. 실수하지 않기가 정말 어렵습니다. 우리는 무엇을 선택해야 할까요? 배우자, 진로…… 인생의 모든 선택에서 어떻게 승리하는 선택을 할 수 있을까요?

자신의 주제를 잘 알아야 합니다

그때에 여호수아가 이스라엘의 하나님 여호와를 위하여 에발산에

한 제단을 쌓았으니_수 8:30

아이 성 복구전에서 승리했어도 믿음의 지도자 여호수아는 "이제 우리 잘 먹고 잘살자!" 하지 않습니다. 전자동으로 "하나님 여호와를 위하여"로 돌아갑니다. 인생의 제일 목적은 '하나님께 영광을 돌리고 영원토록 하나님을 즐거워하는 것'입니다. 우리가 공부하는 것도, 사회에 나가 일하는 것도 하나님께 영광을 돌리고 영원토록 하나님을 즐거워하기 위해서입니다. 내가 삶의 주인공이 되어서는 안 됩니다.

"하나님 여호와를 위하여" 에발산에 한 제단을 쌓았다고 합니다. 에발산이 있는 세겜은 아이 성에서 약 30km 떨어진 아름다운 골짜기입니다. 이곳은 아브람이 갈대아 우르를 떠나서 하나님께 제단을 처음 쌓은 장소입니다(창 12:7). 또한 야곱의 우물이 있어, 예수님이 사마리아 여인을 만나 주신 곳이기도 합니다(요 4:6~7). 이 세겜 골짜기에 에발산과 그리심산이 있습니다. 에발산은 나무가 없는 거친 산이고 그리심산은 수풀이 우거진 산입니다.

여호수아는 황무한 산, 저주의 산인 에발산에서 예배를 드립니다. 32절에 보면 그곳에서 여호수아가 율법을 기록했다고 합니다. 아이 성 복구전에서 승리했어도 심판의 산에서 율법을 기록합니다. 이것이 자기 주제를 아는 것입니다. 우리는 예수님을 믿음으로 사망에서 해방되었지만 성령님께 나 자신을 맡기는 일에는 수없이 실패합니다. 그러니 내가 잘난 것이 없습니다. 하나님을 믿으면서도 자꾸만 넘어지는 자신이 수치스러워 여호수아는 저주의 에발산에 먼저 섰습니다. 우리에게도 이런 고백이 있어야 합니다. 죽음에 이르는 겸손은 인간으로서는 불가능합니다. 우리는 죽을 때까지 바벨탑을 쌓으면서 나 자신이 하나님이고자 하는 그 세력을 물리치지 못할지도 모릅니다. 그래서 하나님 앞에 늘 눈물밖에 드릴 것이 없습니다. 하나님의 수준에 이르지 못하는 것이 너무 죄송합니다.

아간이 묻힌 돌무더기와 아이 왕이 묻힌 돌무더기는 차원이 다릅니다. 이스라엘이 여리고 전투에서는 승리했으나 아이 성 싸움에서는 실패한 것은 유다 지파의 4대손인 아간의 탐심 때문이었습니다. 그러나 아간이 죄를 고백함으로 돌로 치고 불살라진 아골 골짜기는 이스라엘에 영원한 기념이 되었습니다. 아골 골짜기에서 아간을 불사르고 그 가족과 가축들까지 불사르자 하나님이 맹렬한 진노를 그치셨다고 했습니다(7:26). 아간은 죄를 고백한 후 죗값을 치르고 죽었습니다. 그래서 저는 아간이 천국에 갔다고 생각합니다.

그러나 아이 왕은 똑같이 죄를 지었지만, 끝까지 죄를 고백하지 않았습니다. 그냥 돌무더기에 묻혔습니다. 아간의 돌무더기는 구원의 돌무더기이고, 아이 왕의 돌무더기는 영원히 황폐한 돌무더기입니다(8:28). 아무리 왕이라도 죄를 고백하지 않으면 음부에 갈 수밖에 없다는 것을 보여 줍니다. 아간은 이 땅에서 돌에 맞고 불사름을 당했어도 구원을 받았습니다. 비록 암에 걸려 죽었더라도 내 죄를 회개하고 예수님을 영접하고 떠났다면 그 죽음은 축복입니다.

어느 집에나 정화조는 있습니다. 잔디로 덮여 있든지 아니든지 그 차이일 뿐, 집집마다 정화조를 갖추고 있습니다. 정화조를 청소하려고 열어 보면 도저히 맡을 수 없는 고약한 냄새가 납니다. 우리들교회에서는 매주 죄 고백이 불 일듯 일어납니다. 이렇게 자신의 죄를 오픈한다고 해서 우리들교회 성도들만 냄새나는 사람들입니까? 잔디로 덮었다고 해서 정화조가 없는 것입니까? 그렇지 않습니다. 저마다 자기 속에 고약한 죄를 숨기고 살아갑니다. 우리는 아간이 될지, 아이 왕이 될지 선택해야 합니다. 아간과 아이 왕은 똑같은 죄인입니다. 그러나 어떤 차이가 있습니까? 내 죄를 고백하고 돌이켜 생명을 얻는 죄인인가, 영원히 죄를 숨기면서 사망으로 가는 죄인인가 그 차이입니다.

또한 하나님께 죄를 고백하는 사람은 주변 사람들에게도 죄를 고백합니다. 내가 하나님께 날마다 죄를 고백하면서 부인에게는 "미안하다"라는 말 한 번 하지 않는다면, 자녀에게 "잘못했다"라는 말 한 번 하지 않는다면 진실로 죄를 고백했다고 할 수 없습니다.

수년 전 한 명문대생이 자신의 부모님을 살해한 사건이 있었습니다. 그 청년은 어려서부터 공부를 잘했습니다. 그러나 자신감이 없었습니다. 대인관계에서 피해망상이 심해 학교에서 왕따를 당하고, 친구들은 그를 원숭이라고 놀려 댔습니다. 또한 청년은 어려서부터 엄마를 무척 무서워했습니다. 행여 선생님이 엄마에게 이를까 봐 열심히 공부하고, 엄마에게 불만이 생겨도 엄마가 싫다는 이야기는 일기장에 쓰지 않았습니다. 그러다 청년은 군대를 다녀온 후 언젠가 독립할 때를 기대하며 부모가 자신에게 한 일들을 기록하기 시작했습니다.

첫째, 기독교 신앙을 강요하면서 구타와 폭언을 일삼고 인격적 모독을 멈추지 않음.

둘째, 기독교 집안에다 일류 학교를 나오고 중상류층 생활을 누리면서도 상식 이하의 폭력적 행위를 함.

셋째, 회개와 예수 사랑, 기도를 강조하면서도 부모로서 기본적인 아량조차 보이지 않음.

넷째, 형과 끝없이 부딪치더니 끝내 갈라서고 나에게는 직장 상사처럼 생존을 강요하면서 나를 실질적인 고아로 만듦.

다섯째, 생일과 어린이날은 지나치면서 어버이날과 부모 생일 기념을 강조함.

여섯째, 다른 집 아이들이나 형과 나를 끝없이 비교함.

일곱째, 효도에 관한 기사만 나오면 '내 팔자'를 부르짖으며 비아냥거림.

여덟째, 자신은 살림하지 않으면서 나에게는 설거지, 청소, 식탁 정리를 날마다 강요함.

아홉째, "너는 내 인생의 족쇄다, 싹수가 노랗다" 하면서 나를 모독함.

열째, 신학교에 다니면서 바쁘고 힘들다고 날마다 불평불만을 늘어놓음(초등학교 2학년 때부터 4학년 때까지).

그러던 어느 날, 청년은 엄마를 향한 미움이 폭발했습니다. 평소 부모님께 반항하던 형이 집을 얻어 나가겠다고 했는데, 엄마가 이 청년의 이름으로 대출을 받아 형이 살 집을 얻어 주고 이사도 열심히 돕더랍니다. 반항하는 형에게는 원하는 대로 해 주면서 자신에게는 이

사 뒤치다꺼리까지 시키자 끝내 분노가 폭발한 것입니다.

"엄마는 왜 키가 작다고 나를 무시해! 학창 시절 왜 손수 도시락을 안 싸 주고 분식집 김밥만 싸 줬어? 군대 시절 어떻게 면회 한 번 안 올 수 있어?"

앞서 열 가지 중에 일부만 이야기했는데 어머니는 금시초문이라며 모르는 체했습니다. 도리어 "왜 그때 말하지 않고 이제야 이야기하는 거니? 의도가 뭐야. 왜 엉뚱한 소리로 부모를 놀라게 해. 그게 자식의 도리니?"라면서 야단을 쳤습니다. 그리고 남편에게 그 일을 일렀습니다. 청년은 아버지로부터 "남자 녀석이 옹졸하다", "왜 집안에만 처박혀 있느냐. 나가서 친구 좀 만나라"며 한 시간 동안 다시 야단을 맞았습니다. 지금껏 참고 살다가 난생처음 불만을 토로했는데 부모에게 모독만 당했습니다. 누구도 그 마음을 받아 주지 않았습니다. 청년은 '친부모라면 이럴 수 없다'는 생각만 들었습니다.

그날 이후 청년은 일주일이 넘도록 방 안에서만 지냈습니다. 부모가 외출하면 몰래 나와 빵과 우유를 가져다 먹고, 부모가 잠들 때까지 용변을 참느라 깡통을 가져다 소변을 보기도 했습니다. 그런데 부모는 "너 왜 그러니?" 묻지도 않았다고 합니다.

정말 문제아는 없습니다. 문제 부모만 있을 뿐입니다. 평생 순종만 하던 아들이 난생처음 감정을 털어놓았는데 부모로서 "미안하다"라는 사과 한마디를 하기가 그렇게 어려웠을까요? 잘못을 고백하는 것이 이렇게 힘듭니다. "미안하다"라는 한마디를 못 해서 끝내 그 부모는 자식에게 죽임을 당했습니다. 청년의 엄마는 명문대를 나오고,

신학교도 다니고, 복음적인 교회를 다녔고, 사건 당시에는 성당에 다녔다고 합니다. 복음적인 설교를 듣고 열심히 신앙생활을 했어도 무엇이 진실한 믿음인지 몰랐습니다. 청년도 하나님을 진정으로 만나지 못했기에 스스로 하나님이 되어 부모를 심판했습니다.

그래서 우리는 "나 같은 죄인 살리신 주 은혜 놀라워" 찬양하며 에발산에서 예배해야 합니다. 내가 아무것도 할 수 없음을 인정해야 합니다. 나는 축복의 그리심산에서 예배를 드릴 자격이 없는 죄인입니다. 내 힘으로는 실패할 수밖에 없다고 고백해야 합니다.

- 자식에게도 내가 실패할 수밖에 없는 죄인인 것을 고백하며 용서를 구합니까?

전쟁의 주인은 하나님이시라는 것을 뼈저리게 깨닫고, 싸움에 져도 이겨도 예배를 우선순위 삼는 것이 성숙입니다. 우리가 처음 예수님을 믿을 때는 천국행 버스에 무임승차를 합니다. 차비도 공짜이고 은혜도 거저 받습니다. 그러나 갈수록 차비가 비싸집니다. 욕심을 내려놓아야 하고, 무거운 죄짐도 점차 내려놓아야 합니다. 그래도 천국에 가는 것이 절체절명의 목표이기에 이제 차창 밖은 그만 두리번거려야 합니다. 예배에 집중하며 앞만 보고 달려야 합니다.

아직 어린아이 신앙에 머물러 있는 사람은 기도 응답을 받으면 그때부터 놀러 다니고 큐티도 안 합니다. 하지만 믿음이 성숙한 사람은 환경과 상관없이 예배에 집중합니다.

여호수아는 "하나님 여호와를 위하여" 제단을 쌓았습니다. 우리도 지도자를 잘 만나고 교회를 잘 만나야 합니다. 승리할 때일수록 "전적으로 하나님이 이기게 해 주셨다. 네가 죄인이라는 것을 깨달아라"라고 말해 주는 여호수아와 같은 지도자가 필요합니다. "네가 수고해서 잘된 거야" 하며 상대를 위한다고 하지만, 정말 이 말이 영혼을 살리는 말인지 생각해 보아야 합니다.

- 오랜 기도의 응답으로 입시에 붙고, 승진되고, 사업이 번창하고, 병이 나았을 때 자동적으로 "하나님 여호와를 위하여"가 됩니까? 내가 한 것이 아무것도 없음을 고백하며 하나님을 높이고 있습니까?

내 헌신인가 주님이 원하시는 헌신인가를 살펴봐야 합니다

31 이는 여호와의 종 모세가 이스라엘 자손에게 명령한 것과 모세
의 율법책에 기록된 대로 쇠 연장으로 다듬지 아니한 새 돌로 만든
제단이라 무리가 여호와께 번제물과 화목제물을 그 위에 드렸으며
32 여호수아가 거기서 모세가 기록한 율법을 이스라엘 자손의 목전
에서 그 돌에 기록하매_수 8:31~32

여호수아의 리더십은 "모세의 율법 책에 기록된 대로" 지키는 데서 오는 것이었습니다. 율법은 "다듬지 아니한 새 돌"로 만든 제단을

요구합니다. 쇠 연장으로 다듬지 말라고 합니다. 소리를 요란하게 내지 말라는 것입니다. 예배가 기술이나 형식적인 아름다움만 강조하다 보면 자칫 그것이 우상과 전통이 될 수 있습니다. 40일 기도해서 대학에 붙었다고 해도 40일 기도가 전통이 되어서는 안 됩니다. 누군가 "내가 어떤 기도원에 가서 뭘 했더니 사업이 잘됐다"고 해서 그 기도원이 우상이 되면 안 됩니다. 어떤 형식이나 기술이 아니라, 예배와 말씀에 감격해야 합니다. 성경 하나로도 내게 감격이 있고 예배가 회복되어야 합니다.

우리가 삶의 우선순위에 하나님을 두고, 소박한 데서 기쁨을 느끼고 사랑하려면 어찌해야 합니까? 요란한 경배와 찬양보다 오히려 침묵 속에서 살아가는 것이 그 답입니다. 쇠 연장 소리가 들리지 않는 것이 축복입니다.

"네가 뭔가 됐다고 요란 좀 떨지 말아라, 네가 한 것은 아무것도 없다." 이 하나님의 음성을 들어야 합니다.

소음은 우리의 영혼을 오염시킵니다. 갖은소리로 가득 차고 요란한 삶에 남는 것은 공허뿐입니다. 영성은 수면 위보다 수면 아래가 중요합니다. 드러나지 않고 오래 있는 것은 너무 외롭습니다. 고독합니다. 그러나 이 고독 속에서 우리의 영성이 자랍니다. 우리는 영적 체험을 하는 인간이 아니라 인간의 체험을 하는 영적 존재입니다.

우리는 육적인 축복을 받으면 말씀을 가감하고 싶습니다. '내가 무엇을 해서 잘됐다'라며 나를 자랑하고 싶습니다. 그러나 내가 성경을 읽는 것이 아니라 성경이 나를 읽고 지나가야 합니다. 사울(바울)은 율법대로 살고자 했습니다. 유대교에 회의적인 이방인을 찾아내서 절기와 율법을 지키게 하는 것이 그의 인생 목표였습니다. 누구보다 전도도 열심히 하고, 교회도 열심히 다녔지만 사울은 스데반의 설교를 깨닫지 못했습니다. 최고의 설교자인 스데반을 돌로 쳐 죽였습니다. 그러니 갖은 설교와 간증을 다 듣고도 깨닫지 못하는 사람이 수두룩하다는 것을 저는 알고 있습니다.

아이 왕을 죽이고 많은 전리품까지 취한 이때 번제와 화목제를 드리기가 얼마나 어렵습니까. 내가 그토록 원하던 명문대에 붙었는데 어떻게 십자가를 생각하겠습니까. 내 소원대로 주님이 병 낫게 해 주시고, 부도를 해결해 주시고, 대학에 붙게 해 주셨는데 이때 쇠 연장을 쓰지 말라니 이것이 무슨 뜻입니까?

내 헌신이 아니라 주님이 원하시는 헌신과 회개를 해야 한다는 것입니다. 내가 성공하고 나니까 집에서 십자가 지기는 싫고, 밖에서 가르치며 간증만 하고 싶습니다. 그러나 그것이 요란한 쇠 연장 소리일 수 있습니다. 하나님과 상관없는 내 헌신일 수 있다는 겁니다.

이를 분별하기 위해 우리는 성경을 읽어야 합니다. 요단을 건너기 전이나 건넌 후나 똑같이 율법을 기록해야 합니다. 그래서 여호수아가 말씀을 낭독해서 백성에게 듣게 한 것입니다. 제가 늘 수험생들에게 부르짖는 것처럼 "붙으면 회개하고 떨어지면 감사하라!" 이겁니다.

- 내 열심의 쇠 연장으로 하나님의 말씀을 다듬고 있지는 않습니까? 잘될 때나 안될 때나 말씀을 근거로 살아가고 있습니까?

선택은 내가 하는 것입니다

33 온 이스라엘과 그 장로들과 관리들과 재판장들과 본토인뿐 아니
라 이방인까지 여호와의 언약궤를 멘 레위 사람 제사장들 앞에서 궤
의 좌우에 서되 절반은 그리심산 앞에, 절반은 에발산 앞에 섰으니
이는 전에 여호와의 종 모세가 이스라엘 백성에게 축복하라고 명령
한 대로 함이라 34 그 후에 여호수아가 율법책에 기록된 모든 것대
로 축복과 저주하는 율법의 모든 말씀을 낭독하였으니_수 8:33~34

축복과 저주의 진정한 의미를 알려면 말씀을 마음에 기록해야 합니다. 그러기 위해 여호수아는 말씀을 가감하지 않고 그대로 낭독합니다. 우리는 상대에게 좋은 이야기만 해 주어서는 안 됩니다. 하나님의 말씀에 순종하면 축복이고 불순종하면 저주입니다. 저주의 에발산과 축복의 그리심산은 마주하고 있습니다. 그런데 누구는 축복의 산에 서고 누구는 저주의 산에 섰습니다. 이 선택은 자기가 하는 것입니다.

순종을 상징하는 그리심산에는 시므온, 레위, 유다, 잇사갈, 요셉, 베냐민이 섰습니다. 불순종을 상징하는 에발산에는 르우벤, 갓, 아셀, 스불론, 단, 납달리가 섰습니다(신 27:12~13). 이스라엘 열두 지파의 조상이지만 어떤 지파는 저주의 산에 서고, 어떤 지파는 축복의 산에 섰습니다. 예수 믿고도 불순종하는 모델이 있는가 하면, 실수할지라도 순종으로 결론 맺는 모델도 있습니다.

정치나 교계나 교회마저도 어떤 줄에 서는가가 중요합니다. 에발산에 오른 르우벤과 갓 지파는 이미 요단 동편에 재산을 마련해 두고 전쟁에 임했습니다. 요단 동편에 아내와 자녀, 가축을 두고 왔기에 마음이 딴 곳에 가 있습니다. 누가 무슨 말씀을 전해도 그들의 관심은 오직 자신과 가족의 안녕(安寧)이었습니다. 그것 때문에 교회를 나오고 큐티를 합니다. 식구만 생각하면 아무것도 안 들립니다.

앞에서 이야기한 청년의 엄마는 자신도 똑똑할 뿐만 아니라 자녀들도 열심히 공부시켰습니다. 그래서 아들이 일류 학교에도 들어갔습니다. 신앙생활도 열심히 했지만 그 모든 목적은 가족의 안녕뿐이었습니다. 자녀는 엄마를 원수같이 생각하는데 엄마는 그것도 모르고 자신이 자녀를 위해 헌신한다고 생각했습니다. 성령이 임하지 않아서 자신의 열심이 옳은지 그른지도 모른 것입니다.

르우벤과 갓이 옳은 것 같아서 단과 납달리가 따라붙었습니다. 요한계시록을 보면 훗날 단 지파도 열두 지파에서 빠진 것을 알 수 있습니다(계 7장). 이들은 에발산에서 불순종에 따르는 저주를 들었습니다(신 27장). 힘들게 요단을 건너고, 여리고 전투와 아이 성 복구전까지 치렀습니다. 그 어려운 전쟁을 치르고도 절반이 에발산에 섰습니다. 우리 가운데 절반이 저주의 산에 섰다는 것입니다.

우리는 교회에 오기까지도 어렵습니다. 모두 무엇인가를 버리고 교회에 옵니다. 적어도 세상에서 기득권을 갖고자 교회에 오지는 않았습니다. 고생해서 겨우 구원 받았나 싶었는데 내가 불순종의 에발산에 서는 지파가 되면 어쩝니까? 욕심도 권세도 힘들게 버리고 왔는데 마지막에 에발산에 서는 인생이 되면 어쩝니까? 마지막에 천국행 티켓을 놓쳐 버린다면 너무 억울하지 않겠습니까? 우리는 르우벤과 갓 지파의 비극적인 종말을 보았습니다. 마지막이 중요합니다.

주님은 우리가 그리심산에서 시작하기를 원하십니다. 순종의 산, 축복의 산에서 시작하기를 원하십니다. 말씀이라는 스타트라인에 서기를 원하십니다. 내가 말씀을 듣느냐 안 듣느냐는 처음엔 약간의 차이일 수 있지만, 마지막은 하늘과 땅 차이입니다. 미사일이 궤도에서 0.001mm만 비껴가도 엉뚱한 곳에 떨어진다고 합니다. 우리도 말씀의 궤도에서 벗어나면 안 됩니다.

에발산과 그리심산은 매우 가깝습니다. 서로 말소리가 들릴 정도의 거리라고 합니다. 하지만 비슷하다고 해서, 가깝다고 해서 에발산으로 가면 안 됩니다. 비슷한 모습으로 교회도 다니고 큐티도 하지만 청년의 엄마처럼 엉뚱한 곳으로 갈 수 있습니다.

- 말씀에 순종함으로 축복과 생명의 산에 서 있습니까? 비슷하게 큐티하고 예배를 드리다가도 결정적일 때 말씀보다 내 욕심을 따르며 저주의 에발산에 서지는 않습니까?

모세가 명령한 것은 여호수아가 이스라엘 온 회중과 여자들과 아이와 그들 중에 동행하는 거류민들 앞에서 낭독하지 아니한 말이 하나도 없었더라_수 8:35

이스라엘이 어떤 고지를 점령했을 때 늘 온 회중뿐만 아니라 여자들과 아이와 그들 중에 동행하는 거류민들 앞에서도 말씀을 낭독했습니다. 우리는 잘나갈 때 높은 사람, 놀고 싶은 사람하고만 어울리려 합니다. 하지만 무시당하는 거류민들도 똑같이 한 영혼이기에 그들에게도 말씀을 들려 줘야 합니다. 이것이 교회의 존재 목적이 되어야 하고, 우리가 말씀을 듣는 목적이어야 합니다. 나로 하여금 영적·육적으로 고지를 점령하게 하시는 것은 오직 하나님께 영광을 돌리고 하나님의 율법을 들려 주라는 뜻입니다.

"낭독하지 아니한 말이 하나도 없었더라"고 합니다. 제가 설교하면서 좋은 말만 합니까? "르우벤처럼 에발산에 가면 안 돼! 나중에 망했잖아. 그런데 유다처럼 그리심산에 올라가니까 예수님이 오셨잖아!"라고 말해 줍니다. 축복의 말도 저주의 말도 똑같이 낭독합니다. 그러나 선택은 각자가 하는 것입니다. 주님은 축복과 저주의 기로 앞에 선 우리에게 끊임없이 순종과 불순종의 모델을 보여 주십니다.

명문대생 청년의 엄마는 교회에서도 조금 잘난 사람은 시기하고, 못난 사람은 멸시했다고 합니다. 청년이 그것을 어려서부터 보고 일기에 썼습니다. 청년의 엄마는 대통령이 꿈이었습니다. 그래서 정치외교학과를 갔답니다. 하지만 어려운 현실을 직면하고 영부인이 되기로 꿈을 바꾸었습니다. 당시 군인이 득세하던 시절이기에 그녀는 군인을 만나 결혼했습니다. 남편이 열 살이나 나이가 많았지만, 그가 해군사관학교 출신에다 베트남 전쟁에서 무공훈장을 두 개나 받았다는 것을 알고 골랐습니다. 그런데 그녀의 기대와 달리 남편은 중령에서 퇴역했습니다. 그녀는 자신의 꿈이 와르르 무너지자 이제는 자녀를 들볶았습니다. 큰아들은 반항이 심해 둘째 아들을 열심히 공부시켰습니다. 아들을 새벽까지 공부시키면서도 "공부는 안 하고 잠만 잔다"며 매를 때렸습니다.

이 청년과 부모의 이야기는 우리에게 많은 것을 느끼게 합니다. 그 엄마가 유명한 교회를 다니면서 설교를 안 들었겠습니까? 간증을 안 들었겠습니까. 아무리 좋은 설교를 들어도 자기 주제를 모르면 복음이 뚫고 들어갈 수가 않습니다. 신학 공부도 하고, 교회도 열심히 나가고, 각종 훈련도 다 받았지만 진정한 복음이 이르지 못했습니다.

골로새서 1장 6절에 "이 복음이 이미 너희에게 이르매 너희가 듣고 참으로 하나님의 은혜를 깨달은 날부터 너희 중에서와 같이 또한 온 천하에서도 열매를 맺어 자라는도다"라고 합니다. 복음이 내게 이르지 못하니까 온 천하에서 복음이 열매 맺어 자라는 것이 나와 상관이 없었습니다. 그러니 열심히 교회를 다녀도 오직 나와 가족의 성공밖에는 관심이 없는 것입니다.

이 청년의 사건을 한국교회에 울리는 경종으로 받아들여야 합니다. 혼자 새벽 기도 나가고 큐티하면서 자녀에게는 "너는 공부해라!" 하는 것이 자녀를 위하는 일 같습니까? 이는 오히려 자녀를 버려두는 것입니다. 자기 성찰이 없는 기복주의가 우리 가족과 자녀를 망치고 있습니다.

청년은 대학생 때 처음 교회에 나갔습니다. 교회에 갔더니 한 자매가 "너 초등학교 때 내 짝이었어"라며 말을 걸어 주고, 어떤 지체는

"배고프거나 힘들면 전화해" 하며 따뜻하게 대해 주었습니다. 청년은 겉으로는 아무렇지 않은 척했지만 자신에게 그런 말을 해 주는 사람이 있다는 것에 놀랐다고 합니다. 그러나 '저 사람들도 날 버릴 거야'라는 생각이 자꾸 들어서 자신이 먼저 그 사람들을 버렸답니다. 명문대에 다니고 외모도 말끔한데 열등감에 짓눌려 어떤 친절도 거짓이라고 여겼습니다. 그래도 몇 달 동안 교회에 나간 것이 청년에게는 최고의 안식이었습니다.

우리들교회에 큰 사건이 있었습니다. 전도사님 한 분과 두 청년이 함께 심방을 가던 길에 고속도로에서 교통사고가 났습니다. 세상 사람에게는 이 사건이 저주 같아 보일 것입니다. 저주의 에발산에 선 사건이라고 생각할지도 모르겠습니다. 그러나 폐차할 정도로 차가 완전히 망가졌는데 사람은 살았습니다. 하나님이 지켜 주셨습니다.

그 소식을 들은 우리들교회 모든 식구가 "내가 기도하지 않아서 이런 사건이 왔다"고 회개를 했습니다. 청년들도 모두 회개했습니다. 저도 '전도사님이 교회 일로 수고하시다가 사고가 났구나' 하며 회개했습니다. 우리가 이렇게 너나없이 회개하는데 사탄이 한길로 왔다가 일곱 길로 도망가지 않았겠습니까? 모든 성도가 하나로 똘똘 뭉쳐서 회개하며 기쁘게 그 사건을 해석했습니다. 정말 저주의 에발산이 아니라 축복의 그리심산에 있는, 생명의 선택을 하는 우리들교회라는 것을 느낄 수 있었습니다.

그런데 며칠 후 전도사님이 이런 나눔을 해 주셨습니다. 전도사님이 먼저 퇴원한 후 두 청년을 만나러 병원에 가는데 버스로 이동하는 내내 불안했다고 합니다. 눈만 감으면 사고 장면이 떠올라서 버스에서 내리니까 식은땀이 흥건했습니다. 그러면서 청년들도 똑같이 겪을 걸 생각하니 정죄감이 들었습니다. '나 때문에 이렇게 됐구나' 죄책감이 자꾸 들어서 집 밖에 나오기가 무섭고, '이런 내가 주의 일은 해서 뭐 하나'라는 마음까지 들었다는 겁니다. 이렇게 자신을 정죄하면 누가 좋아하겠습니까? 사탄이 좋아합니다.

전도사님은 이런 정죄감에 수일을 시달리면서 '이것은 십자가 보혈의 피가 아니면 해결이 안 되는 문제구나. 주님이 해결해 주지 않으시면 안 되는구나' 비로소 깨달아졌다고 했습니다. 하나님께서 죽음에 이르는 겸손을 경험하게 하신 것입니다. 이분이 세상적으로 많은 것을 갖춘 분이라서 저는 이런 사건이 반드시 왔어야 했다고 생각합니다.

로마서 8장에 "그러므로 이제 그리스도 예수 안에 있는 자에게는 결코 정죄함이 없나니 이는 그리스도 예수 안에 있는 생명의 성령의 법이 죄와 사망의 법에서 너를 해방하였음이라"고 했습니다(롬 8:1~2). 자신의 연약함을 인정하며 예수님께 감사하는 자는 결코 정죄함이 없습니다. 정죄의 기본 의미는 심판입니다. 그러므로 정죄함이 없다는 것은 심판이 없다는 뜻입니다. 이는 죄책이 주어지지 않고 죄의 영향력 아래에서 벗어났다는 의미입니다. 왜 그렇습니까? 그리스도께서 우리가 받을 정죄를 십자가 죽음을 통해 이미 다 받으셨기 때문입니다.

내가 예수를 믿으면 십자가의 정죄함도, 사탄의 정죄함도 없습니다. 그러면 무엇이 있습니까? 오직 생명의 성령의 법이 있습니다. 내가 죄의 법을 섬기는 연약한 존재라는 것을 인정하면 그다음부터 성령께서 책임지고 모든 것을 해결해 주십니다. 자신의 부족을 인정하는 사람은 성령님이 감싸 안듯이 인도해 주십니다.

전도사님은 한 청년의 아버지의 병문안을 가던 길이었습니다. 두 청년도 함께 헌신하고자 따라갔던 것이죠. 그러니 전도사님이 정죄감을 가질 일이 아닌데 지도자이기 때문에 이런 마음이 들었을 것입니다. 하나님께서 이분을 지도자 삼아 주셨기 때문에 '내가 잘못한 게 뭐야' 하는 게 아니라 '예수 그리스도의 피가 아니면 어떤 문제도 해결할 수 없다'는 것을 깨닫게 하셨습니다. 그러니 참 감사한 일 아닙니까. 이분에게 참으로 말씀이 있기에 사망의 선택이 아닌 생명의 선택을 했다고 믿습니다. 하나님을 사랑하는 자, 곧 그의 뜻대로 부르심을 입은 자들에게는 모든 것이 합력해서 선을 이룬다고 하셨습니다(롬 8:28). 하나님이 전도사님께 가장 알맞은 방법으로 겸손케 되는 기회를 주셨습니다.

십자가 복음이 아니면 예배도 시들해지고, 큐티도 재미없고, 말씀도 사모되지 않습니다. 영혼 구원에 대한 열정이 없는 사람은 어떤 결정도 올바로 할 수 없습니다. 아무리 똑똑하고, 성경을 많이 알아도 실패하는 선택만 합니다.

지금이라도 늦지 않았습니다. 무엇을 선택하겠습니까? 축복의 그리심산입니까? 저주의 에발산입니까? 중립이 있으면 좋겠지만 그런 건 없습니다. 생명이냐 사망이냐 한 가지를 선택해야 합니다.

하나님의 말씀이 무겁게 느껴진다고 슬쩍 빠져나가서 에발산에 올라가는 지파가 되지 않기를 바랍니다. 적당하게 말씀 들으며 적당하게 십자가 지는 중립은 없습니다. 생명의 선택을 해야 합니다.

- 말씀대로 순종해서 살아난 간증이 있습니까? 말씀이 어렵고 적용하기 싫어서 슬쩍 에발산에 올라갔던 일은 무엇입니까? 우리는 순간마다 생명과 사망의 기로 앞에 섭니다. 말씀을 멀리하고 내 가족의 성공만 생각하면서 사망의 선택을 하고 있지는 않습니까?

"나 같은 죄인 살리신 주 은혜 놀라워"

찬양하며 에발산에서 예배해야 합니다.

내가 아무것도 할 수 없음을

인정해야 합니다.

우리들 묵상과 적용

저는 외도로 가정을 힘들게 한 아버지와 문제아인 오빠로 인해 두렵고 우울한 청소년기를 보냈습니다. 아버지와 오빠가 제 인생을 수치스럽고 부끄럽게 만들었다는 생각에 오래도록 그들을 원망하고 미워했습니다. 희생하며 헌신하는 어머니와 다른 형제들은 옳고, 우리를 힘들게 하는 아버지와 오빠는 틀렸다고 생각하는 '옳고 그름의 잣대'가 제 안에 확고히 자리매김해 있었습니다.

몇 해 전 어머니의 장례식 날이었습니다. 우리 형제들은 모두 교회에 다니기에 성도들의 조문이 줄을 이었고 장례식도 예배로 드려졌습니다. 그야말로 하나님이 함께해 주신 화려한 장례식이었습니다. 그러나 장례가 끝나고 유산 상속 문제로 형제들 간에 갈등이 생겼습니다. 이 일로 오빠는 가족과 관계를 단절해 버렸습니다. 저는 '예수님을 믿으니 우리 형제는 선하다'고 생각하며 상속 문제가 잘 끝날 거라고 기대했습니다. 그런데 갈등이 계속되자 해결됐다고 생각한 오빠를 향한 미움이 되살아났습니다. '오빠가 그동안 어떻게 살았는데 양심도 없이 저렇게 행동하냐'며 오빠의 잘못만 곱씹었습니다. '관계가 단절되어도 상관없다'며 모든 책임을 오빠에게 돌렸습니다. 여호수아가 율법 책에 기록된 모든 말씀을 낭독한 것처럼 교회 공동체에서 날마다 말씀을 들었지만, 저의 죄를 알지 못하니 저주의 에발산에서 있었던 것입니다(8:34).

얼마 전, 남편은 제게 오빠의 입장에서 친정 일을 이야기해 주었습니다. 그 말을 듣는 것이 너무 힘들어 남편과 한참 말씀을 빗대어 말싸움을 했습니다. 싸움이 끝난 후 제가 오빠를 얼마나 무시하고 미워하고 있는지를 되새길 수 있었습니다. 저는 화내는 오빠가 두렵고 싫어 피했을 뿐 아니라 오빠를 진심으로 대한 적이 한 번도 없었습니다. 우리가 어떤 자격 때문이 아니라 하나님의 전적인 은혜로 구원 받은 것처럼, 오빠도 '엄마의 자식'이기에 저와 똑같이 상속을 받아야 하는데 자격을 운운한 저의 죄를 회개하게 되었습니다.

그 후 회개의 적용으로 오빠를 찾아가 "오빠 입장에서 생각해 보지 않아 미안하다"고 진심으로 사과했습니다. 오빠는 "그렇게 말해주니 고맙다"고 대답했습니다. 제 생각과 욕심을 따르며 불순종의 에발산에 서 있던 저를 축복의 그리심산에 서도록 인도하신 하나님께 감사드립니다(8:33). 저주와 축복의 모든 말씀을 낭독해 주는 남편과 공동체 지체들을 허락해 주심에도 감사드립니다(8:34).

영혼의 기도

아버지 하나님, 여호수아가 아이 성 복구전에 승리한 후 처음 한 일이 에발산에 제단을 쌓은 것이라고 합니다. 하나님께 모든 영광을 돌리며 예배했다고 합니다. 공부하는 것도, 사회생활을 하는 것도 모두 하나님께 영광을 돌리고 영원토록 하나님을 즐거워하기 위해서인데 조금만 승리하면 교만해지고, 패배하면 열등감에 몸부림치는 우리를 용서해 주시옵소서.

우리도 여호수아와 같은 믿음의 지도자의 지도를 잘 받아서 하나님 여호와를 위하여 에발산에 제단을 쌓기 원합니다. 인생의 선택을 잘 하기 위해서 내 주제를 알기 원합니다. 내가 성령님의 도움이 없이는 아무것도 할 수 없는, 실패할 수밖에 없는 존재인 것을 날마다 고백하기 원합니다.

나는 선택할 수 없습니다. 주님이 내 속에 들어오지 않으시면, 성령님이 나에게 임하지 않으시면 나는 아무것도 할 수 없습니다. 나 자신에 대해서 죽기를 원합니다. 그래서 내 헌신이 아니라, 쇠 연장의 예배가 아니라 다듬지 않은 새 돌로 예배를 드리게 하옵소서. 주님이 원하시는 헌신, 하나님이 기뻐하시는 회개를 하게 하옵소서.

이제 말씀 앞에 올바로 서게 하옵소서. 지금까지 요단을 건너고, 여리고 성과 아이 성을 거쳤는데 내 발로 에발산에 올라가는 일이 없도록 도와주시옵소서. 축복의 그리심산에 올라가는 선택을 하기 원합니다. 생명의 선택을 하기 원합니다. 십자가 복음 위에 바로 서서 오직 말씀에 순종하는 삶을 살도록 주님, 도와주옵소서. 예수님 이름으로 기도하옵나이다. 아멘.

Part 3

철저한 승리를 하려면

Chapter 13

유혹전: 달콤한 유혹과의 전쟁, 기브온

Chapter 14

사수전: 속아서 한 맹세라도 지켜라

Chapter 15

통째로 육탄전: 100% 응답 받는 기도, 해와 달도 멈추게 한 기도

Chapter 16

한결같이 지구전: 철저한 승리, 목 밟기

Chapter 17

한칼에 속전속결: 단번에 빼앗으니라

Chapter 18

끝까지 악전고투: 갈수록 치열한 전투

Chapter 13

유혹전: 달콤한 유혹과의 전쟁, 기브온 여호수아 9:1~15

하나님 아버지, 이 땅에서 치르는 끊임없는 전쟁 가운데
특히 유혹과의 전쟁을 이기기가 어렵습니다.
어떻게 이 전쟁을 치러야 할지 말씀해 주시옵소서. 듣겠습니다.

미국의 유명한 TV 설교자인 짐 베커(Jim Bakker) 목사가 헌금을 유용하고 부정을 행했다는 혐의로 45년의 감옥형과 50만 달러의 벌금형을 선고 받았습니다. 설교자로 많은 사람을 변화시키고 은혜를 끼치기까지 산전수전, 공중전을 다 거쳤을 텐데 물질의 유혹을 이기지 못해 영적 전쟁에서 패하고 만 것입니다. 이 목사는 강아지 결혼식(?)을 위해 파티를 열고, 개집에 에어컨까지 설치해 주었다고 합니다. 방송을 통해 엄청난 액수의 헌금을 모아 전 세계를 도왔으니 자신을 위해 그 정도는 쓸 수 있다고 생각했는지도 모르겠습니다. 그러나 이 목사만 손가락질할 일이 아닙니다. 우리도 정욕을 채우기 위해 얼마나 많은 유혹에 넘어갑니까?

남편을 잃은 어느 부인과 상담을 했습니다. 생전에 남편이 바람을 피웠을 때도 큐티하면서 말씀으로 승리한 분이었습니다. 남편의

죽음에서도 말씀으로 승리했습니다. 그런데 요즘 해서는 안 될 교제를 하고 있다는 겁니다. 끊을 수가 없다고 했습니다. 산전수전, 복구전까지 다 거쳤는데 유혹과의 전쟁에서 실패하고 있습니다.

왜 이리도 끊임없이 전쟁이 찾아오는가 하지만, 그럴 수밖에 없는 것이 우리네 인생입니다. 유혹은 여호수아에게도 찾아왔고 이스라엘 백성에게도 찾아왔습니다. 우리라고 유혹이 없겠습니까? 유혹이 왔을 때 너무 놀라지 마십시오. 누구에게나 있을 수 있는 일입니다.

유혹과의 전쟁은 있을 수 있는 일입니다

> 1 이 일 후에 요단 서쪽 산지와 평지와 레바논 앞 대해 연안에 있는
> 헷 사람과 아모리 사람과 가나안 사람과 브리스 사람과 히위 사람
> 과 여부스 사람의 모든 왕들이 이 일을 듣고 2 모여서 일심으로 여
> 호수아와 이스라엘에 맞서서 싸우려 하더라_수 9:1~2

우리가 그리심산에 서서 생명의 선택을 할 때 '이 일을 듣고' 세상의 모든 왕이 일심으로 싸우려고 덤벼듭니다. 당시 가나안 땅에 살던 부족들은 도시 국가를 형성해서 서로 경쟁하고, 각자 유익에 따라 때로는 동맹을 맺으며 살아가고 있었습니다. 이해관계로 얽힌 그들이기에 좁은 가나안 땅에 모여 살면서도 서로 하나가 되지 못했습니다. 이처럼 이해관계를 따라 어제의 동지가 오늘의 적이 되는 세상 왕

집단은 결코 한마음이 될 수 없습니다. 사두개인과 바리새인들, 헤롯과 빌라도가 결코 하나가 될 수 없었던 것처럼 말입니다.

그런데 세상 왕들이 이스라엘을 공격할 때는 일심으로 단결됩니다. 사두개인과 바리새인, 헤롯과 빌라도도 예수님을 죽일 때는 하나가 되었습니다. 며느리와 시어머니가 앙숙이었다가도 예수 믿는 시누이가 복음을 전하려고 하면 서로 한편이 됩니다. 예수 믿는 사람들을 공격하는 것, 올바른 사람들을 공격하는 것이 세상과 연합한 자들의 특징입니다.

내가 성령 충만할수록 사탄도 부흥회를 합니다. 그러니 끊임없이 전쟁이 찾아오는 것에 죄책을 갖지 마십시오. 내가 살아 있다는 증거로 받아들이면 됩니다. 전쟁은 인생의 끝날까지 찾아옵니다. 전쟁이 오면 내가 잘 걸어가고 있다는 신호로 알고 감사하면 됩니다. 신앙생활 하면서 “나는 시험이 무엇인지 몰라, 나한테는 시험이 없어” 이러는 사람이 오히려 문제입니다. 여호수아에게도 갖가지 전쟁이 찾아왔는데 “나는 시험이 없어” 이게 말이 됩니까? 영적 전쟁을 치열히 치르지 않는 교회나 사람은 사탄도 쳐다보지 않습니다. 영혼 구원은 제쳐 놓고 형식과 직분, 쓸데없는 주장을 두고 목숨 걸고 싸우는 교회와 성도는 이미 사탄의 밥이기에 사탄이 건드릴 가치도 없는 것입니다.

유혹은 끊임없이 찾아옵니다. 다만 내가 세상과 연합하는지 주님의 공동체와 연합하는지가 중요합니다. 교회를 나오면서도 세상 공동체에 깊이 뿌리를 내리고 있기에 예고 없이 찾아오는 유혹에 흘러 떠내려가는 것입니다.

그러나 내가 죄인이라는 것을 인식하고 걸어가는 공동체는 본질이 다릅니다. 세상 모임을 보십시오. 자신이 죄인이라고 고백하는 사람이 있습니까? 모두 자기가 잘났다고만 합니다. 우리는 다 연약하기에 사탄의 끊임없는 공격을 물리치려면 주 안에서 자기 죄를 고백하는 사람들끼리 연합하는 것밖에 방책이 없습니다. 이런 연합이 싫어서 공동체를 떠나고 나 홀로 신앙을 고집한다면 인생의 많은 선택 앞에서 사탄의 먹이가 되기 십상입니다.

• 내가 주로 참석하는 모임은 어떤 것입니까? 내 믿음을 공격하는 세상 세력을 이길 수 있는 모임입니까? 아직도 세상 왕이 좋아서 더 큰 유혹과 패배로 몰고 가는 모임에 일심으로 참여하지는 않습니까?

사탄의 정체를 파악해야 합니다

3 기브온 주민들이 여호수아가 여리고와 아이에 행한 일을 듣고 4 꾀
를 내어 사신의 모양을 꾸미되 해어진 전대와 해어지고 찢어져서
기운 가죽 포도주 부대를 나귀에 싣고 5 그 발에는 낡아서 기운 신을
신고 낡은 옷을 입고 다 마르고 곰팡이가 난 떡을 준비하고 6 그들이
길갈 진영으로 가서 여호수아에게 이르러 그와 이스라엘 사람들에
게 이르되 우리는 먼 나라에서 왔나이다 이제 우리와 조약을 맺읍
시다 하니_수 9:3~6

기브온 주민들이 여호수아가 여리고와 아이에 행한 일을 듣고 거짓으로 화친하고자 찾아옵니다. 마치 먼 곳에서 온 것처럼 다 낡아서 기운 신을 신고 낡은 옷을 입고, 다 해어진 물통을 차고 왔습니다. 사탄도 참 지혜롭습니다.

우리들교회 중고등부의 지훈이가 부모님과 동생의 구원을 위해 날마다 기도 요청을 했습니다. 지훈이는 예수님을 믿은 지 얼마 안 되었는데, 믿지 않는 가족이 그런 지훈이를 자꾸 핍박한 것입니다. 그때마다 온 성도가 함께 기도했습니다. 그렇게 기도한 지 1년 만에 온 가족이 교회에 나오게 되었습니다. 그런데 얼마 전 지훈이가 교회 홈페이지에 회개의 나눔을 올렸습니다. 부모님이 예수님을 믿게 된 이후 속이 편해져서 그런지, 공부는 하지 않고 컴퓨터에만 매달리게 됐답니다. 그래서 학교 선행학습반에서도 밀려났다고 합니다.

지훈이가 대놓고 핍박을 받을 때는 우리가 다 같이 기도했는데, 문제에서 놓인 후 지훈이가 공부를 안 하는 것은 몰랐죠. 그래서 함께 기도도 못 했습니다. 사탄은 이때 지훈이에게 화친을 맺자고 속삭입니다. '네가 온 가족을 전도했는데 그까짓 컴퓨터 좀 하기로서니 좀 어떠니? 하나님이 그런 것까지 간섭하지는 않으셔. 여유를 가져!'

사탄은 헌신하는 성도를 드러내 놓고 공격하지 않습니다. 그러면 상대가 긴장하기 때문이죠. 그래도 지훈이는 "예수님 없이 하버드 대학 가는 것은 부럽지 않다"라고 했습니다. 비록 성적은 떨어졌어도 그동안 열심히 큐티한 실력으로 언어영역만은 1등급이라고 합니다.

또한 사탄은 율법주의, 경건주의, 금욕주의를 내세우며 우리를 공격합니다. 율법주의자나 경건주의자, 금욕주의자들은 성경을 빼놓고 이야기하는 법이 없습니다. 낡은 신발, 해어진 의복, 해어진 가죽 부대…… 이렇게 볼 수 있고 만질 수 있는 근거를 제시하기 때문에 우리가 쉽게 넘어갑니다.

어떤 장로님이 얼마나 경건한지, 교회에 갈 때마다 부인의 차림새를 그렇게 단속했답니다. 애교머리가 조금만 내려와도 "핀 꽂아!", 치마가 조금만 올라가도 "치마가 너무 짧아! 장로 부인이 그게 말이 돼!" 하면서 야단을 쳤습니다. 그렇게 경건을 부르짖었는데 알고 보니 그 장로님에게 애인이 몇이나 있었다고 합니다. 그것도 교회 안에 말이죠. 애인이라는 자매들은 이 장로님이 신실해 보이니까 다 속아 넘어갔습니다. 아예 드러내 놓고 음란한 것보다 이처럼 경건을 가장하여 교묘히 오는 유혹은 분별하기가 더 어렵습니다.

- 인간적인 정을 내세워 나를 유혹하는 기브온은 누구(무엇)입니까? 교회 식구라고, 직분자라고 무조건 믿고 도와주었다가 실망한 일은 없습니까? 상대방을 탓하기 이전에 유혹에 넘어갈 수밖에 없었던 나의 욕심을 깨닫고 있습니까?

7 이스라엘 사람들이 히위 사람에게 이르되 너희가 우리 가운데에
거주하는 듯하니 우리가 어떻게 너희와 조약을 맺을 수 있으랴 하
나 8 그들이 여호수아에게 이르되 우리는 당신의 종들이니이다 하매
여호수아가 그들에게 묻되 너희는 누구며 어디서 왔느냐 하니 9 그들

이 여호수아에게 대답하되 종들은 당신의 하나님 여호와의 이름으
로 말미암아 심히 먼 나라에서 왔사오니 이는 우리가 그의 소문과
그가 애굽에서 행하신 모든 일을 들으며 10 또 그가 요단 동쪽에 있
는 아모리 사람의 두 왕들 곧 헤스본 왕 시혼과 아스다롯에 있는 바
산 왕 옥에게 행하신 모든 일을 들었음이니이다 11 그러므로 우리
장로들과 우리나라의 모든 주민이 우리에게 말하여 이르되 너희는
여행할 양식을 손에 가지고 가서 그들을 만나서 그들에게 이르기를
우리는 당신들의 종들이니 이제 우리와 조약을 맺읍시다 하라 하였
나이다 12 우리의 이 떡은 우리가 당신들에게로 오려고 떠나던 날
에 우리들의 집에서 아직도 뜨거운 것을 양식으로 가지고 왔으나
보소서 이제 말랐고 곰팡이가 났으며 13 또 우리가 포도주를 담은
이 가죽 부대도 새것이었으나 찢어지게 되었으며 우리의 이 옷과
신도 여행이 매우 길었으므로 낡아졌나이다 한지라_수 9:7~13

이스라엘 사람들도 의심을 하기는 했습니다. "너희가 멀리에서 왔다고? 이곳 가나안에 사는 사람 같은데?" 잘못된 결혼이나 잘못된 동업을 한 사람 치고 "나도 처음에 의심했지" 이러지 않는 사람을 못 봤습니다. 그러나 곧 자아도취에 빠져서 "내가 믿게 할 수 있어. 내가 변화시킬 수 있어!" 하며 자기 뜻대로 합니다.

이스라엘은 처음엔 의심했지만, 곰팡이 난 양식과 찢어진 부대를 보고서 금세 결정했습니다. 상대가 재물과 학력과 제자 훈련을 증거로 보이니까 거기에 홀랑 넘어가 불신 결혼을 하는 것이나 다름없

습니다. 더군다나 "당신들의 종이 되겠다"고 하니 안 넘어가고 배깁니까? 결혼할 때 "나는 당신의 종이 되겠다" 이런 말 안 들어 보신 분 있다면 손 한번 들어 보십시오. 거기에 자기 간증까지 멋들어지게 하니 분별이 더 어렵습니다. 기브온처럼 착해 보이고, 간증까지 있는 사람을 두고 누가 하나님 앞에 "이 사람이 맞습니까?" 물으며 울고불고 기도하겠습니까. 여호수아도 "좋아, 좋아" 하면서 약조를 맺었는데요. 거짓 신앙으로 경건하게 포장해서 오는데 누가 쉽게 가려낼 수 있겠습니까. 공개적인 적을 다루기는 훨씬 쉬운데 예수님의 열두 제자 중에서 가룟 유다를 가려내기는 정말 어렵습니다.

"가나안 주민들을 남김없이 진멸하라"고 하나님이 수없이 말씀하셨는데, 기브온과 화친을 맺게 생겼습니다. 이방인과 영원히 섞이게 될 상황입니다. 얼마나 위태롭고 하나님 나라가 흔들릴 일입니까. 이처럼 우리가 교묘한 속임수에 다 넘어갑니다.

기브온의 거짓말은 라합의 거짓말과는 다릅니다. 라합의 거짓말은 여리고의 죄악을 인정하고 하나님 편에 서기 위한 거짓말입니다. 여리고가 망할 것을 알고 구원을 강청한 거짓말입니다. 라합은 육이 무너져야 영이 세워지는 것을 알았습니다. 그러나 기브온은 자신들의 유익을 위해서 거짓말을 했습니다. "우리는 망하지 않고도 예수 믿을 수 있어!" 하는 것입니다. '내게 고난을 주셔서라도 말씀만 사모하게 해 달라' 이런 믿음이 없는 겁니다. 라합의 거짓말과 기브온의 거짓말은 차원이 다릅니다. 영을 구하는가, 육을 구하는가의 차이입니다. 우리는 라합과 기브온을 구분할 수 있어야 합니다. 육이 무너지지 않으면 영이 세워질 수 없습니다. 이것을 아는 것이 겸손이고 지혜입니다.

기브온이 너무 착해 보이니까 이스라엘은 하나님께 묻지도 않고 조약을 맺습니다. 믿지 않는 이방인인데도 기브온이 "내가 잘 믿을게요"라면서 그럴듯한 이야기를 하니까 여호수아가 하나님께 묻지도 않고 약조를 해 버렸습니다. 우리가 다 이렇게 덜컥 결혼하고 동업을 합니다.

어떤 자매는 결혼을 하고 보니 남편이 너무 이상한 사람이더랍니다. 그래서 이혼도 하지 않고 급히 집을 나와 버렸습니다. 그러고는 어떤 사역자와 결혼을 하고 아이까지 낳았습니다. 그러다 제 설교를 듣고서 마음이 찔려 제게 상담을 요청했습니다.

"제가 지금의 남편과 사는 것이 '간음을 행하는 것이 아닌가'라는 생각이 듭니다. 전 남편에게로 돌아가야 하지 않을까요?"

결혼도 쉽게 하고, 가출도 쉽게 하고, 재혼(?)도 쉽게 하고, 다시 돌아가는 것도 쉽게 생각하고…… 그러면서도 자매는 말할 수 없는 정죄감에 몸부림치고 있었습니다.

분명히 신앙이 있는데 왜 쉽게 결정하고 잘못된 길로 갑니까? 나에게 육이 무너지는 경험이 없으면, 땅끝까지 내려간 겸손이 없으면 기브온의 거짓을 분별해 낼 힘도 없습니다. 야고보는 "너희가 얻지 못함은 구하지 아니하기 때문이요"라고 했습니다(약 4:2). 내가 구하지 않기에, 하나님께 묻지 않기에 분별하지 못하는 것입니다. 나의 잘못된 시작이 잘못된 결론을 낳는 것입니다.

- 감정, 경건함, 외모 등 내가 가장 유혹 받는 것은 어떤 부분입니까? 그것이 나의 상처(열등감)와 연관된 것은 아닌가요? 간증하면서 내가 위장하고 있는 것은 없습니까? 말씀을 근거로 올바른 분별을 하고 있습니까?

유혹에 넘어가지 않으려면 하나님의 때를 기다려야 합니다

14 무리가 그들의 양식을 취하고는 어떻게 할지를 여호와께 묻지
아니하고 15 여호수아가 곧 그들과 화친하여 그들을 살리리라는 조
약을 맺고 회중 족장들이 그들에게 맹세하였더라_수 9:14~15

사탄의 특징은 하나님의 방법이 아닌 내 방법이 옳다고 꾀는 것입니다. 여호수아와 족장들은 끊어야 할 관계를 끊어 내지 못하고 도리어 적과의 회담을 자청하고 있습니다. 왜 그렇습니까? 여호수아는 동정을 빙자하여 자신이 괜찮은 사람임을 보이고 싶어 하는 교만에 빠졌습니다. '내가 여리고, 아이를 다 이겼는데……' 하며 갑자기 관대해져서 동정과 사랑을 구분하지 못하는 것입니다. 배부르고 등 따듯하니까 영적인 분별력이 무뎌졌습니다. 이스라엘이 아이 성 복구전에서 승리한 후 먼저 저주의 에발산에서 예배를 드린 것은 우리가 성공했을 때 하나님을 기억하기가 더욱 어렵기 때문입니다. 여호수아가 이를 걱정하여 에발산에 제단을 쌓았건만 금세 무너졌습니다. 무의식적인 교만으로 동정을 베풀며 기브온의 꾀에 넘어갑니다. 인생

은 죽을 때까지 교만합니다.

어떻게 하면 기브온의 유혹에 넘어가지 않을까요? 여호수아의 지혜로는 어림도 없습니다. 우리의 지혜로도 어림없습니다.

"너는 마음을 다하여 여호와를 신뢰하고 네 명철을 의지하지 말라 너는 범사에 그를 인정하라 그리하면 네 길을 지도하시리라 스스로 지혜롭게 여기지 말지어다 여호와를 경외하며 악을 떠날지어다"(잠 3:5~7).

내 죄를 보고 악을 떠날 때 주님이 지혜를 주십니다. 내 지혜를 버리고 하나님께 돌이킬 때 지혜를 주십니다. 아무리 늦은 것 같아도 내 죄를 보고 돌이키면 하나님이 지혜를 주십니다. 이 지혜를 얻기 위해서 우리는 늘 깨어 있어야 합니다.

그런데 자꾸 내가 할 수 있을 것 같아서 이스라엘은 성급하게 결정을 했습니다. 잘못된 인간관계의 원인을 찾다 보면 한결같이 성급히 결정했다고 합니다. 그러니 결혼, 사업 등 어떤 일을 두고 압박 가운데 결정하는 것은 좋지 않습니다. '오늘 안에 결정해야 해!', '일주일 안에 결정하지 않으면 손해를 볼 거야!' 이런 속삭임을 조심해야 합니다. 의심이 생기거든 기다리십시오. 내가 진정 하나님의 뜻을 묻고 기도했는데도 마음에 평안이 없다면 그 일을 해서는 안 됩니다. 어떤 경우에도 나의 판단을 믿어서는 안 됩니다. 하나님의 뜻에서 벗어나는 '내 생각'이 얼마나 많은지 모릅니다. 꼭 진행해야 하는 일이라도 의심이 생기면 기다려야 합니다. 반드시 하나님의 사인이 날 때까지 기다려야 합니다. 하나님을 기다리는 사람은 어떤 경우에도 수치를 당하지 않습니다.

기브온은 우리 가정에도, 교회에도 침투해 있습니다. 교회에서도 내 유익만을 생각하고, 직분을 바라면서 비본질적인 것에만 관심을 쏟습니다. 육신의 정욕과 안목의 정욕, 이생의 자랑에 매여 잘못된 약조를 합니다. 욕심이 분별을 막습니다. 제가 20년 남짓 큐티모임을 인도하면서 인간에 대한 배움도 많이 얻었습니다. 특별히 머리가 좋은 사람들은 겉으로 흉내를 잘 낼 수 있다는 것을 알았습니다. 기브온처럼 경건을 가장해서 얼마든지 간증하고 나눔도 할 수 있더군요. 강단에 나와 간증하고, 제 손을 붙들고 "설교에 은혜 받았다" 하고서도 세상으로 떠난 사람이 얼마나 많은지 모릅니다. 교회에서도 명예욕·권세욕을 불태우다 보니 이런 경건의 모양만 띤 성도가 생겨납니다. 진실한 척 흉내를 내는 것이죠. 여호수아도 속아 넘어갔는데 우리라고 이런 사람들을 어찌 분별할 수 있겠습니까.

하지만 아무리 기브온이 정직해 보여도 여호수아는 절체절명의 명령을 받은 지도자입니다. 가나안 민족과는 결코 화친해서는 안 됩니다. 그리스도인이라면 불신 결혼은 하지 않아야 합니다. 불법도 행해서는 안 됩니다. 그런데 상대가 "당신의 종이 되겠다"고 하니까 분별없는 동정심에 다 넘어갑니다.

30대 남자가 채팅을 하다가 오누이로 가장한 청소년들을 알게 됐습니다. 그 아이들이 "갈 곳이 없다"고 하자 500만 원을 주며 방을 얻어 주었답니다. 그런데 그 아이들이 남자의 돈을 뜯어내려고 살인을 공모했다는 겁니다. 그러면 우리는 누구를 불쌍히 여겨야 합니까?

갈 곳 없는 아이들에게 친절히 방까지 얻어 주었는데 살해당할 뻔했으니, 남자를 불쌍히 여기지 않겠습니까? 그런데 이 남자에게는 책임이 없을까요? 왜 청소년하고 채팅을 합니까. 미성년자와 채팅하고, 더구나 모르는 사람을 덜컥 믿은 것을 회개해야 하지 않겠습니까? 그런데 우리는 "내가 도와줬는데 어떻게 그럴 수 있어?" 이것만 따집니다.

하나님이 명하시는 것에 순종하고, "하지 말라" 하시는 것은 안 해야 합니다. 이스라엘이 쉽게 약조했기 때문에 치러야 할 대가가 너무 큽니다. 하나님이 "하지 말라" 하시는 것을 했기 때문에 영원히 함께해야 할 기브온이 내 속에 들어왔습니다. 엄청난 수치를 당하게 된 것입니다.

이스라엘은 눈에 보이는 아름다운 외투와 은금을 탐내다가 아이 성 싸움에서 실패했습니다. 그러나 아간을 돌로 치고 불사르는 적극적인 회개로 하나님의 맹렬한 진노를 그치게 했습니다. 그런데 기브온 사건에서는 적극적인 회개가 안 됩니다. 아이 성의 죄악은 드러내놓고 모두가 알게 찾아왔는데, 기브온의 유혹은 나만 알게, 아주 교묘한 모습으로 찾아왔기 때문입니다.

중년에 갑자기 사랑이 찾아왔습니다. 평소 남편에게 무시만 받다가 나를 왕비처럼 대해 주는 남자를 만났습니다. 희대의 탈옥범 신창원은 도망을 다니며 자신을 숨겨 준 여자들에게 갖은 보석을 선물했다고 합니다. 그러니 누구도 그를 신고하지 않았습니다. 인물도 훤칠한 남자가 보석까지 선물하면서 "사랑한다"고 하는데, 여러분이라면 안 넘어가겠습니까? 내가 콩나물값도 아까워하는 처지인데 웬 남자가 1억짜리 보석을 주면서 "사랑한다"고 한다면, '죽어도 좋다. 갈 때까지 가 보자' 이런 마음이 들지 않겠습니까? 그래서 목구멍이 포도청인 아이 성 시험보다 감미롭고 설레는 기브온 시험이 훨씬 어렵습니다.

맨 처음에는 이성이 비판하겠죠. '그러면 안 돼, 여기에서 멈춰야 해!' 그러다 서서히 빠져듭니다. 조금씩 의지를 상실합니다. 마지막에는 쾌락이 이성을 밀어내면서 자기변명에까지 이르게 됩니다. '내가 지금까지 남편한테 사랑 받아 봤나. 돈을 마음대로 써 봤나. 사랑이라도 한번 하고 죽자.'

그래서 우리는 성경을 보며 끊임없이 찾아오는 기브온의 유혹을 대비해야 합니다. 매사에 방심하지 말고 하나님께 물어야 합니다. 날마다 큐티하는 것, 공예배와 목장예배에 빠지지 않는 것이 하나님께 묻겠다는 의지의 표현입니다.

고난 가운데 있고 못 먹고 못살 때는 교회에 열심히 나오지만, 교묘한 유혹에 빠진 사람들은 교회에 잘 안 나옵니다. 그렇기에 저는 여러분이 술, 담배, 남자, 여자 다 못 끊어도 예배만 오기를 권합니다. 예배를 사모하면 언젠가는 반드시 죄가 끊어집니다. 남자, 여자, 술, 담배 못 끊는다고 천국에 못 가는 법은 없습니다. 예배에 나오기만 하십시오. 중독을 못 끊는 사람에게 "끊어라, 끊어라" 하지만 말고, 그를 예배에 데리고 오십시오. 술 드시고 오셔도 좋습니다. 교회에 오기만 하십시오. "오기만 해라, 오기만 해라" 하는 말 듣고 교회에 왔다가 저절로 중독이 끊어진 분들이 우리들교회에도 많습니다.

예배를 사모하는 사람은 절대로 무너지지 않습니다. 여호수아도 유혹에 넘어갔는데 나라고 안 넘어가겠습니까? 넘어간 것까지는 좋다 이겁니다. 지금이라도 하나님께 물으면 됩니다. 교묘한 유혹에 빠졌더라도 이제부터라도 그 실체를 알고 걸어가면 됩니다. 그럴 때 어떤 유혹과의 전쟁에서도 승리하게 될 것입니다.

- 하나님께 묻지 않고 쉽게 결정한 일은 없습니까? 일의 성패를 떠나 그 자체가 죄라는 것을 알고 있습니까? 유혹에 빠져 합리화하는 일은 무엇입니까? 믿음의 공동체에서 양육 받으며 그것을 끊어 내고 있습니까?

내 죄를 보고 악을 떠날 때
주님이 지혜를 주십니다.
내 지혜를 버리고 하나님께 돌이킬 때
지혜를 주십니다.
아무리 늦은 것 같아도
내 죄를 보고 돌이키면 하나님이
지혜를 주십니다.

우리들 묵상과 적용

몇 달 전 예수님을 만나 은혜의 시대를 살고 있던 딸아이가 "더는 이 집에서 못 살아!"라고 폭탄선언을 했습니다. 불신 교제 끝에 예수님 품 안으로 돌아온 딸인데, 집이 싫다고 하니 어찌 된 영문인지 몰라 두려웠습니다. 딸아이는 교회를 다녀도 여전히 권위적인 아빠와 교회 일이 바쁘다며 집을 돌보지 않는 엄마를 견디기 힘들다고 했습니다. 남편은 저와 자주 다투고 외박까지 하곤 했는데, 이런 모습을 보고 자란 딸은 마음에 상처가 많아 항상 집을 떠나 독립하고 싶어 했습니다. 정신과 상담에서도 부모와 분리되어 지내는 것도 나쁘지 않다고 하니 딸은 "1년만 나가 살겠다"며 고집을 피웠습니다. 울면서 애원하는 딸이 가엾기도 하고 '교회 공동체 안에 잘 붙어 있으니 괜찮겠지' 싶었습니다.

기브온 족속들이 가져온 마르고 곰팡이 핀 떡과 해어지고 기운 가죽 포도주 부대, 낡은 신발처럼 딸이 말하는 모든 것이 저희 부부에게는 꽤 그럴듯하게 들렸습니다(9:12~13). 그렇게 우리 부부는 여호와께 묻지 않고 딸아이와 곧 화친하여 오피스텔을 얻어 주기로 했습니다(9:14~15). '1년만 사는 건데 괜찮겠지' 하며 목장에 묻지 않았지만, 주일 설교를 듣고 깊은 찔림을 받아 목장에 오픈하니 "절대 안 된다" 라는 처방을 받았습니다. 바로 다음 주가 이사에, 이미 계약금도 낸 상태라 딸에게 "집을 나가면 안 된다!"라고 말하기가 어려웠습니다. 하지만 설교 말씀과 공동체의 응원에 힘입어 딸에게 담대히 말할 수 있었습니다. 딸은 곧 대화를 단절했고 저희 부부는 그저 기도하며 기다리는 수밖에 없었습니다. 하지만 하나님은 우리의 연약함을 아시고 더는 화평이 깨지는 일이 없도록 해 주셨습니다. 딸아이가 수요예배에 갔다가 은혜를 받고 스스로 집을 나가지 않기로 결정한 것입니다.

하나님께 묻지 않은 대가로 우리 가족은 계약금을 손해 보게 되었지만 더 큰 회개의 축복을 누리게 되었습니다. 남편은 가족을 숨 막히게 했던 자신의 모습을 회개하고, 저 또한 엄마로서 당연히 해야 할 집안일을 하지 않은 것을 회개했습니다. "집을 나가도 좋다!"는 말이 딸을 이기지 못해 포기한 것이었다는 아빠의 고백에, 딸은 "나가면 안 된다"고 해 준 아빠에게 진정한 사랑을 느꼈다고 했습니다. 하나님께 묻지 않음으로 더 큰 전쟁을 치를 뻔한 사건에서 우리 가족을 건져 주시고 회개에 이르게 하신 하나님께 감사드립니다.

영혼의 기도

하나님 아버지, 우리는 유혹을 이기지 못합니다. 끊지 못하는 세상 것이 너무 많아서 괴롭습니다. 하나님을 사랑하고 말씀을 사모하지만 유혹과의 전쟁에서 자꾸 무너지는 자신을 보면서 낙심합니다.

내가 성령 충만할수록 사탄도 부흥회를 한다는 걸 알았습니다. 그러나 내가 유혹을 끊지 못하는 근본적인 이유는 여전히 세상과 연합하고 싶기 때문입니다. 세상을 너무 좋아하기 때문입니다. 여전히 세상에서 인정받고 싶어서 자녀를 불신 결혼을 시키고, 형제간에도 비교하면서 이런저런 유혹에 넘어갑니다. 이것이 우리 믿음의 현주소이오니 불쌍히 여겨 주옵소서.

사탄은 우리를 교묘히 유혹하기에 내 힘으로는 사탄을 물리칠 수 없습니다. 육이 무너져야 영이 세워진다는 것을 깨닫고 겸손한 성도가 되게 도와주옵소서. 진실함을 가장한 거짓을 분별할 수 있게 해 주시옵소서. 그럴듯한 외모에 속아 나도 모르게 하나님의 말씀을 거역하지 않도록 도와주시옵소서.

나는 세상을 사랑할 수밖에 없는 100% 죄인이기에 이제 세상과의 연합을 끊고 믿음의 공동체에 연합되기를 원합니다. 우리가 끊지 못하는 많은 것을 내 힘으로 끊으려고 하기보다 먼저 주님을 사랑하게 하옵소서. 하나님을 사랑하고 예배를 사모하는 것이 유혹과의 전쟁을 이기는 비결이라고 하시니 예배를 사모하게 하옵소서. 믿음의 공동체에 속하게 하옵소서. 말씀을 열심히 보겠습니다. 도와주옵소서. 예수님 이름으로 기도하옵나이다. 아멘.

Chapter 14

사수전:
속아서 한 맹세라도 지켜라 여호수아 9:16~27

하나님 아버지, 우리가 죽어 가는 영혼들을 살리기 원합니다.
속이고 속지만 주님께서 "그들을 살리라"고 하시오니 지혜를 주시옵소서.
말씀해 주시옵소서. 듣겠습니다.

지방의 한 도시에서 고등학교 남학생들이 여중생을 집단 성폭행한 사건이 일어났습니다. 어린 학생들 사이에서 일어난 일이라 충격이 컸고, 가해 학생들의 학교와 신상이 언론에 공개되면서 이런저런 말이 많았습니다. 여중생은 고등학생들에게 속았고, 개인 신상이 알려진 남학생들은 기자들에게 속았습니다. 서로 속이고, 속았습니다. 누가 피해자이고, 누가 가해자입니까?

우리는 이처럼 끊임없이 속고 속이는 일을 겪으며 살아갑니다. 이스라엘 백성들도 기브온 주민들에게 속아서 화친을 맺었습니다. 하나님이 "가나안의 어느 족속과도 화친을 맺지 말라"고 하셨는데, 여호수아도 속임수에 넘어가 명령을 어긴 것입니다. 그렇다면 내가 속았다는 것을 알게 된 후에는 어떻게 해야 할까요? 내가 속았는데 나를 속인 그들을 어떻게 해야 할까요?

속임수의 실체를 객관적으로 파악해야 합니다

그들과 조약을 맺은 후 사흘이 지나서야 그들이 이웃에서 자기들 중에 거주하는 자들이라 함을 들으니라_수 9:16

원문에는 "그리고 삼 일이 되었다", 즉 속고 나서 삼 일이 되었다고 적혀 있습니다. 그런데 개역개정 성경은 "사흘이 지나서야"라고 옮겼습니다. 그러니까 그 전에라도 얼마든지 알 수 있는 것을 사흘이 지나서야 알게 되었다는 겁니다.

사흘이 지나서 기브온의 정체가 드러났습니다. 속임수는 언젠가 드러나게 돼 있습니다. 문제를 어떻게 해결해야 할지 잘 모를 때는 가만히 있으면 중간은 갑니다. 그런데 내가 묻지도 않고 행했다가 상대에게 속았습니다. 이럴 때 나를 속인 사람을 미워하기보다 내가 얼마나 잘 속는 사람인지 내 실체를 보아야 합니다. 그래야 나도 살고, 나를 속인 자들도 살릴 수 있습니다.

창세기 3장에서 사탄은 하와에게 "선악을 알게 하는 나무 열매를 먹으면 네가 하나님같이 되리라"고 거짓말을 했습니다(창 3:5). 사탄은 "스스로 돈을 만들 수 있다, 사랑을 만들 수 있다, 건강을 만들 수 있다" 하며 '네가 하나님이 될 수 있다'고 우리를 꼬입니다. 하와는 그것이 거짓말인 줄도 몰랐습니다. 사탄이 집요하게 꾀자 속아 넘어갔습니다. 그 결과 인류에 죄가 들어오고 인간은 하나님과 분리된 삶을 살게 되었습니다. 그러므로 우리는 사탄의 속임수에 넘어가서는 안 됩니다. 한 사람이 속임수에 넘어간 여파가 이토록 엄청납니다.

그러나 우리는 돈에 잘 속습니다. 돈이면 무엇이든지 할 수 있다고 생각합니다. 교회에서도 돈이 있어야 대접을 받는다고 생각합니다. 정말 그렇습니까? 내가 영혼 구원 때문에 베푸는 것이 아니라 인정받기 위해서 돈을 쓰는 것이라면 쓰는 자나 받는 자나 다 속고 속이는 것입니다. 돈으로 할 수 있는 일이 많은 것도 사실입니다. 그러나 돈으로 할 수 없는 일이 얼마나 많은지도 알아야 합니다. 돈으로 책을 살 수는 있지만 지혜를 살 수는 없습니다. 돈으로 좋은 침대를 살 수는 있지만 잠을 살 수는 없습니다.

환난당하고 빚지고 원통한 자들에게 복음이 필요하다는 생각으로, 그런 분들이 모일 수 있는 교회가 있어야 한다는 생각으로 우리들교회가 시작되었습니다. 우리들교회는 개척 위원도, 개척 자본도 없이 저희 집에서 시작했습니다. 그리고 하나님이 연고도 없는 휘문학교의 식당을 예배 처소로 사용하게 해 주신 것이 지금에까지 이르렀습니다. 한결같이 힘든 성도들만 모였기에 건축헌금도 작정하지 못했습니다. 교회에 오는 차비도 겨우 마련하여 오실 텐데 헌금으로 부담을 드릴 수는 없었습니다.

그래도 열심히 기도했더니 창립 2주년 예배에 휘문고 이사장님이 오셔서 예수님을 영접하시고 학교 체육관을 쓰게 해 주셨습니다. 성도는 점점 많아지고 예배 장소가 좁아서 걱정했는데 넓은 체육관으로 옮기게 된 것입니다. 우리가 돈이 없는 것을 아시고, 우리의 진심을 아시고 하나님이 체육관으로 올라가게 하셨습니다. 이렇게 돈으로는 할 수 없고 은혜로만 가능한 일들을 주님이 끊임없이 보여 주셨습니다.

또한 우리는 사랑에 속습니다. 많은 사람이 운명적인 사랑을 부르짖으면서 백마 탄 왕자와 공주를 기다리지만, 이 세상에는 왕자도 공주도 없습니다. 죄인만 있을 뿐입니다.

또 건강에 속습니다. 저도 말로만 듣던 갱년기를 보냈습니다. 시도 때도 없이 땀이 나는데, 그런다고 찬바람을 쐬면 감기로 고생하기 일쑤였습니다. 이러지도 저러지도 못하니 자꾸 짜증이 났습니다. 병 같지도 않은 병으로 불면증에 시달리고 겨우 잠들었다 싶으면 금세 잠이 깨고……. 얌전하신 한 집사님이 갱년기 증상 때문에 욕이 늘고 정신과까지 찾아갔다는데 어떤 심정이었을지 십분 이해할 수 있었습니다. 그러니 건강에 속으면 안 됩니다. 우리 몸은 세월을 막을 수 없습니다. 운동을 아무리 열심히 한다고 해도 내 힘으로 건강을 지킬 수 없습니다. 건강한 것은 분명 축복이지요. 그러나 교도소에 가 보십시오. 육신이 멀쩡한 사람들이 다 모여 있습니다. 건강도 나에게 행복을 가져다주지는 못합니다.

어떤 권사님이 일평생 십일조를 내지 않다가 수십억짜리 빌딩을 장만한 후 몇억에 달하는 돈을 십일조로 드렸습니다. 그런데 갑자기 외아들이 암에 걸려 세상을 떠났습니다. 조금 후에 남편도 죽었습니다. 그러다 보니 사정이 어려워져 수십억짜리 건물이 공매에 넘어가고 반값에 팔리게 됐습니다. 그 돈으로 임대 보증금을 주고 세금을 내고 나면 길거리에 나앉게 생겼다고 합니다. 참 기가 막힙니다.

이분이 저에게 이런 푸념 아닌 푸념을 하셨습니다. “내가 수억 십일조를 하고, 평생 헌금도 많이 하고, 여러 개척교회도 도왔는데 나에게 왜 이런 일이 옵니까? 아들이 죽고 나니까 며느리나 손자들이나 찾아오지도 않아요. 딸들도 일류로 키워 시집도 잘 보내 놨더니 제게 생활비 한 푼 안 줍니다. 내가 지금까지 교회에 낸 돈이 얼마인데 교회에서도 돈 한 푼 안 줍디다.” 제가 “헌금을 도로 찾는 사람이 어디 있습니까. 빚도 지셨는데 건물을 빨리 처분하시지 왜 그렇게 끼고 계셨어요?” 물었더니, 그곳에 살며 4대 손자까지 장로를 시키고 싶으셨답니다.

이분도 돈에 속았습니다. 자기 헌신에 속고, 자식 사랑에 속았습니다. 속이 상해서 어쩔 줄 모르시는 권사님에게 저는 “우리가 다 나그네 인생인데 너무 욕심이 많으니 되는 일이 없는 것이에요”라고 말씀드렸습니다. “모든 식구들이 권사님을 지겨워하죠?” 물었더니 “어떻게 그렇게 잘 아느냐”고 하십니다. 제가 “교회에서 도와주지 않는 것도, 자식들이 돌아보지 않는 것도 다 권사님 삶의 결론이에요. 이제부터라도 욕심을 내려놓으세요”라고 처방을 드리니 서운해하시는 것이 아니라 오히려 마음이 시원하다고 하셨습니다.

결혼 3년 차인 한 자매를 상담한 적이 있습니다. 이 자매와 남편은 대학생 때 만나서 사랑을 키우다가 6개월간 동거까지 했다고 합니다. 자매는 남편이 자기만 위해 줄 것 같아 결혼을 결심했는데, 그 후 자매에게 지옥 같은 생활만 기다리고 있었습니다. 남편은 갑자기 회사를 그만두고 공부를 하겠다면서 입시 학원에 다니기 시작했습니다. 남편이 너무도 하고 싶어 하는 공부이기에 자매가 열심히 돈을 벌어 그 뒷바라지를 하기로 했습니다. 그러나 일이 얼마나 힘들었는지 자매는 두 번이나 유산을 했습니다. 그러다 결국 난소암까지 걸리고 말았습니다. 자매는 직장에서 퇴직금을 받아 항암 치료를 시작했습니다. 그러나 남편은 아내가 아픈데도 아내의 퇴직금에서 학원비를 충당하며 여전히 자기 공부를 하기에만 바빴습니다. 도저히 안 되겠다는 생각에 자매는 아픈 몸을 이끌고 다시 직장에 나갔습니다. 그랬더니 그제야 남편이 공부를 포기하고 직장생활을 시작하더랍니다. 자매의 항암 치료는 잘 끝나 병원에서는 아기도 가질 수 있다고 했습니다. 그렇게 자매는 불행 끝, 행복 시작인 줄 알았습니다. 그런데 얼마 전 남편이 외도에 빠졌다는 사실을 알게 됐다는 겁니다.

그렇게 사랑하는 사람과 동거까지 해 보고 결혼했는데, 3년 동안 이 많은 고난을 겪었습니다. 돈에 속고, 사랑에 속고, 건강에 속고…… 모든 것에 속았습니다. 결혼 전에는 콩깍지가 씌어서 보이지 않습니다. 우리가 어떻게 알겠습니까? 어떻게 속지 않겠습니까?

그러나 속인 사람을 욕하기 전에 내가 얼마나 속기 쉬운 사람인지를 깨달아야 합니다. 내가 속았습니까? 속임수의 배후에 있는 원수의 정체를 깨달아야 합니다. 진짜 원수는 나를 속인 사람이 아니라 나의 기대와 욕심입니다. 내가 돈을 좋아하고, 사랑을 의지하고, 건강을 탐하다가 속임수에 넘어간 것을 인정하라는 것입니다.

- 돈, 사랑, 건강, 두려움, 나의 봉사와 헌신 등 나는 어떤 것에 쉽게 속습니까? 나의 집착과 기대가 속임수의 실체임을 파악하고 있습니까?

이스라엘 자손이 행군하여 셋째 날에 그들의 여러 성읍들에 이르렀으니 그들의 성읍들은 기브온과 그비라와 브에롯과 기럇여아림이라_수 9:17

셋째 날에 여러 성읍에 이르렀습니다. 삼 일은 십자가 짐 같은 기다림의 시간이고 하나님께 묻고 기도하는 시간입니다. 하나님께 물으며 삼 일을 기다리지 않으면 6개월을 동거해 봐도 알 수 없습니다. 결혼할 때 우리가 따져 보아야 할 것은 상대의 재산이나 성품, 학력이 아닙니다. '그 사람이 하나님을 진정 믿는 사람인가' 이 주제를 두고 결코 타협해서는 안 됩니다.

이탈리아 속담에 '애정 때문에 결혼하는 자는 분노 때문에 망한다'라고 했습니다. 나에게 잘해 주는 것에 속아서, 유순한 성품에 속아서 믿음을 뒤로하면 안 됩니다. 그래서 저는 교제하는 청년들에게 결혼을 결정하기 전에 상대와 사시사철을 겪어 보라고 자주 이야기합니다. 마냥 시간을 보내라는 것이 아닙니다. 사계절, 곧 하나님께 묻는 삼 일을 통해 상대를 잘 살피고 분별하라는 말입니다. 교회만 다닌다고 전부가 아닙니다. 내가 평생을 함께할 사람이 하나님 앞에 자신이 죄인이라는 것을 확실히 고백하는가, 안 하는가를 보아야 합니다.

삼 일을 보내고 여러 성읍에 이르렀습니다. 인생의 여러 성읍에 이르다 보니까 내가 속은 것을 알게 됐습니다. 장가가 보고, 시집가 보고, 회사를 가 보니까, 이 부서 저 부서 겪어 보니까 내가 속은 것을 알게 됩니다. 궂은일, 슬픈 일을 겪으면서 하나님께 드리는 고백이 확실하지 않은 사람은 돈에 속고, 학력에 속고, 재산에 속고 다 속을 수밖에 없습니다.

이왕이면 여러 성읍에 이르러 보기 전에 알 수 있다면 좋겠죠. 그러나 여러 성읍에 이르러 보지 않고 알 수 있는 방법은 세상에서는 없습니다. 하나님께 묻는 것밖에 없습니다. 예수님을 믿는 우리에게 가장 중요한 것은 믿음이기에 우리가 볼 것은 믿음밖에 없습니다. 아무리 많은 것을 갖춘 사람이라고 해도 믿음이 없으면 아무것도 아니라고 말할 수 있어야 합니다.

- 입시에 속았습니까? 결혼에 속았습니까? 직장에 속았습니까? 속았다고 생각하는 그 일에 대해 얼마나 말씀을 붙잡고 기도했습니까?

속았더라도 원칙으로 돌아가서 맹세를 지켜야 합니다

18 그러나 회중 족장들이 이스라엘의 하나님 여호와로 그들에게 맹
세했기 때문에 이스라엘 자손이 그들을 치지 못한지라 그러므로 회
중이 다 족장들을 원망하니 19 모든 족장이 온 회중에게 이르되 우
리가 이스라엘의 하나님 여호와로 그들에게 맹세하였은즉 이제 그
들을 건드리지 못하리라 20 우리가 그들에게 맹세한 맹약으로 말미
암아 진노가 우리에게 임할까 하노니 이렇게 행하여 그들을 살리리
라 하고_수 9:18~20

회중 족장들이 기브온과 맹세를 했습니다. 어디에서나 지도자가 책임을 져야 하는데 지도자가 백성들을 잘못 인도했습니다. 그것을 알고 나니까 백성들이 족장들을 원망하기 시작합니다. 이스라엘 백성들, 성도의 전공이 원망입니다.

백성은 곧 자식이기에 지도자, 즉 족장은 부모라고 할 수 있습니다. 저도 부모님의 주선으로 선을 보고 결혼했기 때문에 시집살이가 힘들 때마다 부모님을 원망했습니다. "너 때문이야"가 주제가였습니다. 제 잘못은 하나도 없는 줄 알았습니다. 돌아가신 아버지는 시집살이 때문에 힘들다고 하면 "네가 교만하다. 잘 참아라. 그 집 귀신이 되어라"고 하셨습니다. 당시 아버지는 말씀으로 거듭나시기 전이라 유교적으로 가르치시는 것이 전부였습니다.

지도자의 책임이 큽니다. 문제아는 없습니다. 문제 부모만 있습니다. 자녀가 잘못된 배우자를 고르는 것도 다 부모의 결론입니다. 부모가 분별력 없이 자녀를 키웠기 때문이고, 부모가 삶으로 보여 준 것이 없기 때문에 자녀가 그런 배우자를 골랐습니다. 그런데 대부분의 부모가 회개를 안 합니다. "야, 다 그만둬. 그 집이 그렇게 가난한 줄은 몰랐지. 학벌에 속고 다 속았는데 살긴 왜 살아. 당장 그만둬" 하면서 이혼을 부추깁니다.

그러나 지도자가 결정을 잘못했으면 원망을 받아야 합니다. 그리고 원망을 받더라도 뒷수습을 잘 해야 합니다. 속았다는 것을 알았을 때 지도자가 할 일은 회개밖에 없습니다. "내가 잘못했다. 내가 깨어 있지 못해서 이런 일이 왔다. 하지만 하나님께 맹세했기 때문에 맹세는 꼭 지켜야 하는 거야! 배우자가 돈을 못 벌어도 결혼 약속은 무조건 지켜야 하는 거야" 이런 태도를 가져야 합니다.

우리는 하나님 앞에서 한 맹세를 지켜야 합니다. 같이 살겠다고 약조했으면 그들을 살려야 합니다. 어떤 상황에도 중요하게 지켜야 할 원칙은 하나님의 이름이 높임을 받는 것입니다. 하나님의 이름으로 맹세해 놓고 내 유익 때문에 그것을 어기면 안 됩니다. 하나님의 이름을 높이는 것이 목적이기 때문에 나에게 아무리 손해가 오더라도 무조건 맹세를 지켜야 합니다.

속았다는 걸 알고서도 정신 못 차리고 뒷수습을 잘못하면 '진노가 우리에게 임한다'고 합니다. 나의 욕심 때문에 속임수에 넘어간 것을 회개하지 않고 세상 방법으로 쫓아내고, 갈라서면 더 큰 진노가 임합니다. 아무리 죽을 것같이 힘든 상황이라도 지금부터 회개하면 됩니다. 이제부터라도 하나님이 책임져 주시리라 믿고 하나님만 의지하면 됩니다. 속은 것이 분하고 힘들어도 그들을 쫓아내지 않고 "그들을 살리리라"는 의지의 결정을 해야 합니다. 그들을 죽이고 내쫓으면 진노가 우리에게 임합니다. 그들을 살려야 나도 살고, 우리도 살고, 그들도 삽니다.

그런데 지도자가 아무 책임을 지지 않는다면 그것은 내가 책임지라는 주님의 메시지입니다. 아무도 회개하는 사람이 없다면 말씀을 깨달은 내가 제일 먼저 회개하라는 주님의 뜻입니다. 회개하는 사람이 그 집의 지도자입니다. 먼저 회개하는 사람이 가장 수지맞는 자입니다. 아무리 잘못된 결혼을 했어도, 중한 실수를 했어도 내가 회개하면 됩니다. 배우자가 외도하고, 자식이 집을 나갔어도 그들을 탓하지 마십시오. 원망은 핑계에 불과합니다. 원망은 자신 없는 사람이 하는 것입니다. 원망만 하고 있으면 다 같이 죽습니다. 어떤 문제를 당해도 맹세를 지키면 됩니다. 아무리 잘못된 배우자, 자녀, 부모라도 버릴 수는 없는 것입니다. 그것이 우리가 지켜야 할 맹세입니다.

• 바람피운 남편, 가출하는 자녀, 금전적인 피해를 입힌 형제에게 내가 지켜야 할 맹세는 어떤 것입니까. 지도자(부모)로서 속은 사람에게 어떤 처방을 합니까? 맹세에 책임을 지고 먼저 회개합니까? "안 보고 살면 그만이다. 호적을 파 가라!" 하고 원망하면서 진노의 길로 가지는 않습니까?

> 무리에게 이르되 그들을 살리라 하니 족장들이 그들에게 이른 대로 그들이 온 회중을 위하여 나무를 패며 물을 긷는 자가 되었더라
> _수 9:21

기브온 사람들이 자기 죄를 알고 스스로 나무 패며 물 긷는 자가 되었습니다. 이스라엘에 속해서 살게 됐습니다.

그런데 예수님을 믿게 됐어도, 주의 일을 한다고 해도 나무 패고 물 긷는 것은 너무 초라해 보입니다. 내가 결혼을 했는데 나의 기브온이 너무 초라해 보여서 인정을 못 합니다. 돈을 못 벌어서 인정을 못 합니다. 예수님을 믿어도 누구는 장로까지 하는데 이 사람은 평생 가야 장로는 꿈도 못 꿀 것 같고, 돈이 없어서 인정을 못 받는 것 같습니

다. 그런 역할을 해야 하는 나의 기브온을 받아들일 수가 없습니다. 그렇다고 기브온을 쫓아내야 할까요?

사무엘하 말씀에 보면 사울이 이스라엘과 유다 족속을 위하여 열심이 있으므로 기브온 사람들을 죽였다고 합니다(삼하 21:2). 그 결과 3년 동안 이스라엘에 기근이 왔습니다. 그 일에 대해 사울의 첩 리스바가 살아남아 회개했고, 다윗이 리스바의 소식을 듣고 감동하여 사울과 요나단의 장사를 치러 준 후에야 기근이 끝났습니다. 3년의 기근을 겪고 사울 자손 일곱 사람이 죽고 나서야 '기브온은 같이 가야 하는 사람이구나' 깨달았습니다. 못된 며느리, 돈 못 버는 못난 사위를 내 자식 위한다고 내쫓으면 3년의 기근이 옵니다.

일단 결혼했다면 버릴 수 있는 사람은 없습니다. 남편도, 아내도, 자식도 아무도 못 버립니다. 아무리 무시되고 싫어도, 하나님의 이름으로 한 약속이기 때문에 다른 선택이 있을 수 없습니다. 선택이 없다는 것을 인정하는 것이 가장 잘 사는 길입니다.

- 너무 초라해서 같이 있기도 싫고 인정하기 싫은 내 삶의 기브온은 누구입니까? 그가 나를 힘들게 해도 하나님께 한 맹세를 이루기 위해 '그들을 살리리라'는 결단을 합니까?

속은 자가 구원의 선봉에 서야 합니다

22 여호수아가 그들을 불러다가 말하여 이르되 너희가 우리 가운데
에 거주하면서 어찌하여 심히 먼 곳에서 왔다고 하여 우리를 속였
느냐 23 그러므로 너희가 저주를 받나니 너희가 대를 이어 종이 되
어 다 내 하나님의 집을 위하여 나무를 패며 물을 긷는 자가 되리라
하니_수 9:22~23

어떤 분이 친한 친구에게 돈을 빌려줬는데 오랫동안 돈을 갚지 않더랍니다. 돈도 돈이지만 이분이 친구에 대한 배신감 때문에 부들부들 떨렸습니다. 그러나 말씀을 들으면서 내 배신감만 생각하고 부도나서 힘들어하는 친구의 아픔과 하나님의 마음은 생각하지 못하는 자신의 이기심을 깨달았다고 합니다. 하나님께 그 이기심을 지적 받고는 꺼이꺼이 울었답니다. 자신의 돈을 찾는 것보다 하나님이 기뻐하시는 일을 하는 것이 중요하다는 것을 깨닫고 친구를 위해 기도하게 됐다고 했습니다. 이것이 한 영혼에 대한 사랑입니다.

여호수아도 기브온 사람들을 사랑하게 됐습니다. 그들에게 속았지만 살려 주려고 마음을 먹었습니다. 살려 주려고 마음먹었기 때문에 야단도 칠 수 있고 저주의 말도 할 수 있습니다. 아예 내칠 마음이면 욕하고 말 것도 없이 버리면 그만입니다. 그래서 여호수아가 기브온 사람들을 야단치고 처방까지 내려 줍니다.

"기브온 사람들아, 왜 멀리서 왔다고 우리를 속였니! 이제 하나님

의 집을 위하여 나무 패며 물 긷는 자로 살아! 그게 너희가 살길이야."

어떻게 보면 여호수아가 너무 심한 말을 하는 것 같습니다. 그 처방을 받아들이려니 기브온 사람들도 힘들었을 것입니다. 이어지는 10장에 보면 "기브온은 왕도와 같은 큰 성이고, 아이보다 크고 그 사람들은 다 강하다"고 합니다(10:2). '내가 얼마나 잘나가던 사람인데 나무 패고 물 긷는 일을 하겠는가' 생각할 수 있습니다. 하지만 이것이 구원과 애정의 처방입니다. 이처럼 속은 자로서 상대에게 하기 어려운 이야기를 하는 것이 구원의 선봉에 서는 일입니다.

"너는 하나님의 집을 위해서 영원히 나무 패고 물 긷는 자가 돼야 해! 부도났으면 집부터 줄여. 빚지지 마. 있으면 먹고 없으면 금식하고 죽으면 천국에 가!"

이렇게 말하는 것이 같이 천국 가자고 하는 구원의 처방입니다. 그것이 살길입니다.

속은 자로서 속인 자에게 보일 수 있는 가장 큰 사랑은 회개입니다. 속인 사람이 먼저 회개하면 좋겠지만 회개도 사람의 힘으로 되는 것이 아닙니다. 상대방이 회개하지 않는다면 내가 먼저 회개하는 태도를 보여야 합니다.

남편이 바람을 피우고도 회개하지 않는다면 내가 할 일은 남편 대신 회개하는 것밖에 없습니다. 속으로만 회개하는 것이 아니라, 바람피운 본인 앞에서 "나 때문에 우리 가정에 문제가 생겼어요. 나를 용서해요"라고 성령님이 주시는 마음으로, 진심으로 말하십시오. 남편의 휴대폰을 조사하고, 흥신소에 부탁하며 "당신이 어떻게 그럴 수 있냐? 네가 인간이냐!" 따져 봐야 "그래 나 인간 아니다! 내가 나간다!" 이런 상황밖에 안 됩니다.

리스바의 회개가 사울 집안을 구한 것처럼 나의 회개로 가족이 구원되고 인류가 구원됩니다. 이것이 속인 기브온의 마음을 울리고, 그들로 진실한 사람이 되게 하는 방법입니다.

이스라엘에서는 50년마다 돌아오는 희년이면 노예에게 자유를 주고 잃었던 땅은 원래 주인에게 돌려주었습니다. 그런데 기브온 사람들은 영원히 종으로 살게 됐습니다. 그러나 "악인의 장막에 사는 것보다 내 하나님의 성전 문지기로 있는 것이 좋사오니"라는 고라 자손의 고백처럼(시 84:10), 비록 나무 패고 물 긷는 비천한 신분일지라도 하나님 안에 거하게 된 것이 기브온 사람들에게 기쁨이 되었습니다. 남편이 바람피우고, 병들고, 자식이 속 썩이고, 갈 곳이 없어도 "나는 내 하나님 집에서 영원히 나무 패고 물 긷는 것 외에 더 이상 바랄 것이 없다" 하는 것이 기브온의 태도입니다. 그들이 여호수아의 처방을 사랑으로 알고 받아들였습니다. "예수만 믿는다면 나는 어떤 종노릇도 괜찮다. 예수님을 믿기에 파출부를 해도 괜찮고, 어떤 환경에도 감사할 수 있다" 하는 것이 속인 자로서 보일 겸손입니다.

- 속이고 외박하는 남편, 속이고 돈을 가져가는 자녀를 돌이키기 위해 그들에게 사랑의 태도를 보이고 있습니까? 다그치고 취조하며 아예 떠나게 만들지는 않습니까? 회개 기도만 할 것이 아니라 행동과 언어로 먼저 회개하는 태도를 보이고 있습니까?

24 그들이 여호수아에게 대답하여 이르되 당신의 하나님 여호와께
서 그의 종 모세에게 명령하사 이 땅을 다 당신들에게 주고 이 땅의
모든 주민을 당신들 앞에서 멸하라 하신 것이 당신의 종들에게 분명
히 들리므로 당신들로 말미암아 우리의 목숨을 잃을까 심히 두려워
하여 이같이 하였나이다 25 보소서 이제 우리가 당신의 손에 있으니
당신의 의향에 좋고 옳은 대로 우리에게 행하소서 한지라 26 여호수
아가 곧 그대로 그들에게 행하여 그들을 이스라엘 자손의 손에서
건져서 죽이지 못하게 하니라 27 그날에 여호수아가 그들을 여호와
께서 택하신 곳에서 회중을 위하며 여호와의 제단을 위하여 나무를
패며 물을 긷는 자들로 삼았더니 오늘까지 이르니라_수 9:24~27

세상의 어떤 좋은 환경보다 하나님 안에서 힘든 환경이 오히려 축복입니다. 기브온이 이런 고백을 했습니다. 세상 소유가 아닌 영적 은혜를 사모하는 것이 훨씬 소중하다는 것을 깨달았습니다. 하나님의 진단과 처방이 서로에게 받아들여졌습니다. 사실 속은 자인 여호수아 입장에서 기브온과 평생 같이 가기로 결단하기도 어렵고, 속인 자인 기브온의 입장에서 나무 패고 물 긷는 순종을 하기도 너무 어렵습니다. 둘 다 순종하기가 어렵습니다. 바람피운 남편도 힘들고, 그런 남편을 받아들여야 하는 부인도 너무 힘이 듭니다. 속은 사람, 속인 사람 모두가 힘이 듭니다.

이 가운데 누가 구원을 이루어 가겠습니까. 먼저 회개하는 사람입니다. 먼저 회개하는 사람이 한 사람만 있으면 그 가정은 살아납니

다. 그런데 먼저 회개하는 한 사람이 없기 때문에 돈에 속았다고 이혼하고, 학벌에 속았다고 이혼하고, 사랑에 속았다고 이혼하면서 서로 죽어 갑니다.

우리가 기브온처럼 거짓말만 했겠습니까? 더한 거짓말, 더한 죄도 짓고 살았습니다. 우리는 다 죽을 수밖에 없고 저주 받을 수밖에 없는 자들입니다. 그런데 한없는 주의 사랑으로 이방인에게 임하는 저주를 면하고 하나님의 언약에 들어온 자가 되었습니다.

실제로 기브온 사람들은 훗날 이스라엘에 완전히 동화되어서 바벨론 포로에서 해방되어 귀환한 후에는 예루살렘으로 돌아와 성벽 재건에도 동참했습니다(느 3:7). 그런데 포로 생활을 하다가 왕비가 된 에스더나 총리대신 격이던 모르드개 같은 사람들은 돌아오지 않았습니다. 이스라엘과 여호수아를 속인 기브온, 평생 나무 패고 물 긷던 기브온은 돌아왔는데 말입니다. 그러니 나의 부족함 때문에 종의 위치에 있더라도 하나님만 바라볼 수 있는 것이 얼마나 축복입니까! 번듯한 것에 속지 마십시오. 이 땅에서 부족한 것이 하나님을 애타게 찾을 수 있는 비결이고 축복입니다.

- 나는 속은 자입니까, 속인 자입니까? 속은 자로서 용서와 사랑을 보이며 전도의 기회로 삼고 있습니까? 또한 속인 자로서 어떤 처분에도 따르며 겸손한 태도를 보이고 있습니까?

속은 자로서 속인 자에게 보일 수 있는
가장 큰 사랑은 회개입니다.
상대방이 회개하지 않는다면 내가 먼저
회개하는 태도를 보여야 합니다.

우리들 묵상과 적용

얼마 전 물건들을 정리하다가 잃어버린 줄 알았던 결혼식 영상 비디오테이프를 발견했습니다. 오랜만에 결혼식 영상을 보면서 까맣게 잊었던 저의 혼인 서약 장면을 다시금 확인하게 되었습니다. 족장들과 여호수아가 기브온 사람들에게 하나님 여호와의 이름으로 맹세한 것처럼, 저도 하객들 앞에서 "내가 그리스도와 함께 십자가에 못 박혔나니……"로 시작하는 하나님의 말씀을 낭독하며 결혼을 잘 지킬 것을 서약했습니다(갈 2:20). 부모님과 형제들에게도 감사하고, 방황하던 인생에 마침표를 찍게 해 주신 하나님께 감사하며, 앞으로 하나님이 기뻐하시는 삶을 살겠다고 맹세했습니다.

그런데 이스라엘 족장들과 여호수아가 기브온 주민들의 꾀에 속은 줄 알면서도 하나님 여호와로 맹세한 까닭에 약속을 잘 지킨 것을 묵상하면서, 결혼 서약을 한 뒤 제가 어떻게 행동했는지 곰곰이 돌이켜 보게 되었습니다. 그랬더니 쥐구멍에라도 들어가고 싶은 부끄러운 일들이 영화의 장면들처럼 자꾸 떠올랐습니다. 혼인 서약 직후 사진 촬영 시간에 가족보다도 선교회 사람들을 챙기며 그들과 먼저 사진을 찍었던 일, 신혼여행에 가서 국제전화가 비싸다고 부모님에게 전화 한 번 하지 않은 일, 내 결혼 청첩장은 알 만한 분들에게 모두 보냈으면서 다른 사람들 경조사에는 생색나는 곳에만 부조한 일 등

등…… 참 이기적인 저였습니다. 이뿐만이 아닙니다. 선교 활동을 한다고 무책임하게 아이들을 양가 부모님에게 맡긴 채 나다닌 일, 아버지가 알코올중독으로 입원하셨을 때 간호하던 큰형이 아버지의 잔심부름을 제게 몇 차례 부탁했는데 "왜 자꾸 나에게 시키냐"며 쏘아붙인 일, 상사가 제 소관이 아닌 일을 지시했을 때 반감을 드러내며 교묘히 그 상사를 험담한 일 등등 정말 제 삶은 죄와 허물투성이입니다.

많은 사람 앞에 "하나님을 기쁘시게 하는 삶을 살겠다"고 버젓이 맹세해 놓고 제 잘난 맛에 마구잡이로 살아왔으니, 저는 마땅히 진노가 임했어야 하는 인생입니다(9:20). 기브온 주민들이 낮은 모습을 자처하면서 여호수아의 의향에 좋고 옳은 대로 행하라고 한 것처럼(9:24~25), 내세울 것 하나 없는 저도 그저 은혜로 구원 받은 죄인임을 기억하며 겸손히 살겠습니다. 우리 가정과 공동체의 구원을 위해 나무 패고 물 긷는 자가 되어서, 어떤 궂은일도 자처하는 제가 되기로 결심합니다(9:21).

영혼의 기도

아버지 하나님, 내가 속은 것만으로도 너무 분하고 억울한데 하나님은 도리어 나를 속인 그들을 살리라고 명령하십니다. 나를 속인 그들을 살리기 위해서 속임수의 정체를 객관적으로 알라고 하십니다. 내가 돈에 속고, 사랑에 속고, 건강에 속은 것은 내가 그것들을 좋아하기 때문입니다. 내가 말씀을 듣고도 이렇게 속는데 내 자식, 내 남편인들 안 속겠습니까.

그러나 하나님은 이미 속았더라도 맹세를 지키라고 하십니다. 내 가정은 주님의 약조로 맺어진 공동체이기에 어떤 경우에도 지켜야 합니다. 속은 내가, 먼저 주님을 믿은 내가 강한 자라고 하시오니 내가 구원의 선봉에 서서 그들을 살리게 하옵소서.

남편과 아내를 대신해서, 자식을 대신해서, 부모님을 대신해서 회개하게 하옵소서. 누구에게도 핑계하지 않고 원망하지 않고 내가 먼저 회개하기를 원합니다. 그것이 나를 속인 그들을 살리는 길이라고 하십니다. 내가 회개함으로 기브온이 진실한 삶을 살 수 있다고 하시오니 우리가 함께 살 수 있도록 회개의 역사를 허락하여 주옵소서.

주님, 기브온 또한 자신이 죄인인 것을 알게 하여 주시옵소서. 그래서 나무 패고 물 긷는 일을 해도 영원히 여호와의 제단을 위해서 섬기는 자가 되게 하여 주시옵소서. 세상의 어떤 좋은 환경보다 하나님

안에서 힘든 환경이 축복이라고 하십니다. 이 땅에서 나의 부족함을 알고 하나님만 바라는 것이 진정 축복인 것을 고백하며 감사를 드립니다. 예수님 이름으로 기도하옵나이다. 아멘.

Chapter 15

통째로 육탄전: 100% 응답 받는 기도, 해와 달도 멈추게 한 기도

여호수아 10:1~14

하나님 아버지, 100% 응답 받는 기도가 어떤 기도인지 알기 원합니다. 말씀해 주시옵소서. 듣겠습니다.

성경을 쭉 읽어 가면서 우리에게 전쟁이 얼마나 끊임없이 찾아오는지 볼 수 있습니다. 여리고는 가만히 열세 바퀴만 돌고 무너졌습니다. 아이 성 싸움에서는 잘난 척하다 복구전까지 치렀지만 하나님이 이기게 하셨습니다. 기브온에게 속았지만 여호수아가 그들을 살리리라 결단하고 회개와 사랑의 처방을 했습니다. 그리고 이제 이스라엘 역사상 가장 큰 전쟁인 아모리 다섯 왕과의 싸움이 시작됩니다. 여호수아는 이 큰 전쟁을 어떻게 싸웠을까요?

나를 속인 기브온을 도와달라고 기도했습니다

1 그때에 여호수아가 아이를 빼앗아 진멸하되 여리고와 그 왕에게

행한 것같이 아이와 그 왕에게 행한 것과 또 기브온 주민이 이스라
엘과 화친하여 그중에 있다 함을 예루살렘 왕 아도니세덱이 듣고
2 크게 두려워하였으니 이는 기브온은 왕도와 같은 큰 성임이요 아
이보다 크고 그 사람들은 다 강함이라 3 예루살렘 왕 아도니세덱이
헤브론 왕 호함과 야르뭇 왕 비람과 라기스 왕 야비아와 에글론 왕
드빌에게 보내어 이르되 4 내게로 올라와 나를 도우라 우리가 기브
온을 치자 이는 기브온이 여호수아와 이스라엘 자손과 더불어 화친
하였음이니라 하매_수 10:1~4

예루살렘 왕 아도니세덱이 여러 왕에게 전령을 보내 기브온을 치자고 합니다. 그런데 그 이유가 무엇입니까? 기브온이 이스라엘과 화친했기 때문이라고 합니다. 부러 무시하려고 해도 이스라엘이 자꾸 잠식해 오니까 모르는 체할 수 없습니다. 게다가 아이보다 큰 성인 기브온이 먼저 찾아가서 이스라엘과 화친을 청했다고 하니까 아모리 다섯 왕이 연합을 했습니다.

나를 속인 기브온을 용서하고, 그 기브온이 하나님을 섬기겠다고 했습니다. 과거에 부정을 저질렀던 여자가 남편을 속이고 결혼했는데, 남편이 그 아내를 용서하고 이제 아내와 함께 예수님을 믿겠다고 합니다. 그런데 우리가 은혜를 받으면 사탄도 부흥회를 한다고, 그것 때문에 다섯 왕이 싸우자고 덤벼드는 겁니다. 나를 치는 것이 아니라 기브온을 치려고 아모리 다섯 왕인 시부모와 시누이가 연합을 합니다. "네 주제에 예수 믿겠다고? 네가 교회 나가면 별수 있을 줄 알

아!" 하면서 내가 용서하고 전도한 기브온을 치러 다섯 왕이 왔습니다.

> 5 아모리 족속의 다섯 왕들 곧 예루살렘 왕과 헤브론 왕과 야르뭇
> 왕과 라기스 왕과 에글론 왕이 함께 모여 자기들의 모든 군대를 거
> 느리고 올라와 기브온에 대진하고 싸우니라 6 기브온 사람들이 길
> 갈 진영에 사람을 보내어 여호수아에게 전하되 당신의 종들 돕기를
> 더디게 하지 마시고 속히 우리에게 올라와 우리를 구하소서 산지
> 에 거주하는 아모리 사람의 왕들이 다 모여 우리를 치나이다 하매
> _수 10:5~6

그러니 기브온이 찾아와서 도움을 청합니다. 그들을 간신히 용서하고 받아들였는데 골치 아픈 일이 생겼습니다. 내가 용서하고 전도한 기브온에게 돈 문제, 명예 문제, 가정 문제, 질병 문제 등 '왕'급의 대단한 문제들이 연합해서 터졌습니다. 그리고 나를 찾아와 빨리 도우라고 성화를 합니다. 내가 용서한 것만도 생색을 내고 싶은데 내 시간과 돈까지 쓰게 생겼습니다. 기브온이 하는 말이 "나는 당신들의 종인데, 여호수아 당신이 나를 도와야 하지 않겠어요?" 이러는 겁니다. 여호수아 입장에서는 괜히 전도했다는 생각이 들지 않겠습니까?

아내가 과거에 부정한 일을 저질렀지만 믿음으로 용서하고 받아들였는데, 아내가 대뜸 가난한 처가를 도와달라고 합니다. "당신, 나 용서한다면서요. 내가 나무 패고 물 긷고 있으면 당신 집에 영원히 받아들여 준다면서요" 하며 속히 도우라고 합니다. 결혼이 후회되지 않

겠습니까! 물에 빠진 사람 건져 주었더니 보따리 내놓으라고, 이런 기가 막힌 요구를 하는 것이 오늘의 전쟁입니다.

하나님은 이 전쟁을 통해 내 진심을 물으십니다. "너 정말 그 사람을 용서했니? 너를 속인 그 사람과 진심으로 같이 가고자 하니? 그 사람이 죽을 때까지 안 변해도 함께 갈 거니?"라고 물으십니다. 내가 아무리 용서했어도 남편은 계속 술만 마시고, 여자를 찾아가고, 도박도 못 끊는데 하나님은 "너 정말 저 사람을 진심으로 용서한 거야?"라고 물어보십니다.

어떤 남편은 평생 바람을 피웠습니다. 딴 살림을 차리고, 생활비도 안 주고 부인이 중풍 걸린 시아버지를 모시는데도 모르는 척했습니다. 그러다가 부인이 암으로 죽었습니다. 이 남편이 장례식에 오더니 자녀들이 있거나 말거나 부의금까지 다 챙겨 갔습니다. 그런데 그렇게 악했던 남편이 부인이 떠난 지 1년 만에 예수님을 믿게 됐다고 합니다. 날마다 눈물로 회개를 하면서 신학 공부까지 하겠다고 합니다. 그 부인은 남편이 변화된 것은 보지 못하고 갔지만 그 가정에 전도의 씨를 뿌렸습니다.

기브온은 이런 대상입니다. 내가 죽을 때까지 나의 기브온은 변하지 않을 수도 있습니다. 그래서 오늘 이 전쟁이 가장 큰 전쟁입니다. 아주 어려운 전쟁입니다. 상대방이 안 변하는데도 내가 사랑하는 것, 내 평강이 없어지지 않는 것, 이런 믿음으로 싸워야 할 전쟁입니다.

• 나를 속인 사람이 도움을 요청할 때 어떻게 응하겠습니까? '너도 당해 봐

라' 이런 마음이 들지는 않습니까? 내가 용서하고 도와줬는데도 평생 안 변하는 기브온과 끝까지 같이 갈 수 있습니까?

한 방송사의 프로듀서가 교도소 재소자들을 대상으로 보고 싶은 사람을 만나게 해 주는 프로그램을 기획했습니다. 각 교도소에서 추천한 수감자들이 나와 보고 싶은 친구나 선생님에 대해 이야기하는데 한순간의 실수로 죄를 짓기는 했지만 참 소박한 사람들처럼 보였습니다. 그런데 그들의 범죄 기록을 보는 순간 경악할 수밖에 없었습니다. 그렇게 소박해 보이는 사람들의 죄목이 토막 살인, 시체 유기, 보험 살인에 강도, 강간이었던 것입니다. 기가 막혔습니다. 죄목을 보면서 "천하에 이 죽일……"이라는 말이 절로 나왔습니다.

"마누라를 죽인 뒤에 토막을 낸 놈이 장모님을 만나서 용서를 빌고 싶다고? 이 사람은 강도를 저지른 후에 피해자를 열일곱 번이나 찔렀어?"

프로그램을 계속 진행해야 할지 의문이 들었습니다. 회의(會議)를 할 때마다 그야말로 회의(懷疑)에 빠졌습니다. 그런데 한 선배가 "그래도 언젠가는 우리에게 돌아올 사람들이 아닌가?"라고 했습니다. 그래서 다시 마음을 추스르고 그들이 만나고 싶어 하는 사람들을 찾기 시작했습니다.

한 재소자가 찾는 친구는 목사님이었습니다. 어려서 같이 폭력조직에 몸담았는데 이 재소자가 죄를 지어 교도소에 있는 동안 친구는 목사님이 된 것입니다. 그런데 목사가 된 친구는 옛 친구와의 만남을 단칼에 거절했습니다. 교회 성도들이 못 나가게 한다는 것이 이유였습니다. 또 어떤 재소자는 불우한 청소년 시절에 사랑을 베풀어 준 선생님을 만나고 싶어 했습니다. 선생님을 찾아가 그 재소자의 이름을 대자 너무도 반가워했습니다. 그런데 그 제자가 감옥에 있다고 하니까 갑자기 태도를 바꿨습니다. 만나지 않겠다고 했습니다.

제작국 사람들은 분노했습니다. "어느 교회야, 어느 학교 선생님이야!!" 하면서 다들 열을 올렸습니다. 그런데 제작진 중 한 사람이 질문을 던졌습니다.

"어이 PD들, 그러면 당신들이 지금 찍고 있는 수용자들이 나중에 술 한 잔 하자고 할 때 나갈 사람 한 번 손들어 봐!"

손을 드는 사람은 아무도 없었습니다. 기브온을 받아들이고 함께 간다는 것은 이렇게 어려운 것입니다.

그런데 한 교도관의 이야기가 오싹하게 다가왔습니다.

"강력범들이 출소 후 사회로 나갔을 때를 생각해 보세요. 누가 살인해서 무기수였던 사람에게 일자리를 주겠습니까. 나이는 들었는데 가족도 없지, 친구도 없지, 일할 곳도 없지……. 자신을 이렇게 만든 세상이 미워 보이지 않겠습니까? 그러다 더 강력한 범죄를 저지르게 되는 겁니다."

그는 현재 교도소에 수감된 많은 범죄자가 언젠가 우리 곁으로 돌아올 것이고, 우리가 그들을 감싸지 못한다면 제2의 유영철이 나올 수 있다고 경고했습니다. 범죄자라는 낙인이 평생 붙어 다닐 텐데 목사가 된 친구에게도, 과거 자신에게 유일하게 손을 내밀어 준 선생님에게도 외면당한다면 그들의 좌절감은 어디에 가서 해결 받을 수 있을까요?

여러분에게도 묻고 싶습니다. 여러분이 어렸을 때 도와준 한 친구가 있다고 합시다. 나는 기억도 못 하는 그 일을 그 친구는 평생 잊지 않고 있었습니다. 그런데 그 친구가 감옥에 가서는 방송을 통해 나를 만나고 싶다고 합니다. 여러분이라면 면회하러 갈 수 있겠습니까? 단박에 "나는 갈 수 있어!" 하는 사람도 이상합니다. 자기 확신에 찬 사람입니다.

제가 30대 후반에 남편을 잃고 나서 한 구치소에 말씀을 전하러 간 적이 있었습니다. 복음을 전하니 모두가 영접을 했습니다. 그런데 그러고 나니까 저도 '이 사람들이 출소해서 나를 찾아오면 어떻게 하나?'라는 생각이 들었습니다. 당시는 교회를 개척한 때도 아니고, 저를 보호해 줄 울타리가 없었기 때문에 재소자들을 전도한다는 것은 위험한 일이기도 했습니다. 교회를 시작한 후에 저의 책이 출판되고 신문 기사가 나가니까 교도소에서 편지가 옵니다. 성경책을 보내 주고 그분들을 위해 기도했습니다. 만약 그분들이 우리들교회에 찾아온다면 어떻게 해야겠습니까?

교회는 아름다운 사람들만 모이는 곳이 아니라 100% 죄인들이 모이는 곳입니다. 진짜 죄인이 오는데 누가 막을 수 있겠습니까. 하지만 그들과 함께 간다는 것은 보통 어려운 일이 아닙니다. 그래서 우리는 주님께 기도할 수밖에 없습니다. 용서하기까지도 힘들었는데 끝없이 도움을 요청하는 기브온을 돕기 위해 기도가 필요합니다.

• 용서하고 또 용서해도 문제를 일으키고 도움을 청하는 나의 기브온은 누구입니까? 너무 싫고 부담스러워서 피하고 싶은 기브온은 누구입니까? 그 기브온을 돕기 위해 어떤 기도와 실천을 하고 있습니까?

약속의 길갈을 기억하는 기도를 해야 합니다

6 기브온 사람들이 길갈 진영에 사람을 보내어 여호수아에게 전하
되 당신의 종들 돕기를 더디게 하지 마시고 속히 우리에게 올라와
우리를 구하소서 산지에 거주하는 아모리 사람의 왕들이 다 모여
우리를 치나이다 하매 7 여호수아가 모든 군사와 용사와 더불어 길
갈에서 올라가니라 8 그때에 여호와께서 여호수아에게 이르시되
그들을 두려워하지 말라 내가 그들을 네 손에 넘겨주었으니 그들
중에서 한 사람도 너를 당할 자 없으리라 하신지라_수 10:6~8

기브온 사람들이 길갈에서 여호수아에게 도움을 요청했습니다. 또 여호수아는 길갈에서 작전을 개시했습니다. 하나님은 길갈에서 약속의 말씀을 주셨습니다. 키(key)는 길갈입니다.

길갈은 어떤 곳입니까? 요단을 건너고 열두 돌을 취해서 기념을 삼은 곳입니다. 수치가 물러간 곳, 죽음이 물러간 곳, 부활의 장소가 된 곳, 약속의 말씀이 있는 곳입니다. 그 길갈로 돌아가야 합니다. 말씀의 길갈로 돌아가야 합니다. 내 주제를 아는, 내가 죄인임을 아는

길갈 본진과 계속 통신을 주고받지 않으면 우리는 하루도 전쟁을 치를 수 없습니다. 내 힘으로 요단을 건널 수 없음을 기억하는 곳, 옛 사람을 못 박은 곳, 나의 간증이 있는 길갈의 교훈을 잊으면 안 됩니다. 주일예배와 목장예배가 우리의 길갈입니다. 예배에서 약속의 말씀을 받고 기억하며, 힘들어서 나누고, 또 기뻐서 나누고……. 그런 우리의 길갈 예배와 길갈 목장이 있기 때문에 내 힘으로 할 수 없는 용서와 사랑을 할 수 있게 되는 것입니다.

이 전쟁이 힘든 전쟁이기 때문에 "모든 군사와 용사"가 이 문제에 달려들었다고 합니다. 기브온의 도움 요청을 받고 모든 군사와 용사가 기브온을 대신해서 나섰습니다. 나를 속인 사람, 그것도 비천한 사람을 도우는 데 전심전력했습니다.

나를 사랑하는 사람을 위한 것이라면 누가 못 하겠습니까. 내 부인이 나에게 잘하고, 남편이 잘하고, 부모가 잘하는데 그들을 사랑하는 것을 누가 못 하겠습니까. 이스라엘이 개만도 못하게 여기는 이방인을 위해서, 그것도 나를 속인 자들을 위해서 모든 군사가 싸우러 나갔습니다. 명분도 없고 하찮아 보이는 그 사람들을 위해서 전쟁을 하려니까 분이 나고 지겨울 것입니다. 하지만 온 가족이 나서서 기브온을 도와야 합니다. 모든 목장은 전심전력하여 힘든 한 사람을 도와야 합니다. 왜냐하면 기브온은 공동체에 속해 있어도 주눅이 들어서 아직은 싸울 힘이 없기 때문입니다. '내가 속였고, 부정한 죄를 저질렀고, 돈이 없고…….' 과거의 상처 때문에 자기 싸움을 감당하지 못합니다. 남을 도울 수도 없습니다. 상처는 남이 주어서 받는 게 아닙니다.

자기 안의 상처가 해결되지 않았기 때문에 날마다 상처를 받는 것입니다. 그러나 상대가 상처를 받았다고 하면 그런 연약함 또한 인정해 주어야 합니다.

우리가 가족 안에서, 교회 공동체 안에서 연약한 사람들을 열심히 도우면 축복은 '내가' 받습니다. 연약한 한 사람을 열심히 돕는 것이 내 가족, 내 자녀를 살리는 길입니다. 반면에 내 가족밖에 모르는 사람은 내 가족도 망하고, 내 옆에 사람도 망하게 합니다. 이스라엘이 기브온, 비천한 한 사람을 전심전력으로 도운 결과 어떤 일이 일어납니까? 바벨론 포로 귀환 때 이 기브온 사람들도 함께 돌아와 예루살렘 성벽 재건 공사에 동참합니다. 이것은 하늘나라 생명책에 이름이 올라간 것입니다.

그러므로 내가 하나님의 이름을 생각하면서, 주님 때문에 사랑할 때에 언젠가 그 열매를 반드시 주실 것입니다. 내 눈으로 봐야 진짜가 아닙니다. 내가 전심으로 베푼 사랑의 열매를 나는 못 보고 갈 수 있습니다. 그래도 나는 사랑만 부으면 됩니다. 그다음에 하나님이 역사하십니다. 기브온 같은 사람을 돕고 세우는 모든 과정에 전의를 불사르면서 기쁘게 동참할 때 하나님은 나의 모든 것을 보고 계십니다.

- 어떤 억울한 상황에도 생각만 하면 감사가 나오는 나의 길갈이 있습니까? 말씀이 있는 길갈 예배와 목장예배에 빠짐없이 참여하고 있습니까? 우리 식구, 우리 목장의 기브온을 돕는 것이 내 자녀, 내 남편을 살리는 길이라는 것을 알고 있습니까?

9 여호수아가 길갈에서 밤새도록 올라가 갑자기 그들에게 이르니
10 여호와께서 그들을 이스라엘 앞에서 패하게 하시므로 여호수아
가 그들을 기브온에서 크게 살륙하고 벧호론에 올라가는 비탈에서
추격하여 아세가와 막게다까지 이르니라 11 그들이 이스라엘 앞에
서 도망하여 벧호론의 비탈에서 내려갈 때에 여호와께서 하늘에서
큰 우박 덩이를 아세가에 이르기까지 내리시매 그들이 죽었으니 이
스라엘 자손의 칼에 죽은 자보다 우박에 죽은 자가 더 많았더라_수
10:9~11

'여호와께서 그들을 이스라엘 앞에서 패하게 하시므로' 여호수아가 이겼다고 했습니다. 히브리 원어 성경을 보면 '패하게 하다', '크게 살륙하다', '추격하다', '이르다' 이 네 동사의 주어가 모두 하나님입니다. 내가 길갈을 기억하고 말씀대로 기도하고 행하려 하면 하나님의 열심이 나를 도와준다는 것입니다. 내가 기브온을 돕고자 마음만 먹어도 하나님이 도와주시므로 승리하게 됩니다. 다섯 왕이 몰려와도 하나님이 나와 함께하시기에 그들은 패할 수밖에 없습니다.

"너희가 내 안에 거하고 내 말이 너희 안에 거하면 무엇이든지 원하는 대로 구하라 그리하면 이루리라"(요 15:7). 이것이 100% 응답받는 기도입니다. 너희가 무엇이든지 구하면 이루리라고 하십니다. 그런데 그 선행 조건이 무엇입니까. "내 말이 너희 안에 거하면"입니다. 하나님의 말씀대로 구하면 100% 응답을 받는다고 하십니다.

이스라엘 역사상 가장 큰 전쟁, 아모리 다섯 왕과의 전쟁에서 칼

에 죽은 자보다 '우박에 죽은 자가 더 많았더라'고 합니다. 아무리 내가 수고한다고 해도 하나님이 힘이 되어 주지 않으시면 할 수 없습니다. 내가 칼로 죽일 수 있는 사람이 몇 명이나 되겠습니까? 내가 돈으로 도와줄 수 있는 사람이 몇이나 됩니까? 하나님이 도와주셔야 합니다. 내가 돕기로 마음만 먹으면 하나님이 칼과 우박을 허락하십니다. 내 힘으로 싸우는 것이 아닙니다.

> 여호와께서 아모리 사람을 이스라엘 자손에게 넘겨주시던 날에 여호수아가 여호와께 아뢰어 이스라엘의 목전에서 이르되 태양아 너는 기브온 위에 머무르라 달아 너도 아얄론 골짜기에서 그리할지어다 하매_수 10:12

여호수아가 얼마나 급했으면 이런 기도를 했을까요.

"하나님, 제가 기브온을 도우려고 그래요. 그러니 태양이 머무르게 해 주세요. 달이 머무르게 해 주세요!!"

내가 기브온을 도와주어야 하는데 돈도 없고 힘도 없습니다. 그럴 때 이를테면 이런 기도를 하는 겁니다. 남편이, 아빠가 교회에 가는 것을 너무 핍박하니까 "주님, 아빠가 마음을 돌리고 예수 믿으시기 위해서 제가 공부를 잘해야겠습니다. 이 시험을 잘 보게 해 주세요!", "주님, 남편이 예수 믿기 위해서 제 병이 나아야겠습니다. 병을 고쳐 주세요!" 간구합니다.

저는 육적인 기도를 하지 말라고 하지는 않습니다. 하지만 나를 위한 기도가 아니라 나를 속인 자를 위해서 구해야 합니다. 그 사람의 구원을 위해 구해야 합니다. 그럴 때 하나님은 100% 응답하십니다. 여호수아는 여리고나 아이 성 싸움을 할 때는 이렇게 절박하게 기도하지 않았습니다. "태양아 머무르라, 달아 머무르라" 이런 절박한 기도는 나 때문에 하는 것이 아니라, '너' 때문에 하는 것입니다. 그 '너'도 '사랑스러운 너, 불쌍한 너'가 아니라 '속인 너, 용서할 수 없는 너'를 위해 태양이 머물고, 달이 머물러서 도와주기를 기도하는 것입니다.

- 나를 속인 사람, 용서할 수 없는 사람을 위해 어떤 기도를 합니까? 내 유익이 아니라 구원을 위한 것이기에 당당하게 구해야 할 것은 무엇입니까? 나를 힘들게 하는 사람을 돕기 위해 가장 절박한 기도를 합니까?

원수의 실체를 알고 기도해야 합니다

> 태양이 머물고 달이 멈추기를 백성이 그 대적에게 원수를 갚기까지 하였느니라 야살의 책에 태양이 중천에 머물러서 거의 종일토록 속히 내려가지 아니하였다고 기록되지 아니하였느냐_수 10:13

하나님은 이 전쟁을 가리켜 원수를 갚는 전쟁이라고 정의하십니다. 그런데 어떤 원수를 갚는다는 걸까요?

내가 예수님을 믿기 위해서 40년 광야 생활을 지나고, 여리고 성과 아이 성 싸움을 거치고 이제 가나안 땅에 들어섰습니다. 이제 남은 정복 전쟁을 치러야 합니다. 그런데 내 가정의 구원을 위해 싸우기도 바쁜 마당에 기브온을 도와서 싸우고 있습니다. '왜 내가 나와 상관없는 일에 용사를 써야 해? 내 돈과 시간을 써야 해?'라는 생각이 들지 않겠습니까?

시간을 쓰는 것보다 더 큰 사랑이 없습니다. 시간은 생명이고, 예수님이라고 했습니다. 그런데 왜 내가 말도 안 되는 사람을 위해서 그 시간을 써야 합니까? 생각할수록 싫습니다. 십 년이 지나도, 이십 년이 지나도 싫습니다. 그 인간만 없으면 살겠다고 합니다. "목사님이 몰라서 그래요, 그 인간이랑 살아 봐요! 살아 봐!!"를 외칩니다.

그러나 주님은 기브온이 문제가 아니라고 하십니다. 나를 속인 남편이 문제가 아니라고 하십니다. 원수는 내 남편, 내 자녀가 아닙니다. 그들을 끝내 용서하지 못하는, 싫어하는 내 마음이 원수입니다. 부도가 나도 내 속의 욕심이 원수입니다. 남편이 바람을 피워도 내 속의 분노가 원수입니다. 이혼을 해도 내 속의 물욕이 원수입니다. 가장 큰 원수가 내 속의 유혹과 탐심인 것을 알아야 합니다. 그래야 대적에게 원수를 갚을 수 있습니다.

기브온을 도와야 하는 사건을 겪으면서 진짜 나의 원수를 보게 됩니다. 그래서 기브온 같은 사람이 내 옆에 있는 것이 축복입니다. 내 속의 악을 깨달을 수 있기 때문입니다. 우리는 자존적으로 교만하기에 회개 한번 하기가 얼마나 어려운지 모릅니다. 그런데 기브온을 통해 평생 회개할 거리를 주시니 얼마나 감사합니까!

내가 여리고에서, 아이에서 승리한 것만 생각하다가 기브온 같은 식구와 죽을 때까지 살라고 하시는 하나님의 음성을 들으니 자신이 없어집니다. 그러니 날마다 길갈로 뛰어갈 수밖에 없습니다. 말씀의 길갈로 가서 절박한 기도를 할 수밖에 없습니다. 그렇게 내가 영적으로 점점 부해져서 한 걸음, 한 걸음 가나안을 정복해 가는 것입니다.

- 속고 속이는 사건 속에서 먼저 처리되어야 할 내 속의 원수(욕심, 분노, 시기)를 깨닫고 있습니까? 기브온이 변하는 것보다 내 속의 악을 깨닫는 것이 진정 축복임을 믿습니까?

> 여호와께서 사람의 목소리를 들으신 이같은 날은 전에도 없었고 후에도 없었나니 이는 여호와께서 이스라엘을 위하여 싸우셨음이니라_수 10:14

하나님이 '사람의 목소리'를 들으셨습니다. 사람의 목소리는 이럴 때 써야 합니다. 하나님께 기도할 때만큼 아름다운 목소리는 없습니다. 목소리는 내 주장을 내세우고, 다른 사람을 욕하고, 불평할 때 쓰는 것이 아닙니다. 나의 기브온을 위해 기도할 때, 기브온을 살리기 위해 부르짖을 때 써야 합니다. 그때 하나님이 나의 목소리를 들으십니다. 전무후무한 100% 응답으로 나를 위해 싸워 주십니다.

한 남편이 사업을 시작하면서 아내 이름으로 빚을 얻었습니다. 그런데 사업이 실패하면서 아내가 신용불량자가 됐습니다. 대학병원

간호사로 일하던 아내는 이 일로 직장도 그만둘 수밖에 없었습니다. 그 와중에 남편은 다른 여자와 바람이 나서 외국으로 떠나버렸습니다. 아이를 데리고 먹고살아야 하는데 남편도, 직장도 잃었으니 아내는 당연히 이혼 소송을 했습니다.

그런데 소송 중에 우리들교회로 인도를 받았습니다. 설교 시간마다 "이혼은 안 된다, 가정을 지켜야 한다"고 하니 이 아내 집사님의 마음에 갈등이 일어났습니다. 아내 집사님은 힘들지만 말씀에 순종해서 이혼 소송을 취하했습니다. 건강도 나빠지고 형편도 더 어려워졌지만 말씀대로 살고자 애썼습니다. 돈이 없어도 없는 것에 순종하고, 이스라엘 공동체에 속해 있기만 하면 요단강을 건넌다고 하니 말씀이 안 깨달아져도 믿음의 공동체에 붙어 있겠다고 결심하면서 그것이 감사하다고 간증했습니다.

아내 집사님은 말씀을 듣고 묵상하면서 억울함과 막막함이 팔짝팔짝 뛰고 싶을 정도의 기쁨으로 변했다고 합니다. 이제는 남편이 문제가 아니라 자신이 하나님의 영광을 만방에 알리지 못할까 봐 고민이라고 합니다. 그래서 자신의 이야기를 지체들에게 나누고, 교회 홈페이지에도 간증을 올렸습니다. 그랬더니 동서가 전도되고, 남편이 떠안기고 간 1억 원의 빚을 시댁에서 갚아 주겠다고 했습니다. 교회에 온 지 9개월 만에 복직도 되었습니다. 처음 생각대로 이혼했다면 하나님의 뜻도 어기고, 빚도 떠안고, 아이들에게도 큰 상처를 주었을 텐데 말씀을 듣고 지켰더니 하나님이 살길을 열어 주셨습니다. 이분은 이제 받은 은혜를 나누어 줄 일만 남았다고 합니다.

기브온을 돕는 전쟁이란 이런 것입니다. 나를 괴롭게 하는 부모, 배우자, 자녀일지라도 그들과 함께 가기 위해 드리는 기도, 그 기도에 하나님은 100% 응답하십니다. 하나님은 가정을 살리고 지키는 자를 무조건 축복하십니다. 가정이 해체되면 교회도 갈라질 수밖에 없기 때문입니다.

기도 응답을 받겠다고 새벽 기도, 철야 기도 열심히 다녀 보십시오. 소나무 몇 뿌리 흔들어 보십시오. 그런다고 해와 달이 멈추는 것이 아닙니다. 내가 용서할 수 없는 사람을 용서하고, 그 사람에게 축복을 베풀어 달라고 간구하는 기도가 100% 응답 받는 기도입니다. 나를 속인 사람을 도우려니 너무 힘들지만, 나를 살려 주신 말씀의 길갈을 기억하고 드리는 기도가 100% 응답 받는 기도입니다. 평생 짐이 되는 기브온을 보며 나의 악을 깨닫고, 원수의 실체를 알고 드리는 기도가 100% 응답 받는 기도입니다.

- 내 목소리는 주로 어떻게 쓰이고 있습니까? 나를 속인 기브온을 위해 기도했더니 100% 응답해 주신 간증이 있습니까?

내가 용서할 수 없는 사람을 용서하고,

그 사람에게 축복을 베풀어 달라고

간구하는 기도가

100% 응답 받는 기도입니다.

우리들 묵상과 적용

아모리 족속은 강한 기브온 주민이 이스라엘과 화친했다는 소식에 두려워하며 전쟁을 준비했다고 합니다(10:1~2). 저도 수많은 경쟁과 누군가의 판단에서 뒤처지지 않고자 매일 전쟁을 준비하며 살았습니다. 그럼에도 스스로의 실패에는 관대했습니다. 부모님은 그런 저를 언제나 부족하게 보시며 날카로운 지적과 체벌을 서슴지 않으셨습니다. 부모님의 잣대에서 벗어나 하루라도 마음 편하게 살아 보는 것이 저의 소원이었습니다. 하나님을 잘 모르던 때였지만 학교 기도실에 아침마다 들러 "하나님, 도와주세요"라고 기도했습니다. 제 마음에는 부모님에게 인격적인 사랑을 받지 못했다는 분노와 경쟁이 치열한 예체능계열을 전공하며 받은 비교와 무시로 상처가 가득했습니다. 그런 저를 말씀 공동체로 부르신 하나님은 여호수아가 길갈에서 밤새도록 올라가 갑자기 아모리 족속에게 이른 것처럼, 믿음의 선배들로부터 넘치는 위로와 사랑을 받게 하셨습니다(10:9). 그들은 저를 위해 돈과 시간을 들이는 것을 아끼지 않았습니다.

매주 주일설교를 통해 하나님을 몰랐던 것이 저의 분노와 상처의 근원이 되었다는 것을 조금씩 알게 되었습니다. 저를 넘치도록 사랑해 주시는 하나님께 감사했지만, 여전히 기브온을 위해 모든 군사와 용사와 더불어 길갈에 올라가는 것은 어려운 적용이었습니다(10:7). 저의 온 관심사가 결혼이 이루어지지 않고, 진로와 미래가 불안한 것에 맞춰져 있었기 때문이었습니다. 부유하고 화려한 예체능 사회에서 눈에 보이는 것에 집중하며 살았기에 하나님보다 사람들에게 어떻게 보이는지와 어떤 평가를 받는가가 인생의 목적이었습니다.

하나님과의 맹세를 지키고자 자신을 속인 기브온을 돕는 여호수아와 이스라엘 백성에게 하나님은 칼에 죽은 자보다 우박에 죽은 자를 더 많게 하심으로 도우셨다고 합니다(10:11). 여호수아의 기도를 통해 여호와께서 이스라엘을 위해 싸우신 것임도 알려 주십니다(10:14). 저는 늘 "못하겠어요. 안 할래요. 왜 저한테만 그러세요" 말하며 죄를 짓습니다. 그런 제게 하나님은 "내가 그들을 네 손에 넘겨주었으니 그들을 두려워하지 말라"는 약속의 말씀을 주시며 사람들의 평가가 아닌 하나님의 사명을 기억하라고 하십니다(10:8). 말씀을 듣고 적용하는 저의 기도를 들으시는 하나님이시기에 여호수아처럼 말씀에 순종하여 적용하고 기도하는 것에 집중하겠습니다. 저를 위해 친히 싸워 주시는 주님을 신뢰함으로 잠잠히 기다리겠습니다(10:14).

영혼의 기도

하나님 아버지, 100% 응답 받는 기도는 내가 용서할 수 없는 그 한 사람, 나를 속인 식구들에게 축복을 베풀어 달라고 간구하는 기도라고 하십니다. 나를 속인 사람을 돕는 게 너무 힘들지만, 나를 살려 주신 말씀의 길갈을 기억하고 드리는 기도라고 하십니다. 나의 기브온이 돌아오지 않는다고 할지라도, 그들이 변하지 않는다고 할지라도 내가 끝까지 같이 가야 하는 것을 인정하고 그들을 위해 기도하기 원합니다.

그러나 아무리 나를 속인 자를 돕고 사랑하려고 해도 하루도 못 가서 생색이 나는 저희를 불쌍히 여겨 주시옵소서. '나를 속인 자인데 왜 나의 시간과 돈을 들여야 하는가' 생각하면 억울해 살 수가 없습니다. 내 힘으로는 도무지 말씀을 적용할 수 없사오니, 하나님이 힘을 주시옵소서. 기브온 같은 가족, 목장 식구들을 통해 나의 악을 직면하고 절망하지만 그럴 때마다 약속의 길갈을 기억하기 원합니다. 누구보다 죄인인 나를 살려 주신 하나님의 은혜를 기억하기 원합니다. 날마다 예배하며, 말씀을 묵상하며 살아나기를 원합니다.

모든 사건에서 가장 큰 원수는 내 속의 욕심입니다. 내 속의 이기심과 탐심입니다. 나의 원수를 쳐부수기 위해 내가 먼저 십자가에서 죽어지기를 원합니다. 나는 죽고, 예수 그리스도만 살아서 용서할 수 없는 사람을 용서하고 사랑하기를 원합니다. 그래서 태양도 달도 멈추게 하는 기도를 하기 원합니다. 날마다 다른 이들을 위해 기도함으로 100% 응답 받는 축복을 누리게 하옵소서. 예수님 이름으로 기도하옵나이다. 아멘.

Chapter 16

한결같이 지구전: 철저한 승리, 목 밟기 여호수아 10:15~27

하나님 아버지, 영적 싸움에서 철저히 승리하기 위해
나의 숨은 죄와 중독의 목을 밟기 원합니다.
말씀해 주시옵소서. 듣겠습니다.

채팅에 빠진 여고생이 있습니다. 평소 채팅을 좋아하고 즐기던 아이는 아니었습니다. 그런데 인생에서 화가 나는 일이 생겼습니다. 어느 날 낯선 여자와 함께 여관을 나서는 아버지를 목격한 것입니다. 한 번도 아니고 두 번이나 보았습니다. 아이는 집에 돌아와 퇴근한 아버지에게 "오늘 어디에서 아빠 봤는데"라고 말했습니다. 아버지는 볼 일이 있어서 갔다고 둘러대며 당황한 모습을 보였습니다.

아이의 인생은 망가지기 시작했습니다. 엄마에게도, 누구에게도 그 이야기를 할 수 없었습니다. 아버지가 엄마를 대하는 모습을 보면 울화가 치밀고, 엄마가 바보 같게 느껴져 짜증이 났습니다. 모든 일에 화가 나서 친구도 싫어지고, 집에 오면 방에 들어가 컴퓨터 앞에서 시간을 보냈습니다. 여기저기 웹사이트를 둘러보다 채팅 사이트에 들어가고, 외도를 하는 심리가 무엇인지 아버지 또래의 아저씨들에게 물어보기도 했습니다. 사람이 싫어지고, 특히 남자가 너무 싫어지고, 학교의 남자 선생님들도 아버지와 똑같은 사람으로 보였습니다. 세상은 믿을 수 없는 곳이고, 특히 사랑은 믿을 수도 없고 영원한 것도 아니라는 것을 알았습니다. 자신의 상처를 나눌 사람이 없던 아이는 인터넷 게시판에 자신의 공허한 마음을 남기기 시작했습니다. 그러다 자신과 비슷한 생각을 가진 언니를 만났고, 아이는 자신을 공감해주는 그 언니와 채팅을 하며 밤을 지샜습니다. 학교에도 아예 나가지 않으려 했습니다.

아이의 상태가 심상치 않음을 알고 부모가 수습하려 했을 때 아이는 이미 동성애에 빠져 있었습니다. 아버지의 외도로 남자의 존재를 부정하게 된 아이는 여자들끼리의 사랑만이 영원하다고 믿게 되었습니다. 부모는 아이와 함께 상담도 받아 봤지만, 상담 후 아이는 그 언니를 찾아서 집을 나가 버렸습니다.

갈수록 단절되고 적막해지는 인간관계 속에서 이처럼 사람들은 인터넷이라는 가상의 공간으로 점점 더 빠져들고 있습니다. 그리고 그 속에서 수많은 죄의 세력들이 무서운 속도로 자라나고 있습니다. 채팅 중독에서 동성애에까지 빠지게 된 여학생의 경우처럼 숨겨진 부모의 죄가 자식에게까지 이어지고 있습니다. 이토록 무서운 죄와의 전쟁에서 우리는 어떻게 철저한 승리를 거둘 수 있을까요?

철저한 승리를 위해 숨겨진 죄를 처리해야 합니다

여호수아가 온 이스라엘과 더불어 길갈 진영으로 돌아왔더라 _수 10:15

이스라엘 역사상 가장 큰 전쟁인 아모리 다섯 왕과의 전쟁에서 해와 달이 멈추는 기도 응답으로 승리했어도 여호수아는 역시 길갈 예배로, 길갈 교회로 다시 돌아왔습니다. 모든 전쟁의 핵심은 길갈입니다.

그 다섯 왕들이 도망하여 막게다의 굴에 숨었더니_수 10:16

막게다는 예루살렘 남서쪽 32km 지점에 있는 석회암 동굴이 많은 지역입니다. 100% 응답을 받고 전쟁에서 이긴 줄 알았는데 다섯 왕이 굴에 숨어 있습니다. 명예와 쾌락, 물질, 정욕, 권세…… 내가 포기하지 못하는 다섯 세상 왕을 포기하고 승리했다고 생각했는데 숨을 곳이 있으니까 딱 숨어 있는 겁니다. 우리가 숨을 곳이 없어서 숨지 않는 것이지, 숨을 곳이 있으면 다 숨게 돼 있습니다. 사채를 내서라도 끝까지 가는 것이 망하는 사람의 특징입니다.

아모리의 다섯 왕은 자신들이 거느린 화려한 군대와 장비들을 의지하며 승리를 확신했을 것입니다. 거기에 다섯 왕이 연합했으니 사기가 더욱 충천했겠죠. 그런데 막상 싸움을 시작해 보니까 도무지 이스라엘을 이길 수가 없었습니다. 해와 달이 멈추는 놀라운 광경 앞에 맥 한번 못 추렸습니다. 들은 말씀이 없고 인내한 경험도 없다 보니 사건 앞에서 속수무책으로 무너졌습니다. 그러니 교회 직분, 모태신앙 다 소용없습니다. 내가 좋은 집에 살고 좋은 차를 타고, 좋은 학교를 나왔다고 해도 그것이 나를 구원해 줍니까? 배우자가 바람피우고, 자식이 가출하고, 사업이 망하고, 암에 걸리는 모든 사건에서 화려한 경력이나 큰 집, 큰 차가 무슨 쓸모가 있습니까?

아모리의 다섯 왕도 마찬가지입니다. 자신이 감당하지 못하는 사건이 닥치니 자식들, 부하들의 생명은 안중에도 없이 자기 목숨만 지키겠다고 굴속에 숨었습니다. 다섯 왕, 잘난 사람들이 하는 일이 숨는 것입니다. 바람을 피우면 자식이고 뭐고 안중에도 없습니다. 자기만 피해서 숨어 버립니다. 부도가 나도 숨어 버립니다. 이것이 대적의 실상입니다. 그러니 화려한 겉모습만 보고 두려워할 필요가 없습니다. 약속의 길갈이 있는 우리는 이미 이긴 싸움을 싸우고 있기 때문입니다.

> 어떤 사람이 여호수아에게 고하여 이르되 막게다의 굴에 그 다섯 왕들이 숨은 것을 발견하였나이다 하니_수 10:17

내가 아무리 숨어 있어도 고하는 사람이 있습니다. 자만심, 이기심, 음란한 마음과 의심은 눈에는 보이지 않는 것들이기에 우리는 이것을 얼마든지 숨기고 살아갈 수 있습니다. 끊임없이 일어나는 자기 연민과 위선도 얼마든지 숨길 수 있습니다. 자기 연민은 겸손함과 착한 행동으로 숨기고, 자만심과 이기심은 의로움으로 숨깁니다. 상반

되는 겉모습으로 가장할 때 나도 속고 남도 속이는 것입니다. 그래서 숨겨진 죄는 공개된 죄보다 발견하기 어렵고, 제하기 어렵고, 스스로 드러내기는 더더욱 어렵습니다.

그러나 하나님께 택함 받은 사람이라면 내가 먼저 숨겨진 죄를 드러내야 합니다. 하나님과 자신만이 알고 있는 죄라고 할지라도 감추려고 노력해서는 안 됩니다. 왜냐하면 죄를 숨기면 형통할 수 없기 때문입니다. 그렇다고 반드시 공개적으로 오픈하라는 이야기는 아닙니다. 그리스도 안에서 회개하고 자백해야 한다는 것입니다. 내가 생각하고 행동하는 것이 죄라는 것을 알았으면 누군가에게 자백해서 도움을 받아야 합니다. 많은 사람일 필요는 없습니다. 한두 사람에게라도 괜찮습니다.

사탄은 죄를 숨기라고 끊임없이 우리를 부추깁니다. 숨어서 은밀하게 죄를 행하면 그 죄가 지속적으로 나를 속박하고 중독과 집착에 빠지게 만듭니다. 차라리 사람들에게 공개적으로 고백하여 비밀이 밝혀지면 그 힘을 잃어버릴 텐데 계속 혼자만의 비밀로 붙잡고 있으면 중독의 힘은 점점 커지는 것입니다. 그러나 대부분의 중독은 개인의 약점과 연관되어 있기에 그것을 털어놓기가 쉽지 않습니다. 누구든 자기 약점을 인정하기가 쉽지 않기 때문입니다.

중독자들은 흔히 두 가지 거짓과 타협합니다. 첫 번째는 '이것이 왜 문제야?' 하며 자신의 중독을 가볍게 여기는 것이고, 두 번째는 '그래, 나쁜 습관이라는 건 알지만 나는 언제든지 그걸 버릴 수 있어!'라고 착각하는 것입니다. 잘못된 사랑에 빠진 사람들도 '이것은 건강하지 못한 관계야. 당장 끝내야 해!'라고 생각합니다. 그러다가 밤이 찾아오면 강박적인 충동이 되살아나서 다시 그 사람을 찾고, 다음 날 이 용당했다는 생각에 자신을 증오합니다. 그러면서도 '이 관계가 건강하지 못한 것을 알지만 나는 언제든 끊을 수 있어!' 이렇게 생각합니다.

중독은 생각보다 큰 힘으로 우리를 사로잡습니다. 알코올중독, 주식 중독, 사랑 중독 등 모든 중독이 그렇습니다. 우리에게는 중독을 끊을 힘이 없습니다. 이 사실을 인정해야 합니다. 거기에서부터 치료가 시작됩니다. 알코올중독 치료 프로그램에서도 가장 첫 단계가 "나는 알코올중독자입니다"라고 사람들 앞에서 고백하는 것이라고 합니다. 그리고 마지막 단계는 '보다 더 큰 힘'을 신뢰하는 것입니다.

'보다 더 큰 힘'이 무엇입니까? 바로 하나님께 맡기는 것입니다. 공개된 죄도 숨겨진 죄도, 내 안팎의 모든 죄를 불못에 던져 넣으실 주님을 신뢰하는 것입니다. 다윗은 "하나님이여 나를 살피사 내 마음을 아시며 나를 시험하사 내 뜻을 아옵소서 내게 무슨 악한 행위가 있나 보시고 나를 영원한 길로 인도하소서"라고 기도했습니다(시 139:23~24). 자신의 숨겨진 악을 깨닫게 해 달라고 기도했습니다. "주님, 내가 이 속에 숨겨진 죄를 내놓기 원합니다. 주님께서 처리해 주시기 원합니다"라고 기도하면 주님이 내 숨겨진 죄를 드러나게 하십니다. 그것이 기도 응답이고 치유의 시작입니다.

저는 큐티야말로 '중독 치료소'라고 생각합니다. 매일 큐티를 하는 사람은 모든 일을 하나님께 고백하기 때문입니다. 하나님을 신뢰하므로 그 말씀대로 살려고 애쓰기 때문입니다. 하나님은 매일 말씀으로 우리를 새롭게 하시며, 관계를 회복하시고, 자신을 회복하는 데 필요한 힘을 공급해 주십니다.

- 오늘이라도 끊을 수 있고 혼자 해결할 수 있다고 생각하는 중독과 숨겨진 죄는 무엇입니까? 내 죄를 드러나게 하시는 것이 축복임을 믿습니까?

우선순위를 판단해야 합니다

18 여호수아가 이르되 굴 어귀에 큰 돌을 굴려 막고 사람을 그 곁에
두어 그들을 지키게 하고 19 너희는 지체하지 말고 너희 대적의 뒤
를 따라가 그 후군을 쳐서 그들이 자기들의 성읍에 들어가지 못하
게 하라 너희 하나님 여호와께서 그들을 너희 손에 넘겨주셨느니라
하고_수 10:18~19

다섯 왕이 숨은 것을 알게 되었을 때 여호수아는 그들을 바로 죽이지 않았습니다. 굴 어귀를 막아서 지키게 한 후 "남은 적군들을 가서 물리치라"고 합니다. 다섯 왕을 잡는 것을 영적으로 비유하면 세상에서 왕 같은 지위를 가진 사람을 전도하는 것과 같습니다. 만약 대통령에게 복음을 전할 기회가 저에게 주어진다면 우리들교회는 잠깐 비우고 얼른 가서 전도하여 으스대고 싶을 것 같은데, 여호수아는 다섯 왕을 잡게 됐다고 부하들 앞에서 자랑하지 않았습니다. 중요한 일

과 급한 일 중에 무엇을 먼저 해야 할지 알았던 것입니다. 다섯 왕은 이미 전의를 상실했고 왕이라고 보기에 어렵게 됐습니다. 어느 때 두목부터 쳐야 하고, 어느 때 졸개부터 쳐야 하는지 때에 맞게 인도함을 받는 것입니다.

전도를 해도 유명하고 잘난 사람만 하고 싶고, 왕들하고만 놀고 싶은 마음을 버려야 합니다. 영혼에는 차별이 없습니다. 지금 급한 사람은 숨어 있는 다섯 왕이 아니라 후군들입니다. 다섯 왕보다는 후군들을 전도하기가 쉽습니다.

> 20 여호수아와 이스라엘 자손이 그들을 크게 살륙하여 거의 멸하였고 그 남은 몇 사람은 견고한 성들로 들어간 고로 21 모든 백성이 평안히 막게다 진영으로 돌아와 여호수아에게 이르렀더니 혀를 놀려 이스라엘 자손을 대적하는 자가 없었더라_수 10:20~21

"혀를 놀려" 대적하는 자가 없었다는 것은 비방하는 사람이 없었다는 것입니다. 1,600여 년의 불교 문화와 500여 년 유교 문화의 영향으로 남존여비 사상에 젖어 있는 한국 사회에서 여성 목회자는 비방과 조롱을 받기 쉬운 위치입니다. 제가 20여 년 평신도 사역을 할 때도, 교회를 담임하고 있는 지금도 하려고만 들면 얼마든지 비방할 거리가 있었을 것입니다. 그런데 늘 힘든 사람들을 찾아다니고, 환난당하고 빚지고 원통한 사람들에게 오라고 하니까 하나님이 비방거리를 줄여 주셨습니다. 혀를 놀려 대적하는 자가 없게 해 주셨습니다.

제가 주제를 잘 압니다. 제가 높은 사람하고 놀면 얼마나 놀겠습니까. 항상 하나님은 주제를 아는 사람을 쓰십니다. 제가 여자이니까 여자로서 주제를 알고 순종하며 갔더니 하나님이 남자 성도들도 많이 보내 주십니다. 특히 청년이 믿음을 갖기 어려운 이 시대에 우리들 교회에는 청년들이 참 많습니다. 왜 그런가 물었더니 청년들이 "말씀은 차별이 없기 때문"이라고 대답합니다.

이렇게 높은 데 쳐다보지 않고 낮은 자리에서도 자기 할 일을 열심히 하고 있으면 혀를 놀려 비방하는 사람이 없어집니다. 정말 힘들어서 복음이 필요한 사람들을 찾아가야 비방을 덜 받습니다. 그런데 내가 여전히 높은 사람, 잘난 사람들만 찾아다니기에 비방이 따라다닌다는 것을 알아야 합니다.

만일 혀를 놀려 나를 비방하는 사람이 있다면 '나의 잘못인가, 의의 핍박인가' 돌아보십시오. 같은 이야기를 해도 여기에서 하면 실수가 되고, 저기에서는 실수가 아닐 수 있습니다. 여기서 도와주는 건 선이지만, 저기서 도와주는 건 악일 수 있습니다. 때와 상황을 잘 분별해야 하고 급한 일인가, 중요한 일인가 우선순위도 잘 판단해야 합니다. 이것은 구원을 목적에 두지 않으면 할 수 없습니다.

- 복음을 전하기 위한 영적 전쟁에서 나에게 가장 우선순위는 어떤 사람입니까? 가난한 형제와 친구는 부담스러워서 피하고, 교회에 데리고 갔을 때 내 체면을 세워 줄 사람만 전도하지는 않습니까? 나의 그런 태도 때문에 믿는 자로서 비방 받고 있다는 걸 인정합니까?

철저하게 승리하려면 말씀을 삶에 적용해야 합니다

22 그때에 여호수아가 이르되 굴 어귀를 열고 그 굴에서 그 다섯 왕
들을 내게로 끌어내라 하매 23 그들이 그대로 하여 그 다섯 왕들 곧
예루살렘 왕과 헤브론 왕과 야르뭇 왕과 라기스 왕과 에글론 왕을
굴에서 그에게로 끌어내니라 24 그 왕들을 여호수아에게로 끌어내
매 여호수아가 이스라엘 모든 사람을 부르고 자기와 함께 갔던 지
휘관들에게 이르되 가까이 와서 이 왕들의 목을 발로 밟으라 하매
그들이 가까이 가서 그들의 목을 밟으매_수 10:22~24

"네 원수들로 네 발판이 되게 하기까지 너는 내 오른쪽에 앉아 있으라"는 시편 말씀에서 '원수가 발판이 된다'는 것은 '원수의 목을 발로 밟는다'라는 뜻입니다(시 110:1). 로마서에서도 "평강의 하나님께서 속히 사탄을 너희 발아래에서 상하게 하시리라"고 했습니다(롬 16:20). 말씀 그대로 이스라엘의 지휘관들이 아모리 족속 다섯 왕의 목을 밟았습니다. 은밀한 죄가 우리를 거듭거듭 미혹하기에 우리는 죄를 발아래 두고 밟아야 합니다.

사회적 지위가 높을수록 외도나 부정이 알려지는 것을 두려워합니다. 미국의 전(前) 대통령 빌 클린턴(Bill Clinton)은 재임 당시 백악관 인턴 직원이었던 모니카 르윈스키(Monica Samille Lewinsky)와의 성 추문 사건이 공개되면서 전 세계적으로 수치를 당했습니다. 그러나 이처럼 죄가 드러나 수치를 당하는 것이 축복입니다. 그것이 죄를 끊는 기

회가 되기 때문입니다. 아모리 족속 다섯 왕도 굴욕을 당해야 합니다.

여호수아는 자신이 할 수도 있지만 전쟁에 참가한 지휘관들을 불러서 아모리 왕들의 목을 발로 밟으라고 명합니다. 승리를 직접 체험해 보라는 것입니다. 나 혼자만 전쟁에서 승리하는 것이 아니라 군사들의 양육과 훈련에도 관심을 기울이고 있습니다. 목사가 아무리 훌륭하다고 해도 목사 혼자서 교회를 움직이는 것은 아닙니다. 성도 각자가 삶에서 끊지 못했던 죄의 목을 발로 밟고 왕 같은 세상 가치관들을 물리치는 승리를 경험해야 합니다. 그럴 때 교회가 성장하고, 한 영혼이 성장합니다.

우리가 성장하기 위해서는 성경을 이론으로만 알아서는 안 됩니다. 사소한 것이라도 말씀을 실제 삶에 적용하는 것이 중요합니다. 그것이 큐티의 꽃입니다. 큐티는 단순히 시간을 내서 말씀을 읽고 기도하는 것이 아니라 말씀을 통해 내 죄를 발견하고, 그 죄에 대한 목 밟기를 날마다 행하는 것입니다.

우리들교회 예배의 특징은 성도들이 나와서 설교를 듣고 깨달은 자신의 간증과 적용을 나눈다는 것입니다. 주일학교 아이들부터 청년과 장년에 이르기까지 자신의 죄와 수치를 나눕니다. 어떤 성도는 여자 문제로 이혼했는데 아직도 정신을 못 차리고 만나는 여자가 있다고 고백했습니다. 어떤 학생은 왕따당하는 친구를 도와주고 싶은데 자신도 따돌림을 당할까 봐 그러지 못했다고 고백하면서, 말씀을 듣고 용기를 내어 도와주겠다고 다짐했습니다. 어떤 청년은 담배 중독이 끊어질 수 있도록 기도를 부탁했습니다. 성도들이 그저 앉아서 예배만 드리는 것이 아니라 강대상에 올라와 지체들 앞에서 이런 적용을 합니다. 이것이 '목 밟기'입니다.

외도의 목을 밟고, 왕따 문제의 목을 밟고, 끊기 힘든 술·담배의 목을 밟습니다. 제가 억지로 시키는 것이 아니라 성도 스스로 결단하고 적용하니까 하나님이 더 힘을 주십니다. 그것을 보고 아직 죄와 중독에 사로잡힌 다른 성도들도 용기를 냅니다.

구경꾼처럼 멀리서 바라봐서는 죄의 목을 밟을 수 없습니다. 가까이 가서 아모리 다섯 왕, 즉 죄의 실체를 보고 내가 적용을 해야 합니다. 다른 사람들이 적용하는 것을 보기만 해서도 안 됩니다. 여호수아가 군사들에게 명하여 왕들의 목을 밟게 한 까닭이 무엇입니까? 내가 직접 적용해 보라는 것입니다. 이것이 제자훈련입니다.

> 여호수아가 그들에게 이르되 두려워하지 말며 놀라지 말고 강하고 담대하라 너희가 맞서서 싸우는 모든 대적에게 여호와께서 다 이와 같이 하시리라 하고 _수 10:25

그런데 지금 아모리 왕들은 죽은 상태가 아닙니다. 한때 위세를 떨치던 다섯 왕들이 아직 시퍼렇게 살아 있는데 두려워서 어떻게 목을 밟겠습니까. 목 밟기를 하려니 두렵고, 떨리고, 자존심과 체면이 걸립니다. 도저히 못 할 것 같습니다. '아휴, 주여…… 어떻게 여자 문제를 적용하겠어. 아직도 담배를 못 끊었다고 하면 사람들이 날 어떻게 볼까. 난 못 해…….'

탐심의 목을 밟고, 쾌락의 목을 밟고, 명예의 목, 체면의 목을 밟는 적용을 내 힘으로는 할 수 없습니다. 우리는 본질적으로 교만한 자들입니다. 그래서 땅끝까지 내려가야 합니다. 아모리 왕들처럼 모든 것을 갖춘 사람은 돈을 이용해 숨고, 학연·지연을 빌려 숨습니다. 끝까지 숨는 것밖에 못 합니다. 하지만 이런 사람들의 최후는 멸망과 심판입니다. 그래서 숨을 데가 없는 것이 축복입니다. 나를 숨겨 줄 돈과 지위와 학벌이 없어야 목 밟기 적용을 할 수 있는 것입니다.

여호수아는 "두려워 말라"고 지휘관들을 격려합니다. 그들이 용기를 내어 목 밟기 적용을 할 수 있도록 도와줍니다. 내가 먼저 죄를 고백하고 끊는 적용을 보여 주면 다른 사람들도 용기를 내서 죄의 목을 밟게 됩니다. 그렇게 다른 이들을 도우면 여호수아와 같은 리더십이 저절로 주어집니다.

- 오늘 어떤 목 밟기 적용을 할까요? 중독의 목을 밟기 위해 유튜브 시청을 줄이고, 게으름의 목을 밟기 위해 운동을 시작하고, 충동의 목을 밟기 위해 신용카드는 두고 외출하는 등 당장 실천할 수 있는 것을 찾아봅시다.

> 그 후에 여호수아가 그 왕들을 쳐 죽여 다섯 나무에 매달고 저녁까지 나무에 달린 채로 두었다가_수 10:26

죽인 왕들을 나무에 매다는 것은 예수 그리스도 안에서 나의 죄와 수치가 처형되었음을 만천하에 선포하는 것입니다. 우리의 숨겨진 죄는 저주 받은 자리, 십자가에서 처형되어야 합니다. 날마다 큐티를 통해, 주일예배와 목장예배를 통해 처형되어야 합니다. 혼자 힘으로는 내 죄와 수치를 죽이고 매달기 힘들기 때문에 예배가 있고 공동체가 있는 것입니다.

> 해 질 때에 여호수아가 명령하매 그들의 시체를 나무에서 내려 그들이 숨었던 굴 안에 던지고 굴 어귀를 큰 돌로 막았더니 오늘까지 그대로 있더라_수 10:27

내가 어렵게 목 밟기 적용을 하여 죄를 끊었다면 나무에 매다는 것, 즉 죄의 죽음을 선포하는 과정이 꼭 필요합니다. 내가 내 죄와 수치를 매달고 선포하면 그 죄는 영원히 기억되지 않게 소멸됩니다. 굴 속으로 영원히 던져집니다.

죄를 고백하고 나서 혹시라도 '내가 간증했더니 모두 나를 무시해'라는 생각에 사로잡혀서는 안 됩니다. 그것은 정죄감입니다. 십자가에서 나의 모든 죄가 처리된 것을 믿지 못하는 것입니다. 죽은 왕들의 시체는 굴 안에 던져지고, 굴 어귀를 큰 돌로 막으니 그것이 오늘까지 그대로 있다고 합니다. 내가 한 번 내 죄를 자백하고 회개하면 주님은 기억도 하지 않는다고 말씀하십니다. 드러나면 죽을 것 같은 내 죄를 매다는 것은 너무 고통스럽지만, 한 번 매달면 그다음에는 승리가 기다리고 있습니다. 부활이 기다리고 있습니다.

실제로 여호수아는 이후로 계속 승리했습니다. 죄와의 전쟁은 이렇게 이겨 나가는 것입니다. 하나님은 우리의 모든 죄를 용서해 주십니다. 그러나 하나님은 그것을 넘어 내가 죄를 정복하기를 원하십니다. 죄를 내쫓기를 원하십니다. 죄를 내쫓으면 그 자리에 성령의 열매가 맺힙니다. 죄를 자백하고도 여전히 굴에 숨어서 수치심과 정죄감을 끌어안고 산다면 결코 열매를 맺을 수 없습니다.

지휘관들이 다섯 왕의 목을 밟았어도 그 왕들을 죽인 사람은 여호수아입니다. 내가 어렵게 목 밟기 적용을 했어도 하루아침에 죄를 다 끊지는 못합니다. 함께 기도하고, 지켜봐 주고, 싸워 나가는 지체가 있어야 합니다. 어떤 죄이든지 서로 나누고, 기도하고, 말씀으로 해석하는 것이 죄를 이기는 방법입니다.

- 나의 죄가 그리스도 안에서 처형되었음을 선포함으로 자유와 평안을 얻게 된 경험이 있습니까? 그 경험을 나눌 수 있는 공동체에 속해 있습니까? 자존심 때문에 드러내기 싫어서 혼자 굴속에 갇혀 있지는 않습니까?

> 그날에 여호수아가 막게다를 취하고 칼날로 그 성읍과 왕을 쳐서 그 성읍과 그중에 있는 모든 사람을 진멸하여 바치고 한 사람도 남기지 아니하였으니 막게다 왕에게 행한 것이 여리고 왕에게 행한 것과 같았더라_수 10:28

"모든 사람을 진멸했다"고 합니다. '진멸'의 원어는 '헤렘'인데, 이것은 '아간'과 같은 단어입니다. 우리도 헤렘입니다. 탐욕의 목을 밟지 못해 죽은 아간처럼 우리도 죄로 인해 죽어도 할 말이 없는 인생입니다. 바울은 로마서 1장에서 스물한 가지 죄의 목록을 나열하며, "이 같은 일을 행하는 자는 사형에 해당한다"라고 했습니다(롬 1:29~32). 스물한 가지 죄를 다 지은 사람도 사형에 해당하지만 그중 한 가지만 지어도 사형에 해당한다는 것입니다. 그러니 우리 중 누구도 하나님의 사형선고를 피해 갈 수 없습니다. 그러나 예수님의 십자가 구속으로 헤렘이 완성되어 우리에게 살길이 열렸습니다. 그러니 헤렘, 곧 하나님의 진멸하심은 말할 수 없는 은혜입니다.

죄의 결과는 사망입니다. 죄의 실체를 알고 죄의 진행을 막으려면, 하나님 앞에 회개하고 엎드리는 것밖에는 방법이 없습니다. 내가 엎드릴 때 하나님의 X-Ray가 나를 비추어 내 속의 더러운 오장육부가 드러납니다.

여호수아는 죄의 실체와 과정과 결과를 알고, 어떻게 해결할지도 알았습니다. 그래서 많은 전쟁에서 완전한 승리를 거둘 수 있었습니다. 완전히 승리하려면 끊임없이 말씀을 통해 내 죄를 연구하고 묵상하고 적용해야 합니다. 부부간의 전쟁, 부모와 자식 간의 전쟁, 나라 간의 전쟁 등 모든 전쟁은 결국 죄와의 전쟁입니다. 드러나든지, 드러나지 않든지 죄와 중독의 문제를 해결하지 않으면 우리는 어떤 전쟁에서도 승리할 수 없습니다.

우리들 묵상과 적용

올해 고등학생이 된 아들은 제가 가슴으로 낳은 자식입니다. 결혼 당시 남편은 전처 소생의 일곱 살짜리 아들을 저에게 부탁했습니다. 아이를 키워 본 적이 없는 저는 아들을 번듯하게 키우고자 좋은 옷을 입히고 많은 책을 읽히며 어학연수도 보냈습니다. 그런 제 노력에 부응하듯 아들이 우수한 성적표와 무수한 상장을 받아 오니 저는 나름 부모 역할을 잘 하고 있다고 자부했습니다. 그러나 아들은 중학생이 되면서 성적이 곤두박질치기 시작했습니다. 또한 늘 자신감이 없고 무기력했는데, 그것이 소아 우울증 때문이라는 것을 나중에야 알게 되었습니다. 교회의 지체들은 당장 정신과 상담을 권했지만 오히려 저는 비싼 과외비를 지불하며 아들의 성적을 올리는 데만 열을 올렸습니다. 하지만 제가 욕심을 부리면 부릴수록 아들의 성적은 더욱 곤두박질쳤습니다. 저는 아들에게 중요한 것은 공부보다 우울증 치료임을 뒤늦게 깨닫고 모든 사교육을 끊은 후 아들의 치료에 매진했습니다.

그런데 며칠 전, 도서관에 간다며 나간 아들이 귀가 시간이 지나도록 들어오지 않았습니다. 연락조차 되지 않자 저는 일부러 제 전화를 피한다는 생각에 화가 나서 급기야 아들에게 협박 문자를 보내기까지 했습니다. 얼마 후, 땀범벅이 되어 들어온 아들은 "자전거 자물쇠 키를 찾느라고 늦었어"라고 변명했지만, 저는 끓어오르는 혈기를 참지 못해 아들에게 거친 말들을 마구 쏟아냈습니다. 그러자 아들은 "내가 뭘 그리 잘못했어? 엄마는 스토커 같아! 언제는 공부하지 말고 맘껏 놀라더니…… 나를 끊임없이 확인하고 감시하는 엄마의 이중적인 모습이 정말 싫어!"라고 소리쳤습니다. 순간 저는 말문이 막히고 당황스러웠습니다.

여호수아가 굴에 숨은 아모리 다섯 왕을 죽이기 전에 남은 적들을 처리하며 중요한 일을 먼저 했듯이(10:19), 저 또한 공부보다 아들의 마음을 치유하는 일이 우선이라고 생각했기에 과외를 끊고 정신과 치료에 매진하는 적용을 했습니다. 그러나 제 마음속 막게다 굴에 숨은 아모리 왕들의 목을 밟지는 못했습니다(10:24). 세상 부귀와 영광을 좇느라 주님이 제게 부어 주신 사랑과 은혜를 망각하고 말았습니다. 그저 '남의 자식 잘 키워 성공시켰다'라는 칭찬을 듣기에만 목말라 있었습니다. 우울증만 치료되면 아들이 공부에 더욱 전념하고 신앙생활도 열심히 할 것이라 믿으며, 아들에게 집착하고 있었던 것입니다. 이렇듯 질기게 변하지 않는 제 욕심의 아모리 왕들을 오늘 또다시 나무 십자가 위에 매답니다(10:26). 이 부끄러운 고백으로 나의 죄가 온전히 진멸되기를 소망합니다(10:28). 또한 아들을 하나님의 사랑으로 품고 이해하는 엄마가 되기를 기도합니다.

영혼의 기도

아버지 하나님, 아모리 다섯 왕이 환경이 갖추어지자 막게다 굴에 딱 숨습니다. 이런 모습이 어찌 저에게도 없겠습니까. 스스로 낮아지기가 너무나 어렵습니다. 그러니 주님이 원하신다면 저에게 길이 없도록 막아 주시고, 제가 숨어서 죄를 이루지 않도록 도와주옵소서. 우리가 죄의 결과인 사망으로 가지 않고 살아나게 하옵소서.

숨은 다섯 왕보다도 먼저 후군들을 쳐 죽이라는 여호수아의 명령이 마치 나에게 사소한 일을 맡기는 것만 같아서 싫었습니다. 그러나 내가 후군과 같은 자들, 어려운 형편에 처한 사람들을 찾아가 전도할 때 내게 혀를 놀려 비방하는 사람이 없다는 것을 알았습니다. 내 옆에 힘든 사람들을 도울 수 있는 힘을 주옵소서. 그럴 때 아모리 다섯 왕의 목을 밟을 수 있다고 하셨사오니 내 주제를 알게 하옵소서.

주님, 죄의 목을 밟기가 너무 어렵습니다. 명예와 쾌락이 좋아서 자존심과 이기심을 내려놓을 수 없어서 도저히 밟을 수 없는 죄가 너무 많습니다. 그러나 "두려워하지 말라, 놀라지 말라"고 하시오니 내 죄의 목을, 내 수치의 목을 밟기 원합니다. 모든 중독의 문제를 두고 하나님께 기도드리오니, "저는 중독에 빠졌습니다. 제가 해결할 수 없습니다. 이 중독에 완전히 패배했습니다"라고 고백하는 우리가 되게 하옵소서. 주님의 도움을 간절히 구합니다. 내가 아무것도 할 수 없음을 인정하기 원합니다. 그리함으로 나의 모든 중독과 죄가 진멸될 것을 믿습니다. 예수 그리스도의 십자가에서 영원히 도말될 것을 믿습니다. 믿음의 공동체에서 고백하고 나눌 때, 우리의 모든 죄가 힘을 잃는 것을 믿습니다. 오늘도 끊임없이 찾아오는 죄와의 전쟁에서 철저한 승리와 부활을 경험하게 하옵소서. 예수님 이름으로 기도하옵나이다. 아멘.

Chapter 17

한칼에 속전속결: 단번에 빼앗으니라

여호수아 10:28~43

하나님 아버지, 우리에게 여러 기도 제목과 전쟁이 아직 남아 있습니다. 우리가 어떻게 하면 "단번에 빼앗으니라"의 인생을 살 수 있는지 말씀해 주시옵소서. 듣겠습니다.

우리는 하나의 전쟁이 끝나면 또 다른 전쟁을 하고, 또다시 전쟁을 치러야 하는 인생을 살아갑니다. 예수 믿는다고 사건이 안 오고, 안 믿는다고 오는 것이 아닙니다. 예수를 믿거나 안 믿거나 수많은 사건이 인생에 오고 갑니다. 그러나 어떤 전쟁도 믿는 이스라엘에게는 축복을 이루는 전쟁이고, 하나님을 모르는 가나안 족속에게는 심판을 이루는 전쟁입니다.

복음으로 세상 가나안을 점령해 가는 영적 전쟁에서 나의 전쟁이 축복의 전쟁인가 심판의 전쟁인가는 몇 사람이 전도되느냐 안 되느냐에 달려 있는 것이 아닙니다. 4대, 5대째 신앙생활을 하는 저희 집안에도 아직 믿지 않는 친척들이 있습니다. 그들이 전도되지 않았다고 해도 나는 축복의 전쟁을 할 수 있습니다. 불신자들에게 공격과 핍박을 당한다고 해도 우리가 축복의 전쟁을 치를 수 있는 것은, 숱한 전쟁을 치르면서 내 속의 세상 세력, 내 속의 가나안 세력이 진멸되기 때문입니다. 상대방이 변하지 않아도, 환경이 변하지 않아도 하나님은 내 욕심과 거짓을 처리해 주시고 나를 변화시키십니다. 그리하여 처음에는 넘어지고, 속고, 실패하던 내가 "단번에 빼앗으니라"의 인생이 되는 것입니다.

단번에 빼앗기 위해서는 '같았더라'의 삶을 살아야 합니다

> 그날에 여호수아가 막게다를 취하고 칼날로 그 성읍과 왕을 쳐서 그 성읍과 그중에 있는 모든 사람을 진멸하여 바치고 한 사람도 남기지 아니하였으니 막게다 왕에게 행한 것이 여리고 왕에게 행한 것과 같았더라_수 10:28

지금 우리가 묵상하는 여호수아 10장 28절에서 43절까지 가장 많이 등장하는 구절이 "같았더라"입니다. 28절, 30절, 32절, 35절, 37절, 39절, 40절에 이 구절이 반복해서 등장합니다. '같았다'는 것은 '동일했다'라는 의미입니다. 우리가 전쟁을 치를 때 제일 중요한 것이 한결같은 태도입니다. 그럴 때 우리의 전쟁이 축복의 전쟁이 됩니다.

여리고 전쟁에서 이스라엘 백성은 하나님의 명령을 따라 성안에 있는 모든 남녀노소와 소와 양과 나귀를 칼날로 멸했습니다(6:21). 아무리 죄로 가득 찬 가나안이라고 해도 젖먹이, 부녀자, 노인까지 일일이 칼로 베는 것은 쉬운 일이 아닙니다. 너무 하기 싫은 일입니다. 그런데 그 하기 싫은 일을 변함없이 수행하는 것, 그것이 하나님이 우리에게 원하시는 것입니다. 하나님은 우리에게 남다른 일, 대단한 것을 요구하지 않으십니다. "여전한 방식", "같았더라"의 태도로 오늘을 살라고 말씀하십니다.

국내에서 최초로 컴퓨터 바이러스 백신 프로그램을 개발한 안철수 씨가 이런 말을 했습니다.

"원칙이라는 것은 매사가 순조롭고 편안할 때는 누구나 지킬 수 있다. 그러나 원칙을 원칙 되게 만드는 힘은 어려운 상황, 손해 볼 수밖에 없는 뻔한 상황에서도 그것을 지킬 때 생겨난다. 상황이 어렵다고, 나만 바보가 되는 것 같다고 한두 번 자신의 원칙에서 벗어난다면 그것은 진정한 원칙이 아니며, 어떤 문제에 봉착했을 때 그것을 해결하고 돌파해 나가는 현명한 태도가 아니라고 생각한다. 스티븐 코비(Stephen Covey) 박사의 말대로 원칙은 수시로 변경 가능한 지도가 아니라, 어떤 상황에서든 항상 정북을 가리키는 나침반이어야 하는 것이다."

여러 모임에 참석하면서 '와인 한 잔 마시는 건 술 마시는 게 아니야. 예수님도 포도주를 드셨잖아'라고 생각할 수도 있습니다. 술을 열 잔 마시면 나쁜 사람이고, 한 잔 마시면 신사적인 사람입니까? 많은 사람이 술을 못 끊고 있기 때문에, 내가 예수님을 믿는 사람으로서 술을 마시지 않고도 얼마든지 대화하고 즐겁게 보낼 수 있는 것을 보여 줄 필요가 있습니다. 사소하다고 해서 원칙을 자꾸 어기면 세상 모임과 교회 모임이 어떻게 구별되겠습니까.

아무리 사소한 일이라도 하나님이 명하신 대로 하는 것이 사는 길입니다. 하나님이 진멸하라고 명하셨으니까 멸해야 하는 것입니다. "여리고 왕은 물리쳤지만 막게다 왕은 그냥 둬도 되지 않아? 막게다 왕은 물리쳤지만 립나 왕은 괜찮지 않아?" 이러지 말라는 겁니다. 하나님 없는 죄악의 백성이라면 왕이든지 부녀자이든지 똑같습니다. 노인도 아이도 똑같습니다. 세상 가치관이라면 똑같이 멸해야 합니다. 세상은 소망이 없습니다. 세상은 진멸의 대상일 뿐입니다.

하나님은 제사보다 순종을 원하십니다(삼상 15:22). "같았다"라는 말씀이 본문에 여덟 번이나 나옵니다. 하나님의 일이라면 남 보기에 참말로 지겨운 일일지라도, 귀찮고 싫은 일일지라도 항상 동일하게 해야 합니다. 말씀을 전하는 저는 안 믿는 사람이 보면 정말 지겹다고 할 정도로 매일 설교를 준비합니다. 일주일 내내, 앉으나 서나 준비를 합니다. 저뿐만이 아닙니다. 누구는 교회에서 주차 안내를 하고, 누구는 음향을, 누구는 난방을, 누구는 찬양 인도를, 누구는 화장실 청소를 맡습니다. 이런 똑같은 일을 주일마다 반복해서 하지 않으면 예배를 드릴 수 없습니다.

교회는 오케스트라와 같습니다. 종합 예술입니다. 아무리 시시해 보이는 화장실 청소라도 화장실이 더러우면 성도들이 예배드리러 왔다가 기분이 나빠지지 않겠습니까? 특히나 우리들교회는 학교 체육관에서 예배를 드리기 때문에 주일마다 성전을 꾸미고, 치우고를 반복해야 합니다. 그래서 누구도 예배만 드리고 두 손 놓고 있을 수 없습니다. 의자 하나라도 날라야 합니다. 돈 때문에 한다면 이렇게 못할 것 같습니다. 단번에 빼앗는 영적 전쟁은 하나님이 힘을 주셔야 할 수 있습니다. 누구도 억지로는 못 합니다.

위장과 간장, 신장은 평생 어두운 몸속에 있습니다. 반면에 얼굴은 드러나 보이며 평생 영광을 받습니다. 그런데 얼굴의 눈과 코는 없어도 살지만 위장과 간장이 없으면 못 삽니다. 사회에서도, 교회에서도 숨어서 수고하는 분들이 있기에 우리가 편하게 살 수 있습니다. 일에 대해서도, 사람에 대해서도 한결같은 태도를 취하는 것이 중요합니다. 늘 같게, 한결같이 행하는 사람이 많은 교회가 진실한 교회고, 그런 직장이 진실한 직장입니다.

여리고 왕을 멸한 것처럼 막게다 왕, 립나 왕을 한결같이 대하는 것이야말로 깨어 있는 것입니다. 제가 사람을 뽑을 때 가장 점수를 주는 사람은 '편한 사람'입니다. 얼굴이 편하다고 편한 사람은 아닙니다. 이것도 좋고, 저것도 좋다고 하는 사람도 편한 사람이 절대 아닙니다. 구원 때문에 모든 것을 이해하고, 구원 때문에 모든 것을 양보하는 사람이 편한 사람입니다. 무슨 이야기를 해도 소화해 내는 사람, 쓴소리도 약으로 듣는 사람이 편한 사람이고, 일꾼으로 합당한 사람입니다.

지식으로 무엇을 알고 모르고의 문제가 아닙니다. 교회는 사람을 살리는 곳입니다. 그러니까 어떤 지식도 사람에 대한 이해가 없다면 소용이 없습니다. 자신이 죄인이라는 것을 알면 누구를 대해도 한결같아집니다. 세상은 멸해야 하는 것이기에 교회에서는 세상 지위와 권세로 행세할 수 없습니다. 또 세상 권세 때문에 주눅 들어서도 안 됩니다. 외모로 차별하지 않기가 참 어렵지만, 점점 차별이 없어지는 것이 믿음의 성숙입니다.

한결같이 주님의 일을 하는 것, 그중에서도 사람을 차별하지 않는 것, 주차 안내를 해도 좋은 차, 나쁜 차를 차별하지 않는 것, 목사로서 성도를 차별하지 않는 것…… 이것이 가나안을 정복할 수 있는 비결입니다. 이런 사람들이 모여 있는 곳이 좋은 교회입니다. 건강한 교회는 다른 것이 아니라 한결같은 사람들이 모여 있는 교회입니다.

- 날마다 반복되는 일상에서 "같았더라"의 태도로 임하고 있습니까? 사람에 대해서나 일에 대해서나 "같았더라"가 안 되는 부분은 무엇입니까? 아직도 좋고 싫은 것이 많아서 한결같이 불평만 하고 있습니까?

단번에 빼앗기까지 주어진 역할과 과정이 있습니다

29 여호수아가 온 이스라엘과 더불어 막게다에서 립나로 나아가서
립나와 싸우매 30 여호와께서 또 그 성읍과 그 왕을 이스라엘의 손
에 붙이신지라 칼날로 그 성읍과 그 중의 모든 사람을 쳐서 멸하여
한 사람도 남기지 아니하였으니 그 왕에게 행한 것이 여리고 왕에
게 행한 것과 같았더라_수 10:29~30

처음에 립나는 열두 지파 중 유다 지파에 할당된 지역이었습니

다. 그 후 레위 지파에 기업을 떼어 줄 때 아론 자손에게 양도되었습니다. 그런데 제사장 집안인 아론 자손에게로 넘어가자 립나가 그 직분을 등에 업고 교만해졌습니다. 유다 여호람 왕 시대에는 반란을 일으키더니, 결국 히스기야 왕 시대에 앗수르 왕 산헤립에게 공격을 받아서 초토화되고 말았습니다. 하지만 하나님의 은혜로 훗날 립나는 유다 지파에 복속됐습니다. 그러니 처음부터 예수님이 오시는 유다 지파에 할당되는 것이 얼마나 은혜인지 모릅니다. 처음부터 말씀에 은혜 받고 큐티하는 사람은 축복 받은 사람입니다. 이왕 믿음의 길을 간다면 립나처럼 갖은 고난 다 겪고 배반당하고 초토화된 후에야 돌아오는 것보다 처음부터, 한결같이 겸손과 순종의 길을 가는 것이 더 멋지지 않습니까.

> 31 여호수아가 또 온 이스라엘과 더불어 립나에서 라기스로 나아가서 대진하고 싸우더니 32 여호와께서 라기스를 이스라엘의 손에 넘겨주신지라 이튿날에 그 성읍을 점령하고 칼날로 그것과 그 안의 모든 사람을 쳐서 멸하였으니 립나에 행한 것과 같았더라 _수 10:31~32

립나에서 라기스로 나아가서 싸우더니 '이튿날에' 성읍을 점령했습니다. 애굽에서 나오기까지 400년, 광야를 지나기까지 40년, 여리고를 무너뜨리기까지 7일이 걸렸는데, 이제는 '이튿날'에 점령합니다. 영적 성숙은 이렇게 회복 시간이 빨라지는 것입니다.

인생의 많은 전쟁, 갖은 풍상을 다 겪고 나면 남편이 바람을 피워도 조금 속상하다가 이틀 만에 회복이 됩니다. "당신이 바람피운 것도 내 이기심 때문이에요. 당장 돌아오지 못한다고 해도 좋아요. 나는 한결같이 당신을 사랑하면서 기도할게요" 편안한 얼굴로 이렇게 이야기해 보십시오. 자식이 속을 썩여도 "내가 내 욕심으로 너를 키웠다. 엄마가 미안하다. 아빠가 미안하다" 이렇게 진심으로 말해 보십시오. 그러면 이틀 만에! 안 믿는 남편 라기스가 점령되고, 자식 라기스가 점령될 것입니다.

그때에 게셀 왕 호람이 라기스를 도우려고 올라오므로 여호수아가 그와 그의 백성을 쳐서 한 사람도 남기지 아니하였더라_수 10:33

게셀 왕 호람이 이스라엘을 대적하는 라기스를 도우려고 옵니다. 어떤 사람은 기껏 교회에 다니면서도 편을 짜서 믿는 사람을 대적하는 일에 평생을 탕진합니다. 내가 예수 잘 믿는 사람 편을 들고 있는가, 세상 세력 좇아다니면서 졸개 노릇을 하는가 생각해 보십시오.

여호수아는 라기스를 도우려고 온 게셀 왕 호람을 딱 분별하고 잘라 냈습니다. 영적으로 성숙해져서 시간 낭비하지 않게 되니까 세상에서 아무리 대단한 지위를 가진 사람이라도 딱 자릅니다. 내가 누구와 시간을 보내야 할까 기도하고 분별하십시오. 어울리지 말아야 하는 세상 세력은 딱 잘라 내야 합니다.

34 여호수아가 온 이스라엘과 더불어 라기스에서 에글론으로 나아
가서 대진하고 싸워 35 그날에 그 성읍을 취하고 칼날로 그것을 쳐
서 그중에 있는 모든 사람을 당일에 진멸하여 바쳤으니 라기스에
행한 것과 같았더라_수 10:34~35

이제는 이틀 갈 것도 없습니다. "그날에" 진멸했습니다. 여러 전쟁을 통해 믿음이 성숙해져서 무엇이든 잘 내려놓으니까 즉시 진단과 처방이 나옵니다.

저도 너무 힘든 전쟁을 반복해 겪다 보니 남편의 죽음을 말씀으로 빨리 받아들였습니다. 그런데 그 후에 제가 돈을 떼이는 일이 생겼습니다. 당시 전 재산이라고 할 만한 돈이었는데, 월수입이 생길까 해서 빌려줬다가 아예 떼일 처지가 된 것입니다. 과부가 되어 도움을 받아도 시원치 않을 판에 그런 일이 생겼으니 제 심정이 오죽했겠습니까. 그래도 한결같이 아침마다 큐티하고, 큐티 모임을 인도하니 그것 때문에 고민할 시간이 없었습니다. 끝내 돈을 못 받게 됐는데도 하룻밤을 자고 나서는 '하나님이 오죽 알아서 그렇게 하셨겠는가' 하는 생각이 들었습니다. '내가 그 돈이 없어서 굶는 것도 아닌데 그 돈이 저 사람에게 가든지, 통장에 있든지 무슨 상관인가' 하고 해석이 됐습니다. 즉시 진단과 처방이 나오며 평강을 얻었습니다.

신앙의 성숙이란 내가 얼마나 빨리 포기하는가로 알 수 있습니다. 이틀 만에 포기하는가, 그날에 포기하는가, 그것이 성숙의 지표입니다. 일 년이 가도, 십 년이 가도 포기를 못 한다면 매일 지옥의 시간

을 보낼 수밖에 없습니다.

- 힘든 사건이나 우울한 감정을 겪을 때 회복의 시간이 얼마나 걸립니까? 말씀으로 단련되어 조금씩 회복의 시간이 빨라지고 있습니까? 포기하지 못하는 욕심과 집착 때문에 마음이 상하고, 몸이 상하고 있습니까?

중단 없는 전진을 해야 합니다

36 여호수아가 또 온 이스라엘과 더불어 에글론에서 헤브론으로 올
라가서 싸워 37 그 성읍을 점령하고 그것과 그 왕과 그 속한 성읍들
과 그 중의 모든 사람을 칼날로 쳐서 하나도 남기지 아니하였으니
그 성읍들과 그 중의 모든 사람을 진멸하여 바친 것이 에글론에 행
한 것과 같았더라 38 여호수아가 온 이스라엘과 더불어 돌아와서
드빌에 이르러 싸워 39 그 성읍과 그 왕과 그 속한 성읍들을 점령하
고 칼날로 그 성읍을 쳐서 그 안의 모든 사람을 진멸하여 바치고 하
나도 남기지 아니하였으니 드빌과 그 왕에게 행한 것이 헤브론에
행한 것과 같았으며 립나와 그 왕에게 행한 것과 같았더라 40 이와
같이 여호수아가 그 온 땅 곧 산지와 네겝과 평지와 경사지와 그 모
든 왕을 쳐서 하나도 남기지 아니하고 호흡이 있는 모든 자는 다 진
멸하여 바쳤으니 이스라엘의 하나님 여호와께서 명령하신 것과 같
았더라_수 10:36~40

여호와께서 명령하신 대로 한결같은 태도로 싸우니 전쟁마다 승리했습니다. 막게다 굴속 아모리 다섯 왕과 같이 도무지 끊을 수 없던 죄의 목을 밟고, 완전한 승리를 경험하고 나니까 인생의 목적이 행복이 아니라 거룩인 것을 깨닫게 됐습니다. 그래서 안주하지 않고 하나님이 주신 날 동안 주의 일에 전념하면서 영혼 구원을 향해 나아가게 됐습니다.

산지처럼 높은 사람, 평지처럼 문제없이 편해 보이는 사람, 경사지처럼 대하기 어려운 사람…… 이 모두가 진멸의 대상입니다. 복음으로 정복해야 할 대상입니다. 그 어떤 사람도 구원 받아야 합니다.

그러기 위해서 승리에만 도취해서는 안 됩니다. 멈추지 않고 전진해야 합니다. 그토록 바라던 돈을 주셨다면, 자식을 주셨다면, 명예를 주셨다면 이제는 하나님을 위해서 살아야 합니다. 꿈꾸던 집을 장만해도, 승진을 해도, 자녀가 대학에 붙어도 그것이 인생의 목적지가 아니라는 겁니다. 전에는 그것만이 목적이었기에 아간 같은 탐심으로 아이 성에 올라갔다가 패했습니다. 좋은 것이 좋은 건 줄만 알고 기브온에게 속았습니다. 그런데 창세기부터 여호수아에 이르기까지 하도 속고 실패하다 보니까, 이제는 어떤 왕이나 대단한 사람을 만나도 예수가 없다면 성공한 인생이 아니라는 걸 깨닫게 되었습니다.

하나님께서 가나안을 이스라엘에 주겠다고 약속하셨지만, 우리는 여호수아서를 읽어 가면서 가나안의 한 성읍, 한 성읍을 정복하기 위해 얼마나 사투를 벌여야 하는지 보았습니다. 에베소서 6장에서 우리가 마귀의 간계를 능히 대적하려면 하나님의 전신 갑주를 입어야 한다고 말합니다. 진리로 허리띠를 띠고, 의의 호심경을 붙이고, 믿음의 방패를 가지며, 평안의 복음이 준비하는 것으로 신을 신고, 구원의 투구와 성령의 검을 가져야 합니다(엡 6:11~17). 그런데 몸의 뒤편에는 아무런 보호 장비가 없습니다. 그러니 뒤를 돌면 우리는 죽습니다. 언제나 앞으로만 나가야 합니다. 날마다 전진해야 합니다. "올해는 신앙생활 좀 쉴래. 예수도 편안히 믿고 싶어. 웬 큐티? 웬 주일학교 봉사?" 하면서 뒤돌면 바로 대적의 칼에 찔린다는 말입니다.

끊임없이 나아가고, 칼날로 쳐서 진멸하고, 말씀의 검으로 욕심을 쳐서 남김없이 진멸하는 이 전쟁을 중단해서는 안 됩니다. 내가 승리하니까 하나님께서 다른 성읍을 계속 붙이십니다. 열심히 전도하는 사람에게 자꾸 사람을 붙이십니다.

• 원하던 대학에 붙었습니까? 원하던 일을 얻고 원하던 결혼을 하게 됐습니까? 그것이 인생의 전부인 것 같아서 안주하려 하지는 않습니까? 하나님이 주신 사명이 있기에 매일 말씀으로 무장하며 전진하고 있습니까?

41 여호수아가 또 가데스 바네아에서 가사까지와 온 고센 땅을 기브온에 이르기까지 치매 42 이스라엘의 하나님 여호와께서 이스라엘을 위하여 싸우셨으므로 여호수아가 이 모든 왕들과 그들의 땅을 단번에 빼앗으니라_수 10:41~42

여호와 하나님께서 이스라엘을 위하여 싸우시기에 여호수아가 모든 왕과 그 땅을 단번에 빼앗을 수 있었습니다. 어떤 환경에서도 하나님이 오늘 가라고 하시는 곳에 가면 우리는 이길 수 있습니다. '가데스 바네아에서 가사까지와 온 고센 땅을' 점령할 수 있습니다. 물론 단번에 빼앗기까지 오랜 세월 고생을 겪어야 했습니다. 그러나 고난의 훈련과 전쟁을 통해 전도의 능력이 생겨서 온 땅, 온 식구를 복음으로 단번에 빼앗게 되는 것입니다.

우리들교회가 창립되고 천 명이 넘는 성도가 모이기까지 물리적인 시간은 2년이 채 걸리지 않았습니다. 하지만 교회가 우연히 부흥된 것이 아닙니다. 우리에게 사백 년 애굽 살이(세상살이)와 사십 년의 광야 생활(물질과 건강, 자녀의 훈련)이 있었습니다. 그 시간을 지나 요단을 건너고 여리고를 침묵 가운데 돌고 아이에서는 넘어지기도 했습니다. 그 후 회개하고 복구전에서 승리했지만 기브온의 유혹에서 또 넘어졌습니다. 나를 속인 기브온을 돕고자 기가 막힌 아모리 다섯 왕의 공격을 받았습니다. 그 모든 전쟁에서 오래 말씀을 묵상함으로 살아난 저와 많은 성도가 있었습니다. 신기한 기적 가운데 치른 싸움이 아니라 오로지 말씀의 칼날로 나아간 싸움입니다.

어떤 분이 저에게 "하나님이 저한테 신학을 하라고 자꾸 말씀하시는데요?" 하며 의논을 해 왔습니다. 그래서 제가 이렇게 말씀드렸습니다. "신학을 공부하기 이전에 주일학교나 교회 공동체에서 사람을 섬겨 보세요. 그곳에서 자녀 때문에 힘든 부모를 말씀으로 위로하고, 이혼할 가정을 회복시키는 일부터 먼저 하세요. 그렇게 열매가 열리고 저절로 지경이 넓어져 내가 아닌 다른 사람들이 사역하라고 권하는 상황까지 가야 합니다. 그때가 하나님이 원하시는 때입니다."

신학박사 학위를 가졌다고 해도 말씀의 능력이 없다면 한 영혼도 구원시킬 수 없습니다. 먼저 내 죄를 보며 회개하고 기도드릴 때 하나님은 그런 나를 통해 많은 사람이 살아나게 하십니다. 그 일을 위해 하나님께 뽑히는 성도가 되어야 합니다.

- 돈이나 학벌 등 큐티를 하면서 이것만은 단번에 정복하게 됐다고 이야기할 만한 승리의 간증이 있습니까? 복음으로 단번에 빼앗아야 할 전도 대상자는 누구인가요?

혼자서는 할 수 없습니다

여호수아가 온 이스라엘과 더불어 길갈 진영으로 돌아왔더라 _수 10:43

"여호수아가 온 이스라엘과 더불어"라는 구절이 다섯 번이나 반복됩니다(10:31, 34, 36, 38, 43). 여호수아는 온 이스라엘과 더불어 싸우고, 온 이스라엘과 더불어 길갈 진영으로 돌아옵니다. 여호수아 혼자서 이 싸움을 할 수 없습니다. 제가 목사로서 교회를 담임하고 설교를 한다고 해도 저 혼자서 영적 싸움을 싸우는 것이 아닙니다. 일주일 동안 온 성도가 각자의 현장에서 더불어 싸우고, 슬픈 일에 더불어 슬퍼하고, 기쁜 일에 더불어 기뻐하며 함께 싸우는 것입니다.

"한 사람이면 패하겠거니와 두 사람이면 맞설 수 있나니 세 겹 줄은 쉽게 끊어지지 아니하느니라"는 말씀처럼 공동체에서 나누면 힘이 됩니다(전 4:12). 폴 투르니에(Paul Tournier)는 "혼자서 할 수 없는 것이 둘이 있다. 하나는 결혼이고, 다른 하나는 그리스도인이 되는 것이다"라고 말했습니다. 신앙생활은 절대로 혼자서 못 합니다. 교회가 하나 되고, 목장이 하나 될 때 많은 영혼을 구원으로 이끌고 세상을 이기게 됩니다.

날마다 큐티하는 일이 지겨울 수도 있습니다. 매주 목장예배에 참석하고 나누는 것이 부질없게 느껴질 수도 있습니다. 주일예배에서 30분 설교 듣는 것으로 충분하다고 생각할 수도 있습니다. 하지만 그런 마음으로 큐티를 뒤로하고, 말씀을 멀리하고, 공동체와 멀어지면 우리는 금세 침체될 수밖에 없습니다. 항상 같은 마음으로, "같았더라"의 방식으로 큐티하는 것, 가정과 직장에 충실한 것, 여전한 방식으로 생활예배 잘 드리는 것이 가장 위대한 것입니다. 단번에 빼앗을 수 있는 비결은 이렇게 사소한 것에 있습니다.

- 더불어 싸우고, 승리하고, 더불어 기뻐할 공동체가 있습니까? 교회와 가정, 목장을 길갈 진영 삼아 "같았더라"의 태도로 참여하며 섬깁니까?

자식이 속을 썩여도

"내가 내 욕심으로 너를 키웠다.

엄마가 미안하다. 아빠가 미안하다"

이렇게 진심으로 말해 보십시오.

그러면 이틀 만에!

안 믿는 남편 라기스가 점령되고,

자식 라기스가 점령될 것입니다.

우리들 묵상과 적용

지방이 본사인 금융회사에 다니느라 10년째 타지 생활을 하던 해였습니다. 아내는 제게 "송구영신 예배를 온 가족이 함께 드리는 것이 소원"이라고 말했습니다. 그날 하나님은 저를 주께서 거하실 처소로 삼으사 저의 심령을 뚫고 들어오셨습니다(엡 2:22). 그렇게 만 사십 세가 되던 해에 저는 예수님을 영접했습니다. 이후 기독교 방송을 보거나 찬양을 들으면 주체할 수 없는 눈물이 흘렀습니다. 하나님은 저의 생활을 교회에 붙이기로 작정하신 것처럼 수요예배와 새벽기도회까지 참석하게 하셨습니다(10:30). 주님을 사모하는 제 마음을 기쁘게 받으신 하나님은 이듬해 수도권 지사로 발령하여 교회 공동체에서 말씀 묵상 훈련을 받게 하셨습니다. 그런 축복에도 불구하고 공무원이셨던 가부장적인 아버지와 8남매 중 외아들로 태어난 환경의 영향으로 남존여비의 유교적 가치관과 자기중심적 사고를 버리기란 쉽지 않았습니다. 굳은 마음이 좀체 변하지 않아 '나의 하나님이 나를 위해 싸워 주신다'는 것을 믿기가 어려웠습니다(10:42).

평소 아내는 외출하기로 약속한 시간을 잘 지키지 못합니다. 아직 남은 집안일을 하느라 그러는 것인데 저는 아내가 늑장 부렸다고 생각하며 먼저 준비를 마치고 현관에 서서 "빨리하라!"고 채근하곤 합니다. 이런 일들은 제가 퇴직 후 '삼식(三食)이'가 되면서 더욱 빈번

해졌습니다. 얼마 전 아내에게 "바닷가에 가서 바람도 쐬고 신선한 해산물도 먹고 오자"라고 했습니다. 하지만 아내는 가만히 앉아 재촉만 한다며 "집안일 하는 거 안 보이냐"고 볼멘소리로 대꾸했습니다. 화가 치밀어오른 저는 다 집어치우라고 답했습니다. 작은아들이 저희를 보고 있다는 것을 신경도 쓰지 않은 채 서로 욕을 하며 육탄전 일보 직전까지 싸웠습니다. 그러다 "아빠가 엄마를 도와주고 같이 가면 되잖아!" 하는 아들의 일침에 저희 부부는 싸우던 입을 다물었습니다. 저의 유교적 가치관과 이기적인 습성이 변하지 않아 일어난 일이었습니다.

저는 '아내는 당연히 내 말에 순종해야 한다'고 생각했습니다. 사회생활을 할 때도 어느 정도의 음란죄는 아내가 이해해야 한다고 여겼습니다. 제가 피곤할 때는 아무것도 안 해도 괜찮다며 이기적으로 행동하면서 아내에게는 매사 옳고 그름으로 판단하며 비난을 일삼습니다. 그날 저는 아들과 설렁탕을 먹으며 "엄마와 싸워서 미안하다"라고 사과했지만, 아내에게는 사과하지 않았습니다. 여전히 아내 앞에서 자존심을 부리며 유교적 가치관을 내세우는 죄인입니다. 혈기의 죄를 단번에 뽑는 적용을 아내에게 하지 않은 것을 회개합니다(10:42). 저의 뿌리 깊은 유교적 가치관과 이기적인 생각이 하나도 남지 않도록 하나님이 싸워 주시길 간절히 기도합니다(10:39).

영혼의 기도

하나님 아버지, 우리에게 많은 기도 제목이 있습니다. 진로의 문제, 결혼의 문제, 사회생활의 문제, 질병의 문제가 우리 앞에 있습니다. 이런 기도 제목들을 단번에 빼앗기를 원하는 간절한 마음도 있습니다. 주님은 우리가 이것을 단번에 빼앗기 위해 한결같은 삶을 살라고 말씀하십니다. 내가 맡은 일에서 내 은사를 따라 한결같이 충성하기를 원합니다. 특별히 사람을 차별하지 않기를 원합니다. 나의 욕심과 기준을 십자가에 못 박고 사람도, 일도 차별하지 않을 때 단번에 빼앗게 될 줄 믿습니다.

이 땅에서의 성공이 인생의 목적이 되지 않게 하옵소서. 오직 거룩에 이르는 것을 삶의 목적으로 두고 세상에 주눅 들지 말고, 내가 가진 것으로 교만하지 말며 중단 없는 전진을 하기 원합니다. 하나님이 제 삶에 주신 목표와 하나님이 허락하신 것들을 점령하며 누리기 원합니다.

많은 전쟁과 훈련을 통해서 포기와 회복의 시간이 빨라지게 하옵소서. 그날에 나의 욕심을 십자가에 못 박고 말씀으로 주시는 진단과 처방에 즉시 순종하게 하옵소서. 나와 온 가족, 온 교회가 더불어 전진하며 하나님의 은혜를 경험한 길갈로 돌아오게 하옵소서. 말씀의 길갈, 예배의 길갈이 삶의 중심이 되어 하나님이 맡기신 역할을 한결같은 충실함으로 감당하기 원합니다. 그리할 때 구원의 열매를 단번에 빼앗는 저와 우리 공동체가 될 것을 믿습니다. 은혜를 내려 주옵소서. 예수님 이름으로 기도하옵나이다. 아멘.

Chapter 18

끝까지 악전고투: 갈수록 치열한 전투

여호수아 11:1~15

하나님 아버지, 갈수록 치열해지는 전투 속에서
모든 사람을 섬길 수 있도록 창조적인 지혜를 허락해 주시옵소서.
말씀해 주시옵소서. 듣겠습니다.

형편이 어려운 젊은 여인이 돈을 벌기 위해 다방에 취직했습니다. 그런데 그 후에 자신을 다방에 소개해 준 사람이 자기도 모르는 선불금을 주인에게서 챙겨 갔다는 걸 알았습니다. 그 돈은 고스란히 그녀의 빚이 되었고, 빚을 갚을 힘이 없었던 여인은 다방 주인에 의해 집창촌으로 팔려 갔습니다. 하지만 여인은 그곳에서 탈출하기 위해 필사적으로 노력했습니다.

그녀는 마침내 그곳을 벗어나 공장에서 일하게 됐습니다. 공장에서 함께 일하는 착한 남자와 결혼도 했습니다. 넉넉한 형편은 아니지만 자녀들도 낳고 단란한 가정을 꾸려 가던 중이었습니다. 그런 여인 앞에 집창촌 포주가 나타났습니다. 포주는 남편을 찾아가 부인의 과거를 폭로하며 빚을 갚으라고 요구했습니다. 여인의 과거를 용납할 수 없는 남편은 집을 나가 버렸고, 여인은 남편을 향한 미안함과 죄책감으로 이혼을 청구했습니다.

드라마로도 방영되었던 이 사연은 실제로 우리나라에서 있었던 일입니다. 이 사연에 대해 어떤 기자는 "이것이 우리 사회가 감당해야 할 몫"이라고 하고, 어떤 사람은 "남편과 아내가 모두 새 출발을 하는 것이 낫다"고 했습니다. 다른 한편에서는 너무 안타까워하면서 어떻게든 같이 살라고 했습니다. 사실 이 일이 여인의 잘못은 아닙니다. 누구에게나 삶은 어렵습니다. 먹고살기도 어렵고, 잘 먹고 잘살기는 더욱 어렵습니다.

수년 전 아프리카 콩고에 파견된 UN 평화유지군 병사들이 달걀 한 알, 우유 하나로 그곳 아이들을 유혹해 성매매 대상으로 삼은 일이 있었습니다. 가난이 우리 삶을 치열하게 하고, 육신의 정욕이 우리 삶을 어둡게 합니다. 인생에는 끊임없이 전투가 찾아옵니다. 끊임없이 올 뿐만 아니라 갈수록 치열해지는 전투에 우리는 어떤 대비를 해야 할까요?

전쟁은 끝없이, 더 치열하게 찾아옵니다

1 하솔 왕 야빈이 이 소식을 듣고 마돈 왕 요밥과 시므론 왕과 악삽 왕과 2 및 북쪽 산지와 긴네롯 남쪽 아라바와 평지와 서쪽 돌의 높은 곳에 있는 왕들과 3 동쪽과 서쪽의 가나안 족속과 아모리 족속과 헷 족속과 브리스 족속과 산지의 여부스 족속과 미스바 땅 헤르몬

산 아래 히위 족속에게 사람을 보내매 4 그들이 그 모든 군대를 거
느리고 나왔으니 백성이 많아 해변의 수많은 모래 같고 말과 병거
도 심히 많았으며 5 이 왕들이 모두 모여 나아와서 이스라엘과 싸우
려고 메롬 물가에 함께 진 쳤더라_수 11:1~5

아모리 다섯 왕의 연합군을 물리치고, 가나안 남부의 열여섯 성읍을 점령하고 나니 '이 소식'을 들은 하솔 왕과 북부의 왕들이 떼로 몰려와서 전쟁하자고 합니다. 우리 인생에 전쟁은 올 수밖에 없고, 그 전쟁은 점점 더 치열해질 것입니다. 이것을 아는 것이 지혜입니다. 결혼도, 취업도, 자녀 양육도 '어떻게든 되겠지' 해서는 안 됩니다. 우리는 갈수록 전투가 치열해질 것을 알지 못하면 사탄의 밥이 됩니다. 치열한 전투를 대비하여 말씀으로 예방주사를 맞으면서 가야 모든 전쟁이 사명으로 연결되며 하나님이 쓰시는 사람이 되는 것입니다.

환경이 좋으면 좋은 대로 어려우면 어려운 대로 각각 다른 형태로 전쟁이 찾아옵니다. 산 넘어 산이 또 기다리고 있는 것이 성도의 인생입니다. 왜냐하면 우리는 100% 죄인이기 때문입니다. 가난하면 가난한 대로, 부유하면 부유한 대로, 못 배운 사람도, 많이 배운 사람도 각자의 수준에서 내려놓지 못하는 세상 것이 아직도 많기 때문입니다. 그래서 하나님은 우리를 거룩하게 하시려고 세상 것을 하나둘씩 내려놓는 전쟁을 하게 인도하십니다. 하나님의 부르심을 받은 인생이라면 끝없는 전쟁, 그리고 합당한 전쟁이 기다리고 있습니다.

- 입시와 취업, 결혼, 승진의 목표를 이룬 시점에서 어떤 하솔이 쳐들어왔습니까? 가시적인 성공에 안주하고 싶은 나의 연약함을 하나님이 아시고 합당한 전쟁을 주신 것을 인정합니까?

하솔은 크기가 여리고의 스물다섯 배에 달하는 성읍이고, 당시 4만 명의 인구가 사는 교통의 요충지였습니다. 승리의 역사가 더해질수록 더 강한 적이 쳐들어옵니다. 그래서 우리에게는 최대의 위기가 최대의 기회입니다.

미국의 토크쇼 진행자인 오프라 윈프리(Oprah Gail Winfrey)는 많은 어려움을 물리치고 22세에 볼티모어 방송국의 뉴스 앵커가 됐습니다. 그런데 그녀의 진행이 너무 감정적으로 치우친다고 판단한 방송 담당자에 의해서 그녀는 아침 토크쇼의 공동 진행자 자리로 쫓겨났습니다. 지금까지 힘든 과정을 거쳐 방송국에 입성했는데 거기에서 쫓겨나게 된 것입니다. 그러나 오프라 윈프리는 토크쇼 첫 방송이 끝나는 순간 하나님께 감사했다고 합니다. 그녀는 "그때 내가 정말로 하고 싶어 하는 것을 찾았다"라고 말했습니다. 오프라가 진행하는 토크쇼는 대성공을 거두었습니다. '오프라 윈프리 쇼'의 탄생은 뉴스 프로그램에서 쫓겨난 위기의 순간에서 시작된 것입니다.

오프라는 흑인 여성으로 체질적인 뚱보에 가난한 미혼모의 딸입니다. 열 살 때부터 재혼한 친아버지와 새엄마 밑에서 자랐는데 매도 많이 맞았다고 합니다. 열네 살 때 돈을 훔쳐서 가출하고, 마약에 빠지고, 감호소에 구금되기도 했습니다. 또 친삼촌에게 성폭행을 당하기도 했습니다. 오프라는 자신이 진행하는 토크쇼에서 이런 경험들을 솔직하게 나누고 같은 아픔을 겪은 많은 이에게 위로와 희망을 주었습니다. 어떤 목사님이 그런 일을 할 수 있겠습니까? 오프라야말로 참 사역자라고 할 수 있습니다.

인생의 큰 전쟁을 마치고 남부 열여섯 성읍까지 정복했는데, 오프라에게 새로운 전쟁이 찾아왔습니다. 모든 이야기를 솔직하게 한 것 같았지만 그녀에게도 하고 싶지 않은 이야기가 있었습니다. 열네 살에 가출했을 때 임신하여 미숙아를 낳은 일을 차마 고백하지 못한 것입니다. 그런데 그것을 오프라의 이복 여동생인 패트리샤가 언론에 터뜨렸습니다. 솔직함이 생명이던 오프라인데 그녀에 대한 대중의 신뢰가 하루아침에 무너질 수 있는 치명적인 일 아닙니까. "그렇게 날마다 털어놓으라고 하더니 저 여자도 숨기는 게 있잖아" 사람들은 이렇게 말하지 않았을까요? 더욱이 남도 아닌 가족에게 그런 일을 당했으니 배신의 상처도 컸을 것입니다.

명예와 인기와 돈을 단번에 빼앗고 승리를 거둔 오프라에게 치명적인 북부 연합군의 공격이 시작된 셈입니다. 그런데 앞에서 말씀드린 사창가 출신의 여인과 오프라 윈프리는 해결 방법이 달랐습니다. 어떻게 달랐는지 이어지는 말씀을 통해 보겠습니다.

승리를 보장해 주시는 하나님의 말씀으로 무장해야 합니다

> 여호와께서 여호수아에게 이르시되 그들로 말미암아 두려워하지 말라 내일 이맘때에 내가 그들을 이스라엘 앞에 넘겨주어 몰살시키리니…… _수 11:6a

하나님은 "두려워하지 말라"고 말씀해 주십니다. 나만 하나님 편에 서 있다면 어떤 순간에도 하나님의 말씀으로 승리를 약속 받을 수 있습니다. 그 약속을 받고 전쟁에 임하면 어떤 전쟁도 축복의 전쟁이 됩니다. 그래서 날마다 눈을 뜨면 말씀으로 무장해야 합니다. 무장 중의 무장은 영적 무장입니다.

어떤 전쟁이든지 두려워하지 않는 것이 가장 중요합니다. 두려움은 결정적인 패배 요인입니다. 하솔의 연합군은 두려워할 상대가 아닙니다. 하지만 정작 마주치면 참 두렵습니다. 남편에게 과거를 숨기고 싶은데 포주를 딱 만났습니다. 얼마나 두렵겠습니까. 언젠가는 스스로 고백하려고 했는데 다른 사람이 내 과거를 폭로했습니다. 그럴 때 우리는 두려워할 수밖에 없습니다. 오프라 윈프리도 두려웠을 것입니다.

이런 상황에서 두려워하지 않을 수 있는 비결은 승리에 대한 확신입니다. 그런데 확신은 어디에서부터 오는 것일까요. 자기 확신에서 올까요? 아닙니다. 건강한 확신은 자기 부인에서 비롯됩니다. 내가 확신이 있다는 것은 내 강점뿐 아니라 약점까지 잘 알고 있다는 의미입니다. 나의 약점과 강점을 아는 것은 자기 부인에서부터 출발합니다.

자기 약점을 잘 아는 사람은 내 강점을 더욱 키울 수 있습니다. 또한 상대방의 강점도 키워 줍니다. 상대의 강점을 위협으로 느끼지 않고 자기 재산으로 여기기 때문입니다. '저 사람은 환경이 그토록 어려운데 믿음을 갖췄네. 참 괜찮은 사람이야' 하면서 내 재산으로 여긴다는 말입니다. 그런데 날마다 비교와 시기, 질투에 사로잡힌 사람들은 상대방의 강점을 위협으로 받아들입니다. 영적으로든 육적으로든 상대가 나보다 나은 것을 인정하기 싫어합니다. 그래서 혼자 두려워합니다. 그러나 확신이 있는 사람은 상대방을 수용하고 인정합니다. 상대에게 자신의 기준을 강요하지 않습니다. 그것이 두려워하지 않는 비결입니다.

열네 살 미혼모로 미숙아를 낳은 사실이 세상에 알려졌지만 오프라는 두려움으로 주저앉지 않았습니다. 오히려 그 일을 계기로 아버지의 재혼으로 엮인 이복동생 패트리샤와 화해했습니다. '내가 용서하지 못하면서 어떻게 시청자들에게 용서하라는 이야기를 전할 수 있겠는가' 빨리 깨달은 것입니다. 오프라 윈프리는 "진실을 말하기만 하면 언제나 당신을 구원해 줄 것"이라고 말합니다. 진실을 말하는 것이 모든 전쟁에서 승리하는 길입니다. 무엇을 말해야 할지 모를 때는 진실을 말하는 것이 지혜입니다. 진실을 말하는 자는 어떤 상황에서도 두려워하지 않을 수 있습니다. 그것이 영적 무장입니다.

오프라 윈프리는 두려움을 버리고 용서와 화해로 승리했습니다.

반면에 집창촌 출신의 부인은 두려운 나머지 이혼을 택함으로 자신도 패하고, 남편과 자녀들까지 패배로 이끄는 잘못된 길을 갔습니다.

지금까지 전쟁의 양상을 보십시오. 여리고 전쟁에서는 그저 성 주위를 돌라는 주님의 명령에 순종했더니 성이 무너졌습니다. 비록 속아서 한 일이지만 기브온과는 화친을 맺었습니다. 남방 연합군도 이겼습니다. 딱 한 번 여호수아가 패한 전쟁이 있다면, 바로 아이 성과의 전쟁입니다. 왜 패배했습니까? 하나님께 묻지도 않고 아이로 쳐들어갔다가 패했습니다.

'대적을 진멸하라'는 것은 맨날 무엇을 물리치라는 소리가 아닙니다. 무조건 쫓아내고 물리친다고 승리하는 것이 아닙니다. 내 남편, 내 부인이 잘못했다고 갈라서는 것이 진멸하는 전쟁이 아니라는 말입니다. 상대가 아무리 큰 잘못을 해도 내가 먼저 배우자를 버려서는 안 됩니다. 가정이든, 직장이든 쫓겨날지언정 내가 먼저 그것을 깨뜨리고 나와서는 안 됩니다. 그렇기에 차라리 이혼당하는 것이 내가 이혼을 요구하는 것보다 이기는 전쟁입니다.

하나님이 환경을 변화시켜 주실 때까지 내가 당하고 있으면 그것이 이기는 전쟁입니다. 내가 잘못한 것 없는데 왜 두려워합니까? 이것을 몰라서 모두가 이혼하고 두려워하며 벌벌 떱니다.

인생에는 두려워할 일이 많습니다. 수많은 전투를 치열하게 치러 내야 합니다. 경제 불황의 늪에서 입사 전쟁도 치열합니다. 그런데 모두가 치열한 취업 전투를 치르는 이 시대에, 친절 하나로 '300억 원의 사나이'가 된 사람이 있습니다. 한원태 씨의 이야기입니다.

한 씨의 최종학력은 중졸(中卒)입니다. 그는 용역회사에서 파견된 청원 경찰직으로 모 은행의 한 지점에서 일했습니다. 그런데 그가 근무하는 은행에서는 날마다 진풍경이 벌어졌습니다. 고객들이 창구에 줄을 서는 게 아니라 청원 경찰인 한 씨 앞에 줄을 서는 겁니다. 고객들은 농담 반, 진담 반으로 그를 '한 지점장'이라고 불렀습니다. 300여 명의 고객이 용역직인 그를 정식 은행 직원으로 채용해 달라며 탄원서를 썼습니다. 지점장도 은행장을 찾아가서 한 씨를 정식 직원으로 받아 달라며 무릎 꿇고 사정을 했다고 합니다.

도대체 한 씨가 어떤 사람이기에 그랬을까요? 한 씨는 파견 직원이었지만, 무려 150여 명의 상인 고객을 유치하여 56억 원에 달하는 예금을 예치시키는 실적을 세웠습니다. 당시 IMF 외환위기 시절이라 은행이 망할 것이라는 뉴스가 연일 보도되었는데도, 고객들은 지점장도 아닌 한 씨를 믿고 아무도 돈을 인출하지 않았습니다. 다른 은행에서 거액의 스카우트 제의가 들어왔지만, 한 씨는 고객과의 관계 때문에 거절했습니다. 많은 고객이 그에게 유산을 남기기까지 했답니다. 그의 낡은 노트에는 1,300명의 고객이 살아 숨 쉬고 있습니다. 한 씨는 고객의 꿈을 위해서는 자신의 꿈도 포기한다고 말했습니다. 그는 고객을 위해서는 안과 밖을 나누지 않고, 밤과 낮을 나누지 않고, 가난한 사람과 부자를 나누지 않았습니다.

저는 한 씨가 보여 준 친절이야말로 자기 부인에서 비롯된 것이라고 생각합니다. 두려움 없이 상대를 배려하는 극치의 표현이 친절이라고 생각합니다. 요즘엔 모두가 부족한 것 없이 살기에 친절하기가 어렵습니다. 그런데 한 씨는 사람을 차별하지 않고, 환경을 두려워하지 않고 많은 사람에게 친절과 배려를 베풀었습니다. 그 결과 자신의 꿈도 이루고, 고객들의 꿈까지 이루어 주게 되었습니다.

- 내가 두려워하는 원인과 대상은 무엇입니까? 두려운 환경 가운데 있지만 매일 하나님의 말씀을 묵상함으로 승리를 확신합니까?

승리할 때 전리품을 주의해야 합니다

……너는 그들의 말 뒷발의 힘줄을 끊고 그들의 병거를 불사르라 하시니라_수 11:6b

하나님은 적들을 몰살시켜 주겠다고 약속하시면서 다만 그들의 말과 병거는 탐내지 말라고 명하십니다. 우리는 엄청난 적이 앞에 있어 마음이 녹을 때는 하나님이 이기게만 해 주시면 무엇이라도 할 것 같습니다. 모든 걸 하나님께 드리고, 하나님께만 영광을 돌리겠다고 장담합니다. 그러다 막상 이기고 나면 적의 말과 병거가 눈에 보입니다. 출애굽 당시 말과 병거를 탄 애굽 군대가 홍해에서 몰살되는 것을 보았으면서도, 어느새 적의 말과 병거가 부러워집니다. 말을 타면 빨리 가잖아요. 병거를 타면 앉아서 갈 수 있습니다. 이스라엘 백성 눈에 그것들이 얼마나 편해 보였겠습니까. 요즘 세상에 '빠르고 편리한 것'

이 최고의 가치 아닙니까? '다음 전쟁에서 말과 병거가 요긴하게 쓰일 텐데……' 하면서 비축하고 싶어집니다. 더 좋은 것, 더 비싼 것을 찾습니다. '예수님을 믿어도 나는 말과 병거가 필요해' 하는 겁니다.

남편과 시댁 식구들의 구원을 위해 영적 싸움을 치르면서 "구원만 된다면 아무것도 필요 없다!"고 합니다. 하지만 한편으로 시댁의 물질과 명예를 내려놓기가 쉽지 않습니다. 남편이 주는 돈이 요긴하기에 마다할 수가 없습니다. 자녀의 구원을 위해 애통하며 기도해 놓고 막상 자녀가 구원 받고 교회를 다녀도 입시에 실패하면 "네가 인간이냐! 넌 잘하는 게 뭐냐!"고 악을 씁니다. 요즘처럼 취업이 어려운 시절에 "취직시켜 줄 테니 주일에도 나와서 일하라"고 한다면 거절하기가 쉽겠습니까?

배우자를 구할 때도 "믿음만 있으면 돼요" 하지만, 따지고 보면 학벌도 좋아야 하고, 용모도 받쳐 줘야 하고, 재력도 있어야 합니다. 나도 모르게 취하려는 것이 많습니다. 목회를 하면서도 교회가 커지면 교회가 자기 것인 양 취하려 합니다. '그동안 수고했는데 좀 취하면 어때!' 하는 마음이 저절로 듭니다. 환경 앞에 장사가 없습니다.

그래서 주님은 "말과 병거를 불태우라"고 하십니다. 내가 진심으로 오직 구원만 원하는지를 끊임없이 물으십니다. 이사야 31장에 "도움을 구하러 애굽으로 내려가는 자들은 화 있을진저 그들은 말을 의지하며 병거의 많음과 마병의 심히 강함을 의지하고 이스라엘의 거룩하신 이를 앙모하지 아니하며 여호와를 구하지 아니하나니 여호와께서도 지혜로우신즉 재앙을 내리실 것이라……"고 합니다(사 31:1~2a). 우리가 끊임없이 말을 의지하며 병거의 많음과 마병의 심히 강함을 의지하기에 주님이 재앙을 내리겠다고 하십니다. 이처럼 우리에게 재앙을 내리시는 것이 여호와의 지혜라고 말씀하십니다. 부도났습니까? 실연했습니까? 자식 때문에 속상한 일이 있습니까? 여러분이 말과 병거를 의지하기에 '여호와께서도 지혜로우신즉' 재앙을 내렸다고 말씀하십니다.

그리고 이어지는 이사야 말씀을 보면 하나님은 "그 말씀들을 변하게 하지 아니하신다"고 합니다(사 31:2b). "너희는 말(horse)을 좋아하지만 나는 말(words)을 변치 않겠다"고 말씀하십니다. 하나님이 이렇게 경고하셨는데도, 이스라엘은 솔로몬 때부터 말을 비축하는 죄를 범함으로 결국 재앙을 초래했습니다. 가고 오는 세대에 끝없이 말을 의지했기에, 강대국 바벨론에 사로잡혀 포로 생활을 하는 징계를 받았습니다.

4대째 모태신앙인으로 교회 반주자를 했어도, 결혼할 때 저의 가장 큰 기준은 '돈'이었습니다. 의사인 남편이 내가 하고 싶은 피아노 공부를 얼마든지 뒷바라지해 줄 것만 같았습니다. 남편의 돈이 좋아서 결혼했다는 것은 부인하고 싶어도 부인할 수 없는 사실입니다. 그런데 시집살이를 하면서 공부도 할 수 없게 되고, 시댁에 돈이 많고 남편이 돈을 잘 벌어도 정작 내 수중에는 한 푼도 가질 수 없는 처지가 되었습니다. 남편은 요구르트 배달값도 자기가 직접 내야 하는 사람이었습니다.

저는 그런 남편의 구원을 위해 평생 기도하고 수고했기에 '우리

아이들은 꼭 믿음만 보고 결혼을 시켜야지'라고 생각했습니다. '고난이 축복'이라는 것이 제 사역의 중심 메시지이다 보니 고난이 있으면 믿음이 성숙할 것 같아서 고생하는 청년만 보면 자녀들에게 "재는 어떻니, 재는 어떻니?" 하고 물었습니다. 그러니까 딸아이가 "무조건 고생만 하면 믿음이 좋은 거야?"라며 항변하더군요. 그래도 고난이 있으면 믿음을 지켜 가기가 수월하다는 것이 저의 생각입니다. 하나님이 제 마음을 보시고 제 수준과 딸의 수준에 딱 알맞게, 너무 부하지도 않고 너무 가난하지도 않은 믿음의 신랑을 주셨습니다.

전쟁에서 승리한 후 어느 만큼 비축하고, 어느 만큼 써야 하는지를 분별하는 것 또한 하나의 전쟁입니다. 돈으로 사람이 구원되는 것은 아니지만, 구제와 선교를 위해 돈이 필요한 것도 사실이기 때문입니다. 그래서 11장 말씀에서 우리가 정말 두려워할 것은 북부 연합군이 아니라 말과 병거라고 생각합니다. 전리품으로 얻은 말의 힘줄을 자르고 병거를 불사르는 것, 이 적용을 하기가 어떤 전쟁보다도 어렵습니다.

> 여호수아가 여호와께서 자기에게 명령하신 대로 행하여 그들의 말 뒷발의 힘줄을 끊고 그들의 병거를 불로 살랐더라_수 11:9

이것이 갈수록 치열해지는 전쟁을 준비하는 길입니다. 힘들게 이긴 전쟁인데 내 힘으로 말과 병거를 불사르기가 쉽습니까? 딱 말 한 필만 가져도 인생이 편해질 것 같은데 아깝지 않겠습니까? 그러나 '여호와께서 명령하신 대로 행하는 것'이 우리 삶의 전쟁이 축복의 전쟁이 되는 비결입니다. 전쟁에서 중요한 것은 '내가 진심으로 구원을 목적으로 두고 있는가'입니다. 입시 전쟁이든, 취업 전쟁이든, 결혼 전쟁이든 하나님의 일을 하는 것보다 더 중요한 목적은 없습니다. 야망이라고 해도 좋습니다. 주의 일 하는 것이 야망이 되고, 목적이 되면 내가 애쓰지 않아도 하나님이 필요하면 말과 병거를 비축하게도 하시고, 불사르게도 하실 것입니다.

> 10 하솔은 본래 그 모든 나라의 머리였더니 그때에 여호수아가 돌
> 아와서 하솔을 취하고 그 왕을 칼날로 쳐죽이고 11 그 가운데 모든
> 사람을 칼날로 쳐서 진멸하여 호흡이 있는 자는 하나도 남기지 아
> 니하였고 또 하솔을 불로 살랐고 12 여호수아가 그 왕들의 모든 성
> 읍과 그 모든 왕을 붙잡아 칼날로 쳐서 진멸하여 바쳤으니 여호와
> 의 종 모세가 명령한 것과 같이 하였으되 13 여호수아가 하솔만 불
> 살랐고 산 위에 세운 성읍들은 이스라엘이 불사르지 아니하였으며
> 14 이 성읍들의 모든 재물과 가축은 이스라엘 자손들이 탈취하고
> 모든 사람은 칼날로 쳐서 멸하여 호흡이 있는 자는 하나도 남기지
> 아니하였으니_수 11:10~14

내가 하솔 왕 야빈만 불사르면 하나님이 산 위에 건축된 성읍들과 재물, 가축은 불사르지 않고 취하게 하십니다. 내게 필요한 부귀영화라면 하나님께서 허락하기도 하십니다. 내가 순종하는가, 아닌가

에 따라 모든 것을 주실 수도, 안 주실 수도 있습니다. 하나님은 오프라에게 많은 고난을 허락하셨지만, 그 고난들을 통해 많은 명예와 재물을 허락하셨습니다. 말과 병거가 주어져도 그녀가 자기 혼자만을 위해 재물을 쓰지 않을 것을 아시기 때문입니다. 하나님이 나에게 재물을 주지 않으십니까? 아직 내가 준비되지 않았기에 하나님이 주시려야 주실 수가 없는 것입니다.

- 하솔 왕(가정, 건강, 사업에서 가장 큰 위기)을 물리치는 것보다 전쟁에서 이기고 난 후 말과 병거(육적인 회복, 물질, 명예, 칭찬)를 불사르는 것이 더 힘든 전쟁임을 인식하고 있습니까? 오늘 내가 말씀으로 불살라야 할 말과 병거는 무엇입니까?

창조적인 지혜로 '갑자기' 습격해야 합니다

> 7 이에 여호수아가 모든 군사와 함께 메롬 물가로 가서 갑자기 습격
> 할 때에 8 여호와께서 그들을 이스라엘의 손에 넘겨주셨기 때문에
> 그들을 격파하고 큰 시돈과 미스르봇 마임까지 추격하고 동쪽으로
> 는 미스바 골짜기까지 추격하여 한 사람도 남기지 아니하고 쳐죽이
> 고_수 11:7~8

아이 성 복구전을 치를 때는 하나님이 "매복해라, 단창을 들어

라!"라고 가르쳐 주셨는데 이번 전투에서는 구체적인 지시를 하지 않으십니다. 그러나 이 전쟁, 저 전쟁을 치르다 보니 여호수아에게 지혜가 생겼습니다.

하솔 왕 야빈의 전략은 북부 열다섯 나라 왕을 메롬 물가에 모아 요단강을 통해 길갈로 내려온 후 평지에서 전투를 벌이는 것이었습니다. 그러기까지 닷새쯤 걸리는데, 여호수아는 이미 길갈을 출발하여 사흘 만에 메롬 물가에 도착해 있었습니다. 말과 병거를 내세우는 북부 연합군들이 물가에서는 싸울 수 없을 것을 알고, 미리 메롬 물가에서 진을 치고 있었던 것입니다. 그리고 '갑자기' 습격합니다. 성도의 인생은 기다림의 연속이지만, 한 날을 위한 기다림이라고도 할 수 있습니다. 전쟁을 많이 치른 사람은 어느 때 갑자기 쳐야 할지를 잘 압니다. 나의 봄·여름·가을·겨울에, 씨 뿌림과 뙤약볕, 찬바람에 순종하고 있으면 하나님이 갑자기 습격하는 날을 가르쳐 주십니다.

남편이 가기 전부터 하루도 거르지 않고 큐티를 했기 때문에 저는 남편이 갑자기 천국에 갔어도 말씀으로 그 일을 해석할 수 있었습니다. 슬픔과 연민이 밀려오며 사탄이 나를 습격하려고 해도 승리할 수 있었습니다.

오프라 윈프리라는 한 사람이 위대한 것이 아닙니다. 그녀는 너무 솔직하다 보니 한 가출 청소년과의 인터뷰에서 "우는소리 좀 그만해. 네 말이 진실이 아니라는 걸 다 알아!"라고 아이에게 쏘아댔다가 여론의 뭇매를 맞기도 했습니다. 또 밍크코트 수집벽에 대해 비난 받자 "본래 밍크는 코트가 되기 위해 태어난 운명이 아닌가요?"라고 말했다가 동물보호협회로부터 맹렬한 비판을 받은 일도 있었습니다. 광우병 파동 당시엔 "다시는 햄버거를 먹지 않아야겠네요"라는 그녀의 말에 소값이 폭락하여 이른바 '오프라 폭락' 사태가 일어나기도 했습니다. 그 일로 텍사스 목장주협회가 천이백만 달러의 손해배상 소송을 냈으나 오프라는 합의를 거부하고 소송에 임하여 무죄 판결을 받았습니다.

오프라 역시 실수가 많은 사람입니다. 그러나 그녀는 많은 전쟁을 치르면서 잘 이기고 지는 법을 배웠습니다. 그녀가 어떤 사건에서도 두려워하지 않고 지혜를 발휘할 수 있었던 것은 자기 유익을 구하지 않았기 때문입니다.

오프라 윈프리의 전기를 쓴 저자는 "공영방송의 쇼에서 성경 구절을 서슴없이 말하는 신앙심, 운명적 가난에서 자신을 탈출시켜 준 좋은 교육에 대한 신념과 책을 사랑하는 마음"이 지금의 오프라 윈프리를 만들었다고 이야기합니다. 시청률에 일희일비하기보다 성직자적인 신념으로 토크쇼를 진행했다는 것입니다. 오프라는 "흑인을 위해서 무엇인가 해야 한다는 의무감은 없습니다. 나 자신은 그저 그들의 일부일 뿐입니다"라고 말합니다. "내 안에는 나보다 앞서 살다 간 여성들의 목소리가 있다"라고 말합니다. 흑인 여성이라는 자신의 정체성에 자부심이 있기에 누구보다 당당한 목소리를 내며 다른 이들을 돕고 있습니다.

2004년 UN의 세계 지도자상을 받은 오프라 윈프리는 남아프리카의 학교와 고아원에 음식과 옷 등 필요한 물품들을 후원하고, 남아프리카의 청소년을 위해서 '리더십 아카데미'를 운영하기도 했습니다. 이런 엄청난 사명을 감당하게 하시고자 하나님은 오프라 윈프리에게 치열한 전투를 계속 치르게 하셨습니다. 우리의 모든 전투는 사명으로 연결됩니다.

- 갑자기 찾아올 전도의 기회를 위해 어떤 대비를 하고 있습니까? 나의 큐티와 말씀 적용이 언젠가 구원을 위해 쓰임 받을 것을 믿으며 꾸준히 내 속에 말씀을 쌓고 있습니까?

올바른 섬김이 사명을 이룹니다

여호와께서 그의 종 모세에게 명령하신 것을 모세는 여호수아에게 명령하였고 여호수아는 그대로 행하여 여호와께서 모세에게 명하신 모든 것을 하나도 행하지 아니한 것이 없었더라_수 11:15

누구에게나 영적 스승이 있습니다. 여호수아는 모세가 죽은 후에도 수종자의 태도로 모세를 섬겼습니다. 하나님의 명령을 전달해 준 스승으로서 모세를 평생 존경한 것입니다. 여호수아가 이처럼 올바른 섬김의 태도를 취할 수 있었던 것은 모세가 올바른 지도자였기 때문입니다. 이런 올바른 지도와 섬김이 있었기에 여호와의 명령이 모세를 통해, 그리고 여호수아를 통해 이루어졌습니다.

하나님께서 승리를 보장해 주셨다고 해서 우리가 가만히 있으면 되겠습니까? 그건 아닙니다. 여호수아도 밤낮으로 전략 회의를 하며 하솔 왕의 연합군보다 빨리 메롬 물가에 닿기 위해 부지런히 수고했습니다. 하나님이 도와주셔도 나의 수고가 있어야 하고, 여호수아와 같이 한결같은 섬김도 필요합니다. 교회 안에 이러한 올바른 지도와 섬김이 있을 때 하나님의 명령이 교회를 통해, 우리 모두를 통해 성취될 것입니다.

- 나는 수종자의 태도로 나의 가정과 교회, 직장을 섬기고 있습니까? '하나님이 하시겠지' 하며 전쟁 대비에 소홀하지는 않습니까?

전쟁에서 중요한 것은

'내가 진심으로 구원을 목적으로 두고 있는가'입니다.

입시 전쟁이든, 취업 전쟁이든,

결혼 전쟁이든 하나님의 일을 하는 것보다

더 중요한 목적은 없습니다.

우리들 묵상과 적용

예수님을 영접하기 전 45년의 삶 동안 하나님을 알고자 하는 마음이 없었습니다. 나약한 사람들이나 종교를 의지한다고 생각했습니다. 하나님은 말씀을 통해 두려워해야 할 것은 두려워하지 않고, 두려워하지 말아야 하는 것만 두려워했던 저의 옛 모습을 기억나게 하십니다. '두려워하지 말라'는 말이 성경에 수없이 기록된 것은 하나님이 제게 단단히 각인시키시기 위함이 아닐까 합니다(11:6).

저는 결혼한 지 얼마 되지 않아 안마시술소에 두려움 없이 출입한 것을 들킨 후 가출과 별거, 이혼으로 3년을 괴롭게 살았습니다. 그 시간 동안 아내와 저는 인간의 밑바닥까지 드러나는 악한 행동들을 일삼으며 상대에 대한 최소한의 예의조차 지키지 않았습니다. 아내는 저의 비겁하고 우유부단한 행동으로 다양한 희망 고문을 겪어야 했습니다. 저 역시 아내가 직장에 찾아와 괴롭게 하는 통에 관계 회복이 도저히 불가능하리라고 생각했습니다.

이 모든 일이 저의 상식으로는 도저히 이해되지 않아 괴로웠습니다. 그러나 이혼 후 아내에게 연락이 왔을 때 우유부단한 성격 덕분에 하나님의 말씀이 울려 퍼지는 교회에 발걸음을 하게 되었습니다. 가기 싫은 마음이 컸지만 아내와 딸아이를 보기 위해 2주에 한 번씩 주일예배를 드렸습니다. 그러다 매주 예배를 드리러 교회에 왔고 목장예배에까지 나가게 되었습니다. 어쩔 수 없이 교회에 나오게 된 것 같아도 돌이켜 보면 철저한 하나님의 계획 아래 제게 복된 인생을 살 기회를 주신 것이었습니다.

목장예배에서 저의 잘못으로 이혼한 것을 솔직히 말하기가 무척 어려웠습니다. 내 죄 때문이라는 것은 인정했지만 지난 잘못을 후회만 할 뿐 진정으로 회개하지는 못했습니다. 그러다 보니 "자기 죄를 봐야 한다"는 목장 지체들의 말을 듣는 것이 힘들었고, 도망가고 싶은 마음이 컸습니다. 아내와의 재결합을 결정하는 것 또한 두려웠습니다. 그럼에도 하나님은 이스라엘 백성을 고비마다 친히 인도하셔서 요단을 건너는 기적을 이루신 것처럼, 제가 스스로 죄를 고백하고 회개하며 아내와의 재결합을 결심할 때까지 기다려 주셨습니다(11:15).

제 마음 한구석에 자리 잡은 두려움을 떨쳐낼 수 있었던 것은 "두려워하지 말라"는 말씀으로 인도하시고 마음의 전쟁을 끝내 주신 하나님 덕분입니다(11:6, 23). 또한 저를 위해 먼저 순종하고 적용한 아내가 있었기에 가능한 일이었습니다. 오늘도 저는 삶의 영적 싸움터에 있습니다. 이 싸움에서 승리하는 방법은 지금처럼 말씀에 순종하는 길 외에는 없다는 것을 이제는 압니다(11:9). 이것을 기억하며 날마다 순종으로 주님께 나아가기를 기도합니다.

영혼의 기도

아버지 하나님, 우리가 수많은 전쟁을 치른 후에 상처를 품고 이 자리에 있습니다. 또한 앞으로 다른 싸움들이 우리 인생에 끊임없이 올 것입니다. 날이 갈수록 싸움이 치열해질 것이라고 미리 알려 주셨으니 우리가 어떤 전쟁을 만나도 낙심하거나 후퇴하지 않게 하옵소서. 모든 전쟁이 나의 거룩을 이루어 가기 위해 하나님이 주신 합당한 싸움인 것을 인정하게 하옵소서.

인생의 수많은 싸움 앞에서 주님은 "두려워하지 말라"고 말씀하십니다. 내가 하나님 편에 서 있다면 어떤 순간에도 승리를 약속 받은 인생이라고 가르쳐 주십니다. 오프라 윈프리가 많은 상처 속에서도 두려워하지 않고 진실을 말하여 승리한 것을 보았습니다. 우리도 치열한 전투 속에서 진리의 말씀으로 무장할 때, 모든 두려움이 물러갈 것을 믿습니다. 자기 확신이 아닌 자기 부인으로 나아가며 오직 말씀으로 영혼을 무장할 때 우리에게 승리가 임할 것을 믿습니다.

우리 앞에 놓인 엄청난 대적보다 승리한 후 세상의 전리품을 취하지 않는 것이 더 어려운 전쟁이라고 말씀하십니다. 오직 하나님만을 바라며 세상의 말과 병거를 의지하지 않게 도와주시옵소서. 말씀과 예배, 기도에 전념하며 내가 하나님 외에 기대고 싶은 말과 병거를 불사르기를 원합니다.

어느 때이든지 갑자기 복음을 전할 수 있는 창조적인 지혜를 우리에게 주시옵소서. 그러기 위해 모세, 여호수아와 같은 영적 지도자의 가르침을 잘 따르며 각자의 자리에서 최선을 다해 섬기게 하옵소서. 올바른 지도와 올바른 섬김으로 하나님의 명령을 이 땅에서 이루는 저와 공동체가 되기를 원합니다. 예수님 이름으로 기도하옵나이다. 아멘.

날마다 살아나는 큐티 상

초판 발행일 | 2005년 12월 12일
개정증보 2쇄 발행일 | 2022년 12월 16일
지은이 | 김양재

발행인 | 김양재
편집인 | 김태훈
편집장 | 정지현
편집 | 김수연 김윤현 진민지
디자인 | 디브로㈜

발행한 곳 | 큐티엠
주소 | 경기도 성남시 분당구 판교공원로2길 22, 4층 큐티엠 (우)13477
편집 문의 | 070-4635-5318 **구입 문의** | 031-707-8781
팩스 | 031-8016-3193
홈페이지 | www.qtm.or.kr **이메일** | books@qtm.or.kr
인쇄 | ㈜정현씨앤피
총판 | ㈜사랑플러스 02-3489-4300

ISBN | 979-11-89927-88-2 04230
세트 ISBN | 979-11-89927-87-5 04230

* 본문 예화의 이름은 가명을 사용했음을 밝힙니다.

큐티엠(QTM, Quiet Time Movement)은 '날마다 큐티'하는 말씀묵상 운동을 통해
영혼을 구원하고, 가정을 중수하고, 교회를 새롭게 하는 일에 헌신합니다.